8품사
다이어그램
동사
완전자동사/
불완전자동사/
완전타동사/ 수여동사/
불완전타동사
명사
보통/ 집합/ 고유/
추상/ 물질
대명사
인칭/ 재귀/ 소유/
지시/ 부정/ 의문/
관계
형용사
수량/ 대명/ 성질/
고유/ 기타
부사
장소/ 시간/ 연결/
양태/ 부정/ 의문/
관계/ 기타
접속사
등위접속사/
등위상관접속사/
종속접속사/
전치사
단일전치사/
이중전치사/
분사형전치사/
구전치사
감탄사
슬픔/ 즐거움/
놀라움/ 기타

Magic English Grammar

마법의 영문법

영문법 학습의 유쾌한 반란!
이젠, 그림과 도표로 쉽고 재밌는 마법의 영문법이 영어를 지배한다!

마법의 영문법

2013년 9월 30일 초 판_ 1쇄 발행
2017년 11월 30일 초 판_ 2쇄 발행

저 자_ 손길연
펴낸이_ 진욱상
펴낸곳_ 백산출판사

출판등록_ 1974년 1월 9일 제 1-72호
주소_ 경기도 파주시 회동길 370(백산빌딩 3층)
전화_ (02) 914-1621(代)
팩스_ (031) 955-9911

http://www.ibaeksan.kr
edit@ibaeksan.kr

ISBN : 978-89-6183-796-5 13740
값 20,000 원

Magic English Grammar

마법의 영문법

손길연 저

백산출판사

머리글

"엉터리 문법보다 더 위험한 교육은 문법을 무시한 영어교육이다"

머리말을 쓰려고 하니까 오래 전 책에서 읽은 위의 글귀가 떠오릅니다. 이 글귀는 영어 학습에서 **영문법이 얼마나 중요한지**를 우리에게 인식케 하는 훌륭한 교훈이 담겨있습니다. 가속 페달이 차의 주행속도를 높여줄 수 있는 것처럼 문법은 어느 정도 수준에 오른 학습자의 영어실력에 가속도를 붙게 할 것입니다. 짧게는 몇 개월, 길게는 10년 이상 영어를 공부했지만, 특히 영문법은 갈수록 어렵게만 여겨지고, 아직도 잘 모르는 경우가 많습니다. 그 이유가 어디에 있다고 생각하십니까? 필자는 그 이유를 다음의 두 가지에서 찾고자 합니다.

첫째, 우리들은 이제까지 영문법 학습을 마치 빈 자루에 곡식을 마구 퍼 담듯 부분적인 문법지식을 단순히 암기하려고만 했을 겁니다. 이것은 **영문법의 개념과 원리**를 이해하는 것이 영어 실력 향상에 있어 중요하다는 것을 깨닫지 못한 나머지, **영문구조의 커다란 틀 속에서 영어**를 학습하지 못한 것입니다.

둘째, 모든 언어는 공통된 특징과 나름대로의 독특한 특징을 갖고 있는데 반해, 영어를 공부하는데 있어서 우선 **국어와 비교하여 어떤 공통점과 차이점이 있는지를 파악하고 이해하는 학습방법이 중요하다**는 것을 간과한 것입니다.

이러한 두 가지 문제점을 동시에 해결할 수 있는 가장 좋은 방안은 무엇일까요? 그것은 바로 복잡한 영문법을 단순하게 체계화시켜서 쉽고 올바르게 익히는데 있습니다. 영문법을 익히는 것은 반복학습을 통해 암기하는 단어나 회화를 습득하는 과정보다 훨씬 더 어렵고 힘든 과정입니다. 그 이유는 영문법은 단순히 암기를 통해 습득되는 지식이 아니라, 기본적인 **개념과 원리에 대한 완전한 이해를 바탕으로 종합적이고 논리적인 사고력이 절대적으로 요구되는 과정**이기 때문입니다.
뿐만 아니라 영문법에서 사용되는 문법용어에 대한 이해 없이는 어떤 영문법 책이든 끝까지 읽는 것조차 어려울 수도 있습니다. 그래서 필자는 오랫동안 학생들을 가르치면서 늘 **"학습자들이 어떻게 하면 어렵고 복잡한 영문법을 쉽고 재미있게 익힐 수 있을까?"** 라고 자문해 왔습니다.

긴 시간을 두고, 고민하고 연구한 끝에 이 문제를 해결할 수 있는 가장 좋은 학습법은 영문법을 **"인지언어학에 바탕을 두고 그림이나 도표 및 식물이나 동물의 비유를 통해 이해시키는 것"**이라는 확신을 갖게 되었습니다. 이 같은 확신을 바탕으로 독특한 학습방식을 연구한 결과, 비로소 여러분들께 『**마법의 영문법**』을 선보이게 되었습니다. 제가 개발한 이 방식을 통해 **분산된 생각을 단순화시킨 그림이나 체계화된 도표로 정리하는 학습법이 뇌구조적으로 가장 효과적인 결과**를 얻을 수 있다는 것을 독자 스스로가 이 책을 학습하면서 확실히 느끼게 될 것입니다.

자!, 이제부터 『**마법의 영문법**』을 익히는 탐험을 시작하여 영어에 점차 눈을 떠가는 짜릿한 재미에 푹 빠져 보세요. 엉켜있던 실타래의 가닥을 제대로 찾아 술술 풀어나가듯 어렵고 복잡하다고 여겨왔던 영문법이 한층 쉽게 이해가 될 것입니다. 도표와 그림으로 명쾌하게 풀어놓은 『**마법의 영문법**』탐험을 끝마치는 과정 속에서 **"영어란 바로 이런 것이구나!"** 라는 환호성을 자주 지르게 될 것을 확신합니다. 뿐만 아니라 **"문법은 영어를 정복하는데 장애물이 아니라 디딤돌이다"**라는 사실을 깨닫게 될 것입니다.

끝으로 이 책이 출판될 수 있도록 기꺼이 허락해 주신 백산출판사 진욱상 사장님 이하 직원분들 선생님 그리고 저를 도와주신 모든 분께 진심으로 감사한 마음을 전합니다.

2017년 11월
저자 손 길 연

이 책의 구성과 효과적인 학습방법

1. 책의 구성

이 책은 기존에 출간된 대부분의 영문법 책들과는 달리 새로운 방법과 시각으로 영문법에 접근하기 위해 여러분이 좋아하는 **마법사**를 등장시켰습니다. 마법사가 펼치는 쉽고 재미있는 **마법의 영문법 이야기**로 내용을 크게 2개의 Part로 **나누었으며, 그림, 도표, 비유**를 통해 한층 이해를 돕도록 구성했습니다.

책을 살펴보시면 아시겠지만, 영어학습의 과정은 해리포터가 마법사가 되기 위한 과정과 흡사한 면이 많이 있습니다. 『마법의 영문법』책도 해리포터가 입학한 호그와트 마법학교의 학습 방식을 그대로 따랐습니다. 영문법의 위대한 마법사들이 각 Chapter마다 자리를 잡고 여러분들을 친절하고 고급스럽게 마법의 영문법 세계로 안내하는 학습 방식이 바로 그것입니다.

Part 1에서는 **영문법의 개념과 원리에 해당되는 영문구조**가 어떻게 이루어져있는가를 탐험하게 됩니다. Part 2에서는 영어의 맥 **8품사를 문장 내 기능별로 구분**하여 탐험하게 됩니다. 특이한 점은 여러분들의 이해를 한층 돕기 위해 더욱 확실하게 6개 Chapter로 구분해서 탐험합니다.

2. 이 책은 어떤 학습자에게 가장 유용한 교재일까?

영어의 기본적인 원리와 문법 용어를 이해하지 못해 영문구조를 전혀 모르고 있는 초급자나 그 동안 영어 **공부를 열심히 했는데도 불구하고 점수가 오르지 않아 고민하고 있거나** 영문법의 체계적인 정리와 시험에 나오는 영문법을 최단 시일 내에 습득하고자 하는 중급자를 위한 책입니다.

3. 이 책은 바로 이런 점에서 확실히 다릅니다!

1) 복잡하고 어려운 영문법을 그림과 도표로 쉽고 재미있게 설명!

인지언어학에 입각하여 학습자가 **뇌구조적으로 가장 효과적인 학습방법**이 될 수 있도록 어렵고 복잡한 영문법에 대한 분산된 생각을 **그림**과 **도표**로 간단하게 체계적으로 정리했습니다. 그러므로 영문법의 기본원리와 개념을 쉽게 이해하고 오래 기억하려면 그림에 나타난 시각적인 효과와 이미지 그리고 도표로 체계화된 구성을 머릿속에 그리며 영어를 공부하면 **학습효과를 극대화**시킬 수 있습니다.

2) 어려운 문법 내용을 적절한 사물 · 동물의 비유를 통해 이해하기 쉽게 설명!

이해하기 힘든 문법 내용을 학습자가 쉽게 이해하고 오래 기억할 수 있도록 주변에서 자주 볼 수 있는 사물이나 동물 비유를 통해 설명했습니다. 예컨대, 동사가 문장 내에서 사용될 수 있는 6가지 형태를 변신의 귀재 카멜레온의 6가지 변모된 모습의 그림을 그려 한층 이해를 돕게 했습니다.

3) 지하철 노선도처럼 장별 학습할 내용을 도표로 요약정리!

각 장별 앞에 세부적인 내용을 학습하기 전에 학습자가 그 장에서 공부하게 될 가장 핵심이 되는 내용을 **그림과 도표로 일목요연하게 체계화**시켜 미리 제시하였습니다. 따라서 도표에 대한 내용을 처음부터 무조건 암기하려고 하지 말고, 개요만 파악한 뒤 그 장을 끝까지 학습한 후에 다시 한 번 그 표를 공부하면 한층 높은 학습효과를 기대할 수 있습니다.

4) 문장구조를 국어와 영어의 어순을 비교하여 쉽게 익힐 수 있도록 도식화를 시도!

문법 지식을 적절히 활용하여 **작문과 회화 능력이 단시일 내에 향상**될 수 있도록 학습자들이 가장 궁금해 하고, 취약한 부분을 간파하여 실제 교실에서 알기 쉽게 강의하는 것처럼 국어와 영어의 공통점과 차이점을 비교 분석한 내용을 도식화하여 쉽고 명확하게 설명했습니다.

5) 암기시 학습법을 지양하고 이해 중심으로 어려운 문법 용어의 개념을 설명!

어려운 문법 용어의 개념을 올바르게 이해하려면 반드시 그 **용어가 분파되어 나온 용어나 개념을 추적, 분석, 비교하여 설명**하는 것이 필요합니다. 그래서 어떤 문법 용어나 내용을 단지 암기식이 아닌 완전히 이해 중심으로 자기 것으로 만들어 독해, 작문, 회화할 때 충분히 활용할 수 있도록 내용을 쉽게 설명했습니다.

6) 시험에 강해지게 하는 실전확인 문제!

각 단원이 끝날 때마다 각 장 내용을 확실히 이해했는지를 확인하고, **학습한 내용이 점수로 바로 연결**될 수 있도록 각종 시험(TOEIC, TOEFL, TEPS, 편입, 공무원, 수능)에서 공통적으로 출제되는 문제들을 정밀 분석했습니다. 또 이것을 토대로 출제 빈도수가 높은 예상문제에 포인트를 맞추어 다양한 방식으로 **핵심적인 문제만을 수록**하였습니다.

7) 답이 바로 보이는 핵심을 찌르는 상세한 해설!

각 장별 해당 단원의 내용을 묻는 문제에 대한 **해설을 자세히 하여 이전에 배운 내용을 다시 복습하는 도우미로 활용**할 수 있도록 했습니다. 뿐만 아니라 문제 해설마다 제목을 붙여 출제 빈도수가 높은 문제를 한 눈에 간파하여, 학습자로 하여금 문제의 정답을 쉽게 찾을 수 있는 실전 능력을 갖출 수 있도록 했습니다.

8) 학습효과를 수직상승시키는 세련되고 체계화된 편집!

여러 가지 색채와 글자 크기를 적절히 활용하여 체계화된 편집으로, 중요한 내용을 쉽게 간파하고 이해할 수 있도록 학습자의 학습 효과를 최대한 배려했습니다.

9) 완벽한 시험대비용 '시험 출제 포인트' 섹션!

각 장별 끝 부분에 각종 시험에 자주 출제되는 내용만을 **'시험 출제 포인트'** 라는 부분으로 정리하였습니다. **시험에서 고득점을 받을 수 있도록 이 부분만큼은 충분히 학습**하기 바랍니다.

10) 학습효과를 2배로 높여주는 'Tip' 섹션!

이 부분은 기본적으로 꼭 알아야할 내용은 아니지만, 학습자의 수준별로 익힐 수 있도록 최대한 배려하였습니다. 즉, 중급자인 경우에는 필요한 수준에 따라 학습하고, 초급자인 경우에는 이 책을 두 번째 학습하는 경우에 익히는 것이 훨씬 유익하도록 선별하였습니다.

학습자로 하여금 영어 전체에 대한 큰 틀을 익히게 하여, 최단 시일 내에 영어실력을 쌓을 수 있도록 영어에 자신감을 갖게 해 줄 것이라고 믿고, 우리 함께 마법의 영문법 탐험을 떠납시다!

* 다음은 『마법의 영문법』에 사용된 약자입니다. 학습하기에 앞서 기본적으로 이해하세요.

~ : 다른 문장 구성요소가 추가적으로 올 수 있다는 것을 의미.
A : Adjective(형용사)
Ad : Adverb(부사)
C : Complement(보어)
D · O : Direct Object(직접목적어)
I · O : Indirect Object(간접목적어)
N : Noun(명사)
O : Object(목적어)
O · C : Object Complement(목적격보어)
P.P. : Past Participle(과거분사)
S : Subject(주어)
V : Verb(동사)
Vi : Intransitive Verb(자동사)
Vt : Transitive Verb(타동사)
M : Modifier(수식어)

Contents

PART 01

영어학습의 과정은 해리포터가 마법사가 되기 위한 과정과 동일한 구조라고 상상해보세요. 해리포터가 마법 수업을 위해 입학한 학교가 바로 호그와트 마법학교였죠? **『마법의 영문법』**을 해리포터가 입학한 호그와트 마법학교라고 가정해 보세요. 해리포터가 훌륭한 마법사가 되기란 결코 쉬운 일이 아니었습니다. 마법사가 되기 위해서는 마법의 개념과 원리를 완벽하게 이해해야 합니다. 우리들이 학습해야 할 영문법도 마찬가지입니다. **영어문장이 이루어진 기본적인 원리와 영문법의 개념을 완벽하게 이해**한다면, 제아무리 어려운 영어라도 해리포터가 외우는 마법의 주문처럼 영어가 술술 나올 것입니다.

자! 이제부터 "영어 정복"이라는 마법 봉(지팡이)을 휘두르며 저자가 전수해 주는 **『마법의 영문법』**을 신나게 배우는 탐험을 떠납시다. 먼저 **Part 01**에서 **영문법의 개념과 영어의 기본 원리에 해당되는 영문구조가 어떻게 이루어져 있는가에 대한 탐험**, 즉 단어, 구, 절, 문장에 대한 개념과 문장의 구성요소(주요소, 종요소), 문장구조에 대한 여러 가지 분석 등을 탐험할 것입니다.

이제, 여러분은 큰 기대를 해도 좋습니다. 이제까지 그 어떤 영문법 책에서 단 한 번도 선보인 적이 없는 독특하고 신비한 마법의 세계가 여러분 앞에 펼쳐질 것이기 때문이죠.

영어정복의 마법이란?

영문법의 개념과 원리 이해에 있다!

1. '단어, 구, 절'의 비밀

01 단어(Words)

단어는 운명적으로 혼자서만 놀아야 하는 **외톨이**입니다.
더 자세히 소개하면, 단어는 "문법상 일정한 뜻과 역할을 가지는 가장 작은 단위"를 의미하죠.
생김새에 따라 단일어와 복합어로 구분될 수 있습니다.

His mother[stepmother] is young and beautiful. 그의 어머니[의붓어머니]는 젊고 예쁘다.

⊙ 단일어 : His/ mother/ is/ young/ and/ beautiful

⊙ 복합어 : **step**mother(의붓어머니), **butter**fly(나비), **knap**sack(배낭), **tooth**paste(치약), **grown**-up(성인), **looker**-on(구경꾼)

02 구(Phrases)

구는 항상 **두 개 이상의 단어**가 어울려 놀아야 합니다.
한 눈에 쏙 들어오게 마법의 도표로 정리해 보여 드리죠.

구 — **주어와 술어동사를 포함하지 않은** '두 개 이상의 단어'가 모여서 하나의 품사 역할을 하는 것을 '**구**'라고 하죠.

명사구 — 두 개 이상의 단어가 모여서 문장에서 **명사와 같은 역할을 하는 것**을 말하는데요. 명사구에는 **to부정사구, 동명사구, 의문사+to부정사구** 등이 있으며, 이것들은 문장에서 **주어, (타동사, 전치사의) 목적어, (주격, 목적격) 보어** 등으로 쓰이죠.

① 주어 : **To learn English is not easy.** 영어를 배우는 것은 쉽지 않다.
(To learn English: to부정사구)

② 타동사의 목적어 : **I don't know how to drive.** 나는 운전하는 법을 모른다.
(how to drive: 의문사 + to부정사구)

③ 전치사의 목적어 : **I am fond of playing tennis.** 나는 테니스 치는 것을 좋아한다.
(playing tennis: 동명사구)

형용사구

두 개 이상의 단어가 모여서 문장에서 **형용사와 같이** 명사, 대명사를 수식하는 것을 말하며 이것들은 문장에서 (주격, 목적격)보어로 쓰이죠. 형용사구에는 to부정사구, 분사구 등이 있어요.

I have a matter to talk over with you. [to부정사구 – 명사(구) 수식]

나는 당신과 이야기해야 할 문제가 있다.

부사구

두 개 이상의 단어가 모여서 문장에서 **부사와 같이** 동사나 형용사, 다른 부사(구)를 수식하는 것으로 부사구에는 to부정사구, 분사구(문), 전치사구 등이 있죠.

He usually goes to bed late in the evening. [전치사구 – 부사 수식]

그는 대개 저녁 늦게 잠자리에 든다.

전치사구

"전치사 + 명사(구)/대명사/동명사" 형태로 형용사나 부사 역할을 하는 것을 말하죠.

Let me say a few words by way of introduction. [전치사구 – 동사 수식]

동사를 수식하므로 부사 역할

서론으로서 내가 몇 마디 하겠다.

접속사구

두 개 이상의 단어가 모여서 문장에서 **접속사 역할**을 하는 것을 말하죠.

We see things differently, according as we are rich or poor.
우리는 빈부에 따라 사물을 다르게 본다.

동사구

두 개 이상의 단어가 모여서 문장에서 **동사와 같은 역할**을 하는 것을 말하죠.

They laughed at him. 그들은 그를 비웃었다.

이렇게 정리하니까 정말 명쾌하죠!
제대로 이해하지 못한 분들도 너무 걱정하지 마세요.
뒷부분에서 다시 나오므로 그때 확실히 마법의 정수를 가르쳐 드릴 테니까요.

이번에는 마법의 영문법에서 정말 중요한 비밀을 한 가지 공개해 드리죠.

영어에서 **"명사, 형용사, 부사", "명사(구), 형용사(구), 부사(구)", "명사(절), 형용사(절), 부사(절)"**이라는 말을 자주 듣죠? 이것은 쉽게 말해, **단어가 구**로, 다시 **구가 절**로 형태가 변했을 뿐입니다. 그러니까, 여러분이 기본적으로 알고 있어야 할 것은 **"형태는 다르더라도 같은 말이 들어있는 것은 문장에서 모두 같은 역할을 한다"** 는 중요한 사실이죠.

He helped her <u>kindly.</u> [부사]
= He helped her <u>with kindness.</u> [부사구] 그는 그녀를 친절하게 도왔다.
He was promoted <u>because he was very kind to his clients.</u> [부사절]
그는 자기 고객들에게 매우 친절하게 대했다는 이유로 승진했다.

03 절(Clauses)

얼핏 보면 **구**와 생김새가 같아 보이지만 자세히 보면, 큰 차이가 있습니다.
아무하고나 눈을 맞추어 짝을 이루는 **구**와는 달리 **절**은 꼭 「주어와 동사」로 짝을 맺어 주는 경우에만 하나의 단어나 구처럼 문장의 일부분으로 쓰일 수가 있습니다.

그러면 **절**을 연결하는 것에는 무엇이 있을까요?
전혀 모르겠다고요!
'접속' 이란 뜻은 알겠죠? 바로 '연결' 과 같은 뜻이잖아요.
영어에서 절을 연결할 수 있는 것으로는 **접속사**와 **관계사**가 있지요.
절은 문장 내에서 하는 역할에 따라 주절, 종속절, 등위절로 나눌 수 있습니다.

절에 대해서도 한 눈에 쏘~옥 들어오게 마법의 도표로 확인시켜 드리죠.

절

문장 내 역할에 따라 분류

- 주절
- 종속절
  - 명사절
  - 형용사절
  - 부사절
- 등위절

명사절

절이 문장에서 **명사와 같이 주어, (타동사, 전치사의) 목적어, 보어, 동격** 등으로 쓰이는 것을 말하죠.

'~하는 것', '~인지' 의미로 해석됩니다.

What I need is a nice car. 내가 필요로 하는 것은 멋진 차다.
[주어]

I know that she is honest. 나는 그녀가 정직하다는 것을 알고 있다.
[목적어]

형용사절

절이 문장에서 형용사와 같이 **명사(구)를 수식하는 역할**을 하는 것을 말하죠.

형용사절을 이끄는 것으로는 **관계대명사**와 **관계부사**가 있죠.

I know that man who is singing. 나는 노래 부르고 있는 저 남자를 안다.

I know a shop where you can get a discount. 나는 당신이 할인받을 수 있는 가게를 안다.

부사절

'종속접속사+S+V ~' 형태의 절이 주절에 연결되어 부사처럼 **동사, 형용사, 부사** 또는 **문장 전체를 수식하는 것**을 말하죠.

부사절은 단독으로 사용될 수 없고, 주절과 함께 쓰여 단지 주절에 의미를 더해 주는 도우미 역할을 하는 것이죠.

As I am sick, I can't go to work.
아프기 때문에, 나는 일하러 갈 수 없다. [직장에 가지 못하는 이유를 설명]

주절과 종속절에 대한 기본 개념을 아직 이해하기 어려운 분을 위하여 마법의 세계로 안내하죠.
아래 기차 그림을 보시기 바랍니다. 마치 런던의 킹스크로스 역, 9와 3/4 승강장에서만 탈 수 있는 마법의 호그와트 급행열차가 연상될 겁니다.
기관사가 타는 앞 칸(**주절**)과 승객이 타는 뒷 칸(**종속절**)을 서로 연관시켜 생각해 보세요.
주절과 종속절의 관계가 바로 이해되고 절대로 잊어버리지 않을 테니까요!

문장의 주어가 속해 있는 핵심이 되는 부분으로서 종속절을 뺀 나머지 부분을 **'주절'**이라고 하죠.

주절에 연결되어 주절의 보어나 목적어로 쓰인 절(**명사절**), 또는 주절을 부가적으로 설명하는데 쓰인 절(**형용사절, 부사절**)을 '종속절'이라고 하는데요. 이것은 종속접속사로 연결되죠.

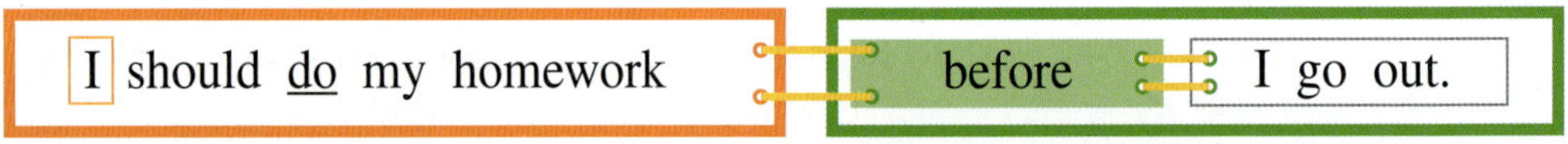

주절

'나는 숙제를 해야만 한다'는 이 부분은 자체만으로 완전한 의미를 전달할 수 있는 문장이므로 **주절**이 되죠.

종속절(부사절)

이 부분은 자체만으로 완전한 의미를 전달하지 못하고, '외출하기 전에'라는 의미로 **주절에 연결되어야만 어떤 의미를 전달**할 수 있죠. 그래서 이 부분은 주절에 추가적인 내용을 전달하는 **종속절**로 부사 역할을 하는 **부사절**이죠.

문장

나는 외출하기 전에 나의 숙제를 해야만 한다.

여기에서 '등위절'까지 알고 가면 정말 좋겠죠.

'등위절[대등절]'이란 두 개 이상의 절이 똑 같은 자격(같은 역할을 하는 품사나 문장)으로 연결된 절을 말합니다.
각각의 절은 그 자체가 완전한 의미를 전달하며 **등위접속사**(and, but, or, nor, yet)에 의해 연결되죠.

두 개 절이 대등한 내용을 담고 있어서, 각각의 절 자체로 완전한 의미를 전달할 수 있는 것을 **등위접속사** 'but'이 연결시켜 주는 역할을 하고 있죠.

Minsu enjoys playing the guitar, but Tom enjoys climbing mountains.

절(등위절)

"민수는 기타 치는 것을 즐긴다"라는 의미로, 이 부분 자체만으로 완전한 의미를 전달할 수 있는 하나의 절이죠.

절(등위절)

"그러나 톰은 등산하는 것을 즐긴다"라는 의미로, 이 부분도 자체만으로 완전한 의미를 전달할 수 있는 절로 접속사 but은 단지 두 개의 대등한 절을 연결시켜 주는 역할만 하고 있죠.

문장

민수는 기타치는 것을 즐기지만, 톰은 등산하는 것을 즐긴다.

구와 절에 대한 내용은 중요하므로 마법의 도표로 다시 한 번 간단히 정리해 드립니다.

공통점 : 구와 절은 단어처럼 문장에서 하나의 품사로 쓰일 수 있죠.

차이점 : **구** – 두 개 이상의 단어가 **"S+V" 형태를 갖추지 못하고** 문장에서 하나의 품사 역할을 하는 단위.
절 – 두 개 이상의 단어가 **"S+V" 형태를 갖추고** 있지만 완전한 문장으로 쓰이지 못하고, 단지 하나의 품사 역할을 하는 단위.

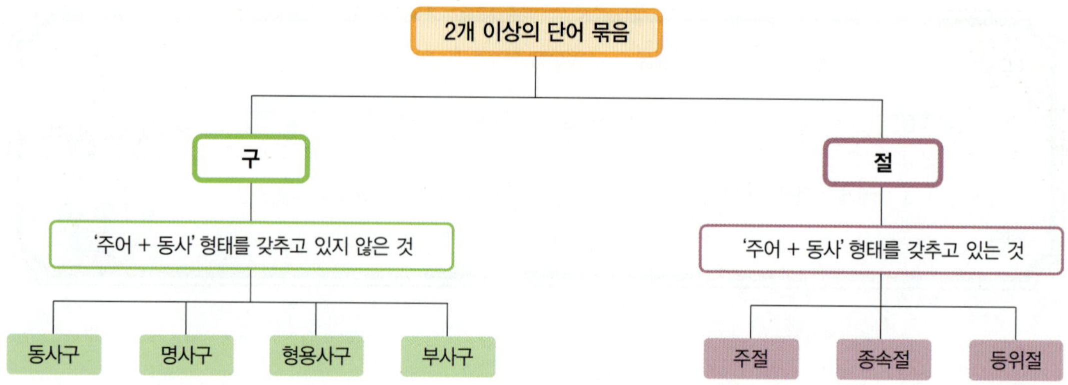

이제 **단어**, **구**, **절**에 대해서는 언제 어디서나 마법을 구사할 수 있겠죠?
그렇다면, 단어와 구와 절을 연결하면 무엇이 될까요?
당연히 **문장**이 되겠죠!

2. '문장' 의 비밀

문장(sentence)이란 첫째, **'주어'** 와 **'동사'** 를 갖추고 있어야 하며,
둘째, 여러 단어가 모여 하나의 완전한 생각이나 의미를 전달할 수 있어야 하죠.
문장에 대한 개념을 아래 3 개의 예문을 통해 아주 쉽게 설명해 드리겠습니다.

a. John died. 존은 죽었다. [문장]
b. John became. [문장이 안 됨]
c. John became rich. 존은 부유해졌다. [문장]
John became a doctor. 존은 의사가 되었다. [문장]

위 예문 a와 b는 얼핏 보면 같은 문장처럼 보입니다.
그러나 예문 a는 문장이 되지만, 예문 b는 문장이 안 되는군요.

a의 died는 **완전자동사**이기 때문에 보어가 필요하지 않지만, b의 became은 **불완전자동사**이기 때문에 '주어가 어떻게 되었는지를 보충 설명' 해 주는 보어가 반드시 필요하기 때문이죠.
다시 말해 예문 c처럼 형용사 'rich, poor, arrogant' 라든가 아니면, 명사 'singer, doctor, poet' 등과 같이 주격보어가 될 수 있는 단어가 와야 완전한 문장이 되죠.
문장을 구성하는데 있어 주어와 동사를 제외한 다른 요소들, 즉 (주격, 목적격)**보어**, **목적어** 등은 동사의 종류에 따라 결정된다는 사실을 꼭 알고 있어야 합니다.

앞에서 학습한 절과 문장에 대한 개념을 다음의 예문을 통해 확실하게 익혀두세요.

문장의 예

Byron was a great poet.

'주어+동사' 형태를 갖추고 있으면서 이것 자체로 **완전한 의미를 전달**하므로 올바른 '문장' 이죠.

'주어+동사' 형태를 갖추고 있지만, 접속사 that이 연결되어 있어서 이것 자체로 **완전한 의미를 전달하지 못하므로** 문장이 될 수 없고, 단지 하나의 **'절'** 로 쓰인 것이죠. 다시 말해 주절의 타동사 'know' 의 목적어로 쓰인 **종속절**(명사절)입니다.

절의 예

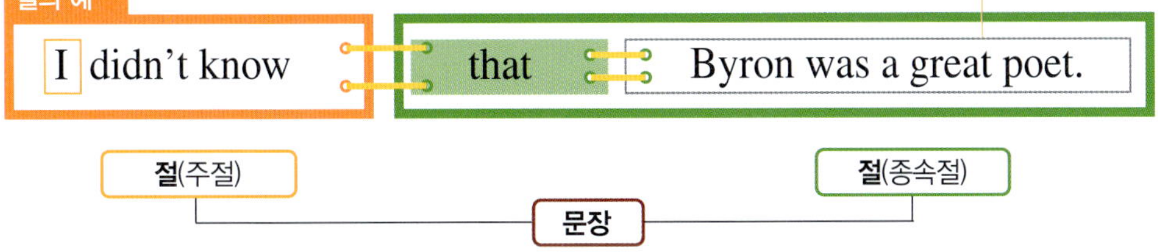

나는 바이런이 훌륭한 시인이라는 것을 알지 못했다.

문장에 대한 개념정리를 한눈에 팍 꽂히도록 마법의 도표로 정리해드리죠.

문장의 구성요소

주어 + 동사 + α (동사에 따라 보어와 목적어가 필수 요소가 될 수 있고, 다른 수식어들은 선택적인 사항이 되죠.)

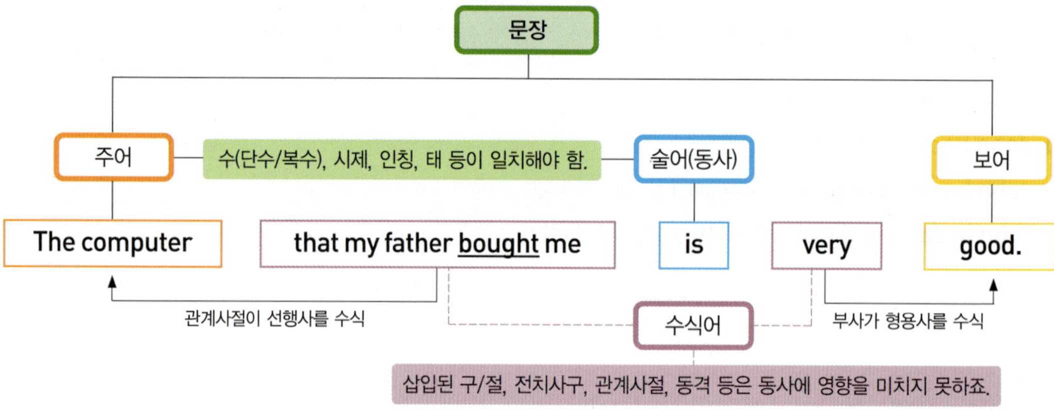

아버지가 내게 사 준 그 컴퓨터는 아주 좋다.

여러분의 이해를 돕기 위해 앞에서 학습한 **단어, 구, 절, 문장에 대한 개념**을 다음과 같은 마법의 그림으로 한 번 더 정리해 보았습니다.

단어, 구, 절, 문장

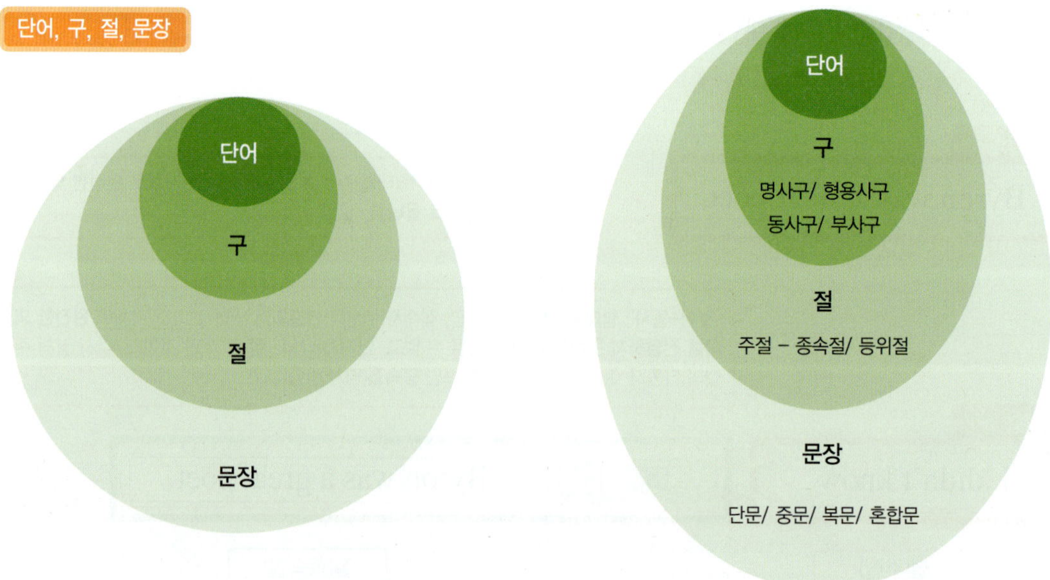

* 앞으로 문장의 구성요소에 대한 이해를 돕기 위해 같은 의미로 쓰이는 **'술어, 서술어, 동사'**를 **'동사'**로 통일시켜 사용하겠습니다.

문장을 이루고 있는 구성 요소에 대한 내용을 다음과 같이 하나의 마법 도표로 요약했습니다. 영어의 전반적인 이해와 독해에 많은 도움을 주는 마법이므로 잘 익혀두세요.

문장의 구성요소

문장 내 역할에 따라 분류

- **주요소** – 문장 내에서 핵심적인 역할을 하고 있는 것(**주어, 동사, 목적어, 보어** 중 어느 하나의 역할을 하는 요소)
- **종요소** – 문장 내에서 주요소로 쓰이지 않는 다른 요소
  - 독립어(구)
    - **감탄사** : Good heavens!(저런!)
    - **호격 · 삽입 · 동격 어구**
  - 수식어(구) – **한정사, 형용사, 부사, 분사, to부정사**
    - (한정사) → 관사, 소유격, 지시 · 부정 · 수량 형용사
  - 연결어(구)
    - **전치사** : '전치사+명사(구)' 형태로 단어, 구를 연결하여 **형용사, 부사** 역할
    - **접속사** : 등위접속사, 등위상관접속사, 종속접속사로 단어, 구, 절을 연결시키는 역할
    - **관계사** : 관계대명사 · 관계형용사 · 관계부사로 절을 연결하여 **대명사, 형용사, 부사** 역할

문장의 구성요소 예

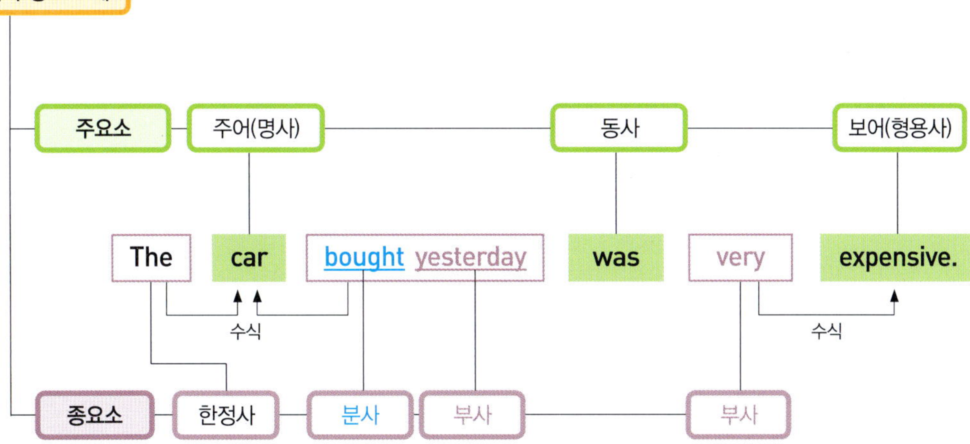

어제 산 그 차는 매우 비쌌다.

01 문장을 구조에 따라 분류하는 마법

문장

S(주어)나 V(동사) 앞과 뒤에 다른 구성요소들이 추가적으로 올 수 있고, 문장을 **동사의 개수**와 절을 연결하는 **접속사의 유형**에 따라 **단문, 중문, 복문, 혼합문**으로 분류할 수 있죠.

- **단문** : $S_1 + V_1$
  He is smart.
- **중문** : $S_1 + V_1$ | 등위(상관)접속사 | $S_2 + V_2$
  He is smart, but I will not employ him.
- **복문** : $S_1 + V_1$ | 종속접속사 | $S_2 + V_2$
  I will not employ him because he is not honest.
- **혼합문** : $S_1 + V_1$ | 등위접속사 | $S_2 + V_2$ | 종속접속사 | $S_3 + V_3$
  He is smart, but I will not employ him because he is not honest.
  (단문) (등위접속사) (복문)
  그는 영리하지만, 정직하지 않기 때문에 나는 그를 고용하지 않을 것이다.

중문과 복문의 차이점 : **중문**은 **등위접속사**를 중심으로 두 개의 절이 각각 자체적으로 완전한 문장이 될 수 있죠. 반면, **복문**은 **종속접속사**에 의해 이끌리는 절(종속절)이 자체적으로 완전한 문장이 되지 못하고, 단지 다른 절(주절)의 일부분으로서 명사, 형용사, 부사 중 어느 하나의 역할을 하는 것을 말하죠.

혼합문 : '단문(복문) + 등위접속사 + 복문' 구조로 이루어진 혼합된 형태의 문장을 말하죠.

(1) 단문(Simple Sentence)의 비밀

한 개의 주어[주부]와 **한 개의 동사**[술부]로 구성된 문장을 말하죠!

Man is mortal. 인간은 죽게 마련이다.

여기서 주의할 점은 여러 종류의 수식어구가 붙어서 형태상으로 또는,
의미상으로 중문이나 복문처럼 보일지라도 동사가 하나 밖에 없으면 **단문**이라는 거죠.

After sometime, I met her again. 얼마 있다가 나는 그녀를 다시 만났다.
부사구 주어 동사

Flowers and trees covered the garden. 꽃과 나무들이 정원을 뒤덮고 있었다.
복합 주어 동사

(2) 중문(Compound Sentence)의 비밀

두 개 또는 그 이상의 절이 **등위접속사**[and, or, but, nor]에 의해 문법적으로 대등하게 연결된 문장을 말하죠.

She is hardworking, | **but** | her sister is lazy.

등위절[대등절] | 등위접속사 | 등위절[대등절]

그녀는 부지런하나, 그녀의 동생은 게으르다.

(3) 복문(Complex Sentence)의 비밀

두 절의 관계가 대등하지 않고, **주절**의 구성요소가 되는 **종속절**을 이끄는 문장, 다시 말해 **종속접속사**(when, since, because, if 등)에 의해 연결되는 **종속절**(명사절, 형용사절, 부사절)을 포함하고 있는 문장을 말하죠!

1) 명사절

I know | that | he is honest.

주절 — 주절과 종속절을 연결하는 종속접속사 — 종속절(**명사절**)

문장의 주어(I)와 동사(know)를 포함하고 있으므로 이 부분이 **주절**이 되며, 타동사 'know'의 목적어가 필요한 불완전한 절이죠.

동사가 'know'와 'is' 2개이므로 문장을 연결할 접속사나 관계사가 필요하죠. 여기서 종속접속사 'that' 이하가 **'know'의 목적어 역할**을 하고 있기 때문에 이 부분이 **종속절(명사절)**이죠.

문장(**복문**)

나는 그가 정직하다는 것을 안다.

2) 형용사절

which가 이끄는 관계사절이 선행사를 수식

'which'는 문장을 연결시켜 주는 **접속사 역할**과 동시에 recommended의 목적어 'the book' 대신 **대명사 역할**도 함께 하죠.

I read the book | which | you recommended ___.

주절

'나는 그 책을 읽었다'는 의미의 완전한 문장으로 이 부분이 **주절**에 해당되죠.

종속절(**형용사절**)

목적격 관계대명사 which가 이끄는 종속절('you recommended ___.'에서 빈칸에 타동사의 목적어가 필요함)이 자체만으로 완전한 의미를 전달하지 못하고, 단지 **주절에 있는 선행사 'the book'을 수식**하는 **형용사절**로 쓰이고 있죠.

문장(**복문**)

나는 당신이 추천해 준 그 책을 읽었다.

3) 부사절

I should do my homework | before | I go out.

주절

이미 이 부분만으로도 '숙제를 해야만 한다'는 완전한 문장이 되므로 이 부분은 **주절**에 해당되죠.

종속절(**부사절**)

이 부분 자체만으로는 완전한 의미를 전달하지 못하고, '외출하기 전에'라는 의미가 주절에 연결되어 추가적인 내용을 전달하는 **부사절**(시간) 역할을 하고 있죠.

문장(**복문**)

나는 외출하기 전에 나의 숙제를 해야만 한다.

02 문장을 어군에 따라 분류하는 마법

문장은 **어군**(단어의 모임)에 따라 **주부**와 **술부**로 나눌 수 있죠. 독해에 있어서는 어떤 단어의 의미도 중요하지만 **"그 단어가 왜 그 자리에 위치하고 있는지?, 어떤 품사로 쓰이고 있는지?**, 그리고 **어떤 단어들이 주부의 구성요소로 쓰이고 있는지?"**를 파악하는 것이 정말 중요하죠.

문장을 어군에 따라 분류

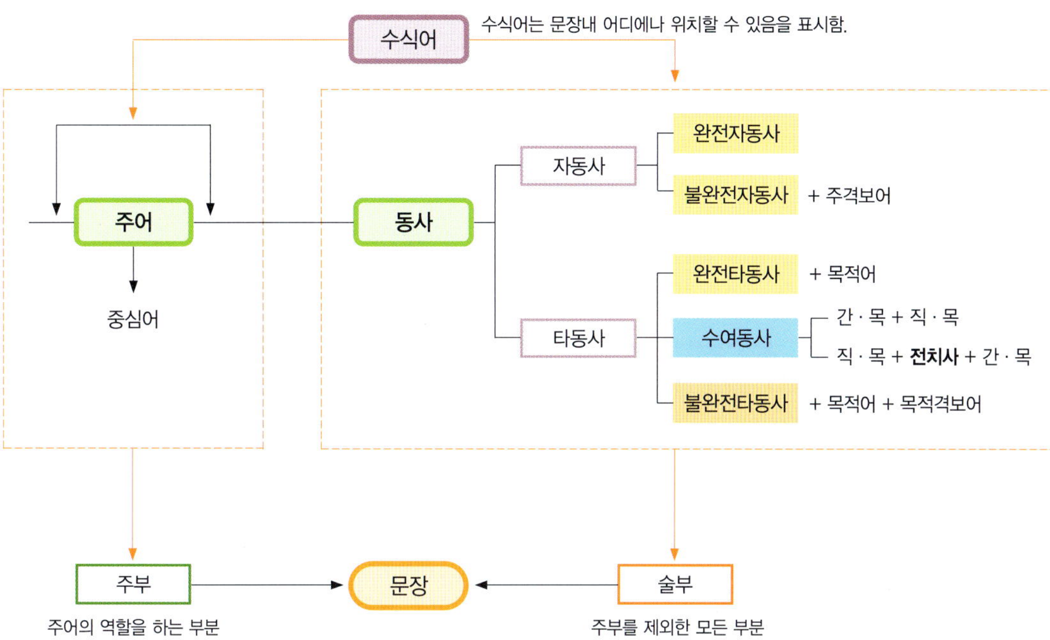

다음 문장을 구성하는 주요소의 개념도 함께 익혀 두세요.

1) **주어**는 **동작이나 행동을 하는 사람 또는 사물을 일컫는 말**로 우리말로는 "~은/는, ~이/가"로
2) **동사**는 **주어의 행위나 동작, 상태 등을 나타내는 말**로 우리말로는 "~다, ~라, ~해, ~어"로
3) **목적어**는 **동사의 행동이나 행위의 대상을 나타내는 말**로 우리말로는 "~을/를, ~에게"로 해석되죠.
4) **보어**는 "주어 + 동사" 또는 "주어 + 동사 + 목적어"만으로는 완전한 문장을 구성하지 못할 때에 이것들을 **보충해 주는 말**이죠. 보어에는 주어를 보충 설명해 주는 **"주격보어"**(2형식), 목적어를 보충 설명해 주는 **"목적격보어"**(5형식)가 있어요.

(1) 주부와 술부의 마법

아래의 마법 도표는 주부와 술부에 대한 설명입니다. 이것과 함께 **중심어와 수식어에 대한 이해**는 문장구조 파악과 독해를 하는데 있어 아주 중요한 개념이므로 잘 알아 두세요.

문장 : 주부 + 술부

⊙ **중심어** : 문장 구성의 주요소인 주어, 동사, 보어, 목적어 역할을 하는 것을 말하죠.

⊙ **수식어** : **중심어 이외의 모든 것**(분홍색 박스 안에 있는 부분)이 수식어이며, 수식어는 중심어(하늘색)의 앞과 뒤에 위치할 수 있죠. * (수식어)+**중심어**+(수식어)

“내 남자 친구가 어제 나에게 그 상점에서 가장 좋은 핸드백을 사 주었다”라는 예를 영어 문장으로 바꿔 설명해 보겠습니다.

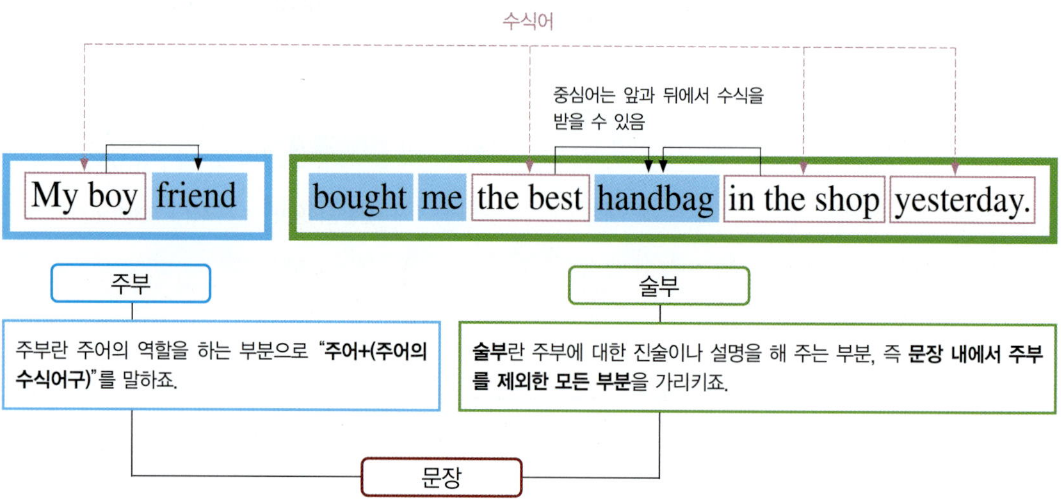

(2) 주부와 술부의 구성요소에는 어떤 마법의 비밀이 숨어 있을까요?

1) 주부의 구성요소는?

주부란, 집에서 집안일을 하는 결혼한 여자를 지칭하는 것이 아니라, 문장 내에서 주어 역할을 하는 부분을 줄여서 하는 말인데요. 주부는 위 예문에서와 같이 '(수식어)+**중심어**+(수식어)'로 이루어져 있죠. **수식어**는 문장 구성상 반드시 필요한 요소가 아니라, 중심어를 꾸며주는 선택적인 요소로, 이것에는 **한정사, 형용사, 부사, 분사, to부정사(형용사적 용법)** 등이 포함됩니다.

반면, **중심어**는 문장 구성상 반드시 필요한 요소로, 이것은 문장 내에서 **주어, 동사, 목적어, 보어**로 쓰이는 것을 말하는데요. 주어 자리에 중심어로 올 수 있는 것으로는 **명사와 명사 친구들**(명사구/절, 대명사, the+분사[형용사], to부정사, 동명사)이 포함되죠. 여기에서 **명사 친구들**이란 명사와 같은 역할을 할 수 있는 것을 지칭하는 말로 **명사 상당어구**와 같은 뜻입니다.

2) 술부의 구성요소는?

술부 구성요소의 핵심은 **동사**인데, 어떤 동사가 오느냐에 따라 문장의 구조, 즉 보어나 목적어의 쓰임 여부가 결정되지요. 수식어는 술부에도 사용되어 동사, 목적어, 보어 등을 각각 꾸며 줄 수가 있다는 것쯤은 마법의 상식으로 꼭 알아두세요.

주부와 술부를 구성하는 요소에 대해 영어와 국어 예문의 비교를 통해 자세히 설명해 드리겠습니다.

① '수식어+**주어**+수식어+**완전자동사**+수식어'(1형식)로 이루어진 영어 문장

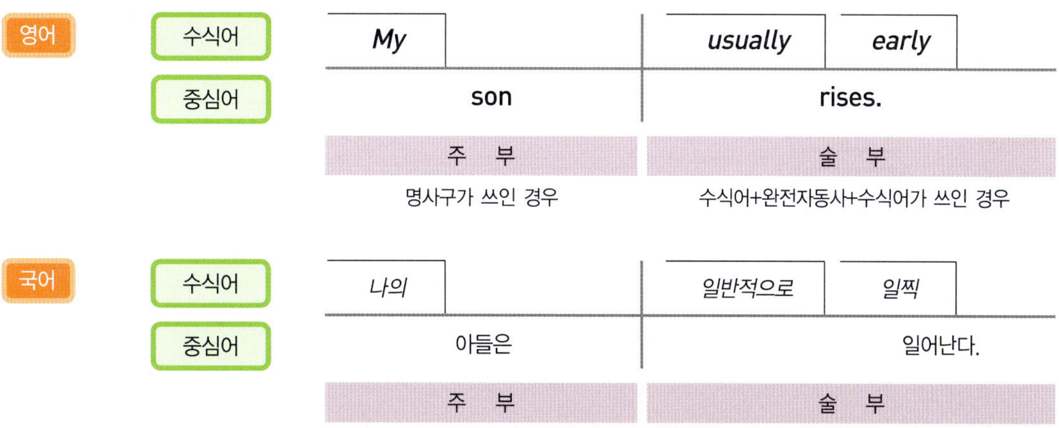

* 국어에서는 **수식어**가 피수식어(수식받는 말) **앞쪽**에 위치

② '수식어+**주어**+수식어(전치사구)+**불완전자동사**(be동사)+수식어+**보어**' (2형식)로 이루어진 영어 문장

		주부	술부
영어	수식어	*The* / *on the desk*	*very*
	중심어	books	are useful.
		명사구가 쓰인 경우	be동사+수식어(부사)+보어(형용사)가 쓰인 경우
국어	수식어	*책상 위에 있는 그*	*대단히*
	중심어	책들은	유용하다.

* 영어는 **수식어가 피수식어(수식 받는 말) 앞과 뒤 또는 앞뒤 동시에 위치**(the books on the desk)할 수가 있는데, 국어는 **수식어가 항상 피수식어 앞에 위치**(**책상 위에 있는 그** 책들은)하죠.

③ '**주어**+**완전타동사**+**목적어**+수식어' (3형식)로 이루어진 영어 문장

		주부	술부
영어	수식어	*Many*	*on weekends.*
	중심어	people	enjoy watching TV
		명사구가 쓰인 경우	타동사+목적어(**동명사구**)+수식어(부사구)가 쓰인 경우
국어	수식어	*많은*	*주말에*
	중심어	사람이	TV 시청을 즐긴다.

* 영어는 **목적어가 동사 다음에 위치**(enjoy watching TV)하는데, 국어는 **목적어가 동사 앞에 위치**(**TV시청을** 즐긴다)하죠.

④ '수식어+**주어**+수식어+**완전타동사**+수식어+**목적어**+수식어' (3형식)로 이루어진 영어 문장

영어

	주부	술부
수식어	*That economical*	*usually* *her* *every day.*
중심어	housewife	cleans house
	명사구가 쓰인 경우	수식어+타동사+수식어+목적어(명사구)+수식어가 쓰인 경우

국어

	주부	술부
수식어	*저 알뜰한*	*일반적으로* *그녀의* *매일*
중심어	주부는	집을 청소한다.

⑤ '**주어**+**타동사**(수여동사)+**간접목적어**+수식어+**직접목적어**+수식어+수식어' (4형식)로 이루어진 영어 문장

영어

	주부	술부
수식어		*a gold* *at the park* *yesterday.*
중심어	I	gave her ring
	인칭대명사가 쓰인 경우	타동사+간·목+수식어+직·목+수식어+수식어가 쓰인 경우

국어

	주부	술부
수식어		*어제* *공원에서* *금*
중심어	나는	그녀에게 반지를 주었다.

⑥ '**주어+타동사**(수여동사)+수식어+**직접목적어**+전치사+**간접목적어**(3형식)' 형태로 이루어진 영어 문장

영어			
수식어		a gold	to her / at the park / yesterday
중심어	I	gave	ring
	주 부	술 부	
	인칭대명사가 쓰인 경우	타동사+수식어+직·목+수식어(전치사)+간·목이 쓰인 경우	

국어		
수식어		어제 / 공원에서 / 금
중심어	나는	반지를 그녀에게 주었다.
	주 부	술 부

⑦ '수식어+**주어**+**불완전타동사**+**목적어**+**목적격보어**(원형부정사+명사구)+수식어' (5형식)로 이루어진 영어 문장

영어		
수식어	My	my / yesterday.
중심어	mother	made me take medicine
	주 부	술 부
	명사구가 쓰인 경우	타동사+목적어+**목적격보어**(원형부정사+명사구)+수식어가 쓰인 경우

* made는 **사역동사**이므로 **원형부정사**(take)를 목적격보어로 취하고 있죠. 또 목적격보어인 take도 의미상의 목적어로 my medicine을 취하고 있는 문장이죠.

국어		
수식어	나의	어제 / 나의
중심어	어머니는	나에게 약을 먹으라고 하셨다.
	주 부	술 부

03 문장을 내용(서술형식)에 따라 분류하는 마법

* 먼저 p. 50쪽에 있는 **국어와 영어의 차이점**을 학습하세요.

전달하고자 하는 내용을 어떤 형식에 맞추어 표현하느냐에 따라 문장을 **평서문, 의문문, 명령문, 감탄문, 기원문** 등으로 분류할 수 있는데요.

이제부터 각각의 문장에 대해 머리에 쏙쏙 들어오게 설명해 드리죠.

(1) 평서문(Declarative Sentence)의 비밀

1) 평서문은 「주어+동사」의 어순으로 "~은 이다[아니다]"라고 있는 사실을 그대로 표현하는 문장을 말하죠. 평서문은 내용을 긍정적으로 전달하는 **긍정문**과 부정적으로 전달하는 **부정문**으로 다시 나뉘어 집니다.

I want to buy you a book. [긍정문] 나는 당신에게 책 한 권을 사 주고 싶다.

I did **not** expect to succeed so well. [부정문] 나는 이렇게 잘되리라고는 기대하지 않았다.

2) 부정문을 만드는 법은 영어 학습의 기본이자 아주 중요한 부분이므로 정확히 이해하세요.

부정문을 만드는 법 * 부정문과 의문문을 학습하기 전에 p. 56쪽에 있는 **동사의 분류표**를 꼭 먼저 익히세요.

① be동사나 조동사가 포함되어 있는 문장은 be동사나 조동사 다음에 부정어(not, never)를 붙이기만 하면 되니까 정말 쉽죠.
I' m **not** a teacher. [be동사] 나는 선생님이 아니다.
You must **not** eat too much. [조동사] 너는 너무 많이 먹으면 안 된다.

② 일반동사가 쓰인 문장은 조동사 do를 인칭과 시제에 맞게 정한 후, **do[does, did]+not+동사원형**으로 써야 하므로 다음에 나오는 마법의 도표를 잘 기억해야 합니다.

인칭과 do의 사용법		예 문
do	**1인칭**(I), **2인칭**(you), **복수**(we, you, they)	I **don't** love you. They **don't love** you.
does	**3인칭 단수**(he, she, it, Tom)	She **doesn't love** me.
did(do, does의 과거형)	문장의 시제가 **과거**일 경우	I **didn't go** to school yesterday.

영어에서는 be동사[조동사]+not을 줄여 쓰는 축약형을 흔히 쓰는데,
무엇의 축약형인가를 반드시 알아야 합니다.

is not = isn't	are not = aren't	was not = wasn't	were not = weren't
do not = don't	does not = doesn't	did not = didn't	
have not = haven't	has not = hasn't	had not = hadn't	
can not = **can't**	will not = **won't**	could not = couldn't	
would not = wouldn't	should not = shouldn't		

(2) 의문문(Interrogative Sentence)의 비밀

'의문' 이란 "의심이나 물음"을 나타내는 말이잖아요? 우리말로 "~입니까?"에 해당하는 모든 문장을 말하죠. 그리고 의문문은 문두에 "**be동사, 조동사(will, shall, can, may), do조동사, have 조동사**"가 오고, 문장 끝에는 물음표(?)가 붙는다는 것쯤은 이미 알고 계시겠죠? 다 알고 있으리라 믿고, 이제부터 다양한 의문문들을 마법의 힘으로 하나씩 정복해 나가보죠.

1) 일반의문문

yes, no로 대답할 수 있으며,

① **be동사나 조동사가 쓰인 문장**은 평서문의 어순, 즉 '주어+동사(be동사, 조동사)' 어순을 '**동사+주어**' 어순으로 바꾸어 주고, '물음표(?)' 를 붙이기만 하면 됩니다.

He **is** a student. [be동사 - 평서문] 그는 학생이다.

→ **Is** he a student? [의문문] 그는 학생입니까?

- Yes, he is. [긍정 대답] 예, 그렇습니다.

- No, he is not. [부정 대답] 아니오, 그렇지 않습니다.

cf. He is **not** a student. [부정문] 그는 학생이 아니다.

You **can** speak English well. [조동사 - 평서문] 당신은 영어를 잘 할 수 있다.

→ **Can** you speak English well? 당신은 영어를 잘 합니까?

② **일반동사가 쓰인 문장**은 do동사를 인칭과 시제에 맞게 사용한 후 어순을 바꿔주면 되죠.

He **likes** boiled barley. [일반동사 - 평서문] 그는 보리밥을 좋아한다.

→ **Does** he **like** boiled barley? (○) 그는 보리밥을 좋아합니까?

→ **Does** he **likes** boiled barley? (×)

* 이미 조동사 'Does' 가 주어가 3인칭 단수이고 시제가 현재임을 나타내 주고 있기 때문에 반복해서 'like' 에 's' 를 붙일 필요가 없죠. p. 38. "do와 인칭의 사용법" 도표를 참조하기 바랍니다.

2) 의문사가 들어 있는 의문문

의문사 who(누구), what(무엇), when(언제), where(어디에), why(왜), how(어떻게), which(어느 쪽)가 들어 있는 의문문으로 "**의문사+조동사+주어+본동사(동사원형) ~?/ 의문사+be동사+주어 ~?**" 어순을 취하며, yes, no로 대답할 수 없습니다.

① 의문사가 **주어**인 경우 : 의문사(주어) + 동사 어순을 취하죠.

Who uses this car? 누가 이 차를 사용합니까?

→ My mother uses it. [대답] 나의 어머니가 그것을 사용합니다.

cf. Who does this car use? (×)

② 의문사가 **보어**인 경우

Who are you? 너는 누구냐?

③ 의문사가 타동사나 전치사의 목적어인 경우

Whom[Who] did you invite to your birthday party? [타동사의 목적어]

당신은 생일 파티에 누구를 초대했습니까?

With **whom** did you go to the cinema? [전치사의 목적어] 당신은 누구와 함께 영화관에 갔습니까?

3) 부정의문문

평서문에 긍정과 부정이 있듯이 의문문에도 부정의 의미를 나타내는 의문문이 있죠.

Can't he speak English well? 그는 영어를 잘 못합니까?

Didn't you go to a party yesterday? 당신은 어제 파티에 가지 않으셨나요?

→ Yes, I did. 아니오, 나는 어제 파티에 갔었습니다. (= I did go to a party yesterday.)

→ No, I didn't. 예, 나는 어제 파티에 가지 않았습니다. (= I didn't go to a party yesterday.)

여기서 주의할 점은 부정의문문에 대해 긍정적으로 대답할 경우이면 'yes + **긍정문**'이고, 이때 yes는 '**아니오**'라는 의미입니다. 그리고 부정적으로 대답할 경우이면 'no + **부정문**'이고, 이때 no는 '**예**'라는 의미로 해석된다는 사실은 정말 중요합니다.

4) 선택의문문

말하는 사람이 선택사항을 미리 정해 놓고 그것들 중 어느 것을 선택할 것인가를 묻고자 하는 경우에 사용되는 의문문입니다. 예를 들어, 한 남학생이 여자 친구와 중국 음식점에 가서 그녀에게 '자장면 먹을래 아니면 짬뽕 먹을래?' 라고 선택의 폭을 정해 놓고 물었을 경우 그녀는 두 가지 중에 하나만을 선택해야 하죠. 만약 그렇지 않고 그녀가 '탕수육'을 먹는다고 한다면 적절한 대답이 아니겠죠? 다시 말해 선택의문문은 선택사항 중에서 어느 하나만을 선택하기를 기대하고 묻는 의문문이죠.

A : Do you want to have Jajangmyeon, or Jambbong?

B : I want to have Jajangmyeon. (○)

I want to have Jambbong. (○)

I am sorry that I don't want to have anything. (○) 미안하지만 나는 아무 것도 먹고 싶지 않아.

cf. I want to have Tangsuyok. (×)

* A의 질문에 대하여 B와 같이 3가지 대답이 가능합니다.

질문에 대한 대답은 상대방이 언급한 단어를 중심으로 하라!(p. 56쪽 참조)

영어는 국어보다 단어끼리 연관성이 강하죠. 그래서 상대방과 대화를 나누거나 의문문 형식으로 상대방이 물어오는 경우에는 반드시 **상대방이 언급한 단어를 중심으로 대답**을 해야 합니다. 상대방이 일반동사를 사용했는지, be동사를 사용했는지, 조동사를 사용했는지에 따라 그것에 맞추어 대답을 해야죠. 가령 상대방이 "**Can** you help me?" 라고 자신에게 물어 볼 경우 "Yes, I do"라고 하면 부적절한 대답이 되겠죠! 그러면 뭐라고 해야 할까요? 당연히 "Yes, I **can**", 또는 "No, I **can't**"라고 해야 되겠죠!
참고로 'you' 라고 물으면 'I' 로 대답하고, 'they' 라고 물으면 'they' 로 대답한다는 사실도 기억하세요.

"Are **you** here for learning English?" 당신은 영어를 배우러 여기 왔습니까?
- Yes, **I** am./ No, **I** am not.
"Are **they** students?" 그들은 학생입니까?
- Yes, **they** are./ No, **they** are not.

5) 간접의문문

직접의문문이 다른 문장의 일부(목적어자리)가 되어 명사로 쓰이는 경우로, 궁금한 사항을 간접적으로 물어보는 형식을 취하는 의문문을 '**간접의문문**' 이라 하죠.
우리가 알아야 할 가장 중요한 것은 어순인데, **의문사 + 주어 + 동사**의 순서가 됩니다.

Do you know what her name is? 당신은 그녀의 이름이 무엇인지 알고 있습니까?
*의문사가 명사절(know의 목적어로 쓰임)을 이끌어 간접의문문을 만들고 있죠.

Do you know what is her name? (×)

cf. What is her name? [직접의문문]

여러분! 다음은 시험에 자주 출제되므로 주목하세요.
동사 think, suppose, believe, guess, imagine 뒤에 간접의문문이 올 경우에는 의문사가 문두로 나가야만 합니다.

Do you suppose **whom** he met yesterday? (×)

Who(m) do you suppose he met yesterday? (○) 당신은 그가 어제 누구를 만났다고 생각하세요?

6) 부가의문문

일반의문문과는 달리 부가의문문은 "**자신의 말에 대해 완전히 확신하지 못하는 경우 상대방에게 다시 확인하거나 동의를 요청하기 위해 문장 끝에 덧붙이는 의문문**"이죠.

부가의문문 형식은

① 묻고자 하는 내용 다음에 **콤마(,)**를 찍고

② 긍정문 뒤에는 **부정의 부가의문문**, 부정문 뒤에는 **긍정의 부가의문문**을 쓰며,

③ be동사/조동사가 있는 경우에는 '**be동사/조동사+주어의 인칭대명사**'
일반동사만 있는 경우에는 '**do(does, did)+주어의 인칭대명사**'를 쓴다는 사실은 부가의문문의 기본이죠.

You can speak English well, **can't you**? [조동사] 당신은 영어를 잘 할 수 있지요, 그렇지요?
He is not a doctor, **is he**? [be 동사] 그는 의사가 아니지요, 그렇지요?
He knows the news, **doesn't he**? [일반동사 – 현재] 그는 그 소식을 알고 있지요, 그렇지요?
You bought a new car, **didn't you**? [일반동사 – 과거] 당신은 새 자동차를 구입했지요, 그렇지요?

다음은 시험에 자주 출제되는 부가의문문이므로 꼭 기억하세요.

① 명령문의 부가의문문에는 주절이 긍정이든 부정이든 언제나 will you?를 쓰죠.
Do it at once, **will you**? [긍정 명령문] 즉시 그것을 해야겠지요, 그렇지요?
Don't forget me, **will you**? [부정 명령문] 나를 잊지 않을 거지요, 그렇지요?

② 권유의 뜻으로 쓰인 명령문의 부가의문문에는 won't you?를 쓰죠.
Have a cup of coffee, **won't you**? 커피 한 잔 드실 거지요, 그렇지요?

③ Let's로 시작하는 부가의문문에는 shall we?를 쓰죠.
Let's not go to school, **shall we**? 학교에 가지 맙시다, 그렇게 하시지요?

④ hardly, scarcely, little, few, anything but 등의 부정어가 들어 있는 경우는 **긍정의 부가의문문**이 되죠.
She seldom came here, **didn't she**? (×)
She seldom came here, **did she**? (O) 그녀는 좀처럼 여기오지 않았지요, 그렇지요?

(3) 명령문(Imperative Sentence)의 비밀

"~하라", "~하지 마라"와 같이 명령이나 충고를 통해 듣는 사람으로 하여금 어떤 일을 하도록 하는 문장을 '**명령문**'이라 하죠. 이때는 주어(You)가 생략되고 반드시 **동사원형**을 써야 한다는 것도 꼭 기억하세요.

1) 직접명령문

"~하라"고 상대방에게 직접하는 명령으로 you는 생략하고 동사원형으로 시작하는 것이 원칙이죠.

Be honest and diligent. 정직하고 부지런 하라.
Place my letter on the desk. 내 편지를 그 책상 위에 두어라.

2) 부정명령문

"~하지 마라, ~해서는 안 된다"는 금지를 나타내는 명령으로 "**don't[never]+동사원형** ~" 형식을 쓰죠.

Don't lean on me. 나에게 기대지 마시오. **Don't** be disappointed. 실망하지 마세요.

Never speak to me like that again. 다시는 나에게 그와 같이 말하지 마시오.

3) 간접명령문

"…로 하여금 ~하도록 하라"고 상대방에게 간접적으로 하는 명령문으로, **"Let+목적어+동사원형 ~"** 형식을 쓰죠.

Let me **have** a look. 내가 좀 보겠소.

Let each man **decide** for himself. 각자 스스로 결정하게 하라.

cf. **Let's** go swimming. 수영하러 갑시다. [Let's ~ : ~합시다, ~하자]

4) 조건명령문

'명령문+and', '명령문+or'가 있죠.

① **명령문+and** : ~하여라, 그러면 ~할 것이다(=if)

Knock, and it shall be opened to you.

= If you knock, it shall be opened to you. 두드려라, 그러면 그것은 너희에게 열릴 것이다.

② **명령문+or** : ~하여라, 그렇지 않으면 ~할 것이다(=if ~ not, unless)

Hurry up, or you will be late. 서둘러라, 그렇지 않으면 너는 늦을 것이다.

= If you do **not** hurry up, you will be late. = Unless you hurry up, you will be late.

서두르지 않으면, 당신은 늦을 것이다.

(4) 감탄문(Exclamatory Sentence)의 비밀

말하는 사람의 놀라움, 기쁨, 슬픔, 탄식 등을 담은 문장으로 what으로 시작하는 것과 how로 시작하는 것이 있으며, 문장 끝에 '느낌표(!)'를 붙이죠.

1) how로 시작하는 감탄문 : 초점을 형용사나 부사에 두는 경우에 사용.

① How+**형용사(부사)**+주어+동사

How pretty she is! 그녀는 정말 예쁘구나!

How fast he runs! 그는 정말 빨리 달리는구나!

② How+**형용사**+부정관사+명사+주어+동사

How nice a car he has! 그는 정말 멋진 자동차를 가지고 있군!

2) what으로 시작하는 감탄문 : 초점을 명사에 두는 경우에 사용.

What+(a/an)+**형용사+명사**+주어+동사

What a nice car you have! 당신은 정말 멋진 자동차를 가지고 있군!

(5) 기원문(Optative Sentence)의 비밀

바라는 마음(기원)의 뜻을 강하게 나타내는 문장으로 주어의 인칭이나 수에 관계없이 **동사원형**을 사용하고 may를 주어 앞에 쓸 수도 있으나 흔히 생략하며, 문장 끝에 '느낌표(!)'를 붙입니다.

(May) God bless you! 신의 축복이 있기를!

(May) You be happy forever! 영원히 행복하시길!

04 문장을 동작의 관점에서 분류하는 마법

문장은 주어와 동사의 관계에서 **동작의 관점의 차이**에 따라 **능동태**와 **수동태**로 분류할 수 있는데요. '**타동사+목적어**'의 형식으로 주어가 동사의 행위자로서 역할을 하는 경우가 '**능동태**'이고, '**be동사+과거분사**'의 형식으로 주어가 동사의 행위를 받거나 당하는 수동자의 입장에 있는 경우가 '**수동태**'이죠. 나중에 자세히 다루므로 여기서는 예문을 통하여 기본 개념 정도만 파악하세요.

He **loves** her. [능동태] 그는 그녀를 사랑한다. [해석] 주어가 …을 ~하다

She ***is loved*** by him. [수동태] 그녀는 그에게 사랑받는다. [해석] 주어가 …에 의해 ~되어지다
A B C

A: 능동태의 목적어가 **주어**가 되고,

B: 동사는 **be동사+동사의 과거분사** 형태가 되고,

C: 능동태의 주어는 **전치사(by) +주어의 목적격** 형태로 부사구가 되죠.

여러분, 이제 보니 영어 별것 아니죠?
처음부터 체계적으로 꾸준히 학습한다면 정말 별것 아닙니다.
그런데, 영어를 너무 만만하게 보면 영어가 자존심 상하겠죠?
하지만 마법의 영문법 세계에서는 불가능한 것이 없습니다.
영어의 자존심이 아무리 강해도 마법의 힘을 빌린 여러분에게는 꼼짝 못할 것입니다.
영어의 자존심도 세워 줄 겸해서 다음에는 조금 어려운 영문법을 다룰 테니 각오하세요.

3. 영어의 '특수구문' 마법을 밝히는 특명을 받아라!

여러분 "특수"가 뭔가요? 다른 것과 뭔가 (특별히) 다르다는 것 아니겠어요?
특수구문도 말뜻 그대로 영어의 일반적인 문장과 다른 특이한 문장들을 말하는데요.
여기에는 「**도치, 강조, 부정, 생략, 삽입, 물주구문, 대용**」 등이 있죠.
자, 하나씩 하나씩 마법의 주문을 꼭꼭 씹어 먹어볼까요.

01 도치(Inversion)의 마법

영문법 용어를 이해하는 데는 국어 의미를 새겨 보면 이해가 빠를 수 있어요. **'도치'** 도 말 그대로 앞뒤가 뒤바뀌었다는 뜻이죠. 이것은 바꿔 말하면 영어의 일반 어순인 「**주어 + 동사** ~」가 순서가 바뀌어 「**동사(주로 조동사) + 주어** ~」의 어순이 된 문장을 말합니다.

도치구문을 만드는 방법은 **조동사나 be동사가 쓰인 문장**의 경우에는 주어와 동사의 위치만 서로 바꾸면 되고, **일반동사**가 쓰인 문장의 경우에는 do동사를 인칭과 시제에 맞게 사용하면 됩니다. 아래의 do와 인칭의 사용법 도표는 영어 학습의 기본적인 것이면서 마법의 영문법에서도 중요한 마법이므로 반드시 기억하세요.

do와 인칭의 사용법

시제구분과 do형		인칭에 따른 do의 변화형		
시제구분	do의 변화형	1, 2인칭(I, you)	3인칭(he, she, it)	복수형(we, you, they)
현재	do	do	does	do
과거	did	did	did	did
과거분사	done	done	done	done

*do의 과거(did)와 과거분사(done)는 인칭에 관계없이 동일하게 사용되죠.

도치구문의 종류

종 류	예 문
가정법 문장 (If가 생략된 경우)	**Were I in your shoes,** I would buy a nice new house. = **If I were in your shoes,** I would buy a nice new house. 당신의 입장에 있다면, 나는 멋진 새 집을 구입할 것이다.
양보 구문	**Woman as she is**, she is strong. [관사가 생략됨에 주의하세요.] = **Though she is a woman**, she is strong. 그녀는 여자이지만 강하다.
비교 구문 (도치는 선택적)	I studied English more hours in the library than **did Tom**. = I studied English more hours in the library than **Tom did**. 나는 도서관에서 톰이 공부한 것보다 더 많은 시간 영어를 공부했다.

종 류	예 문
유도부사 구문	유도부사(here, there)가 문두에 위치하는 경우 : **부사(구)+동사+주어** 어순. **Here** is the book that you asked for. 당신이 부탁하신 책 여기에 있습니다.
강조를 위한 도치 (평서문)	**보어**가 문두에 위치하는 경우 : **보어+동사+주어** 어순. Wide **open** is the gate that leads to ruin. (형용사가 보어로 쓰인 경우) →The gate that leads to ruin is wide **open**. 파멸로 이르는 문은 활짝 열려 있다. **목적어**가 문두에 위치하는 경우 : **목적어+(조)동사+주어** 어순. **Not a word** did she say for a few days. → She did **not** say **a word** for a few days. 그녀는 며칠 동안 단 한마디도 하지 않았다.
	부정어구(hardly, scarcely, seldom, little, never, not only, not ~ (until), no sooner)가 문두에 위치하는 경우 : **부정어구+조동사+주어+동사원형** 어순. [중요] **Seldom** is he in a good mood. 그가 기분이 좋은 경우는 드물다. **Little** did I dream that I should never see her again. 내가 그녀를 다시는 보지 못하리라는 것을 결코 꿈에도 생각하지 못했다.
	자동사 다음에 오는 부사가 문두에 위치하는 경우에는 **주어가 명사냐 대명사냐에 따라** 어순이 달라집니다. a. 주어가 **명사**인 경우 : 「**부사+동사+주어**」 어순. **Down** fell the man. 그 남자는 넘어졌다. b. 주어가 **대명사**인 경우 : 「**부사+주어+동사**」 어순. **Down** he fell. 그는 넘어졌다.

02 강조(Emphasis)의 마법

우리가 누군가에게 어떤 내용을 실천하게 하기 위해 **"반드시, 꼭"**이라는 말을 덧붙여서 사용하는 것처럼 영어에서도 **'강조'**란, 말 그대로 어떤 어구를 덧붙이거나 반복 사용하여 의미를 강하게 나타내는 표현을 말합니다. 그럼 기본적인 강조구문들을 만나보도록 하죠.

(1) It ~ that 강조 구문

영어 학습에서 가장 자주 접하는 구문 중의 하나죠?
It ~ that 사이에 강조하고 싶은 어구를 넣으면 되고, 동사는 강조할 수 없다는 정도만 기억하면 충분할 겁니다.
다음 문장을 통해서 쏙쏙 들어오게 마법을 부려보죠!

I bought a bookcase yesterday. 나는 어제 책장을 샀다.
→ **It was I that[who] bought a bookcase yesterday.** [주어 강조] 어제 책장을 샀던 것은 바로 나다.

* 강조된 어구가 사람이면 that 대신에 관계대명사 **who**를 사용할 수도 있죠.

→ **It was a bookcase that[which] I bought yesterday.** [목적어 강조] 내가 어제 샀던 것은 책장이었다.

* 강조된 어구가 사물이면 that 대신에 관계대명사 **which**를 사용할 수도 있죠.

→ It was yesterday that[when] I bought a bookcase. [부사 강조] 내가 책장을 샀던 것은 바로 어제였다.

* 강조된 어구가 '때, 시간'을 나타낼 때는 that 대신에 관계부사 **when**, '장소'를 나타낼 때는 **where**를 사용할 수도 있죠.

(2) 조동사 do에 의한 강조

동사의 뜻을 강조하기 위해 조동사 do를 주어의 인칭 · 시제 · 수에 맞게 동사 앞에 위치시키고, do에 강세를 두죠. 이때 do는 "**정말로, 틀림없이, 꼭**"이란 의미입니다.

I know his address and cellular[mobile] phone number.

나는 그의 주소와 휴대폰 번호를 알고 있다.

→ I do <u>know</u> his address and cellular[mobile] phone number.

나는 그의 주소와 휴대폰 번호를 **확실히** 알고 있다.

Who said the fact? 누가 그 사실을 말했지?

→ Who did <u>say</u> the fact? **정말로** 누가 그 사실을 말했지.

* 과거동사를 강조할 경우에는 'did+동사원형' 형태로 쓰면 되죠.

Do be quiet! [명령문] 조용히 하라니까!

(3) 강조어구를 사용한 강조

1) **명사강조** – the very+**명사** : 바로 그 ~

This is **the very** <u>book</u> I have been looking for. 이것이 내가 찾고 있었던 바로 그 책이다.

2) **의문문에서** – ever, on earth, in the world : 도대체

How **ever** did he succeed? 그가 **도대체** 어떻게 성공했지?

Why **on earth** are you weeping? 너는 **도대체** 왜 울고 있니?

3) **부정문에서** – not ~ at all[in the least] : 전혀 ~하지 않다

I **don't** know her **at all.** 나는 그녀를 전혀 모른다.

I **don't** like her **in the least.** 나는 전혀 그녀를 좋아하지 않는다.

03 부정(Negation)의 마법

'부정'이란 어떤 문장에 부정(긍정의 반대)의 의미를 가지는 단어나 표현을 사용하여 그 문장이 '그렇지 않다'는 부정의 의미를 나타내는 것을 말하는데요.
다음을 보면 이런 의미를 명확히 이해할 수 있죠.

1) 부정어에 의한 부정

부정어	품 사	의 미	예 문
no	형용사	(주어 · 목적어가 되는 명사 앞에 위치하여 명사를 부정) 조금도 ~없는	He has **no** brothers. 그는 전혀 형제가 없다.
	부사	(비교급 앞에 위치하여) 조금도 ~아니다	We can go **no** further. 우리는 더 이상 앞으로 갈 수 없다.
none	대명사	아무도(아무것도) ~않다	**None** of the students knew it. 학생들 중 아무도 그것을 알고 있지 않았다.
no one	대명사	아무도 ~않다	**No one** attended the ceremony. 아무도 의식에 참석하지 않았다.
nothing	대명사	아무것도 ~않다	**Nothing** great is easy. 위대한 일에 쉬운 것은 아무것도 없다. [속담]
nor	접속사	또한 ~도 아니다 (도치구문을 사용해야 함)	He doesn't enjoy smoking, **nor** do I. 그는 흡연을 즐기지 않으며, 나도 (그것을) 즐기지 않는다.
without	전치사	~없이, ~하지 않고	I can't live **without** my wife. 나는 아내 없이 살 수가 없다.
never	부사	결코 ~하지 않다 (not보다 강한 뜻)	I've **never** met her again. 나는 결코 그녀를 다시 만난 적이 없다.

(2) 전체부정, 부분부정, 준부정, 이중부정

1) 전체부정

–"전혀[결코] ~않다"는 의미의 문장으로 "no[none, neither, never]/ not+any[either]"가 사용된 문장은 **전체부정** 문장이 되죠.

I did**n't** see any birds. 나는 결코 어떤 새도 보지 못했다.

Never shall I forget her kindness. 나는 그녀의 친절을 결코 잊지 않을 것이다.

2) 부분부정

– "모두[항상, 완전히] ~한 것은 아니다"라는 의미로 해석되는 경우입니다. 대명사 all, both, every 등과 부사인 always, necessarily, entirely, altogether, wholly 등이 부정문에 쓰이면 **부분부정** 문장이 되죠.

The rich are **not always** happy. 부자라고 해서 항상 행복한 것은 아니다.

I do**n't** say your plan is **necessarily** wrong. 당신의 계획이 무조건 잘못되었다는 것은 아니다.

3) 준부정

– "~에 준한다"고 하면, "~에 가깝다"는 뜻이죠. **준부정어** little, few, seldom, scarcely, hardly, rarely가 사용된 문장이 준부정 문장이며, "거의 ~않다[없다]"라는 의미입니다.

There is **little** hope of his success. 그가 성공할 희망은 거의 없다.

부정구문에서 제일 중요한 것은 **이중부정으로 쓸 수 없는 경우**입니다.

이것이 시험 출제 1순위이므로 잘 이해하고 있어야겠죠.

부정어 little, few, seldom, scarcely, hardly, rarely, lest ~ should, neither ~ nor, none, nobody, nothing 등이 쓰인 **단문**에 다른 부정어 not, no, never 등은 절대로 쓸 수 없죠.

I obeyed her lest that she should **not** be angry. (×)

I obeyed her lest that she should be angry. (○) 나는 그녀가 화나지 않도록 그녀의 말을 잘 들었다.

I didn't see nothing. (×)

I didn't see anything. (○) 나는 아무것도 보지 못했다.

다음 이중부정 구문은 시험에 자주 출제되므로 꼭 기억하세요.

* not[never] … without ~ : …하면 반드시 ~한다

I cannot see this picture without **being** reminded of him.

= Whenever I see this picture, I am reminded of him.

= Every time I see this picture, I am reminded of him. 나는 이 그림을 보면 반드시 그가 생각난다.

04 생략(Ellipsis)의 마법

'생략'이 뭔가요? 뺀다는 것 아닙니까?

그럼, 왜 빼냐구요? 그야 간단한 게 좋고, 같은 어구를 반복해서 쓸 필요가 없으니까요.

그렇다고 막 빼면 될까요? 아니죠.

생략구문은 누구든지 생략된 부분을 분명하게 파악할 수 있어야 하며, 서로 어떤 연관성을 맺게 해주는 기능을 가진 문장에서만 사용되어야 하죠.

A : Is she a student?

B : Yes, **she is.** → a student 생략

A : Is she beautiful?

B : Yes, **she is.** → beautiful 생략

(I wish you) Good luck. 행운을 빕니다. [인사말]

(This product is) Not for sale. 비매품 [게시문]

(Beware of) Wet Paint! 칠 주의 [게시문]

한 문장 안에서 공통적으로 또는 반복적으로 사용되는 요소를 찾아내어 생략해 줌으로써 문장을 간결하게 쓸 수 있으니 얼마나 경제적인가요?

그렇다면, 중복을 피하기 위해서는 어떤 것을 생략할 수 있는지 예문을 보면서 학습해 보겠습니다.

(1) 주어가 공통어인 경우 : AX and AY=A(X+Y)

I went home, and I watched television. 나는 집에 가서 텔레비전을 보았다.
A X A Y
= I went home, and watched television.

(2) 수식어구가 공통어인 경우 : XA and YA=(X+Y)A

You must do this work by yourself and for yourself. [전치사+재귀대명사]
X A Y A
= You must do this work by and for yourself. [재귀대명사가 공통]

너는 홀로 그리고 혼자 힘으로 이 일을 해야 한다.

(3) 피수식어구(수식을 받는 말)가 공통어인 경우 : AX and AY=A(X+Y)

A student of wisdom and a student of sense will win the game.
A X A Y
= A student of wisdom and of sense will win the game.

지혜롭고 센스 있는 학생이 그 게임을 이길 것이다.

중요한 것은 "**부사절에서의 생략**"인데요. 이것은 시험에 자주 출제되므로 잘 기억해야 합니다.

While (we were) waiting for a bus, we were caught in a shower.

버스를 기다리는 동안에 우리는 소나기를 만났다.

참고로 "**주격관계대명사 + be동사**"의 생략에 대해서도 알아두면 크게 도움이 되겠죠.
The pretty girl (who is) coming over there is my girl friend.

저기 오는 예쁜 소녀는 내 여자 친구이다.

05 삽입(Parenthesis)의 마법

'삽입'이 뭔가요? "(어디에) 끼워 넣는 것"아닌가요? 말 그대로 앞에 나오는 말을 부가적으로, 구체적으로 설명하기 위하여 단어나 구, 절 등을 문장 중간에 끼워 넣는 것을 말합니다. 일반적으로 삽입어에는 콤마(,), 괄호( ), 대시(-) 등을 사용하여 표기하죠.

He was, indeed, a great composer. [삽입어 - 단어] 그는 정말로 훌륭한 작곡가였다.
You must, to begin with, graduate from school. [삽입구 - 부정사구] 우선, 너는 학교를 졸업해야 한다.
He is, I believe, a great statesman. [삽입절]
= I believe **that** he is a great statesman. 나는 그가 훌륭한 정치가라고 믿고 있다.

06 동격(Apposition)의 마법

'동격' 이란 국어에서는 "같은 자격[정도]"라고 설명할 수 있지만, 영어에서는 어떤 **명사(구)**를 동등한 관계에서 덧붙여 설명하거나 바꾸어 말하는 어구를 말합니다. 이런 어구에는 **명사(구/절), 부정사** 등이 있고, 동격어는 일반적으로 그것이 설명하고자 하는 **명사(구) 뒤에 위치**하나, 앞에 위치하는 경우도 있죠.

Mr. Brown, an English teacher, lives next door. [명사]
= An English teacher Mr. Brown lives next door.
= Mr. Brown, who is an English teacher, lives next door.
영어 선생님이신 브라운 씨는 옆집에 살고 있다.

The actress hid the fact that she was married. [명사절] 그 여배우는 결혼한 사실을 숨겼다.

She made a firm decision to quit smoking. [부정사] 그녀는 담배를 끊겠다는 굳은 결심을 했다.

07 물주구문(Sentence Structure Using Things as Subject)의 마법

물주구문(物主構文)하면 아무것도 생각이 나지 않죠? 혹시 물주 - 돈 대 주는 사람인가요? 아니죠! '사물이 주어로 쓰인 문장'을 **'물주구문'** 이라 합니다.
정말 쉽죠? 마법의 영문법에서는 무엇이든지 쉽고, 시원시원하게 풀어드립니다.

물주구문에서 개념정의는 별로 중요하지 않고요.
정말 중요한 것은 다음 박스 안의 내용입니다.

무생물 주어가 타동사와 함께 쓰일 경우의 해석은
1) **목적어**를 **주어**처럼 해석하고,
2) **주어**는 원인, 이유, 수단 등의 **부사구[절]** 의미 즉, 「~때문에, ~이유로, ~로 인해, ~하고서, ~덕분으로」 등으로 해석합니다.
이것은 영작문시 중요하므로 꼭 알아두세요.

(1) 사물주어+enable+목적어+to V ~

해석 : 주어가 목적어로 하여금 무엇을 할 수 있도록 해 주다[~을 하게 하다]

Airplanes **enable** people **to travel** through the air.
비행기 덕분으로 사람들은 하늘을 통해 여행하는 것이 가능하다.

(2) 사물주어+**prevent[keep, prohibit, hinder]**+목적어+**from+V~ing**
= 주어[사물]+forbid+목적어+to V ~
해석 : 주어가 목적어가 ~하는 것을 못하게 하다

My illness **prevents** me **from attending** the meeting.
= My illness **forbids** me **to attend** the meeting. 병으로 인해 나는 그 모임에 참석할 수가 없다.

(3) 사물주어+**force[compel, oblige]**+목적어+**to V ~**
해석 : 주어가 목적어로 하여금 ~을 하도록 강요하다

The snow **forced** us **to put off** our departure. 눈으로 인해 우리는 출발을 연기하지 않을 수 없었다.
= We **had to** put off our departure **because of** the snow. 눈 때문에 우리는 출발을 연기해야만 했다.

(4) 사물주어+**take**+목적어[사람]
It takes+사람+시간+to V
= It takes+시간+for+목적격+to V
해석 : ~가 V하는데 얼마의 시간이 걸리다

It took us two hours to get to Seoul by train.
= It took two hours for us to get to Seoul by train. 우리가 서울에 가는데 기차로 2시간 걸렸다.

(5) 사물주어+make[cause, drive]+목적어+**형용사/과거분사/to V**
= 주어[사람]+get+to V/형용사/과거분사+**이유부사(구/절)**
해석 : 주어로 인해[~ 때문에] 목적어가 ~하다

Her suggestion makes me happy.
= I get happy because of her suggestion. 그녀의 제안으로 나는 행복하다.

지금까지 학습한 마법의 영문법을 잘 익히셨다면 실전문제도 그다지 어렵지 않을 것입니다. 다음은 시험에 많이 출제되는 문제 중에서도 특별히 선별한 초특급 울트라 실전문제입니다. 그동안 갈고 닦은 마법의 영문법 봉(지팡이)이 준비되었다면 자신 있게 맘껏 휘둘러 보세요.

Actual **Test**

PART 01 실전확인문제

Part 1 다음 문장을 괄호 안의 지시대로 고쳐 보세요.

01. Tom is a great poet. (부정문으로)
→ Tom __________ a great poet.

02. She went to school yesterday. (부정문으로)
→ She ___________ to school yesterday.

03. He likes jazz. (의문문으로)
→ _____________ jazz?

04. Tom can speak English well. (부가의문문으로)
→ Tom can speak English well, __________?

05. Have a cup of coffee. (부가의문문으로)
→ Have a cup of coffee, ____________?

06. You have a nice bag. (what을 이용한 감탄문으로)
→ What __________ you have!

Part 2 다음 문장에서 주어에 해당하는 부분에 밑줄을 그으세요.

01. John and Hester like each other.

02. There is a notebook on the desk.

03. Never to depend on other people is the best way to succeed in life.

04. The age of this car is between fifteen and twenty years.

05. Finding potential investors for your business is the hardest part of raising capital.

06. Who will go hasn't been decided yet.

Part 3 올바른 문장이 될 수 있도록 괄호 안에서 적절한 것을 고르세요.

01. The keys to the door(is, being, are) on my desk.

02. The woman (talked, talking, talks) to the students is my sister.

03. After you have finished your work, please (call, calling, calls) me as soon as possible.

04. After checking your credit history, this teller who (is, being, to be) in charge of mortgage will lend you money.

05. Most of the students of this school (like, likes, is like) the English teacher with twenty years' experience.

06. For the first time I felt (repentant, repent, repentance) and sorrow.

07. Little (did, do, doing)I dream that I should never see her again.

Part 4 다음 보기 중에서 빈 칸에 들어갈 가장 알맞은 표현 하나를 고르세요.

01. With my girl friend, ______ went to an amusement park last weekend.

A. I　　B. my　　C. me　　D. mine

02. The origins of this music ______ as interesting as the music itself.

A. has　　B. have　　C. is　　D. are

03. The bicycle that my father ______ for me is very nice.

A. buy　　B. bought　　C. to buy　　D. buying

04. His work as a consultant ______ in advising foreign companies which want to construct new factories in Korea.

A. consists　　B. consist　　C. consisting　　D. consistent

05. ______ , and it shall be opened to you.

A. Knock　　B. Knocked　　C. Knocking　　D. To knock

06. _______ you want to borrow money, you should fill out a loan application form.

A. If B. What C. That D. Where

07. Could you tell me a shop _______ I can get a discount?

A. but B. and C. where D. what

08. The price that we suggested last Monday _______ a full money-back guarantee and an estimate of the services to be provided.

A. include B. includes C. including D. to include

09. _______ take a vacation in the summer.

A. Most of the employee B. A number of employee

C. What we want is to D. The boss talking to his employees

10. Hardly _______ the news when I hastened to the spot.

A. have I heard B. had I heard C. I have heard D. I had heard

11. What you have to do is to solve it as well as _______ the problem.

A. to identify B. to identity C. to identification D. to identifying

12. The best equipment a young man can have for the success of life _______ a conscience, common sense, and good health.

A. have B. has C. is D. are

13. Here _______ some tips to help you know how to behave politely when you are invited to an American home for dinner.

A. have B. has C. are D. is

14. Not only _______ the gestures vary from culture to culture, but their frequency of use does, too.

A. does B. do C. is D. are

국어와 영어의 차이점

국어는 토씨중심 언어이지만, 영어는 어순중심 언어이다.

즉, 국어는 어순이 바뀌어도 문장성분을 표시해 주는 토씨(조사)가 있어서 의미전달에는 큰 문제가 없지만, 영어는 어순중심 언어이기 때문에 문장성분이 동사 앞에 위치하느냐, 동사 뒤에 위치하느냐에 따라 성분이 바뀌어 결국, 그 문장의 의미가 달라져요.

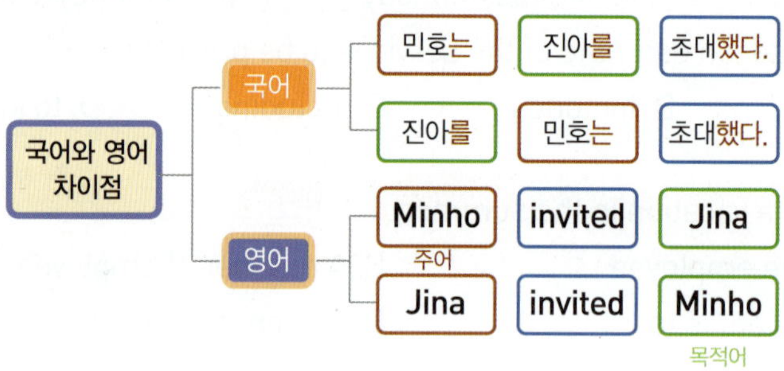

영어에서 문장을 내용에 따라 **평서문, 의문문, 명령문, 기원문, 감탄문**으로 나누고 있는데, 이것이 어순과 밀접한 관계가 있어요. 다음 예문은 중요하므로 꼭 암기하세요.

평서문	You	are	honest.				
	주어	동사					
의문문	Are	you	honest?				
	동사	주어					
명령문	Be	honest.					
	동사원형						
가정문	If	you	were	honest,	I	would employ	you.
	If	주어	동사				
감탄문	How	honest	you	are	!		
	How	형/부	주어	동사			
	What	an honest man	you	are	!		
	What	a/an 형 명	주어	동사			
기원문	May	you	be	honest forever !			
	May	주어	동사원형				

PART 02

Part 01에서 참신한 방법으로 **영문구조**에 대한 마법과 그것의 비밀을 밝혀내는 탐험을 마친 소감은 어떠셨나요? 아직도 확실히 이해 안 되는 어려운 부분이 있다고요? 하지만 전혀 걱정하지 마세요.

Part 02의 탐험에서는 그 동안 명확히 밝혀내지 못한 미심쩍은 사항들이 하나씩 밝혀질 것입니다. 마치 엉켜있던 실타래의 가닥을 제대로 찾아 술술 풀어나가듯 어렵고 복잡하다고 여겨왔던 영문법 전반에 관한 궁금한 단서를 찾아 신나게 탐험을 떠날 것입니다.

음식을 만드는데 필요한 재료로 비유될 수 있는 영어의 8품사의 기능에 대한 탐험은 먼저 동사의 비밀을 찾는 것입니다. 품사의 왕 동사 비밀을 찾아내기 위해서는 동사의 3가지 성질이 될 수 있는 단서를 찾아내야만 합니다.

동사가 첫 번째로 '**문장의 의미를 결정**한다'는 사실, 두 번째로 '**문장의 구조를 결정**한다'는 사실, 세 번째로 '**여러 가지 모습으로 변신**할 수 있다'는 사실을 밝혀내는 것입니다.

또한 동사의 본래 의미를 유지하고 내용에 약간의 변화를 주는 **시제, 조동사, 법, 태**에 대한 탐험뿐만 아니라 동사가 마법을 걸어 다른 품사로 변신한 **준동사, 즉 to부정사, 동명사, 분사**에 대한 탐험을 하게 됩니다.

아울러 동사의 행위나 동작의 주체 또는 대상이 되기도 하는 **명사**, 문장에서 자주 명사 역할을 대신해 주는 인정 많은 **대명사**에 대한 탐험과 문장을 길게 또는 짧게 쓸 수 있는 마법을 갖고 있는 **연결사, 즉 관계사, 접속사, 전치사** 등이 갖고 있는 공통점과 차이점에 대한 탐험도 하게 됩니다.

마지막으로 문장에서 중심적인 기능을 하는 것은 아니지만, 사람이나 사물에 대해 섬세하고 자세하게 표현해 주는 역할을 맡은 **수식어**, 즉 명사를 꾸며주는 **형용사**와 동사, 형용사, 부사, 문장을 꾸며주는 **부사**를 탐험하는 것으로 『마법의 영문법』과 떠난 탐험은 끝을 맺게 됩니다.

그럼, 『마법의 영문법』을 좀 더 꼼꼼히 탐험해서 영어에 점차 눈을 떠가는 짜릿한 재미에 푹 빠져볼까요!

영어정복의 마법이란?

문장 내에서 품사의 기능 이해에 있다!

품사(Parts of Speech)의 맥

문장은 여러 단어들이 모여 만들어진다는 것은 앞에서 배웠으므로 잘 아시겠죠?
여러분들이 집이나 학교에서 해야 할 역할들이 있듯이 문장을 구성하는 각각의 단어들도 문장 내에서 자신이 할 역할들이 있지요. 각각의 단어가 문장 내에서 맡고 있는 역할을 일컬어 '품사'라고 합니다.
이 품사를 문장에서의 역할에 따라 8가지 즉, **명사(Noun)**, **대명사(Pronoun)**, **동사(Verb)**, **형용사(Adjective)**, **부사(Adverb)**, **전치사(Preposition)**, **접속사(Conjunction)**, **감탄사(Interjection)**로 나눌수 있는데, 이것들을 **8품사**라 하죠.
품사를 학습하는데 있어 정말 중요한 사실 하나는 품사는 문장 내에서 그 단어가 맡고 있는 역할에 따라 정해진다는 것인데요. **하나의 단어는 항상 하나의 품사로만 사용되는 것이 아니라 같은 형태의 단어라고 할지라도 문장 내에서의 역할에 따라 다른 품사로 사용될 수 있다**는 것이죠. 다음 예문을 보면 바로 느낌이 팍 꽂히게 될 것입니다.

That smells nice. 저것은 냄새가 좋다.

대명사로서 문장 내에서 주어 역할

I don't like that sort of music. 나는 그런 종류의 음악을 좋아하지 않는다.

명사를 수식하는 형용사

Your bag is not that heavy. 당신의 가방은 그렇게 무겁지는 않다.

형용사를 수식하는 부사

8품사를 한 눈에 볼 수 있도록 마법의 도형으로 알기 쉽게 소개할 테니 잘 기억하세요.

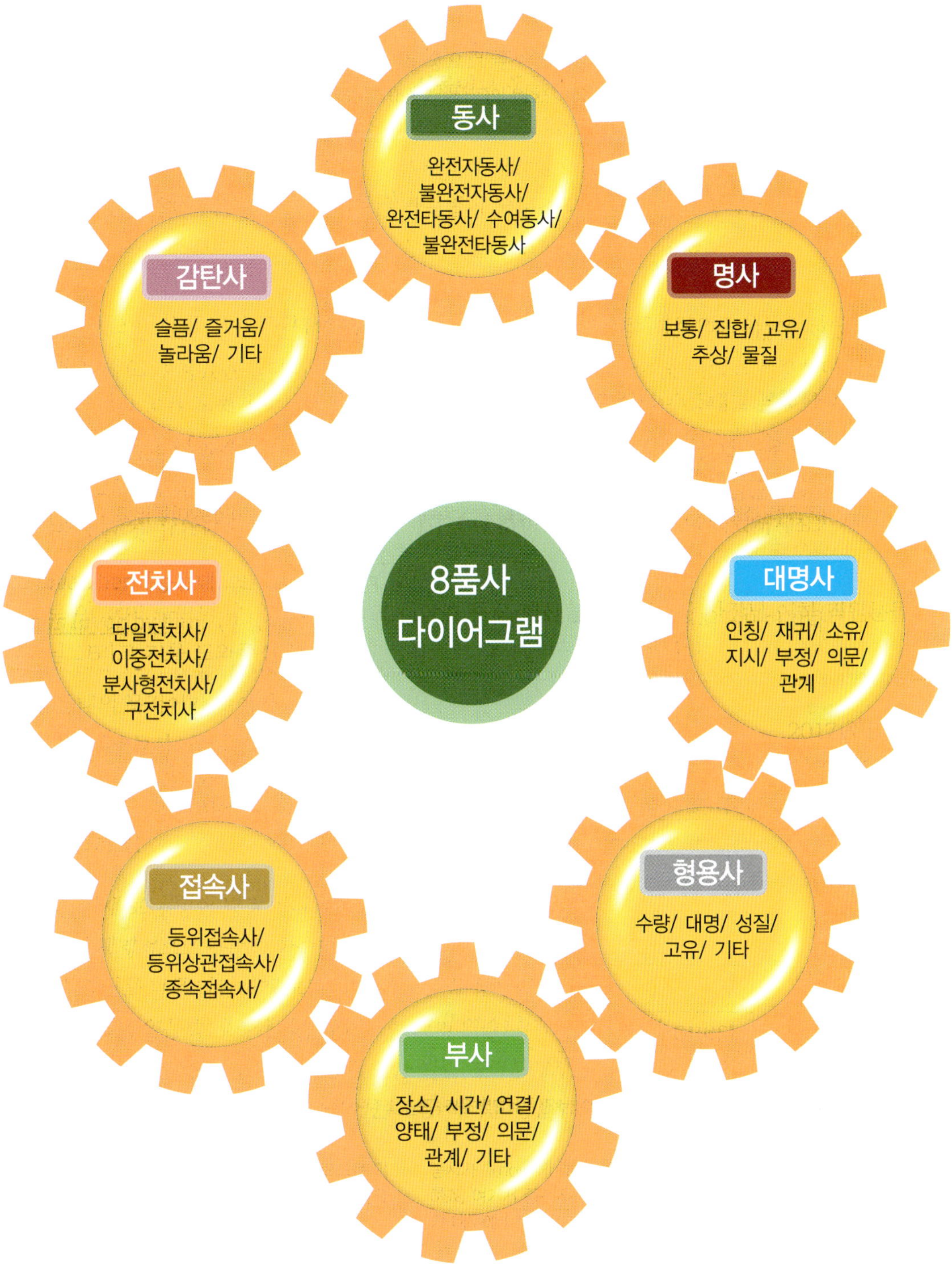

8품사 다이어그램
동사
완전자동사/ 불완전자동사/ 완전타동사/ 수여동사/ 불완전타동사
명사
보통/ 집합/ 고유/ 추상/ 물질
대명사
인칭/ 재귀/ 소유/ 지시/ 부정/ 의문/ 관계
형용사
수량/ 대명/ 성질/ 고유/ 기타
부사
장소/ 시간/ 연결/ 양태/ 부정/ 의문/ 관계/ 기타
접속사
등위접속사/ 등위상관접속사/ 종속접속사/
전치사
단일전치사/ 이중전치사/ 분사형전치사/ 구전치사
감탄사
슬픔/ 즐거움/ 놀라움/ 기타

8품사가 문장 내에서 **주어, 보어, 목적어, 수식어** 중 어느 것으로 쓰이느냐의 이해여부는 앞으로의 영어 학습에 있어 아주 중요합니다. 이것을 재미있게 익힐 수 있도록 동물들에게 품사 역할을 맡겨서 쉽게 이해하도록 설명하겠습니다.
동물들의 특성을 생각하면 품사 역할이 바로 이해되겠죠! 이것이 바로 변신마법입니다.

영어 8품사의 임무

가장 용맹스러운 호랑이는 사람, 장소, 사물의 이름을 칭하는 **명사**로서 **주어, 목적어, 보어** 역할을 맡아라.

치타는 호랑이와 비슷한 모습이니 명사를 대신하는 **대명사**로서 **주어, 목적어, 보어** 역할을 맡아라.

말은 빨리 달리는 재주가 있으니 **동사**로서 주어의 행위와 동작 등을 보어와 목적어의 도움을 받아 잘 전달하라.

공작새는 화려한 색상을 갖고 있으니 사람의 감정을 나타내는 **감탄사** 역할을 맡아라.

원숭이 너는 여러 동물 흉내를 잘 낼 수 있으니 **접속사**로서 **단어, 구, 절을 연결**해 주는 역할을 맡아라.

카멜레온은 변신하는데 재주가 있으니 **형용사**로서 **명사를 앞뒤에서 수식**하고, **보어** 역할도 함께 맡아라.

비둘기는 동물들에게 소식을 전달하는 **전치사**로서 명사와 대명사 앞에 붙어 날아 다니면서 **단어, 구를 연결시켜 형용사와 부사** 역할을 맡아라.

여우는 말을 잘해 사교성이 좋으니 **부사**로서 **동사, 형용사, 다른 부사를 수식**하는 역할을 맡아라.

5형식 문장과 품사와의 관계

영문법 구조와 영어 품사와의 관계는 마치 요리한 음식과 그 음식을 만드는데 들어가는 재료와의 관계와 같죠. 김밥은 영문법 구조에 해당되고, 김밥을 만드는데 들어가는 재료인 김, 밥, 햄, 계란, 단무지 등은 영어 품사에 해당되죠. 가령 계란이 김밥뿐만 아니라 다른 음식을 만드는데 재료로 쓰일 수 있는 것처럼, 명사도 문장 내에서 어느 하나의 구성요소로만 쓰이는 것이 아니라 주어로, 목적어로, 보어로 쓰일 수가 있어요. 5형식 문장이 어떤 품사로 이루어져 있는지를 다음과 같이 하나의 마법 도표로 요약했습니다.

1형식	주어	완전자동사	(수식어)		
	Tom	laughed	(loudly).		
2형식	주어	불완전자동사	보어	(수식어)	
	Tom	became	a great teacher	(in after years).	
			명사, 대명사		
3형식	주어	완전타동사	목적어	(수식어)	
	Tom	teaches	English	(at the high school).	
			명사, 대명사	명사, 대명사	
4형식	주어	수여동사	간접목적어	직접목적어	(수식어)
	Tom	gave	me	a useful book	(yesterday).
	주어	수여동사	직접목적어	전치사 + 간 · 목	(수식어)
	Tom	gave	a useful book	to me	(yesterday).
			명사, 대명사	명사, 대명사, 형용사	
5형식	주어	불완전타동사	목적어	목적격보어	(수식어)
	Tom	encouraged	students	to study English	(hard).

* **명사**와 같은 역할 : 명사구[절], to부정사, 동명사
* **형용사**와 같은 역할 : 분사[구], to부정사
* **수식어** : **부사**는 문장 어디에나 위치하여 동사, 형용사, 부사를 수식할 수 있고, **형용사**는 **명사, 대명사**를 **수식**할 뿐만 아니라 **주격보어**와 **목적격보어**로도 쓰이죠.
* **출제경향** : 문맥에 어울리는 품사 고르기 문제로 출제되며, 특히 **형용사**는 **목적어자리**에 쓰일 수 없고, **부사**는 **보어자리**에 쓰일 수 없다는 점을 꼭 기억해 두세요.

■ 영어에서 부정문과 의문문을 만드는 방법이 동사의 종류에 따라 다르다는 것을 이해하는 것은 아주 중요함.

⊙ 동사 분류

동사

be동사

원형	현재형	과거형	과거분사형
be	am	was	been
	is		
	are	were	

▶ 부정문 : be동사 + not
▶ 의문문 : be동사 + 주어

조동사

현재형	과거형	현재형	과거형
can	could	may	might
will	would	shall	should

▶ 부정문 : 조동사 + not + V~
▶ 의문문 : 조동사 + 주어 + V~

일반동사

원형	현재형	과거형	과거분사형
eat	eat	ate	eaten
buy	buy	bought	bought
write	write	wrote	written
have	have/has	had	had

▶ 부정문 : 인칭과 시제에 맞게 두(do), 더(does), 지(did) + not + ⓥ
▶ 의문문 : 인칭과 시제에 맞게 두(do), 더(does), 지(did) + 주어 + ⓥ

※ⓥ는 동사원형을 표시

■ 질문에 맞는 답변 익히기

⊙ be동사가 포함된 의문문 답변

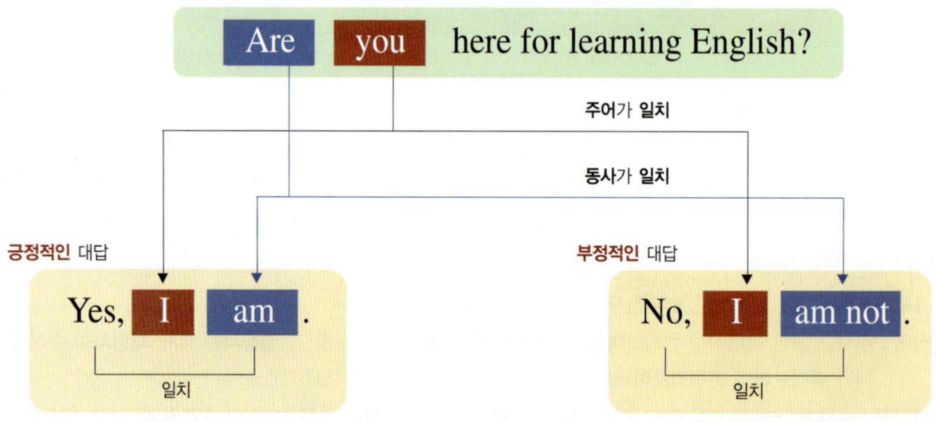

Chapter 01

Welcome to 동사 마법의 집

1. 동사(Verbs)를 부르는 마법 주문
2. 조동사(Auxiliary Verbs)를 부르는 마법 주문
3. 시제(Tenses)를 부르는 마법 주문
4. 태(Voices)를 부르는 마법 주문
5. 법(Moods)을 부르는 마법 주문
6. 일치(Agreements)를 부르는 마법 주문

⊙ 실전확인 문제

1. 동사(Verbs)를 부르는 마법 주문

『마법의 영문법』을 통달하기 위해서는 첫 번째 주술인 동사 마법을 익혀야 합니다.
주인공은 물론 그 유명한 **동사 마법**이죠.
오직 동사를 위해 살고, 동사를 위해 평생을 익혀온 훌륭한 마법입니다.
앞으로 주인공을 통해서 동사가 가지고 있는 모든 마법을 배울 겁니다.
동사 마법과 함께 재미있게 지내면서 많은 것을 배워 가세요.
동사 마법은 영어문장에서 중심 역할을 하는 아주 중요한 존재입니다. 성격이 좀 복잡하고 까칠한 부분이 많아 그를 싫어하는 분들도 많죠. 그래서 그런 분들은 동사가 부리는 마법의 신비스러움 때문에 어려움을 겪게 될 것입니다.
마법의 동사를 잘 알지 못하고서는 영어를 잘 하기는 불가능하다는 것을 염두에 두고, 가능한 동사 마법과 친하게 지내려고 노력하는 것이 중요합니다. 좀 까칠하다고 해서 자꾸 피하면 나중에 영어를 학습하면서 온갖 수난을 당하게 된다니까요.

자, 아래의 마법 도표를 보세요.
동사 마법과 친한 친구들입니다.
마법의 동사는 바로 이 친구들과 함께 마스터하게 되니까 아주 친하게 지내야겠죠!

동사 마법의 집

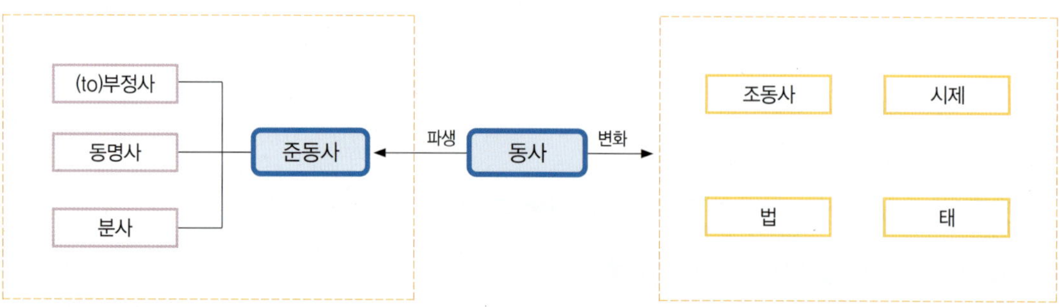

동사의 이성 친구들

(동사의 형태가 변화된 것으로서 문장 내에서 동사의 성질은 유지하나, 동사가 아닌 다른 품사로 쓰이는 것)

동사의 친구들

(동사가 문장 내에서 자신의 역할을 잘 할수 있도록 동사의 내용에 약간의 변화를 주는 것)

그럼 먼저 이곳의 주인공이자 영어 문장에서 가장 까다로우면서 중요한 임무를 맡고 있는 동사 마법으로부터 소개를 받아보도록 하죠.

안녕하세요! 제 이름은 **'동사'** 라고 합니다.
저는 사물이나 사람의 **동작**(움직임)이나 **상태**(모양)를 나타내는 임무를 맡고 있죠.
하는 일이 중요해서 그런지 사람들은 저를 **본동사, 술어동사, (서)술어**라는 여러 가지 'nickname(별명)' 을 붙여서 부르죠. 모두 같은 의미이므로 혼란스러워하지 마세요.

A horse <u>runs</u> after the dog. **[동작]** 말 한 마리가 그 개를 뒤쫓고 있다.
His name <u>lives</u> in my memory. **[상태]** 그의 이름은 나의 기억 속에 남아 있다.

다음에 소개하는 **마법의 동사 다이어그램**이 바로 기억날 수 있도록 반복 학습하세요.
왜냐하면 이것은 영문의 기본구조로 모든 문장이 여기에서 변형되기 때문이죠.

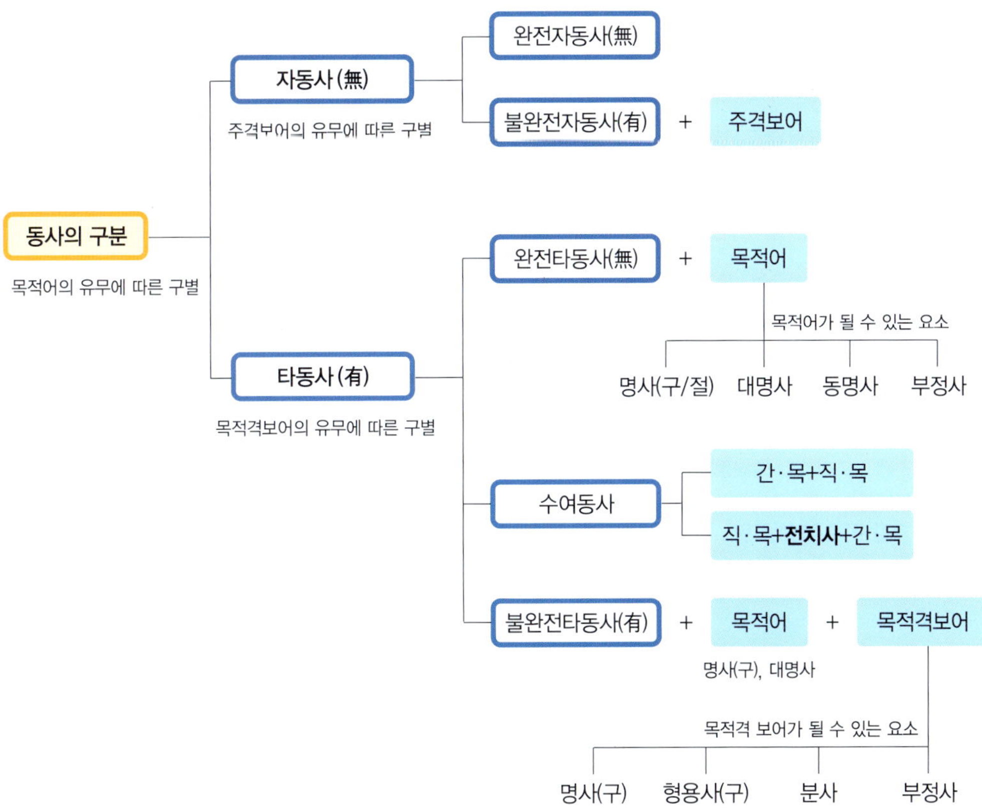

마법의 동사 다이어그램에서 본 것처럼
문장은 동사가 만드는 술부의 서술형식에 따라 일반적으로 5가지 형식으로 구분되고 있습니다.
그 구별 기준이 되는 것은 **목적어**와 **보어의 유무**(有無)란 것도 아셨죠?

아직 확실히 이해하지 못한 분을 위해 다시 한 번 정리해 드리죠.

완전자동사(보어를 필요로 하지 않는 동사) – **1형식**
불완전자동사(보어만을 필요로 하는 동사) – **2형식**
완전타동사(목적어만을 필요로 하는 동사) – **3형식**
수여동사(목적어를 두 개 가지는 동사) – **4형식**
불완전타동사(보어와 목적어를 모두 필요로 하는 동사) – **5형식**

영어의 모든 문장은 특수한 경우를 제외하고는 위와 같이 5형식으로 분류되어집니다.

그런데, 자동사가 무엇일까요?
자동사는 목적어의 도움 없이, 즉 자신의 힘만으로 스스로 동사의 일을 완벽하게 수행할 수 있는 동사를 말합니다.
타동사는 타인의 도움, 즉 목적어의 도움을 받아야만 동사의 일을 제대로 수행할 수 있는 동사를 말합니다.

그렇다면, **수여동사**는 무엇일까요?
"상장을 수여하다"라고 하면 여기서 사용된 수여가 뭔지는 다 알겠죠?
바로 "준다(give)"는 뜻 아닙니까!

즉, "누가 누구에게 무엇을 준다."
주어 간 · 목 직 · 목 **수여동사** — 간접목적어와 직접목적어를 동시에 갖는 동사

She gave me a glass of water. 그녀는 내게 물 한 잔을 주었다.

정말 간단하죠!

문장에서 동사는 짝짓기를 잘 해야만 생존할 수 있죠!

짝짓기는 동물들만 하는 것으로 아는데 동사도 짝짓기를 한다?
당연하죠! **영어 문장은 단어끼리 어울림이 중요합니다.** 그래서 문장 속의 단어는 호흡이 잘 맞는 동사와 짝짓기를 할 수 있는 것들만이 살아남아서 자신의 역할을 할 수가 있습니다. 가령 **불완전자동사**는 목적어의 도움은 필요 없고, **보어의 도움만 필요**하므로 보어하고만 짝짓기를 해야 하고, 목적어와 짝짓기를 하게 되면 틀린 문장이 되겠죠. 완전타동사는 반드시 **타인(목적어)의 도움이 필요**하므로 즉, **목적어와 짝짓기**를 해야만 하고, 보어하고 짝짓기를 하면 틀린 문장이 된다는 거죠. 다시 말하면, 타동사 다음에는 **목적어 역할**을 할 수 있는 명사, 대명사, 동명사, 부정사 등이 와야만 살아있는 문장이 된다는 말입니다.

She looks **happiness.** (×)
She looks **happy.** 그녀는 행복해 보인다.

영어와 국어의 어순구조는 어떻게 다를까요?

국어는 어순이 조금 바뀌어도 의미전달에는 큰 문제가 없으나, **영어에는 엄격하게 지켜야 하는 어순**(단어의 순서)이 있죠.
국어와 영어의 어순구조의 비교 학습에 앞서 다음 내용을 기억해 주세요.

* (일반적으로) 국어든 영어든 가장 중요한 **주어**가 맨 앞에 위치합니다.

1. 국어의 경우 **보어나 목적어가 동사 앞**에 위치합니다.
   그러나 영어의 경우 **보어나 목적어가 동사 뒤**에 위치합니다. (65~66쪽 참조)
2. 국어의 경우 **수식어는 항상 피수식어[수식받는 말]앞에 위치**합니다.
   그러나 영어의 경우 **수식어는 피수식어 앞과 뒤 또는 앞뒤 동시에 위치**할 수가 있습니다. (279쪽 참조)
3. 국어의 경우 **명사 뒤**에 **조사**가 붙어 **부사**로 쓰일 수 있습니다.
   그러나 영어의 경우 **전치사가 명사 앞에 위치**하여 **부사** 역할을 합니다. (251쪽 참조)
4. 국어의 경우 동사 뒤에 붙어 있는 어미를 변형시켜 다른 품사로 사용할 수 있습니다.
   그러나 영어의 경우 **동사 앞**(to+V : to부정사)과 **동사 뒤**(V+ing/ed : 동명사/현재분사, 과거분사) 를 변형시켜 **다른 품사로 사용**할 수가 있습니다. (116~117쪽 참조)
5. 국어에서는 가주어나 가목적어가 없으나 영어에서는 정확한 의미전달을 위해 주어가 긴 경우 **가주어(it)~진주어(to부정사, that절)**를 사용하고, 목적어가 긴 경우에는 **가목적어(it)~진목적어(to부정사, that절)**를 사용하고 있습니다.
   (181~182쪽 참조)

뭐가 뭔지 잘 이해되지 않으신다고요?
걱정 꽉 붙들어 매시고, 우선 5형식 중심으로 국어와 영어를 비교 분석해 보세요.

영어문장 구조 마법 다이어그램

※ 수식어는 중심어를 **꾸며주는 역할**을 하므로 문장 어디에나 위치할 수 있고 **생략**해도 문장이 됨.

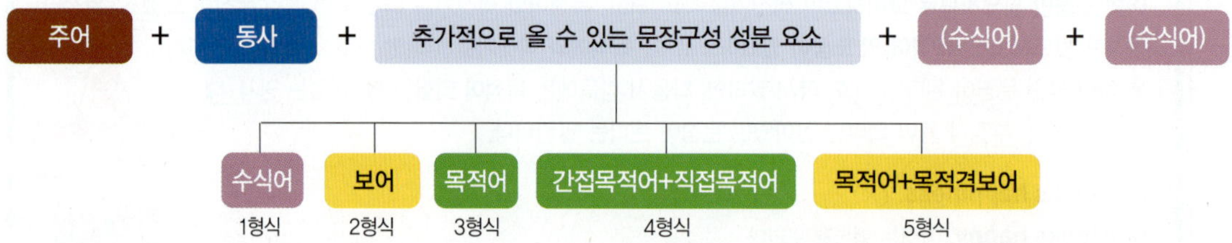

★★★ 영어문장 구조의 놀라운 사실?

전체 영어문장 중에서 절반이 넘는 문장이 3형식구조로 이루어져 있다.

문장 5형식의 국어 · 영어 비교 마법의 학습법

(1) 제1형식 : 주어+완전자동사

보어나 목적어의 도움 없이 자신의 힘만으로 동사의 일을 완벽하게 수행할 수 있는 동사죠.

A rabbit jumped. 한 마리의 토끼가 깡충 뛰었다.

They sing very well. 그들은 노래를 아주 잘 부른다.

국어와 영어의 어순구조 비교 마법 예문

1) '주어+동사+수식어' 형태로 이루어진 1형식 문장

→ **부사(구)**는 문장을 구성하는 필수 요소가 아니죠.

예문 1. **The postman went to the church.**

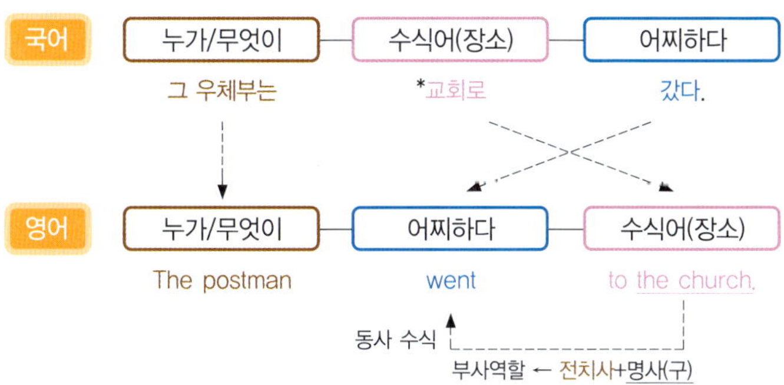

* 교회로 : 국어에서 '~로'는 명사에 붙는 조사인데, 영어에서는 이것을 명사 앞에 전치사를 붙여 나타내죠.

2) '주어+동사+수식어+수식어' 형태로 이루어진 1형식 문장

예문 2. **We went to school in the morning.**

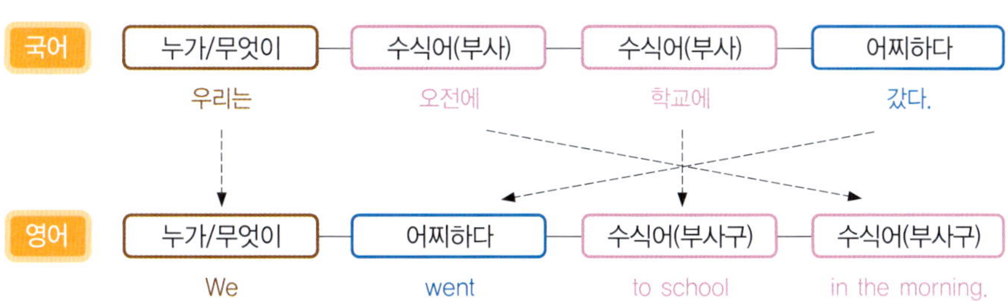

* 국어에서는 '**~에** 갔다'는 '부사어+자동사' 형태이죠.
'가다'는 자동사로 장소를 나타내는 명사인 '학교' 뒤에 부사격 조사 '에'를 붙여서 목적지를 나타내죠. 하지만 영어에서는 자동사 다음에 바로 명사를 취할 수 없기 때문에 'school' 앞에 전치사 'to'를 붙여서 나타내요.

(2) 제2형식 : 주어+불완전자동사+보어

→ 주어의 상태나 성질을 보충 설명해 주는 말이죠.

→ 반드시 **주어를 보충해 줄 수 있는 보어와 함께 사용해야 하는 동사**를 말하죠.

He is a doctor. 그는 의사이다.

* 명사[대명사]가 주격보어인 경우 : 주어=보어(He=a doctor).

He is unhappy. 그는 불행하다.

* 형용사가 주격보어인 경우 – 주어의 상황이나 상태를 설명 : 주어≠보어((He≠unhappy)

This food tastes bad. (○) 이 음식은 맛이 좋지 않다.

* feel, taste, smell, sound, look 등은 **형용사를 주격보어**로 취하죠. 부사를 사용하지 않도록 주의하세요.

⦿ 국어와 영어의 어순구조 비교 마법 예문

1) '주어+동사+보어' 형태로 이루어진 2형식 문장

예문. **Tom is sad. (Tom ≠ sad)**

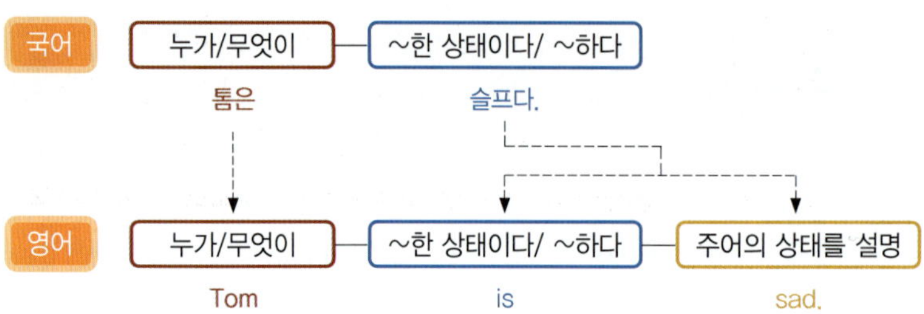

* 영어에서는 **서술어(동사)로 동사**만 쓰일 수 있죠. 그러나 국어에서는 **서술어로 동사나 형용사**가 쓰일 수 있는데, 형용사가 서술어로 쓰인 것을 영어로 옮기는 경우 **'be동사+형용사'** 형태로 쓴다는 것을 꼭 기억해 두세요.(매우 중요하죠.)

2) '주어+동사+보어+수식어' 형태로 이루어진 2형식 문장

예문. **Tom became a teacher last year.**

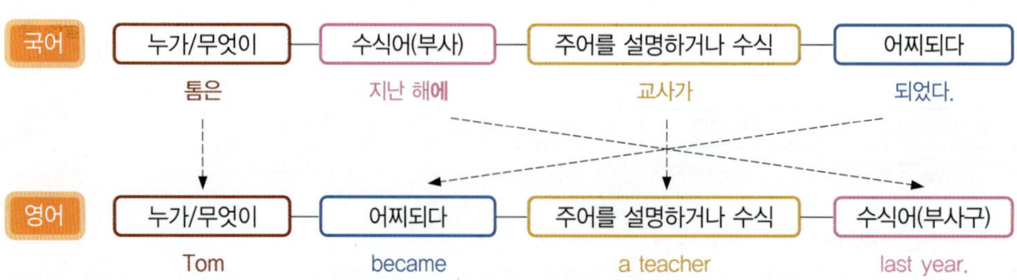

(3) 제3형식 : 주어+완전타동사+목적어

→ 동사가 행하는 동작이나 행위의 대상이 되는 말로 우리말의 '무엇을'에 해당하는 말이죠. 목적어로 쓰일 수 있는 것은 **명사(구/절), 대명사, to부정사, 동명사** 등이랍니다.

→ 목적어의 도움을 받아야만 동사의 임무를 수행할 수 있는 동사를 말하죠.

I <u>need</u> your help. 나는 당신의 도움이 필요하다.

She <u>entered</u> the classroom. 그녀는 교실에 들어갔다.

I will <u>marry</u> Jinny next year. 나는 내년에 지니와 결혼할 것이다.

She <u>presented</u> a nice bag **<u>to me</u>** for my birthday. 그녀는 나에게 생일 선물로 멋진 손가방을 선물했다.

⊙ 국어와 영어의 어순구조 비교 마법 예문

1) '주어+동사+목적어+수식어' 형태로 이루어진 3형식 문장

예문. Tom enjoys playing tennis on Sundays.

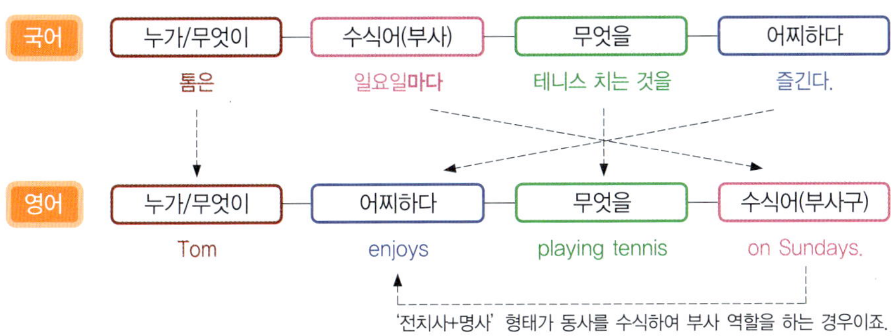

* 국어의 경우 동사의 행위의 대상(목적어)이 **동사 앞에 위치**하지만, 영어의 경우에는 동사의 행위의 대상(목적어)이 **동사 뒤에 위치**하고 있죠.

2) '주어+수식어+동사+목적어+수식어' 형태로 이루어진 3형식 문장

예문. Tom usually washes his car on weekends.

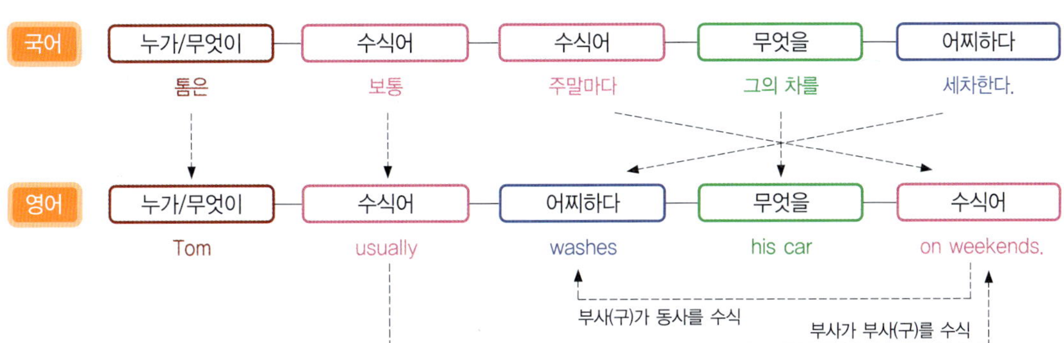

3) '주어+동사+목적어+관계사+동사+수식어+보어' 형태로 이루어진 3형식 문장

예문. **I like the man who is very honest.** 나는 대단히 정직한 그 사람을 좋아한다.

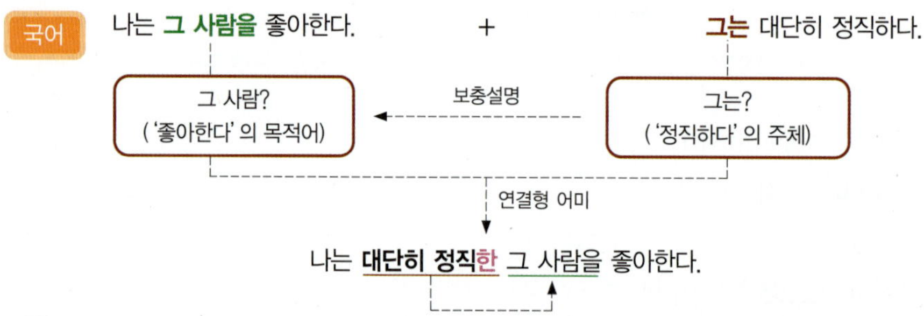

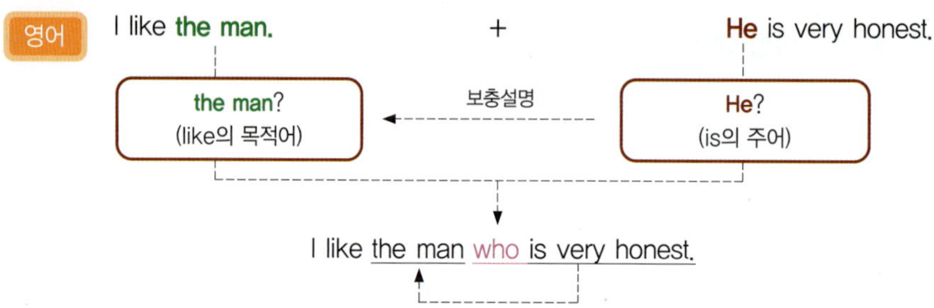

* 관계대명사 'who'가 이끄는 관계사절이 선행사 'the man'을 수식하며, ① 'who'가 문장을 연결시키는 역할과 ② 'is'의 주어인 'the man'의 대명사 역할도 동시에 하는 주격 관계대명사로 사용되었군요.

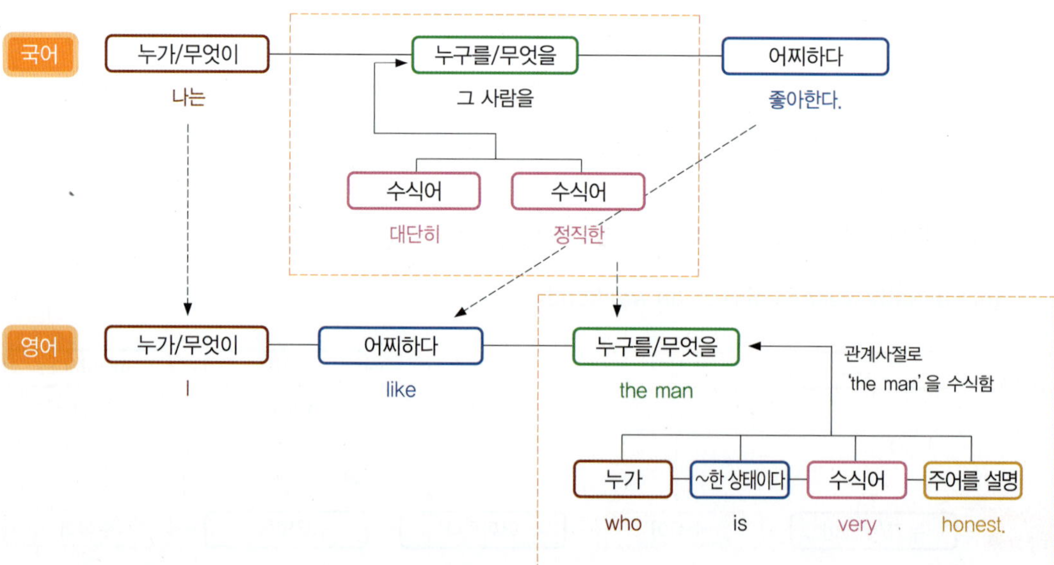

* 국어에서는 수식하는 것이 수식을 받는 것 **앞에 위치**하지만, 영어에서는 **수식을 하는 것(관계사절)이 수식받는 것 뒤에 위치**하여 수식하고 있죠.

(4) 제4형식 : 주어+수여동사+간접목적어+직접목적어

- 직접목적어 → 주는 대상물을 가리키며, '~을(를)'로 해석하죠.
- 간접목적어 → 주는 대상을 가리키며, '~에게'로 해석하죠.
- 수여동사 → '누구에게 무엇을 수여한다'는 뜻의 동사로서 간접목적어와 직접목적어를 한 문장 속에 동시에 갖는 동사를 말하죠.

수여동사가 포함된 「S+V+I·O(간접목적어)+D·O(직접목적어)」의 문형은 간접목적어 앞에 전치사를 붙여 부사구로 바꾸어 「S+V+D·O+전치사+I·O(부사구)」의 3형식 문형으로 바꿔 쓸 수가 있습니다. 이 경우 동사에 따라 다른 전치사를 써야 한다는 사실이 마법의 핵심입니다.

⦿ 간접목적어 앞에 to를 붙이는 동사들 : **give, offer, pay, bring, tell, send, lend, show**

I gave her the book. (4형식) 나는 그녀에게 그 책을 주었다.
(her: I·O, the book: D·O)

→ I gave the book **to** her. (3형식)
(the book: D·O, to her: 부사구)

⦿ 간접목적어 앞에 for를 붙이는 동사들 : **make, buy, get, order, find, choose, call, do**

I will buy you a watch. (4형식) 나는 당신에게 시계를 사 줄 것이다.
(you: I·O, a watch: D·O)

→ I will buy a watch **for** you. (3형식)
(a watch: D·O, for you: 부사구)

[참고] ask, beg, inquire는 전치사 **of**를 사용하죠.

[주의] 4형식 문장에서 직접 목적어로 대명사는 쓰이지 않습니다.

I gave **him** it. (X)

→ I gave it **to him**. (O) 나는 그에게 그것을 주었다.

⦿ 국어와 영어의 어순구조 비교 마법 예문

1) '주어+동사+간접목적어+직접목적어' 형태로 이루어진 4형식 문장

예문. **Tom threw his friend a baseball.**

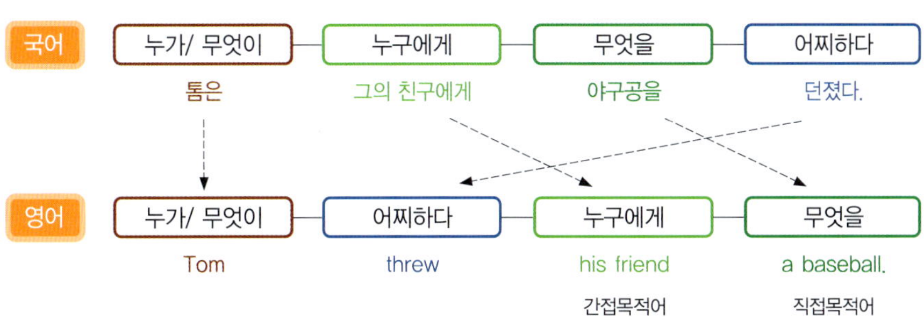

2) '주어+동사+직접목적어+부사구(전치사+간접목적어)' 형태로 이루어진 3형식 문장

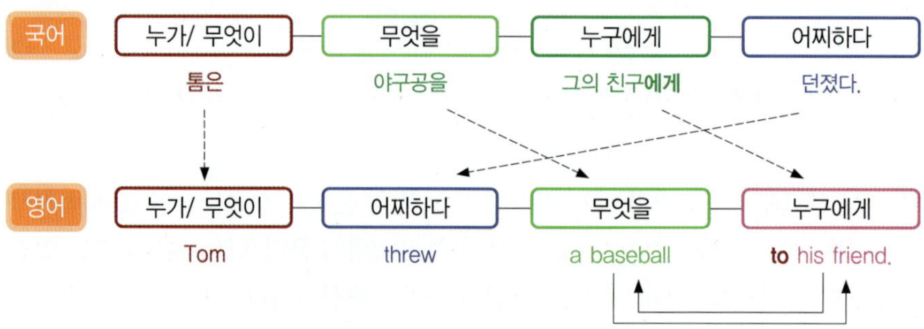

* 1) 형태의 문장에서 동사 바로 다음에 직접목적어가 오는 경우 간접목적어는 '**전치사+간접목적어**' 형태로 바뀌어 **부사** 역할을 하게 되죠.

(5) 제5형식 : 주어+불완전타동사+목적어+목적격보어

- 불완전타동사: 목적어뿐만 아니라 목적격보어까지 있어야만 문장이 완성되는 동사죠.
- 목적어: 국어에서 '무엇을', '누구를'에 해당하는 말
- 목적격보어: 목적어 뒤에서 목적어가 '어떠하다'라는 것을 보충적으로 설명하는 말로서, **명사**인 경우는 목적어와 동격 관계, **형용사**인 경우는 목적어의 상태를 설명하죠.

* **목적격보어로 올 수 있는 어구** : 명사(구), 형용사(구), to부정사/원형부정사, 현재분사/과거분사

I believe **him** (to be) a great scholar. (5형식) [명사구 - 목적격보어]
(= he is a great scholar.) (3형식) 나는 그가 훌륭한 학자라고 믿고 있다.

I believed **her** (to be) honest. 나는 그녀가 정직하다고 믿었다. [형용사 - 목적격보어]
(=she was honest.)

I ordered him to take a short rest. 나는 그에게 잠시 쉴 것을 명했다. [to부정사구 - 목적격보어]

⊙ 국어와 영어의 어순구조 비교 마법 예문

1) '주어+동사+목적어+목적격보어' 형태로 이루어진 5형식 문장

예문. This singer makes me happy.

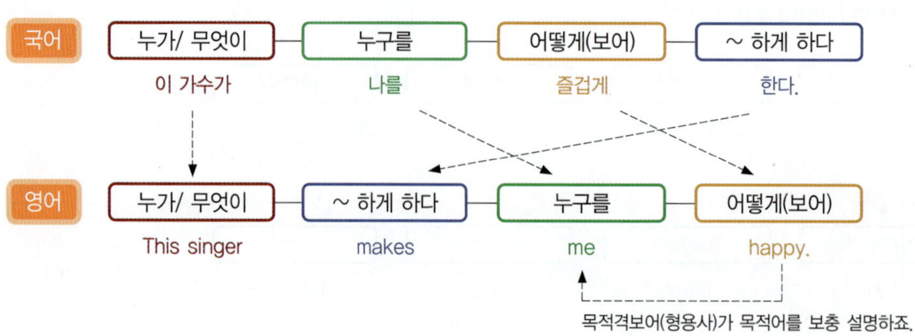

2) '주어+동사+목적어+수식어+목적격보어' 형태로 이루어진 5형식 문장

예문. **This singer makes me very happy.**

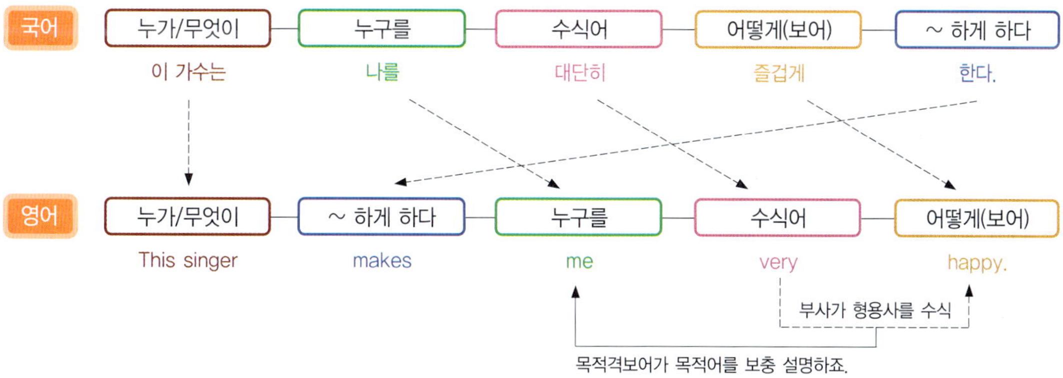

※국어와 영어가 문장구성 성분이 반드시 일치하는 것은 아님

국어에서 **'즐겁게'**는 마치 부사처럼 느껴져서 영어에서 'happily'를 써야할 것 같지만, 이 문장에서는 make가 불완전타동사이기 때문에 'me'를 보충 설명해 줄 수 있는 **목적격보어가 필요**하므로 'happy'를 써야한다는 점에 주의하세요.

지금까지 학습한 5형식과 관련된 내용은 너무 중요하므로 다시 한 번 마법의 그림을 통해서 마무리 해 보죠! 무엇보다 마법 그림의 변화과정에 주시하면서 학습한 내용을 떠올려 보세요.

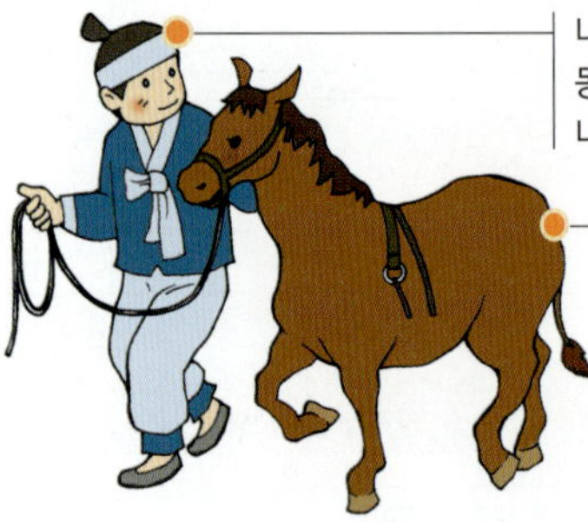

마부(주어)는 수여동사와 힘을 합쳐 할아버지**에게**(간·목) 짐**을**(직·목) 운반해 드려야 해!

나, 다른 동사와는 달리 목적어가 꼭 2개 필요한 '**수여동사**' 라고 불러줘!

어! 간접목적어인 할아버지와 직접목적어인 짐의 위치가 바뀌었네. 그렇다면 이 사실을 할아버지 앞에 **전치사**를 써서 꼭 알려줘야겠군.

나도, **수여동사**야!

나, '**목적격보어**' 라고 해! 나의 임무는 목적어 뒤에 위치하여 **목적어**가 '**어찌하다**' 라는 것을 보충적으로 설명해 주는 것이지.

나, '**불완전타동사**' 인데 정말 힘들어! 왜냐고? **목적어**와 **목적격보어**를 꼭 데리고 다녀야 하니까 그렇지!

마법의 그림을 보면서 마부(주어)와 말(동사)의 위치는 항상 고정되어 있다는 것을 발견한 독자는 여자[남자]친구와 영화도 보고, 맛있는 것도 먹고 즐기시길 바랍니다. 반면에 아직까지 발견하지 못한 분은 집중해서 다시 한 번 5형식의 마법을 학습할 것을 권합니다.

마법의 동사 소개가 어떠셨나요?
5형식의 마법, 이렇게 익히니까 정말 재미있고 유익했죠!
그런데 이것만으로는 시험에 대한 대비가 충분하지 않겠죠?
이때 마법의 지팡이를 사용합니다.
이제부터는 **"시험 관련 동사의 핵심 포인트"**를 정리합니다.

첫째, 아래 동사는 1형식에서 다음의 뜻으로 쓰이죠.

do : ~하기에 충분하다	matter/count : 중요하다
tell : 효력이 있다	pay : 돈벌이가 되다, 수지맞다

* 1형식 동사 : swim, sing, dance, dress, die, laugh, smile, smell, etc.

Either will **do.** 어느 쪽이나 괜찮습니다.

A vote **counts[matters].** 한 표라 할지라도 중요하다.

둘째, "주어+동사+형용사(보어)" 형태를 취하는 동사 → 보어로 부사를 쓰지 않도록 주의하세요.

주어	동 사	보 어	예 문
주어	feel ~처럼 느끼다 seem ~처럼 보이다 taste ~한 맛이 나다 smell ~한 냄새가 나다 sound ~하게 들리다 look ~처럼 보이다 appear ~인 것 같이 보이다 prove ~임을 알다, ~이 되다 become ~이 되다 turn ~이 되다 grow ~이 되다, ~으로 변하다 be동사 am, are, is, was, were	+ 형용사	I feel **hot** now. 나는 지금 덥다. That sounds **good.** 그것은 좋은 것처럼 들린다. These flowers smell **sweet.** 이런 꽃들은 냄새가 좋다. cf. These flowers smell **sweetly.**(×) She looks **happy** this morning. 그녀는 오늘 아침에 행복해 보인다. cf. She looks **happily** this morning.(×) She appears **sensible.** 그녀는 분별력 있는 것처럼 보인다. The wound proved (to be) **fatal.** 그 상처는 치명적이었다. He became **famous.** 그는 유명해졌다.

This food tastes **badly.** (×)

This food tastes **bad.** (○) 이 음식은 맛이 좋지 않다.

cf. You should drive **careful.** (×)

You should drive **carefully.** (○) 당신은 조심스럽게 운전을 해야 한다. [1형식]

셋째, **타동사로 혼동하기 쉬운 자동사** → 뒤에 전치사가 꼭 필요하죠.

단 어	의 미	잘못 사용한 예
graduate **from**+목적어	~을 졸업하다	graduate+목적어(×)
complain **of**+목적어	~을 불평하다	complain+목적어(×)
wait **for**+목적어	~을 기다리다	wait+목적어(×)
sympathize **with**+목적어	~을 동정하다	sympathize+목적어(×)
interfere **with**+목적어	~을 방해하다	interfere+목적어(×)
consent **to**+목적어	~을 승낙하다	consent+목적어(×)
experiment **with**+목적어	~을 실험하다	experiment+목적어(×)

She **graduated from** Yale University. [자동사] 그녀는 예일대학을 졸업했다.

=She **was graduated from** Yale University. [타동사 - 수동태 문장]

Our university **graduates** 3,000 students every year. [타동사]

우리 대학은 매년 3,000명의 졸업생을 배출하고 있다.

넷째, **자동사로 혼동하기 쉬운 타동사** → 뒤에 전치사를 붙이면 절대 안 되죠.

단 어	의 미	잘못 사용한 예
attend+목적어	~에 참석하다	attend to+목적어 (×)
become+목적어	~에 어울리다	become with+목적어(×)
discuss+목적어	~에 관하여 토의하다	discuss about+목적어(×)
resemble+목적어	~와 닮다	resemble with+목적어(×)
greet+목적어	~에게 인사하다	greet with+목적어(×)
marry+목적어	~와 결혼하다	marry with+목적어(×)
present+목적어	~을 제출하다, ~에게 선물하다	present to+목적어(×)
influence+목적어	~에 영향을 미치다	influence to+목적어(×)
regret+목적어	~을 한탄하다	regret to+목적어(×)
address+목적어	~에게 연설[인사]하다	address to+목적어(×)
follow+목적어	~을 따라가다	follow to+목적어(×)
reach+목적어	~에 도달하다, ~와 연락이 되다	reach to+목적어(×)
await+목적어	~을 기다리다	await to+목적어(×)
approach+목적어	~에 접근하다	approach to+목적어(×)
answer+목적어	~에게 답장하다	answer to+목적어(×)

She will **marry with** him after all. (×)

She will **marry** him after all. (○) 그녀는 결국에는 그와 결혼할 것이다.

I **await to** your reply. (×)

I **await** your reply. (○) 나는 당신의 회답을 기다리고 있다.

다섯째, "타동사 + 목적어(사람) + 전치사(with) + 사물" 형태로 쓰는 공급동사

단 어	의 미	비 고
endow A **with** B	A에게 B를 부여하다/주다	
entrust A **with** B	A에게 B를 맡기다/위임하다	=entrust B **to** A
supply A **with** B	A에게 B를 공급하다	=supply B **for** A
provide A **with** B	A에게 B를 공급하다	=provide B **for** A
furnish A **with** B	A에게 B를 설치하다/공급하다	=furnish B **to** A
present A **with** B	A에게 B를 주다/ 선사하다	=present B **to** A
fill A **with** B	A에게 B를 채우다	
equip A **with** B	A에게 B를 갖추게 하다/채비하다	

Education **endows** man **with** a lot of ability. 교육은 인간에게 많은 능력을 부여한다.

I want to **entrust** him **with** my work. 나는 그에게 나의 일을 맡기고 싶다.

→ I want to **entrust** my work **to** him.

여섯째, 사역동사[지각동사] + 목적어 + 원형부정사(동사원형)

<table>
<tr><th>분 류</th><th>종 류</th><th>목 적 어</th><th>목적격보어</th><th>비 고</th></tr>
<tr><td rowspan="4">사역동사</td><td rowspan="2">let
make
have</td><td rowspan="2">+ 목적어(사람) +</td><td rowspan="2">원형부정사</td><td>목적어와 목적격보어의 관계가 능동적일 경우</td></tr>
<tr><td>목적어로 하여금 '~을 하도록 시키다, ~을 허락하다' 라는 의미로 해석하죠.</td></tr>
<tr><td rowspan="2">make
have</td><td rowspan="2">+ 목적어(사물) +</td><td rowspan="2">* 과거분사</td><td>목적어와 목적격보어의 관계가 수동적일 경우</td></tr>
<tr><td>'~되다, ~을 당하다' 라는 의미로 해석하죠.</td></tr>
<tr><td rowspan="3">지각동사</td><td rowspan="3">see
feel
hear
watch
notice</td><td rowspan="3">+ 목적어 +</td><td>원형부정사</td><td>동작이 순간적으로 끝난 것을 말하는 경우</td></tr>
<tr><td>* 현재분사</td><td>동작이 계속적으로 진행되고 있는 경우</td></tr>
<tr><td>* 과거분사</td><td>목적어와 목적격보어의 관계가 수동적일 경우</td></tr>
</table>

He made us **work** hard. [원형부정사]

→ He compelled us **to work** hard. 그는 우리로 하여금 열심히 일하도록 시켰다.

Can you make yourself **understood** in French? [과거분사] 당신은 불어로 의사표현을 할 수 있습니까?

* make oneself understood 자기 자신의 말[생각]을 남에게 이해시키다, 의사를 남에게 전달하다

I saw him **enter** the building. [원형부정사] 나는 그가 그 건물로 들어가는 것을 보았다.

I saw him **entering** the building. [현재분사] 나는 그가 그 건물로 들어가고 있는 것을 보았다.

Did you hear your name **called**? [과거분사] 당신 이름을 부르는 것을 들었습니까?

일곱째, 준사역 동사 → 목적어의 유형에 따른 get과 have의 비교 설명

종 류	목 적 어	목적격보어	의 미
get	+ 사람 +	**to부정사**	목적어와 목적격보어의 관계가 **능동적**일 경우 ~하게 하다, 권하여 ~하게 하다, ~하도록 설득하다
			I **got** my secretary to type my manuscript. 비서에게 나의 원고를 타이핑하도록 시켰다.
	+ 사물 +	**과거분사**	목적어와 목적격보어의 관계가 **수동적**일 경우 다른 사람에게 자기의 어떤 일을 해달라고 요청하는 상황을 나타내는 경우
			I **got** my manuscript typed by my secretary. 나의 원고를 비서에게 타이핑해 받았다.
have	+ 사람 +	**원형부정사**	목적어와 목적격보어의 관계가 **능동적**일 경우
			My mother **had** me clean my hands. 어머니는 나에게 손을 씻으라고 하셨다.
	+ 사물 +	**과거분사**	목적어와 목적격보어의 관계가 **수동적**일 경우
			① ~되다, ~을 당하다 [피해를 받는 경우] I **had** my watch stolen. 나는 시계를 도난당했다. ② ~을 시키다, ~하여 받다 [사역과 같은 성질로 수동적일 때] I **had** my watch mended. 나는 시계를 수리하도록 시켰다.

의 미	종 류	형 식
명령	tell, command, order, urge	
충고, 설득	advise, persuade	
요청	ask, beg, require	
희망, 기대	want, expect	목적어 + **to부정사**
가능	enable	
촉진(장려)	encourage	
허락/ 금지	permit, allow, forbid	

My teacher encouraged me **to write** essays. 선생님께서는 나에게 에세이를 쓸 것을 권장하셨다.

My father will not permit me **to go** to the movies tonight.

아버지는 내가 오늘 밤 영화 보러 가는 것을 허락하시지 않을 것이다.

해리포터에게는 절친한 친구들이 있었죠.

론과 헤르미온느는 해리포터가 궁지에 빠졌을 때에도 변치 않는 우정을 보여주죠.

동사에게도 친구들이 많습니다. 그들 모두 영문법의 훌륭한 마법을 구사하는 동사의 친구들이죠.

오늘은 때마침 여러분들의 마법의 영문법 학습을 위해 동사 마법의 친구들이 다 같이 한 자리에 모였어요. 이런 날이 흔치 않죠.

기회는 날이면 날마다 오는 게 아니니까 열심히 공부하시기 바랍니다.

그들의 소개는 잠시 후에 시작하겠습니다.

우선 다음의 마법 다이어그램부터 기억하세요.
그럼 머지않아 영문법에 대해 태양의 눈부신 빛처럼 환해질 겁니다.

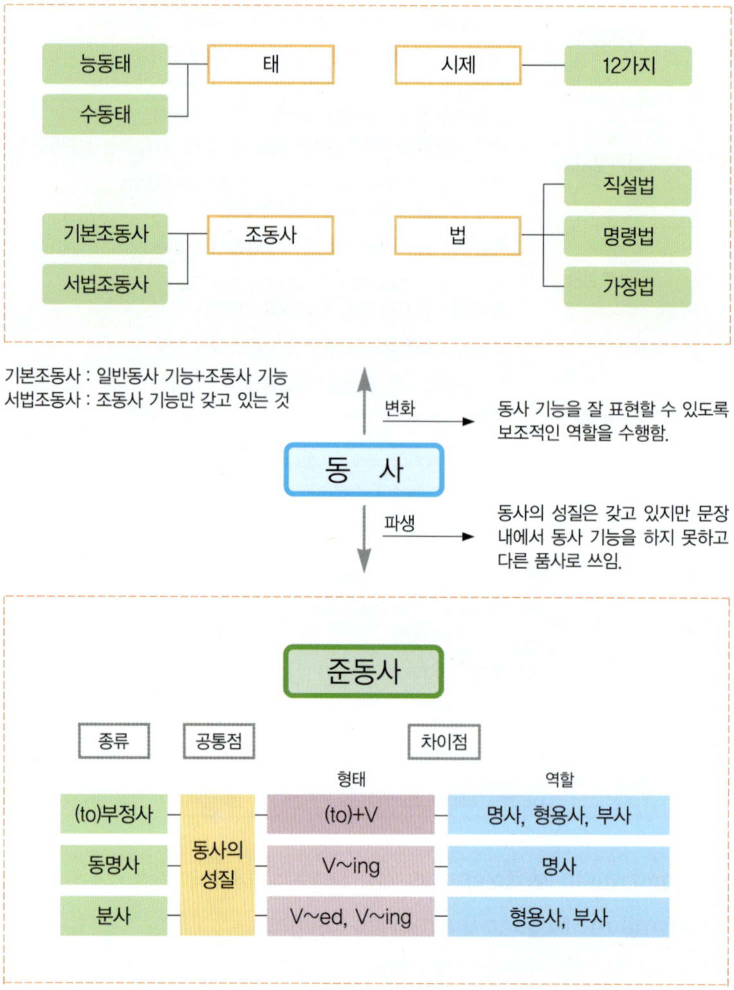

잘 기억하셨죠?
여기서 다룰 동사의 친구들은 위쪽 박스들이고요.
아래쪽 박스의 준동사는 '준동사 마법' 으로 따로 떼어서 설명을 하겠습니다.

자, 그럼 동사 마법의 첫 번째 친구인 **"조동사"**에 대한 소개를 들어보죠.

2. 조동사(Auxiliary Verbs)를 부르는 마법 주문

조동사(助動詞)는 'auxiliary(보조의)' 에서 알 수 있듯이 말하는 사람이 본동사만을 가지고 의미를 전달하는데 있어 표현이나 문법형식에 한계가 있을 경우, **동사에게 도움을 주는** 역할만 합니다. 혼자서는 동사로 쓰이지 못하고, 단지 동사 앞에 붙어 동사를 도와주는 역할만 하므로 help **동사**라고 기억하면 쉽겠죠.

I **do can** it and I **do will** it. (×)
I **can** it and I **will** it. (×)

기본 특징은 "**조동사+동사원형**" 으로 뒤에는 항상 '**동사원형**' 을 사용하므로, 동사에 '(e)s' 형태를 붙이거나 과거형을 쓸 수 없다는 거죠.

I **can does** it and I **will did** it. (×)
I **can do** it and I **will do** it. (○) 나는 그것을 할 수 있고 해 낼 것이다.

조동사와 동사의 관계는 기억하기 쉽게 비유하자면 간호사와 의사의 관계와 비슷한데요.
아래의 마법 예문과 그림을 보면 마법이 확 전달될 겁니다.

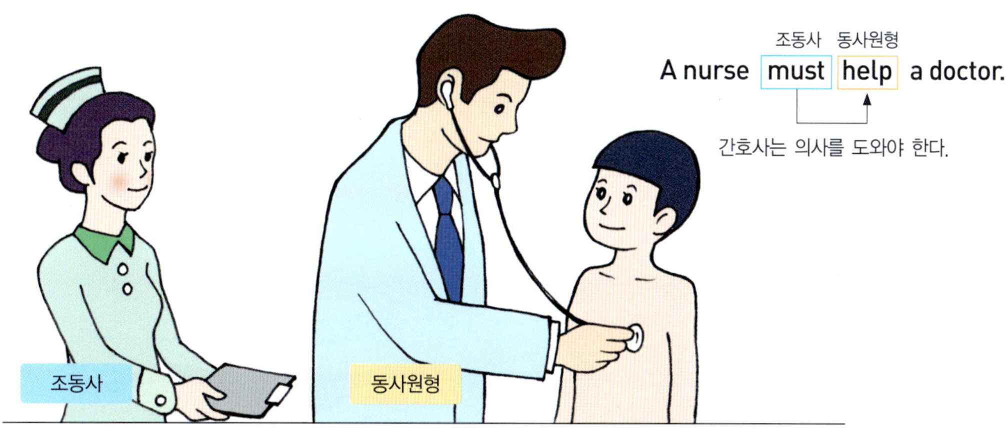

첫째, 의사가 환자의 진찰을 잘 할 수 있도록 간호사가 앞서 준비하는 것처럼 조동사도 **동사 앞에 위치**하여,
둘째, 간호사가 의사를 도와주는 것처럼 조동사는 **동사를 도와주는 역할**만을 하죠.
셋째, 간호사 혼자서 환자를 직접 진찰하지 못하는 것처럼 **조동사 혼자서는 동사 역할을 할 수 없습니다.**
넷째, 간호사가 병원에서 입고 싶은 화려한 옷을 입지 못하고,
반드시 간호사 가운을 입어야 하는 것처럼 조동사 다음에는 반드시 **동사원형**이 와야 하죠.
다섯째, 조동사는 **시제와 인칭에 관계없이** 사용할 수 있어요.

조동사의 마법적인 특징들에 대해서는 이제 이해 되셨죠?
그럼 먼저 **기본 조동사**(일반동사 기능+조동사 기능)들에 대해서 살펴보기로 하죠.

(1) be동사

인칭과 be동사의 사용법							예 문
단수/복수	인칭/시제		원형	현재형	과거형	과거분사	
단수	1인칭	I	be	am	was	been	I **am listening** to music.
	2인칭	You		are	were		**Are** you **listening** to music?
	3인칭	He/ She/ It		is	was		He **was listening** to music.
복수	We/ They/ You			are	were		They **were listening** to music.

1) 일반동사로 쓰인 경우

We are to meet at twelve. 우리는 12시에 만나기로 되어 있다. [be동사 + to부정사]

He must be an honest servant. 그는 정직한 하인임에 틀림없다. [2형식, 명사 보어]

This book is useful for students. 이 책은 학생들에게 유용하다. [2형식, 형용사 보어]

Be yourself. 분수를 지켜라(정신 차려라). [명령문]

2) 조동사로 쓰인 경우 : 진행형(be동사+현재분사), 수동태(be동사+과거분사)

- be동사가 **진행형**에 사용된 경우 : 「**be동사+V~ing**」

She was watching TV when her husband came home. 남편이 집에 왔을 때 그녀는 텔레비전을 보고 있었다.
과거진행형

- be동사가 **수동태**에 사용된 경우 : 「**be동사+과거분사**」

Wine is made from grapes. 포도주는 포도를 원료로 하여 만든다.
현재수동태

위에서 학습한 be동사에 대한 내용을
한 눈에 쏙 들어오게
마법의 그림으로 정리해 보죠.

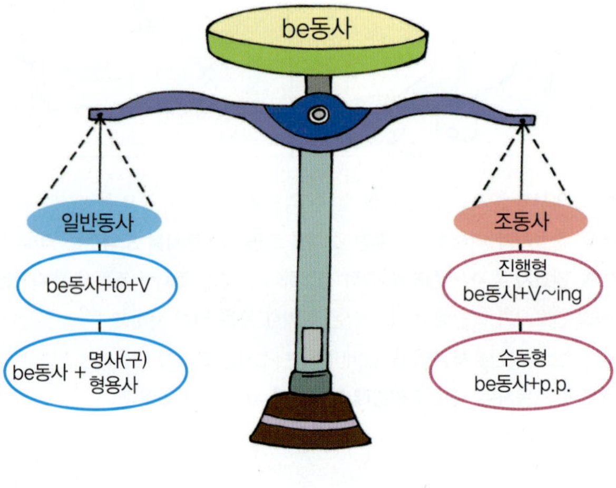

(2) have동사

다음 마법의 도표와 예문을 통해 have동사의 쓰임을 익히세요.

구분	have와 인칭의 사용법		예 문
일반동사 기능	have	1인칭(I), 2인칭(you) 복수(you, we, they)	I **have** a nice sports car. 나는 멋진 스포츠카를 가지고 있다.
	has	3인칭 단수(he, she, it)	He **has** a history book under his arm. 그는 겨드랑이에 역사책을 끼고 있다.
	had (have, has의 과거형)	문장의 시제가 과거일 경우	I **had** a few Japanese currencies last year. 나는 작년에 약간의 일본 화폐들을 갖고 있었다.
조동사 기능	완료시제에 사용된 have는 조동사입니다	긍정문	I **had finished** my homework before my father arrived. 아버지께서 도착하기 전에 나는 숙제를 끝마쳤다.
		의문문	**Have** you **written** your mother a letter? 당신은 어머니께 편지를 써 본 적이 있습니까?
		부정문	We **have** never **seen** our grandmother. 우리는 할머니를 결코 본 적이 없다.
		(현재완료) 진행형	I **have been living** here for three months. 나는 3개월 동안 여기에서 살아왔다.
		* 현재완료, 과거완료, 미래완료 * 현재완료진행, 과거완료진행, 미래완료진행	

위 내용을 마법의 그림으로
간단히 정리해 보죠.

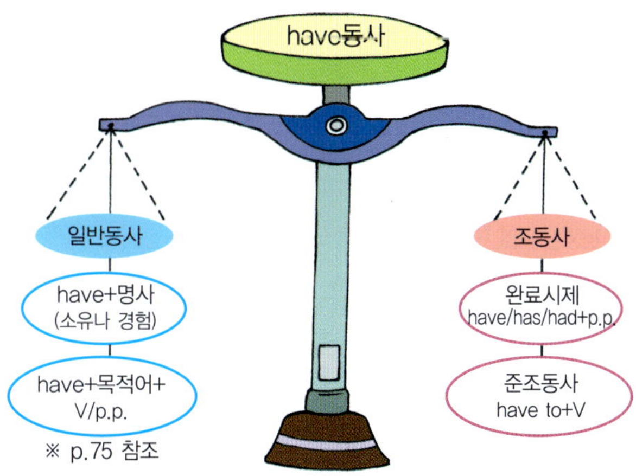

(3) do동사

1) 일반동사로 쓰인 경우

I **do** my best in writing a book. 나는 책을 쓰는 일에 최선을 다하고 있다.

2) 조동사로 쓰인 경우

I **do not** know the composer of this song. [부정문] 나는 이 노래의 작곡가를 모른다.

He **did** come here. [강조의 조동사 - 뒤에 동사가 또 나오죠.] 그는 틀림없이 여기에 왔다.

Never **did** I see such a thing. [부정부사 never가 문두로 나가 도치된 구문에 사용된 조동사]

→ I never saw such a thing. 나는 결코 그러한 것을 보지 못했다.

Do you like music? [의문문] 당신은 음악을 좋아합니까?

→ Yes, I **do**.(= like music) [대동사 - 현재] 예, 그렇습니다.

Did you hand the book to the man at your side? [의문문] 당신은 그 책을 옆 사람에게 건네주었습니까?

→ Yes, I **did**. [대동사 - 과거] (= handed the book to the man at my side)

* 대동사는 앞에서 이미 언급한 동일한 동사의 반복을 피하기 위해서 대신 쓰는 것으로 본동사와 같은 변화형을 가지죠.

조동사 마법의 개념 정리와 기본 특징에 대한 안내가 정말 쉬웠죠?
지금부터는 **"시험 관련 조동사의 핵심 포인트"**를 정리합니다.

첫째, May/Might의 핵심 포인트입니다.

1. **허가** – may : ~해도 좋다/ **불허가** – may not : ~하지 않는 것이 좋다

"May I use your car?" 내가 당신의 자동차를 사용해도 될까요?

→ "No, you may not." 아뇨, 안됩니다.

2. **추측** – may+V : ~일지도 모른다 [현재의 불확실한 추측]

may + have + p.p. : ~이었을지도 모른다 [과거의 불확실한 추측]

His insistence may not be true. 그의 주장은 사실이 아닐지도 모른다.

= It is possible that his insistence is not true.

He may have met her. 그는 그녀를 만났을지도 모른다.

= It is possible that he met her.

3. **관용표현**입니다.

1) may well + V(= have a good reason to + V) : ~하는 것은 당연하다

You may well think so. 당신이 그렇게 생각하는 것도 당연하다.

= It is natural that you should think so.

2) may as well + V(= had better + V) : ~하는 것이 낫다, ~하는 것이 더 좋다

may/might as well A as B : B하느니 차라리 A하는 게 낫다, B할 바에는 A하는 게 더 낫다

You may as well **do** it at once. 당신은 즉시 그것을 하는 것이 더 좋다.

You may as well **throw** money away as **spend** it on gambling.

당신이 돈을 도박하는데 쓰느니, 차라리 그냥 그것을 버리는 것이 더 낫다.

3) so[in order] that ~ may[can] : ~할 수 있도록, ~하기 위해서

He works very hard so that his family may live a better life.

그는 가족이 더 좋은 삶을 살아갈 수 있도록 대단히 열심히 일하고 있다.

둘째, Can/Could의 핵심 포인트입니다.

1. **가능** – ~을 할 수 있다

You can speak English well.(can = be able to) 당신은 영어를 잘 할 수 있다.

2. **추측** – 현재의 긍정적 추측 – can be : ~일지도 모른다

현재의 부정적 추측 – cannot be : ~일 리가 없다

과거의 긍정적 추측 – can+have+p.p. : ~이었을지도 모른다

과거의 부정적 추측 – cannot+have + p.p. : ~이었을 리가 없다

What he said can be true. 그가 한 말이 사실일지도 모른다.

Your insistence cannot be true. 너의 주장은 사실일 리가 없다.

It can have been true. 그것이 사실이었을지도 모른다.

He cannot have done such a thing. 그가 그러한 일을 했을 리가 없다.

3. **허가** – ~해도 좋다.

You can watch TV here. 너는 여기서 TV를 시청해도 좋다.

셋째, Must의 핵심 포인트입니다.

1. **의무** – must + 의지동사 : ~해야 하다

must not : ~해서는 안 된다 [강한 금지]

You must come here by seven. 당신은 7시까지 여기에 와야 한다.

You must not make such a noise. 당신은 그렇게 시끄럽게 해서는 안 된다.

2. **추측** – 현재의 추측 – must+V : ~임에 틀림없다 ↔ cannot be

과거의 추측 – must + have + p.p. : ~이었음에 틀림없다 ↔ cannot+have+p.p.

He must be honest. 그는 정직함에 틀림없다.

His insistence must have been true. 그의 주장이 사실이었음에 틀림없다.

넷째, Will/Shall의 핵심 포인트입니다.

1. **will** : 주어의 의지/ 의뢰, 권유/ 경향, 습성, 거부 등에 사용되죠.

I will **stop** smoking. [주어의 의지] 나는 담배를 끊을 것이다.

Will you **take** your medicine now? [의뢰, 권유] 지금 약을 드시지요?

Accidents will **happen**. [경향] 사고는 으레 일어나기 마련이다.

This door won't **open**. [거부] 이 문은 아무리해도 열리지 않을 것이다.

2. **shall** : 상대방의 의향을 묻는 경우/ 법률이나 규칙 등을 나타내는 경우에 쓰이죠.

Shall I **use** your telephone? [상대방의 의향] 제가 당신의 전화기를 사용해도 될까요?

The fine for illegal parking shall not **exceed** 50,000 won. [법률]

불법주차에 대한 벌금은 5만원을 초과하지 않을 것이다.

다섯째, Would의 핵심 포인트입니다.

1. **과거의 (불규칙적인) 습관** : ~하곤 했다. cf. used to : 과거의 규칙적인 습관

I would often **go** fishing in the river, when I was young.

나는 젊었을 때, 종종 강에 낚시하러 가곤 했다.

2. **소망** : ~이기를 바라다(=wish to, want to)

One who would **search** for pearls must **dive** into deep water.

진주를 찾으려는 사람은 물속으로 깊이 잠수해야 한다.

3. **would like to+V** : V하고 싶다

I would like to **find** a different job. 나는 다른 직업을 구하고 싶다.

4. **would rather A than B** : B하느니 A하는 것이 낫다

I would rather **die** than **live** in dishonor. 불명예스럽게 사느니 차라리 죽는 것이 낫다.

여섯째, Should의 핵심 포인트입니다.(대단히 중요하죠.)

1. should + have + p.p. : ~했어야만 했는데 (실제로는 하지 않았다는 의미)

→ "과거에 하지 않은 일에 대한 유감이나 후회" 등을 나타내죠.

The train should have arrived at 10 a.m. 그 기차는 오전 10시에 도착했어야만 했는데.

(실제로는 기차가 오전 10시에 도착하지 않았다는 것을 의미하죠.)

2. **이성적 판단의 형용사** 구문

It is + **형용사**(necessary, important, proper, natural, wrong, right, well, good, rational) + that + S + (should) + **동사원형** ~ **구문**

It is natural that he **(should) get** angry. [it은 가주어, that 이하는 진주어]

그가 화를 내는 것은 당연하다.

It is important that you **(should) sign** this registration card.

당신이 이 등록 카드에 서명하는 것이 중요하다.

cf. It is + 감성적 판단의 형용사(surprising, strange, lucky) + that + S + should + 동사원형 ~ 구문 : 'should'는 '~하다니, ~이라니' 의미로 해석하고 보통 생략하지 않죠.

It is surprising that he **should think** so. 그가 그렇게 생각하다니 놀라운 일이다.

3. 충고, 주장, 소망, 요구, 제안, 추천, 명령 등의 동사 + **that** + **S** + **(should)** + 동사원형 구문

의 미	동 사 형	명 사 형	형 식
충고	advise	advice	+that+주어+(should)+**동사원형** *미국 영어에서는 흔히 should를 생략하고 쓰죠.
주장	insist	insistence	
소망	expect, desire	expectation, desire	
요구	require, request, demand	requirement, request, demand	
제안	propose, suggest	proposal, suggestion	
추천	recommend	recommendation	
선호	prefer	preference	
명령	order	order	

He complied with the requirement that all graduate students **would write** a thesis. (×)
He complied with the requirement that all graduate students **(should) write** a thesis. (○)
그는 모든 대학원생들은 한 편의 논문을 쓰라는 요구에 응했다.

We insisted that the meeting **(should) be** held as soon as possible.
우리는 회의가 가능한 한 빨리 개최되어야 한다고 주장했다.

4. lest[for fear] that ~ should : ~하지 않도록, ~하지 않기 위해서
I obeyed her **lest** that she **should** be angry. 나는 그녀가 화나지 않도록 그녀의 말을 잘 들었다.
He wrote her name down **for fear** that he **should** forget it.
그는 그녀의 이름을 잊지 않도록 그것을 적어 두었다.

일곱째, Ought to의 핵심 포인트입니다.

1. ought는 전치사 to와 함께 **ought to+V** 형태로 쓰고, 부정은 **ought not to+V**이죠.
It ought to **be** done at once. 그것은 당장 해야 된다. (ought to = should)
You ought not to **tell** a lie. 거짓말을 해서는 안 된다. (ought not to = should not)

2. **ought to+have+p.p.= should+have+p.p.** : ~했어야 했는데 (못해서 유감이다)
I ought to have suspected that it would happen. 그런 일이 일어나리라 의심했어야 했는데.

3. **ought not to+have+p.p.= should+not+have+p.p.** : ~하지 말았어야 했는데 (해서 유감이다)

여덟째, Used to의 핵심 포인트입니다.

1. **used to + V** : '과거에 ~하곤 했다' (지금은 하지 않음을 내포하고 있죠.)
I used to **visit** my grandfather in the country when I was a child.
내가 어린 아이였을 때, 시골에 계신 할아버지를 찾아뵙곤 했다.

2. **be used to** + 명사/**V~ing** : ~하는 데 익숙해져 있다(=be accustomed to)

He <u>is used to</u> **driving** a car. 그는 자동차를 운전하는데 익숙해져 있다.

=He <u>is accustomed to</u> **driving** a car.

아홉째, Need의 핵심 포인트입니다.

1. **조동사로 쓰인 경우** : 주로 부정문과 의문문에서 「~할 필요가 있다」는 의미로 쓰이죠.

He <u>need not</u> **go** there. [부정문] 그는 거기에 갈 필요가 없다.

<u>Need</u> you **leave** here now? [의문문] 지금 여기를 떠날 필요가 있습니까?

* need 뒤에 **동사원형**이 오죠.

2. **일반동사로 쓰인 경우** : 'need to+V/ V~ing형태로 쓰이며, 3인칭 단수 현재시제인 경우 동사에 **–(e)s**를 붙이죠.

It <u>needs</u> **to be** handled carefully. 그것은 조심해서 다루어야 한다.

=It <u>needs</u> **handling** carefully.

열째, had better+V : V 하는 것이 더 낫다[좋겠다]

You'<u>d better</u> use this book as a kindling to master English.

너는 이 책을 영어를 마스터하기 위한 하나의 불쏘시개로 이용하는 것이 좋겠다.

* **부정** : had better not+V

* **수동** : had better be+p.p.

지금까지 동사 마법의 첫 번째 친구인 조동사에 대해 알아보았습니다.
알기 쉬운 멋진 안내였죠.
그럼, 이제부터 또 한 명의 동사 마법 친구인 **"시제"**에 대해 알아보겠습니다.
이번에는 그가 직접 소개를 하겠다는군요.

3. 시제(Tenses)를 부르는 마법 주문

조동사 마법의 안내가 정말 쉽고, 친절해서 너무 고맙군요.
저도 나름대로 준비를 잘 했으므로 약간의 자신감도 생깁니다.
지금부터 제가 구사하는 마법의 비밀로 안내하겠습니다.
집중해서 잘 들어 주세요!

모든 문장에는 시제가 사용되고 있다는 것은 이미 알고 계시죠?
'시제' 란 동사의 형태를 바꿔 줌으로써 어떤 행위, 동작, 상태 등에 대한 **시간의 변화를 다르게 나타내 주는 것**을 말하죠.
즉 Tence(시제)는 사람의 행위, 동작, 사물표현, 사건 등을 **시간에 맞추어 구체적으로 기술**, 반면에 Time(시간)은 사람의 행위, 동작, 사물표현, 사건 등을 **포괄적으로 기술**하는 것을 말해요.
시제에는 현재, 과거, 미래를 기본시제로 완료형시제, 진행형시제, 완료진행형시제의 12가지 시제가 있습니다. 영어의 기본인 만큼 꽉 잡아야겠죠.
그래서 마법의 힘을 빌린 그림과 도표를 이용하여 여러분이 12시제를 쉽게 이해하고 오래 기억할 수 있도록 임칭 신경 썼습니다.

현재 중학생인 '톰' 의 성장과정을 이해하기 쉽게 마법의 그림으로 설명하겠습니다.

동사 시제 동작, 행위, 상황 등이 발생한 시점을 나타냄

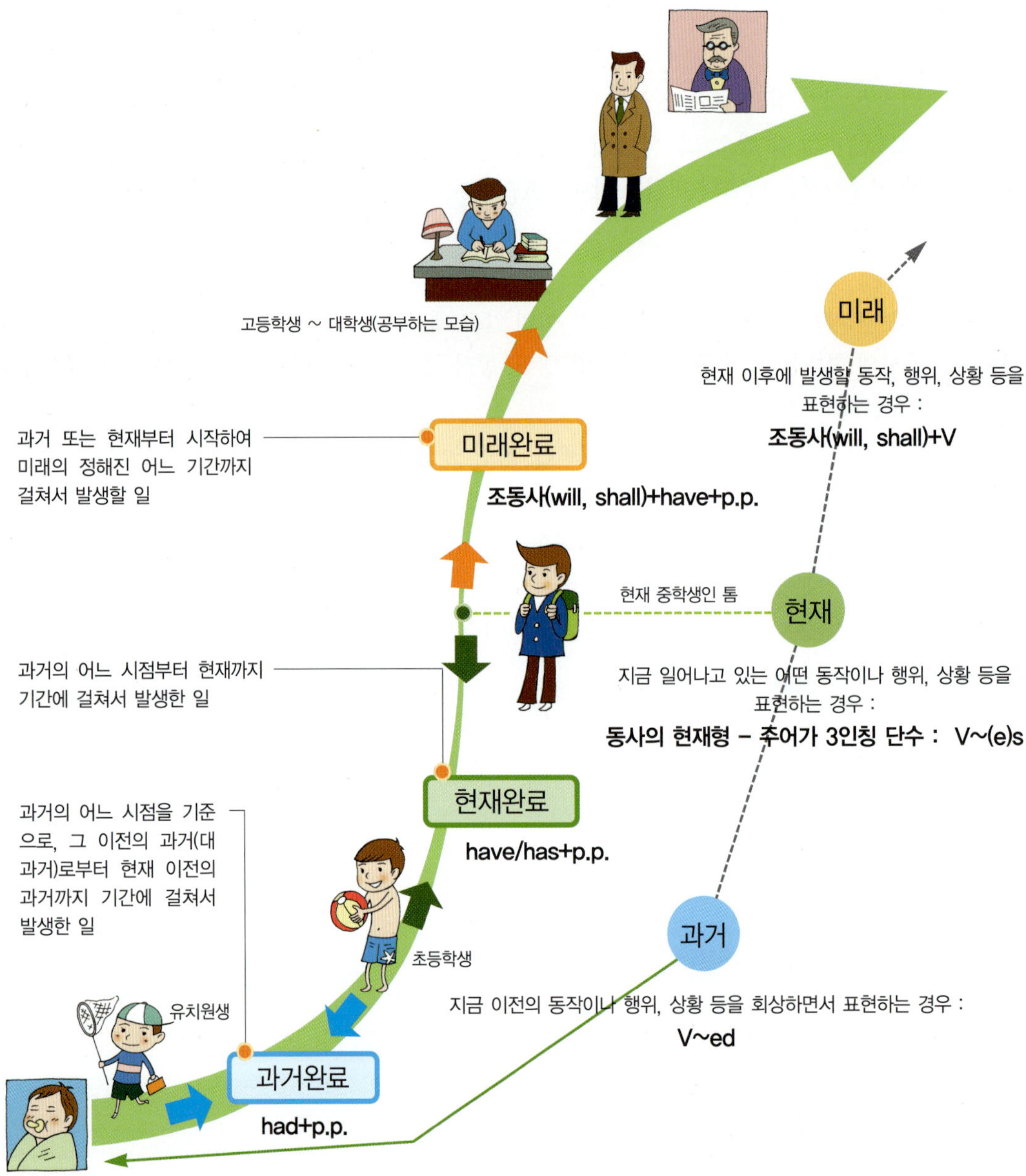

마법의 그림 속에 가방을 메고 있는 학생을 현재 Junior High School(중학교)에 다니는 톰이라고 가정할 때(현재시제), "중학교 이전 즉, Elementary School(초등학교), Kindergarten(유치원), the year when he was born(태어났던 해)"의 그 시점은 모두 과거에 해당되죠.

톰이 "그 이후 유치원시절부터 초등학교까지 개구쟁이로 지낸 기간"은 **과거완료**이죠. 톰이 "Elementary School 시절부터 a Junior High School Student인 현재까지도 수영장을 다니고 있는 이 기간"은 **현재완료**에 해당됩니다. (아! 그래서 톰이 몸짱이군요.)
"중학교 이후에 해당하는 기간, 즉 고등학교 · 대학교(공부하는 모습), 직장인(양복 입은 모습), 안경 쓴 할아버지 모습 등을 하고 있는 시점"은 모두 **미래**에 해당하죠.
톰이 "중학교부터 앞으로 더 열심히 공부해야 할 미래 어느 특정시점 때까지의 기간 즉, 고등학교 · 대학교(공부하는 모습)까지의 정해진 기간까지는" **미래완료**에 해당됩니다.
여러분들도 톰처럼 열심히 노력한다면 머지않은 미래에 훌륭한 사람이 될 것이라 확신합니다!

아! 마법의 힘을 빌리니까 그 어려운 영문법이 정말 쉽고 재미있다고요?
그렇다면 정말 친한 친구에게만 살짝 이 좋은 책을 추천해주는 것은 어떨까요?
이 책의 이름은 다 아시죠? 바로 〈마법의 영문법〉입니다!

다음의 마법 도표와 예문을 통해서 시제를 확실하게 머릿속에 담아 두세요.

영어 12시제 정리

동사의 행위 상태에 따른 시제 구분			형식
단순시제	①	현재	V(동사원형)+(e)s(주어가 3인칭 단수인 경우) : ~한다
	②	과거	V+ed : ~했다
	③	미래	조동사(will, shall)+V : ~할 것이다/ 할거야
완료시제	④	현재완료	have/has+p.p. : (과거부터) ~해오고 있다
	⑤	과거완료	had+p.p. : (과거에) ~해 왔었다
	⑥	미래완료	조동사(will, shall)+have+p.p. : (미래 어느 시점에) ~하게 될 것이다
진행형	⑦	현재진행형	be동사의 현재형(am/are/is)+V~ing : (현재) ~하고 있는 중이다/ 하고 있어
	⑧	과거진행형	be동사의 과거형(was/were)+V~ing : (과거에) ~하고 있는 중이었다/~하고 있었어
	⑨	미래진행형	조동사(will, shall)+be+V~ing : (미래에) ~하고 있을 것이다
완료+진행형	⑩	현재완료진행형	have/has+been+V~ing : (현재) ~해 오고 있는 중이다
*별로 쓰이지	⑪	과거완료진행형	had+been+V~ing : (과거에) ~해 오고 있는 중이었다
않는 시제입니다.	⑫	미래완료진행형	조동사(will, shall)+have+been+V~ing : (미래에) ~해 오고 있는 중일 것이다

I **do** my homework. [현재] 나는 숙제를 **한다**.
I **did** my homework yesterday. [과거] 나는 어제 숙제를 **했다**.
I **will do** my homework in the evening. [미래] 나는 저녁에 숙제를 **할 것이다**.

I **have done** my homework since afternoon. [현재완료] 나는 오후 이래로 (현재까지) 숙제를 **해 오고 있다**.
I **had done** my homework from three to six o'clock. [과거완료]
나는 3시부터 6시까지(과거 어느 시점까지) 숙제를 **했었다**.
I **will have done[finished]** my homework until[by] seven o' clock. [미래완료]
나는 7시까지(미래 어느 시점까지) 숙제를 하고 **있을[끝마칠] 것이다**.

I **am doing** my homework. [현재진행] 나는 (현재) 숙제를 **하고 있는 중이다**.

I **was doing** my homework. [과거진행] 나는 (과거에) 숙제를 **하고 있는 중이었다.**

I **will be doing** my homework. [미래진행] 나는 (미래 어느 때에) 숙제를 **하고 있을 것이다.**

I **have been doing** my homework since afternoon. [현재완료진행]

나는 오후 이래로 (현재까지) 숙제를 **해 오고 있는 중이다.**

I **had been doing** my homework from three to seven o'clock. [과거완료진행]

나는 3시부터 7시까지 (과거 어느 시점까지) 숙제를 **하는 중이었다.**

I **will have been doing** my homework until seven o'clock. [미래완료진행]

나는 7시까지(미래 어느 때까지)는 숙제를 **하고 있는 중일 것이다.**

이 정도 마법이면 시제에 대한 개념 정리는 충분하시죠.
여러분에게 중요한 것은 시험이잖아요.

따라서 **"시험 관련 시제의 핵심 포인트"**를 정리해 드립니다.

첫째, 시간을 나타내는 접속사 when, after, till, as soon as, before, by the time/ 조건을 나타내는 접속사 if, unless, in case, on condition 등이 이끄는 '부사절'에서는 내용이 미래일지라도 미래시제 대신 현재시제를 사용하죠. →내용자체가 이미 미래시제

We have only ten minutes <u>before</u> our train **will start**. (×)
We have only ten minutes <u>before</u> our train **starts**. (○) [시간의 부사절]

우리가 탈 기차가 출발하기 전에 우리는 단지 10분 시간이 있다.

I will not go out <u>if</u> it **will rain** tomorrow. (×)
I will not go out <u>if</u> it **rains** tomorrow. (○) [조건의 부사절] 만일 내일 비가 온다면, 외출하지 않을 것이다.

둘째, 현재완료시제와 과거시제의 차이점입니다.

과거시제가 무슨 일이 「언제 생겼느냐」에 초점을 두고 이야기하고 있는 반면, 현재완료시제는 '과거의 동작+현재의 의미' 로 「(과거의) 그것이 지금 어떻게 되었느냐」에 초점을 두고 이야기하는 것이죠.

a. I <u>lost</u> my English dictionary. [과거시제] - 과거의 특정된 한 시점
b. I <u>have lost</u> my English dictionary. [현재완료시제] - 과거의 어느 시점부터 현재까지의 기간의 개념
→I lost my English dictionary. + I don' have it now.

예문 a는 그 때 영어사전을 잃어버렸다는 사실만을 이야기하고 있을 뿐, 지금은 그 사전을 찾았는지 혹은 다른 사전을 갖고 있는지에 대한 사실은 표현되지 않고 있죠. 그러나 예문 b는 "영어사전을 잃어버려서 지금도 그것을 갖고 있지 않다"는 의미가 내포되어 있죠.
이 둘의 의미차이는 정말 중요합니다.

셋째, 현재완료시제와 과거시제의 구분 및 시간을 나타내는 부사와의 결합 관계

시제 종류	시제 형태		시제구분 표시			
현재완료 시제	have/has + 과거분사	+	막연한 시간을 나타내는 과거표시 부사	since+**과거시점**(year, month, week, day, hour, etc.)		
				since+주어+**동사의 과거형**		
				기간의 부사구 (숫자+hours/weeks/months/years/decades), now, just, recently, lately, already, this year(month, week)		
과거 시제	**동사의 과거형**	+	**명백한 과거를 표시하는 부사**	last	+	**시간표시 단어** : night/week/year/month/quarter/semester
				시간표시 어구 : • a few days(hours/weeks/months/years), • a week(month/year), • many days(weeks/months/years)	+	ago
				과거의 시간 부사구 : just now, (in) those days, long ago, yesterday, then		

너에게 가장 잘 어울리는 짝꿍을 선택할 수 있는 특권을 주마!

현재완료시제 얘는 과거의미의 부사 'last, ago, yesterday …' 하고는 절대 짝꿍하지 않겠다면서 꼭 'since, recently, lately, already …' 하고만 짝꿍시켜 달라고 떼를 쓰네요. 반대로 **과거시제** 얘는 현재완료시제가 싫어하는 'last, ago, yesterday …' 하고만 짝꿍을 하겠다고 하니, 어느 장단에 맞춰야 좋을지? 여러분! 영어만 잘해보세요. 머지않아 멋진 짝꿍이 생기게 될 테니까요.

I've had a cup of coffee with my friend **yesterday**. (×)

→ I had a cup of coffee with my friend **yesterday**. (○) 나는 어제 친구와 함께 커피 한 잔을 마셨다.

특히 just, now는 **현재완료시제**와 함께 사용하나, just now는 반드시 **과거시제**와 함께 사용해야 하죠. (시험에 자주 출제되므로 주의하세요.)

He has **just** come back home. (○) 그는 집으로 이제 방금 돌아왔다.

He came home **just now**. (○) 그는 바로 지금 집에 왔다.

He has come home **just now**. (×)

넷째, 과거의 어느 시점부터 현재 이전의 (또 다른) 과거까지 동작이나 상태를 나타낼 때는 "과거완료시제"를, 현재 이전이나 현재부터 특정한 미래시점까지의 동작이나 상태를 나타낼 때는 "미래완료시제"를 사용하죠.

When I reached the station, the train had already left. [과거완료]

내가 역에 도착했을 때, 이미 그 기차는 떠난 뒤였다.

I shall have fallen asleep by the time my father comes home. [미래완료]

나는 아버지께서 집에 오실 때까지 잠을 잘 것이다.

다섯째, have been to + 장소 : ~에 갔다 왔다 [완료]/ ~에 가 본 적이 있다 [경험]
have gone to + 장소 : ~로 가 버렸다(그래서 여기 없다) [결과]
(주어가 1, 2 인칭에는 쓸 수 없죠)

I have gone to China many times. (×)

I have been to China many times. (○) 저는 중국에 여러 번 갔다 왔어요.

You have gone to Europe. (×)

He[She] has gone to Europe. (○) 그는 유럽에 가 버렸다.

They have gone to Europe. (○) 그들은 유럽에 가 버렸다.

여섯째, It is[has been] a long time since ~ : ~한 지 꽤 오래되다[되었다]
It will not be long before ~ : 머지않아 ~할 것이다
It is 세월[시간] since S + V ~ : ~한 지 …의 세월이 되다
과거완료 부정구문 + before[when] S + 과거동사 : 미처 ~하기도 전에 …했다

It has been a long time since I saw you last. 오랜만입니다.(내가 당신을 마지막으로 본 지도 꽤 오래 됐네.)

It will not be long before we meet again. 머지않아 다시 만나게 될 겁니다.

It is five years since she died. 그녀가 죽은 지 5년이 지났다.

= Five years have passed since she died.

= She has been dead for five years.

= She died five years ago.

I had not gone ten miles before[when] I got tired. 나는 10마일도 채 못가서 지쳤다.

일곱째, 동작동사는 진행형으로 쓸 수 있지만, 다음의 "지각, 인식, 감정, 상태, 소유"를 나타내는 동사는 진행형으로 쓸 수 없음이 원칙이죠. 그러나 이들 동사도 본래의 뜻을 상실하고 동작동사로 쓰이면 진행형으로 쓸 수 있습니다.

see, hear, taste/ know, remember, forget/ love, hate, like/ resemble, appear/ lack/ belong, have, own

The apartment is belonging to her. (×)
The apartment belongs to her. (○) 그 아파트는 그녀의 것이다.
cf. She is having breakfast. [have가 '소유' 의 뜻이 아닌 경우] 그녀는 아침 식사중이다.

이것으로 동사의 두 번째 친구인 시제의 소개도 다 끝났습니다.
준비 많이 한 흔적이 보이죠!
제가 보기에는 첫째 못지않게 잘 한 것 같은데, 여러분은 어떠셨는지 궁금하네요.

평가는 여러분들이 해주시고, "**태**(능동태, 수동태)"로 넘어가겠습니다.
세 번째 친구를 소개해야 하는 동사 마법의 고민이 클 것 같군요.

4. 태(Voices)를 부르는 마법 주문

시작도 하기 전에 가슴이 콩닥콩닥 하는군요.
다른 친구들보다 못하면 여러분들이 실망하실 거잖아요.
아무튼 최선을 다 해보겠습니다.

"태"가 뭐냐고 묻는다면 과연 제대로 답할 사람이 얼마나 될까요?
아마도 많지는 않겠죠?
정말이지 영문법 용어는 너무 어렵죠?
하지만 이제는 조금도 걱정하지 마세요.
마법의 영문법이 여러분을 도울 겁니다.

"태"란 **주어와 목적어에 대한 관계를 나타내는 타동사의 형태 변화**를 말하는데요.
태에는 주어가 동작을 하는 **능동태**(active voice)와 주어가 동작을 받는 **수동태**(passive voice)가 있죠.

'태'란 내가 사랑을 하는 것인지, 아니면 내가 사랑을 받고 있는 것인지를 명백히 표현하는 것!

영어는 능동태와 수동태를 엄격히 구분해서 사용합니다. 동작의 주체인 주어가 동사의 행위자로서 역할(능동태)을 하고 있는 것인지, 아니면 주어가 동사의 행위를 받거나 당하는 입장(수동태)에 있는지를 판단해서 사용해야만 하죠.

쉽게 말해 자신이 누구를 사랑을 하면 **능동태**이고, 누구에게 사랑을 받으면 **수동태**이죠. 예문을 들어 설명해 보겠습니다.

Tom **loves** Judy. [능동태] 톰은 주디를 사랑한다.
→ Judy **is loved** by Tom. [수동태 전환] 주디는 톰에게 사랑 받고 있다.

그런데 모든 문장을 수동태로 만들 수 있을까요?
그건 아니지요.
수동태를 만들려면 목적어가 반드시 필요하므로 목적어를 취하는 타동사가 사용된 3, 4, 5 형식 문장에서만 가능하고, 목적어를 취하지 않는 자동사(appear/ disappear/ occur/ rise/ lie/ fall …)가 사용된 1, 2 형식 문장은 수동태로 만들 수 없습니다.

A vague shape **appeared** through the mist. (○) 어렴풋한 것이 안개 속에서 나타났다.
A vague shape **is appeared** through the mist. (×)

다음의 마법 그림을 통하여 수동태가 무엇인지에 대해서 완전히 마스터하도록 하세요.

태의 의미

- 주어와 목적어에 대한 관계를 나타내는 **타동사의 형태 변화**를 말하죠.

태의 종류

- **능동태** : **타동사+목적어의 형식**으로 동작을 하는 쪽에 중점을 둔 표현으로 주어가 동사의 행위자로서 역할을 하는 경우를 말하죠. ('주어가 ~하다' 의 의미입니다.)
- **수동태** : 능동태의 목적어를 주어로 하고, 동사는 **be동사+과거분사 형식**으로 하여 동작을 받는 쪽에 중점을 둔 표현입니다. 수동태는 주어가 동사의 행위를 받거나 당하는 입장에 있는 경우를 말하죠. ('주어가 ~되다, 당하다' 의 의미입니다.)

능동태와 수동태의 구분

- 타동사가 능동태 문장에 쓰인 경우 반드시 목적어를 가지는데, 수동태 문장에 쓰인 경우 목적어를 가질 수 없죠.

* **시험 포인트** : 문제에서 빈 칸(__) 뒤에 목적어[명사(구), 대명사, 동명사, to부정사]가 있으면 **능동태**를 선택하고, 빈 칸 뒤에 목적어가 없거나 '전치사(by)+행위자' 형태가 나오면 **수동태**를 선택하세요.

People **must be used** this fire extinguisher when fire happens. (×)
화재가 발생했을 때, 사람들은 이 소화기를 사용해야만 한다.

* 사람들이 소화기를 사용하는 능동적인 의미로 목적어(this fire extinguisher)가 있으므로 be used → use로 고쳐야 하겠죠.

A new fire extinguisher **will install** here. (×) 새 소화기가 이곳에 설치되어질 것이다.
* 새로운 소화기가 누군가에 의해 설치되는 수동적인 의미, 즉 목적어가 없으므로 will install → will be installed로 고쳐야 하겠죠.

아래의 "능동태를 수동태로 전환하는 마법의 방법"은 영어의 기본이므로 철저히 익히도록 하세요.

Tom wrote this letter. [능동태] 톰이 이 편지를 썼다.

→ This letter was written by Tom. [수동태] 이 편지는 톰에 의해 쓰여졌다.

능동태를 수동태로 전환하는 방법

능동문이 수동문으로 전환되었다고 할지라도 동사가 전달하는 의미 자체가 변하는 것이 아니라, 단지 동작의 중점이 이동된 것뿐입니다. 다시 말해 **능동태는 행위자를 강조하고, 수동태는 행위대상을 강조**하기 위한 것이죠.

주어

능동태의 목적어가 수동태의 주어로 바뀜

'this letter'가 능동문에서는 wrote의 목적어로 사용되었다. 그러나 수동문에서는 'this letter'가 사물이기 때문에 저절로 쓰여 진 것이 아니고 누군가(Tom)에 의해 쓰여진 것이므로 목적어가 아니라 수동태의 주어가 되어야 하죠.

동사

be동사+동사의 과거분사(수동태 형식)

be동사를 쓸 때 능동태 동사의 시제가 **현재**이면 am, are, is 중에서, **과거**이면 was, were 중에서 하나를 써야 합니다. 예문에서 wrote는 write의 과거형 동사이고, 주어가 3인칭 단수이므로 be동사는 was를 쓰고, 동사(write)의 과거분사 written을 쓰면 되겠죠.

전치사(by)+행위자

「전치사(by)+행위자」를 표시하는 경우

특정 행위자를 표시하고자 하는 경우로 능동태의 주어가 by 뒤에 와서 부사구를 이루죠. 능동태의 주어를 목적격으로 고쳐 '**by+목적격**'으로 쓰면 됩니다.

This letter was written by Tom.

「by+행위자」를 표시하지 않는 경우

① 행위자가 일반적인 사람일 때

This cellular phone is used around the world (by people).

이 휴대폰은 전 세계적으로 사용되고 있다.

② 행위자가 명백하지 않거나, 행위자가 누군지 표현할 필요가 없을 때

This building was built in 1470 (by somebody).

이 건물은 1470년에 축조되었다.

능동태를 수동태로 전환하는 마법의 방법을 간단히 정리하면

1. 목적어 → **주어**로 바뀝니다.(주격으로 바꿔줘야 하죠.)
2. 타동사 → **be + p.p.**(과거분사)로 바꿉니다.(바뀐 주어에 맞게 수를 일치시켜야죠.)
3. 주어 → **전치사(by)**+ (능동태 주어를) **목적격**으로 바꿔줍니다.
4. 나머지는 뒤에 그대로 이어 쓰면 됩니다.

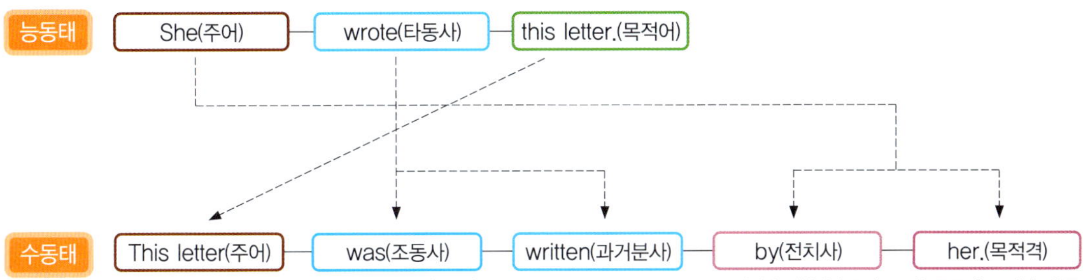

능동문의 목적어가 주어로 쓰입니다.

능동문의 동사 'wrote'가 과거형이고, 주어가 3인칭단수이므로 'was'를 써야죠.

과거분사 자체로는 동사가 될 수 없으나 be 동사의 도움을 받아 편지가 '누군가에 의해 쓰여졌다'는 수동적인 입장을 나타내 주고 있죠.

목적어와 결합해서 동작이나 행위가 누구/무엇에 의해 이루어졌는지를 알려주며, 동사에 따라 by 이외에 다른 전치사가 쓰이기도 하죠.

능동문의 주어가 수동문에서는 주어의 동작이나 행위가 누구/무엇에 의해 이루어졌는지를 나타내 주는 **부사구** {전치사+(대)명사}가 되죠.
행위자가 일반인이거니 막연할 경우, 이것은 전치사와 함께 생략될 수가 있습니다.

행위자를 강조 : 행동을 한 사람(Tom)인 주어에 중점을 두고서 그 후 그가 한 행동(sent)을 말한 후, 또 무엇에 대해서 행동을 했는지 그 대상(this package)을 말하고 있죠.
해석 : 톰이 이 소포를 보냈다.

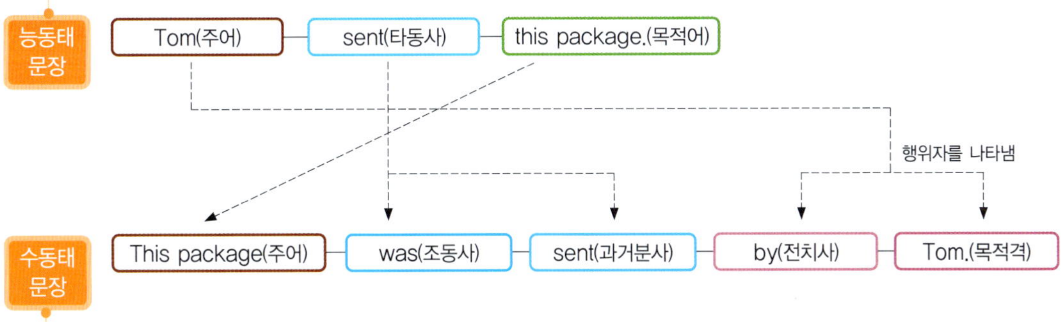

행위 대상을 강조 : 먼저 소포에 대해 말하는 것으로 시작해서 소포에 어떤 일이 있었는가를 말하고, 누구에 의해 이런 일이 행해졌는가를 말하고 있죠.
해석 : 이 소포는 톰이 보냈다.

아래에 있는 시제에 따른 수동태 전환표는 앞으로의 영어 학습에 많은 도움이 되므로 잘 익혀 두세요.

종 류	형 식	예 문
현재	be동사의 현재형 (am/is/are)+p.p.	John **constructs** the house. → The house **is constructed** by John. 그 집은 존에 의해 지어지고 있다.
과거	be 동사의 과거형 (was/were)+p.p.	John **constructed** the house. → The house **was constructed** by John. 그 집은 존에 의해 지어졌다.
미래	조동사+be+p.p.	John **will construct** the house. → The house **will be constructed** by John. 그 집은 존에 의해 지어질 것이다.
현재완료	have/has+been+p.p.	John **has constructed** the house. → The house **has been constructed** by John. 그 집은 존에 의해 지어져 왔다.
과거완료	had+been+p.p.	John **had constructed** the house. → The house **had been constructed** by John. 그 집은 존에 의해 지어져 왔었다.
미래완료	조동사+have+been +p.p.	John **will have constructed** the house. → The house **will have been constructed** by John. 그 집은 존에 의해 지어지게 될 것이다.
현재진행형	am/is/are+being+p.p.	John **is constructing** the house. → The house **is being constructed** by John. 그 집은 존에 의해 지어지고 있는 중이다.
과거진행형	was/were+being+p.p.	John **was constructing** the house. → The house **was being constructed** by John. 그 집은 존에 의해 지어지고 있는 중이었다.
	* 미래진행형, 현재 · 과거 · 미래 완료진행형은 수동태로 잘 쓰이지 않음.	
조동사	조동사+be+p.p.	John **can construct** the house. → The house **can be constructed** by John. 그 집은 존에 의해 지어질 수 있다.

※ **to부정사와 관계사절 내에 있는 동사의 수동태 · 능동태 구별**도 목적어가 있느냐 없느냐에 따라 결정됩니다.
문장의 주어가 이루어져야 할 행위(또는 행위의 대상이 되는 사람이나 사물)인 경우에는 **수동부정사**(to be+p.p.)가 쓰이죠.
The results of the exam **are to be announced** tomorrow. [수동부정사] 시험의 결과가 내일 발표될 예정이다.
The consultant who **was required to fill** in forms asked us a little money. [관계사절]
양식 작성을 요구 받은 컨설턴트[고문]는 약간의 금액을 우리에게 요구했다.

마지막으로 **"시험 관련 수동태의 핵심 포인트"**를 정리해 드립니다.

첫째, 원형부정사를 목적격보어로 취하는 지각동사(see, hear)나 사역동사(have, make)가 쓰인 문장이 수동태가 되면 원형부정사가 to부정사로 바뀌죠.

I saw the teacher enter the classroom. 나는 그 선생님이 교실로 들어가시는 것을 보았다.

→ The teacher was seen to enter the classroom by me.

그 선생님이 교실로 들어가시는 것이 나에 의해 목격되었다.

He had me sing. 그는 나에게 노래를 부르라고 했다.

→ I was asked to sing by him. 나는 그에게서 노래 부를 것을 요청받았다.

둘째, 자동사는 수동태가 될 수 없으나 "자동사+전치사"는 타동사 역할을 하기 때문에 수동태가 가능합니다. 이 경우 전치사를 빠뜨리면 절대 안 되죠.

능동태(자동사+전치사)	의 미	수 동 태
account for	~을 설명하다	be accounted **for** by
add to	~을 증가시키다	be added **to** by
attend to	~에 주의하다, ~에 주의하여 듣다, ~을 시중들다	be attended **to** by
deal with	(책, 강연, 주제 등을) 다루다, ~와 교제하다	be dealt **with** by
depend on[upon]	~에 의존하다	be depended **on[upon]** by
laugh at	~을 비웃다, ~을 보고 웃다	be laughed **at** by
look at	~을 바라보다	be looked **at** by
run over	(차가 사람을) 치다, 대충 훑어보다, (차로)가다	be run **over** by
send over	~을 부르러 보내다	be sent **over** by
look upon A as B	A를 B로 간주하다	A be looked upon **as** B by
consider A as B	A를 B로 간주하다	A be considered **as** B by
think of A as B	A를 B로 생각하다	A be thought of **as** B by

He laughed at me. (3형식) 그는 나를 비웃었다.

→ **I was laughed at by him.** (1형식) 나는 그에게 비웃음을 당했다.

We think of him as a great poet. 우리는 그를 훌륭한 시인으로 생각하고 있다.

→ **He is thought of as a great poet by us.** 그는 우리에게 훌륭한 시인으로 인식되고 있다.

[참고] 동사 + 부사 + 전치사(=타동사구)도 '자동사+전치사' 와 같은 원칙이 적용됩니다.

· look up to ~ : ~을 존경하다
· look down on[upon] ~ : ~을 무시하다
· put up with ~ : ~을 참다
· do away with ~ : ~을 없애다, ~을 폐지하다

The provincial inhabitants looked up to their governor. (3형식)

도민들은 그들의 도지사를 존경했다.

→ **Their governor was looked up to by the provincial inhabitants.** (1형식)

도지사는 도민들로부터 존경을 받았다.

셋째, 전치사 by 대신 다른 전치사를 쓰는 경우에 주의하세요.

종 류	의 미	종 류	의 미
be covered with	~로 덮여 있다	be shocked at	~에 깜짝 놀라다
be known to	~에게 알려지다	be alarmed at	~에 놀라다
be interested in	~에 관심이 있다	be surprised at	~에 놀라다
be made of	~로 만들어지다	be disappointed at	~에 실망하다
be tired of	~에 싫증나다	be absorbed in	~에 몰두하다
be crowded with	~로 혼잡하다	be involved in	~에 포함되다, ~에 말려들다
be pleased with	~로 기쁘다	be engaged in	~에 종사하다
be satisfied with	~에 만족하다	be worried about	~로 걱정하다
be gratified with	~에 만족하다	be bored with	~로 지루해 하다, ~에 싫증이 나다

His sudden death surprised me. 그의 갑작스러운 죽음이 나를 놀라게 했다.

→ **I was surprised at his sudden death.** 나는 그의 갑작스러운 죽음으로 놀랐다.

넷째, **다음 수동태로 쓰이지 않는 동사들은 시험에 종종 출제되므로 기억해야겠죠.**
fit, have(소유하다), resemble, lack, suit, escape, become, doubt, guess, imagine, know, mean, realize, recognize, remember, suppose, think

They have a nice car. 그들은 멋진 자동차를 소유하고 있다.
→ A nice car is had by them. (×)

She resembles her mother. 그녀는 어머니를 닮았다.
→ Her mother is resembled by her. (×)

얼마 전 우리나라에서 짝퉁이 명품으로 둔갑하여 팔렸던 것처럼 겉모습은 능동형인데 수동의 의미로 해석되는 단어들, 즉 sell, let, lock, read, translate, peel, photograph, tear 등도 알아두면 손해볼 일 없겠죠.

This car **sells** well. (1형식) 이 자동차는 잘 팔린다.
This banana **peels** well. 이 바나나는 껍질이 잘 벗겨진다.

동사 마법의 친구들은 왜 이리도 소개를 잘 하는지 정말 놀랍군요.
기본 개념 정리는 물론이고 "시험 관련 수동태의 핵심 포인트"를 명쾌하게 안내해 주니 감사할 따름이죠.

다음에 안내할 순서인 네 번째 친구의 소개도 너무너무 기대되는 군요.

"법!" 소개 부탁해요.

5. 법(Moods)을 부르는 마법 주문

저는 가슴이 콩닥콩닥이 아니고 쿵덕쿵덕 뛰고 있어요.
원래도 새가슴인데, 이렇게 어려운 소개를 시키니 안 할 수도 없고요.
아무튼 용기를 내 볼 테니, 크게 박수 한번 쳐 주세요.
짝! 짝! 짝!
법이 또 뭔가요? 우리가 말하는 헌법, 민법 등등의 그런 법은 아니겠죠?
당연하죠! 영어책에서 그런 법을 다룰 리가 없겠죠.

영어에서 법이란? '대화의 분위기(mood)' 를 표현하는 것이죠. 즉,

말하는 사람이 **말하고자 하는 내용에 대하여 그 자신의 의도를 말로 나타내는 동사의 표현 형식**을 **'법'** 이라 하고요, 법에는 **"직설법, 명령법, 가정법"** 이 있죠.

마법의 도표를 통하여 한번 살펴볼까요?

분류	의미	예문
직설법 (Indicative Mood)	사실을 있는 그대로 말하는 동사의 표현 형식으로 여기에는 평서문, 의문문, 감탄문이 있는데요. 이것은 **인칭, 수, 시제 등에 따라 동사형태가 변하죠.**	She **wants** to buy glasses. [평서문] 그녀는 안경 사기를 원한다. Can you **speak** English? [의문문] 영어를 말할 줄 아세요?
명령법 (Imperative Mood)	말하는 사람이 **자기의 의사**(명령, 요청, 권유, 경고, 금지)**를 상대방이 실행케 하는 동사의 표현 방식**을 말하죠. 주어를 생략하고 **동사원형을 써요.**	**Give** me something to drink. [긍정명령문] 내게 마실 것 좀 주시오. **Don't lose** courage. [부정명령문] 용기를 잃지 마라. **Come when you may**, you are welcome. [양보명령문] =**Whenever you may come**, you are welcome. 당신은 언제 오더라도 환영받을 것이다.
가정법 (Subjunctive Mood)	어떤 일을 가정·상상하거나, 실현되었으면 하고 기대하거나, 실현될 가능성이 희박한 일이 실현되길 희망하는 동사의 표현방식을 말하죠. 이것에는 **현재, 미래, 과거, 과거완료**의 4가지 시제가 있고, **각각의 동사의 형태가 다름에 유의**해야 하죠.	If I **were** in your shoes, I **would not say** so. [가정법 과거] 내가 당신의 입장이라면, 나는 그렇게 말하지 않을 것이다. If he **had studied** hard, he **would not have failed**. [가정법 과거완료] 만약 그가 열심히 공부했더라면, 실패하지 않았을 텐데.

이제 법이 무엇인지에 대해서는 이해하셨죠?

그럼, 법 중에서도 가장 중요한 가정법에 대해서 꼼꼼히 살펴봐야겠죠!

(1) 가정법 현재 – 현대 영어에서는 잘 쓰이지 않죠!

<table>
<tr><td>용 법</td><td colspan="2">현재 혹은 미래에 대한 강한 의심이나 주어의 강한 의지를 나타내죠.</td></tr>
<tr><td rowspan="2">구문형식</td><td>조건절</td><td>주 절</td></tr>
<tr><td>If+주어+동사원형[현재형]</td><td>주어+조동사(will, shall, can, may, etc.)+동사원형</td></tr>
<tr><td>예 문</td><td colspan="2">If I be[am] better tomorrow, I will go there. 내일 건강이 좋아진다면, 나는 거기에 갈 것이다.</td></tr>
</table>

(2) 가정법 미래

<table>
<tr><td>용 법</td><td colspan="3">현재 혹은 미래에 대한 불확실한 가정, 상상 혹은 소망을 나타내죠.</td></tr>
<tr><td rowspan="4">구문형식</td><td colspan="2">조건절</td><td>주 절</td></tr>
<tr><td>If+주어+should+동사원형</td><td>미래에 대한 강한 의심</td><td rowspan="3">주어+조동사의 과거형[현재형]+동사원형
would, should, could, etc.
[will, shall, can, etc.]</td></tr>
<tr><td>If+주어+would+동사원형</td><td>주어의 의지</td></tr>
<tr><td>If+주어+were to+동사원형</td><td>실현 불가능한 순수 가정</td></tr>
<tr><td>예 문</td><td colspan="3">If he should refuse my proposal, what should I do?
그가 나의 제안을 거절하게 되면, (그럴리 없지만), 내가 어떻게 해야 하지?
If you would succeed, you would have to work harder. [would : 주어의 의지]
성공하려면, 당신은 더 열심히 일을 해야 할 것이다.

Even if the sun were to rise in the west, I would never change my mind to love you.
비록 태양이 서쪽에서 뜬다고 할지라도, 당신을 사랑하는 나의 마음은 결코 바뀌지 않을 것이다.
* 실현 가능성이 전혀 없는 일을 가정하는 경우에 사용하는데요. 가정법 과거에 포함시키기도 하죠.</td></tr>
</table>

(3) 가정법 과거

<table>
<tr><td>용 법</td><td colspan="2">현재 사실에 반대되는 가정이나 상상을 나타내는 경우에 사용하죠.</td></tr>
<tr><td rowspan="3">구문형식</td><td>조건절</td><td>주 절</td></tr>
<tr><td>If+주어+동사의 과거형</td><td rowspan="2">주어+조동사의 과거형+동사원형
(would, should, could, etc.)</td></tr>
<tr><td>If+주어+were(be동사의 경우 인칭에 관계없이 were만 쓰죠.)</td></tr>
<tr><td>예 문</td><td colspan="2">If I were not ill, I could go there. [가정법 과거] 아프지 않다면, 나는 거기에 갈 수 있을 텐데.
= Were I not ill, I could go there. [if가 생략될 경우 주어와 동사가 도치되죠.]
→ As I am ill, I cannot go there. [직설법 현재]</td></tr>
</table>

(4) 가정법 과거완료(대단히 중요함)

<table>
<tr><td>용 법</td><td colspan="2">과거의 사실에 반대되는 가정이나 상상을 나타내죠.</td></tr>
<tr><td rowspan="2">구문형식</td><td>조건절</td><td>주 절</td></tr>
<tr><td>If+주어+had+동사의 과거분사</td><td>주어+조동사의 과거형+have+동사의 과거분사
(would, should, could, etc.)</td></tr>
<tr><td>예 문</td><td colspan="2">If you had arrived ten minutes earlier, you could have got a seat. [가정법 과거완료]
당신이 10분 일찍 도착했더라면, 당신은 좌석에 앉을 수 있었을 텐데.
→ As you did not arrive ten minutes earlier, you could not get a seat. [직설법 과거]
당신은 10분 일찍 도착하지 못했기 때문에 좌석에 앉을 수가 없었다.</td></tr>
</table>

(5) 혼합가정법

의 미	혼합가정법이란 **조건절(가정법과거완료** 형태)과 **주절(가정법 과거** 형태)의 시제가 일치하지 않는 두 가지 가정법이 함께 쓰인 가정법을 말하죠.	
용 법	**과거의 사실이나 행동으로 인한 결과가 현재에도 영향을 미치는 경우**에만 사용되며, 주절에 현재시제[가정법 과거]를 나타내는 단서**(now, today)**가 나온다.	
구문형식	**조건절**	**주 절**
	If+주어+**had+동사의 과거분사** 가정법 과거완료	주어+**조동사의 과거형**+동사의 원형 (would, should, could, etc.) 가정법 과거
예 문	If I **had taken** your advice then, I **would be** happier now. 그 때에 당신의 충고를 받아들였다면, 나는 지금 더 행복할 텐데. → As I **did not take** your advice then, I **am not** happier now. 그 때에 당신의 충고를 받아들이지 않았기 때문에 나는 지금 더 행복하지 않다.	

법이 뭔지 이제 확실히 아셨죠?
그럼 **"시험 관련 법의 핵심 포인트"**를 정리해 드릴 테니 열심히 공부해서 만점 한번 받아보세요.
마법의 영문법은 도저히 불가능해 보였던 만점 도전도 가능하게 할 겁니다.

첫째, 가정법에서 조건절을 이끄는 if가 생략되면 '동사+주어'로 도치되죠.

Were I rich, I could buy the building.
= If I were rich, I could buy the building. 내가 부자라면, 그 빌딩을 살 수 있을 텐데.

둘째, 다음은 시험에 자주 출제되는 중요한 가정법 구문들이므로 꼭 기억해야죠.

1. **It's time (that)+가정법 과거** : 당연히 ~할 시간이 되었는데, 아직 하고 있지 않을 때, '이제 ~할 때다'라는 의미로 재촉, 당연, 필요, 긴급사항 등의 뜻을 나타내죠.

It's time you **went** to bed. 잠자리에 들 시간이다.
= It's time for you **to go** to bed.
= It's time (that) you **should go** to bed.

2. **If it were not for ~** : '~이 없다면(~가 아니라면)' [가정법 과거]
If it had not been for ~ : '만일 ~가 없었다면(~가 아니었더라면)' [가정법 과거완료]

If it were not for your help, I would fail. [가정법 과거] 당신의 도움이 없다면, 나는 실패할 것이다.
= **Were it not for** your help, I would fail. [If의 생략으로 인한 도치 구문]
= **Without** your help, I would fail.
= **But for** your help, I would fail.
→ **As you help me,** I don't fail. [직설법 현재] 당신이 나를 돕기 때문에 나는 실패하지 않는다.

If it hadn't been for your help, I would have failed. [가정법 과거완료]

당신의 도움이 없었다면, 나는 실패했을 것이다.

= **Had it not been for** your help, I would have failed. [If 생략으로 인한 도치 구문]

= **But for** your help, I would have failed.

= **Without** your help, I would have failed.

→ **As you helped** me, I did not fail.[직설법 과거] 당신이 나를 도왔기 때문에 나는 실패하지 않았다.

3. **I wish (that)+주어+동사의 과거형[were]** [가정법 과거] : ~라면[~한다면] 좋을 텐데. → 현재 이룰 수 없는 소망

I wish (that)+주어+had+p.p. [가정법 과거완료] : ~였다면[~했다면] 좋았을 텐데. → 과거에 이루지 못한 소망

I wish it were true. [가정법 과거] 나는 그것이 사실이길 바랐는데.

→ I am sorry that it is not true. [직설법 현재] 나는 그것이 사실이 아니라서 유감이다.

I wish I had learned English. [가정법 과거완료] 내가 영어를 배웠더라면 좋았을 텐데.

= I am sorry that I **didn't learn** English. [직설법 과거]

= It's a pity that I **didn't learn** English.

I wished that I had worked harder in my youth. 내가 젊은 시절에 더 열심히 일했더라면 좋았었을 텐데.

→ I was sorry that I **had not worked** harder in my youth. [직설법 과거완료]

4. **as if[though]+주어+동사의 과거형[were]** [가정법 과거] : 마치 ~인 것처럼

as if[though]+주어+had+p.p. [가정법 과거완료] : 마치 ~였던 것처럼

He talks as if he **knew** everything. 그는 마치 모든 것을 알고 있는 것처럼 말한다.

→ In fact, he **doesn't know** everything. 사실상, 그는 모든 것을 알고 있지 않다.

He looks as if he **had been** ill. 그는 마치 아팠던 것처럼 보인다.

→ In fact, he **has not bee**n ill. [현재완료]

→ In fact, he **was** not ill. [과거]

5. **직설법 현재+otherwise+가정법 과거** : 그렇지 않다면

직설법 과거+otherwise+가정법 과거완료 : 그렇지 않았다면

I am very busy this weekend; **otherwise** I could go to your housewarming party.

(= If I **were not** very busy this weekend)

나는 이번 주말에 대단히 바쁘다. **그렇지 않다면** 당신의 집들이 파티에 갈 수 있을 텐데.

I was very busy last weekend; **otherwise** I could have gone to your housewarming party.

(= If I **had not been** very busy last weekend)

나는 지난 주말에 대단히 바빴다. **그렇지 않았다면** 당신의 집들이 파티에 갈 수 있었을 텐데.

6. **가정법 과거+but[except, save] that+직설법 현재** : ~만 않다면
가정법 과거완료+but[except, save] that+직설법 과거 : ~만 않았다면

I would go abroad **but that** I am poor.
= I would go abroad **if** I were **not** poor. 가난하지만 않다면 나는 해외에 갈 텐데.

He would have fallen **but that** I caught him.
= He would have fallen **if** I had **not** caught him. 내가 잡지만 않았다면 그는 굴러 떨어졌을 텐데.

7. **as it were** : 말하자면(=so to speak)

He is a grown-up baby, **as it were.** 말하자면, 그는 다 자란 아이이다.

셋째, if의 대용어구들입니다.

1. **supposing[suppose] (that)** : 만일 ~한다면(=if, providing[provided] that)

Supposing she knows this fact, what will she say?
이 사실을 알고 있다면, 그녀가 무엇이라고 이야기할까요?

2. **granting[granted] that** : ~라고 하더라도 [양보를 나타냄]

Granting that I understand your thinking, I still can not accept your proposal.
당신의 생각을 이해는 하지만, 나는 당신의 제안을 받아들일 수는 없다.

3. **on (the) condition that** : 만약 ~라면, ~라는 조건으로

I will lend you this book **on the condition that** you shall return it to me by next weekend.
당신이 이 책을 다음 주말까지 나에게 되돌려 준다면, 나는 당신에게 그것을 빌려 줄 것이다.

4. **once** : 일단 ~하면, 적어도 ~하면

Once you make a goal, you must try to achieve it.
일단 당신이 목표를 세우면, 당신은 그것을 이루려고 노력해야 한다.

5. **so[as] long as** : ~하는 한(=as far as)

You may borrow the book, **so long as** you keep it clean.
당신이 책을 깨끗하게 보는 한, 그것을 빌릴 수가 있다.

6. **unless** : 만일 ~하지 않는다면(=if ~not)

I will go to my hometown **unless** it snows tomorrow.
= I will go to my hometown **if** it does **not** snow tomorrow.
내일 눈이 오지 않는다면, 나는 고향으로 갈 것이다.

다음은 지금까지 학습한 문장에서 **"동사의 내용적 변화**(법, 시제, 태, 조동사)**에 관한 핵심사항 마법의 정리표"** 입니다. 쭉 읽으면서 마무리하세요.

법 화자의 심리태도에 의한 동사의 표현 형식	직설법	● 인칭, 수, 시제 등에 따라 동사 형태가 변하죠. – 있는 사실을 그대로 말하는 **평서문** – 사실에 대한 확인이나 어떤 의구심을 내포하는 **의문문** – 어떤 사실에 감정을 섞어서 전달하는 **감탄문**	
	명령법	말하는 사람이 자기의 의사(명령, 요청, 권유, 경고, 금지)를 듣는 사람이 실천하게 하는 동사의 표현방식이죠.	
	가정법	어떤 일을 가정 · 상상하거나, 실현되었으면 하고 기대하거나, 실현될 가능성이 희박한 일이 실현되길 희망하는 동사의 표현방식을 말하는데요. 이것에는 **현재, 미래, 과거, 과거완료**의 4가지 시제가 있고 **각각의 동사의 형태가 다름**에 유의해야 하죠.	
시제 동사의 어형변화에 따라 그것이 나타내는 행위, 상태의 시간관계	단순시제	현재	V(동사원형)
		과거	V~ed
		미래	조동사(will, shall)+V
	완료시제	현재완료	have/has+p.p.
		과거완료	had+p.p.
		미래완료	조동사(will, shall)+have+p.p.
	진행형	현재진행형	be동사의 현재형(am/are/is)+V~ing
		과거진행형	be동사의 과거형(was/were)+V~ing
		미래진행형	조동사(will, shall)+be+V~ing
	완료+진행형	현재완료진행형	have/has+been+V~ing
		과거완료진행형	had+been+V~ing
		미래완료진행형	조동사(will, shall)+have+been+V~ing
태 주어와 술어동사와의 관계에서 동작의 관점 차이에 따라 생기는 동사의 표현 형식	능동태	**주어+타동사+목적어 형식**으로 주어가 동사의 행위자로서 역할을 하는 경우	
	수동태	**be동사+동사의 과거분사 형식**으로 주어가 동사의 행위를 받거나 당하는 수동자의 입장에 있는 경우	
조동사 (문장에 따라 선택적인 사항) 본동사를 도와주며 시간, 강조, 의문, 부정, 서법 등을 나타낼 때 사용	기본조동사 (일반동사 기능+조동사 기능)	do, have, be동사, need, dare, used to	
	서법조동사 (조동사 기능만 가지는 것)	will, shall, can, may, would, should, could, might, ought to	

저는 더 이상 할 말이 없군요.

새가슴인 네 번째 친구까지 이렇게 소개를 잘 할 줄은 정말 생각 못했거든요.

다시 한 번 박수를 보내면서 동사 마법의 다섯 번째 친구인 **"일치"** 의 안내를 받아보죠.

6. 일치(Agreements)를 부르는 마법 주문

* 마법의 영문법 특성상 일치 부분이 이곳에 있는데, 초급자에게는 다소 어려운 내용이 될 수 있으므로 이 책을 끝까지 독파한 후에 이 부분을 학습하는 것이 효과적일 수 있습니다.

여러분! "일치시킨다"라는 말은 모두들 알고 있겠죠?
"같게 맞춘다" 이거 아닙니까? 영어의 일치(Agreement)도 마찬가지입니다.
그런데 무엇을 맞출까요?

주어의 인칭이나 수에 동사를 맞추는 것이죠. 정말 간단하죠!

일치의 기본은 **단수주어 + 단수동사**
복수주어 + 복수동사로 일치시키는 것이죠.

These books on the desk is mine. (×)

* 이 문장에서 전치사구(on the desk)는 동사에 영향을 주지 못하므로 주어는 desk가 아니라 books이므로 동사 is → are로 바꿔야겠죠.

These books on the desk are mine. (○) 책상 위의 이 책들은 내 것이다.
The book on the desk is mine. (○) 책상 위의 그 책은 내 것이다.

주어와 동사가 바르게 일치되었죠!

그럼 지금부터 다양한 **마법의 일치법칙**을 확인 해 볼까요?

첫째, 집합명사(family, committee, audience, group, class)는 전체를 한 단위로 보는 경우에는 단수취급하고, 개개의 구성원을 따로따로 보는 경우에는 복수취급하죠.

The audience at his special lecture was enormous. [집합명사] 그의 특별 강연에 참석한 청중은 무척 많았다.
The audience were all moved to tears. [군집명사] 청중들은 모두 감동을 받아 울음을 터뜨렸다.

둘째, A and B 형태의 일치 – 단수동사로 받는 경우입니다.

1. 'A and B'로 연결된 두 개의 명사가 전치사에 의해 하나의 명사를 수식하는 경우

   Her **knowledge** of languages and international relations **aids** her in her study field.

   그녀는 언어와 국제관계에 대한 그녀의 지식으로부터 자신의 연구 분야에 필요한 도움을 얻고 있다.

2. 'A and B'가 every, each, no 등의 수식을 받는 경우

   Every policeman and official **is** on the alert. 모든 경찰관과 공무원은 경계태세 중이다.

3. 'A and B'가 **동일인**을 나타내는 경우[관사+명사+and+명사]

A musician and professor **is** lecturing on Korean traditional music. [동일인]

음악가이며 교수이신 분이 한국의 전통음악에 대해 강연하고 있다.

cf. 「**관사**+명사+and+**관사**+명사」는 동일인이 아니므로 **복수취급**하죠.

A painter and a poet **were** present at the party yesterday. 화가와 시인이 어제 파티에 참석했다.

셋째, 단수/복수가 B에 따라 결정되는 경우입니다. [대단히 중요함]

관용구	의 미	수의 일치
either A **or** B	A이거나 또는 B [양자택일]	**동사는 항상 B에 일치**
neither A **nor** B	A도 B도 아니다 [양자부정]	
not only A **but also** B (= B **as well as** A)	A뿐만 아니라 B도	
both A **and** B	A와 B 둘 다	
B (together) **with** A	A와 함께 B는	
not A **but** B	A가 아니라 B이다	
B, **like** A	A와 같은 B	

Neither my gloves **nor** my hat goes with this dress. 나의 장갑과 모자 둘 다가 이 옷에 어울리지 않는다.

Not only you **but also** he is interested in music.

= He **as well as** you is interested in music. 당신뿐만 아니라 그 사람도 음악에 흥미가 있다.

The handbag **together with** all its contents has not been discovered yet.

그것의 모든 내용물들과 더불어 그 핸드백은 아직 발견되지 않았다.

All students **as well as** the teacher are earnest. 선생님뿐만 아니라 모든 학생들도 진지하다.

A woman **with** babies were shopping. (×)

A woman **with** babies was shopping. (○) 아기들을 데리고 있는 한 여자가 쇼핑을 하고 있었다.

넷째, 주어가 'and'로 연결되면 복수동사로 받고, 주어가 'or'로 연결되면 or 뒤에 오는 주어에 동사의 수를 일치시키면 되죠.

Tom and Bill **are** hardworking. 톰과 빌은 근면하다.

Tom or I **am** going to Seoul on Sunday. 톰 아니면 내가 일요일에 서울에 갈 예정이다.

다섯째, each + 단수명사/ every + 단수명사/ either + 단수명사/ another + 단수명사가 주어인 경우이거나 부정대명사 everybody, everything, anything, anybody, anyone, nobody, no one, nothing, the one이 주어인 경우는 단수취급하여 단수동사로 받아야 하죠.

Each country **has** its own customs. 각각의 나라는 각기 제 풍습을 갖고 있다.

<u>Everything</u> **is** done roughly and untruly. 모든 것이 대충 불성실하게 행해지고 있다.

여섯째, a number of+복수명사 → 복수동사
the number of+단수/복수명사 → 단수동사로 받죠.

There **are** <u>a number of books</u> in my study. 나의 서재에는 많은 책들이 있다.

<u>The number of</u> patients **is** rapidly increasing. 환자들의 수가 급격히 증가하고 있다.

* is의 주어는 patients가 아니라 The number이죠.

일곱째, 전치사구는 동사에 영향을 주지 않으므로 전치사 앞에 있는 주어에 일치시켜야 하죠.

A list <u>of suggested books</u> **was given to** students today.

권장 도서들에 대한 목록이 오늘 학생들에게 제공되었다.

The modes <u>of touching a student</u> **are** diverse. 한 학생을 감동시키는 방법들은 다양하다.

여덟째, 유도부사 there가 이끄는 문장은 동사 뒤에 있는 주어에 동사의 수를 일치시키죠.

There **is** <u>one way</u> to solve the problem. 그 문제를 해결할 수 있는 하나의 방법이 있다.

There **are** <u>three ways</u> to solve the problem. 그 문제를 해결할 수 있는 3가지 방법이 있다.

아홉째, 시간, 거리, 가격, 무게의 복수명사는 단수동사로 받아야 하죠.

<u>Ten years</u> **are** a long time to wait. (×)

<u>Ten years</u> **is** a long time to wait. (○) 10년이란 기간은 기다리기에는 긴 시간이다.

cf. <u>Ten years</u> **has passed** since she died. (×)

<u>Ten years</u> **have passed** since she died. (○) 그녀가 죽은 지 10년이 지났다.

* 기간표시 복수명사가 완료형의 주어로 쓰일 때는 **have+p.p.**를 써야 하죠. 즉, 복수동사로 받는다는 말입니다.

열째, 병명, 학문명, 서적명, 운동경기명, news는 단수취급하여 단수동사로 받아야 하죠.

<u>Measles</u> **is** dreadful. [병명] 홍역은 무서운 병이다.

<u>Mathematics</u> **is** difficult to learn. [학문명] 수학은 배우기 어렵다.

<u>Bad news</u> **travels** quickly. [news] 나쁜 소식은 빨리 퍼진다.

열한째, 항상 단수 취급하는 것과 항상 복수 취급하는 것들은 구별해서 암기하세요.

항상 단수 취급하는 단어+명사+단수동사		항상 복수 취급하는 단어+명사+복수동사	
a/an, many a/an, one, a single, another, this, that, each, every, everyone, everybody	+ **단수명사 → 단수동사**	both, several, various, many (of), other, these, those, a few (of), a couple (of), a number of, thousands of, hundreds of, dozens of, two, three	+ **복수명사 → 복수동사**
		※ 예외 every one of, one of, each of	+ **복수명사 → 단수동사**

이것으로 동사 마법과 동사 친구들의 소개를 모두 받아보았습니다.
동사에서 동사의 친구에 이르기까지 몽땅 한꺼번에 다루고, 바로 이해되도록 마법의 그림과 도형, 그리고 마법의 영문법에 관한 자세한 설명까지 곁들이니 정말 이해하기 쉽죠!
조금만 더 노력합시다.
"마법의 영문법은 바로 이 손 안에 있소이다"라고 외칠 그 날을 위해!

열심히 공부한 당신!
충분히 휴식하세요.
반드시 친하게 지내야 할 동사 마법의 (여자) 친구인 **준동사 마법**이
여러분과 신나게 놀려고 눈 빠지게 기다리고 있으니까요?
재미있게 놀려면 힘이 있어야 하잖아요.

지금까지 학습한 마법의 영문법을 잘 익히셨다면 실전문제도 그다지 어렵지 않을 것입니다.
다음은 시험에 많이 출제되는 문제 중에서도 특별히 선별한 초특급 울트라 실전문제입니다.
그동안 갈고 닦은 마법의 영문법 봉(지팡이)이 준비되었다면 자신 있게 맘껏 휘둘러 보세요.

Actual **Test**

Chapter 01 동사네 집_ 실전확인문제(1)

Part 1 올바른 문장이 될 수 있도록 괄호 안에서 적절한 것을 고르세요.

01. The committee (divided, were divided, was divided)in their opinions of the case.

02. We (look, look upon, looked) the dove as the symbol of purity, gentleness, and peace.

03. He (rose, raised, arose) a moral issue at the conference last night.

04. Please (set, sit, seat) the table for breakfast.

05. She (said, told, spoke) me that she had been to China.

06. How long does it (take, make, get) from here to the station?

07. Some Europeans (sympathize, sympathize with) the sexual oppression of black female.

Part 2 다음 문장을 괄호 안에 주어진 단어를 사용하여 올바른 문장으로 만드세요.

01. There ______ a number of things that will be discussed at the conference. (be)

02. A good reason for marking favorite passages in books is that this practice enables you ______ more easily the significant sayings. (remember)

03. She had her appearance ______ by a top cosmetic surgeon. (alter)

04. Did you get your wife ______ $ 1,000 in my bankbook? (deposit)

05. I made the mechanic ______ my car in the afternoon. (repair)

Part 3 빈 칸에 들어갈 가장 알맞은 표현을 보기 중에서 하나를 고르세요.

01. You must not ______ what does not concern you if possible.
A. interfere　B. interfere with　C. interfered　D. been interfered

02. The prices for home appliances _______ sharply last year.
A. rise B. rose C. raised D. arise

03. When you want to buy a new car, you'd better _______ the salesman's advice in choosing the best vehicle for your lifestyle.
A. listen B. listen to C. listened D. to listen

04. Miller always takes a great pride in the fact that he graduated from the school _______ by his good grandfather in 1930.
A. found B. founded C. find D. finding

05. I can't forget that my teacher often told me _______ brave and diligent in middle school.
A. to be B. to have C. be D. being

06. I got my manuscript _______ by my secretary.
A. type B. to type C. typed D. typing

07. I saw the suspected man _______ the building.
A. enter B. entered C. to be entered D. to enter

08. The parcels I just brought into the house _______ on the table.
A. are laying B. are lying C. lying D. laying

09. I sold my used car _______ for a good price.
A. his B. him C. to him D. himself

10. We will _______ the problem today before our boss arrives here.
A. discuss B. discusses C. discuss about D. discuss for

11. According to the present seat belt law, unless you have your seat belt _______ in driving, you can be ticketed.
A. to fasten B. fasten C. fastening D. fastened

12. She often takes a pride in that her son _______ Yale university.
A. graduated B. graduated from C. graduates D. graduate from

Chapter 01 동사네 집_ 실전확인문제(2)

Part 1 올바른 문장이 될 수 있도록 괄호 안에서 적절한 것을 고르세요.

01. You should (ask, asks, asked) my permission before using my camera.

02. I will not go out if it (rain, will rain, rains) tomorrow.

03. Although you may not believe that Tom was a heavy smoker, it is true that he (uses, is used, used) to smoke much more than he does now.

04. They (lived, have lived, had lived) in Seoul since 1976.

05. The committee insisted that the conference (holds, should hold, be held) as soon as possible.

06. (Were I, I were, If I was) rich, I would travel around the world.

07. He (need, needs. needing) not go there.

08. He was made (tell, to tell, telling) everything.

09. He is (thought, thought of, thinking) as a great poet by many scholars.

10. Most words that indicate only one gender have (replace, replaced, been replaced) with words that refer to both males and females.

Part 2 다음 문장을 괄호 안에 주어진 단어를 사용하여 올바른 문장으로 만드세요.

01. You must _______ your homework by next class. (submit)

02. A man may _______ by the company who he keeps. (know)

03. When I entered the concert hall, the musicians _______ the introduction to the opera already. (play)

04. She never _______ sugar in her coffee. (put)

05. We _______ a place and a date for our meeting yesterday. (set)

06. It is natural that he ______ angry. (get)

07. The teacher was seen ______ the classroom by me. (enter)

Part 3 빈 칸에 들어갈 가장 알맞은 표현을 보기 중에서 하나를 선택하세요.

01. You'd better _____ a reservation so that we will be sure of getting a good room.
A. made B. making C. to make D. make

02. We will discuss the problem at the conference before our boss ______ here.
A. arrive B. arrives C. will arrive D. arrived

03. You ______ harder when you were young.
A. should work B. should have worked
C. must work D. must have worked

04. If he visits Australia again, he ______ there three times.
A. will has been B. has been C. had been D. will have been

05. If someone ______ her name, I hardly think I would have recognized her.
A. had not mentioned B. has not mentioned
C. did not mention D. have not mentioned

06. If I had the book, I could ______ it to you.
A. lend B. have lent C. have been lent D. has been lent

07. My professor recommended that I ______ my doctoral dissertation as soon as possible.
A. finish writing B. finishes writing
C. finished writing D. finish to write

08. People who want to work in the marketing department ______ to pass a foreign language proficiency test.
A. require B. to require C. are required D. have required

09. The auditor discovered that the accountant ______ the checks into the correct account from May to September.

A. did not deposited B. have not deposited
C. had not deposited D. had not been deposited

10. Under the wholly voluntary European Community(EC) program, the criteria for the green label will ______ by a panel of specialists from various fields.

A. be set B. is set C. be sat D. set

11. We all ______ success at everything we do.

A. desires B. are desiring C. desire D. desired

Chapter 02

Welcome to 준동사 마법의 집

준동사(Verbid)란 무엇일까요?

안녕하세요!
준동사[Verbid : (to)부정사, 동명사, 분사] 마법의 집을 방문해 주신 여러분들을 진심으로 환영합니다. 짝, 짝, 짝!
우리들도 원래는 동사 마법과 일심동체였는데 시간이 흐르면서 동사보다도 할 역할이 점차 많아졌죠. 게다가 각자 개성이 너무 강하고, 또 유전자 구조도 달라서 동사와 한 집에 살기보다는 분가해서 생활하는 것이 더 좋다고 생각했죠. 그래서 암수구별을 하는 것처럼 둘로 딱 나뉘었죠.
우리들은 동사 마법처럼 **시제 · 태**가 있고, **부사**의 수식도 받을 수 있고, 의미상의 주어 · 목적어 · 보어를 취할 수 있을 뿐만 아니라, 마법의 동사가 못하는 **주어 · 목적어 · 보어** 역할도 하므로 동사보다도 한 차원 높은 마법을 구사하죠.
그렇다고 동사 마법과 너무 차별하지 마세요.
앞으로 우리들도 동사 마법의 집처럼 모든 것을 기꺼이 소개해 드리겠습니다.
재미있게 지내면서 많은 마법을 익혀 가세요.

그럼 먼저 준동사 마법의 친구들을 소개하겠습니다.
우리 친구들은 (to)**부정사, 동명사, 분사** 3명으로 구성되어 있다는 것은 잘 알고 계시죠?
지금까지 여러분은 '준동사'라는 말만 들어도 너무 어려운 개념이어서 저희를 멀리했었죠?
이제부터는 재주가 많아 하는 일도 많고, 카멜레온처럼 멋있게 변신하는 저희들의 매력에 푹 빠지게 될 것입니다. 그렇게 되면, 여러분의 사랑을 듬뿍 받게 될 것이고, 여러분의 영어 실력 또한 놀랄 정도로 향상되겠죠.

우선 국어와 영어를 비교한 다음의 마법 도표를 통해 마법의 준동사가 어떤 것인지 살짝 맛만 보세요.

명사형 / 동사형		변형된 명사형: '동사+~하는 것' to+동사원형(to부정사)	변형된 명사형: '동사+~하기' 동사원형~ing(동명사)	순수한 명사
국어	예약하다	예약하는 것	예약하기	예약
영어	reserve	to reserve	reserving	reservation
국어	믿다	믿는 것	믿기	믿음
영어	believe	to believe	believing	belief
국어	번역하다	번역하는 것	번역하기	번역
영어	translate	to translate	translating	translation

이제 준동사 마법에 대해 어떤 느낌이 살짝 오죠?

다음 내용을 쭉 읽어가세요. 그럼 느낌이 팍 올 겁니다.
위 마법의 도표에서 알 수 있듯이 동사를 명사의 형태로 바꾸어 사용할 경우, 국어에서는 동사의 꼬리를 잘라내고 명사형 어미를 붙여 사용하고 있죠. 즉, '예약하다' 동사에 어미를 붙여 **명사 역할** — 「예약하기」, **형용사 역할** — 「예약한, 예약했던」, **부사 역할** — 「예약하기 위해, 예약하려면」으로 만들 수가 있습니다.
영어에서도 동사원형(V)에 다른 요소를 덧붙여, 즉 동사원형 앞에 **to를 붙이면** 명사로, 형용사로, 부사로(to부정사), 동사원형 다음에 **ing를 붙이면** 명사로(동명사), 형용사로(현재분사), 동사원형 다음에 **ed를 붙이면** 형용사로(과거분사) 만들 수가 있죠. 이처럼 동사에 어떤 것이 덧붙여진 형태이기 때문에 동사적 성질을 갖고 있으나 문장의 술어동사는 되지 못하고, 다른 품사로 쓰이는 것을 **'준동사'**라 한답니다.

여러분이 준동사 마법에 대한 개념을 보다 더 명확히 오래 기억하는 것을 돕기 위해 변신의 귀재 카멜레온까지 먼 나라 이웃 나라에서 공수해 왔어요.
카멜레온이야말로 마법의 동물이죠.
마법의 영문법에도 너무나 잘 어울리는 동물입니다.

카멜레온의 6가지 변화된 모습을 통해 동사가 어떻게 변하는지 잘 살펴보세요.

변신의 귀재 **카멜레온**이 주변 환경과 온도 등에 의해 피부의 색깔이 변하는 것처럼 동사도 1) **현재형**{주어가 3인칭 단수인 경우 V~(e)s}, 2) **과거형**(V~ed)으로 변해서 동사 역할을 하고, 3) **과거분사형**(V~ed)은 **be동사+과거분사 → 수동태**, **have동사+과거분사 → 완료형** 형태로 동사 역할을 하죠.
뿐만 아니라 동사에 다른 것이 덧붙으면 **to+V(to부정사), V~ing(동명사, 현재분사), V~ed(과거분사)**로 변신해서 문장 내에서 **동사의 성질을 가지고**서 다른 품사 – **명사, 형용사, 부사** – 역할을 하기 때문에 이것들을 **준동사**라고 합니다. 준동사는 동사의 성질을 가지고 있지만 동사와 달리 문장의 동사로 쓰이지는 못하는 차이점이 있죠.

과거형

규칙동사는 동사원형에 ~ed만 붙이면 되고,
불규칙동사는 암기해야 하죠.

현재형

보통 원형과 동일하나 be동사(am, is, are)와 have동사(has, have)의 경우에는 다르며, 주어가 3인칭 단수인 경우에만 형태가 변함 : V~(e)s

↑ 변화(**문장 내에서 동사**로 **쓰임**)

동사원형(V)

나, 변신의 귀재 카멜레온이야!
동사도 나처럼 문장 속에서
여러 가지 모습으로 변신할 수 있지!

↓ 파생(**문장 내에서 동사 성질만 갖고 있을 뿐, 동사로 쓰이지 못하고 다른 품사로 쓰임**)

동명사형
V~ing

동사의 성질+명사의 역할

현재분사형
V~ing
과거분사형
V~ed

동사의 성질+형용사/부사의 역할
분사는 조동사(be동사, have동사)의 도움을 받아 진행시제, 완료시제, 수동태에서 동사 역할을 할 수 있음
* 불규칙동사의 과거분사는 암기

to부정사형
to+V

동사의 성질+명사/형용사/부사의 역할

* 위 마법의 그림에서 동사원형을 나타내는 카멜레온을 중심으로 5가지 유형의 그림을 잘 관찰해 보세요. 동사에서 변화된 두 가지 유형, 즉 현재형과 과거형 카멜레온 모습은 **동사원형의 카멜레온**과 비교했을 때 약간의 변화만 있을 뿐 색깔에는 변화가 없습니다. 이것들은 똑같이 문장 내에서 **동사 역할만**을 수행한다는 것을 의미하죠. 그러나 동사에서 파생된 다른 카멜레온 3가지 유형은 머리 모습만 같을 뿐 몸통은 다른 색깔을 하고 있습니다. **머리 모습은 동사의 성질을 가지고 있다는 것을 의미**하고, 카멜레온에 나타난 다양한 색깔은 **문장 내에서 색깔의 종류만큼 다른 품사로 쓰일 수 있다는 것**을 의미하죠. 동명사형을 보면 두 가지 색깔로 이루어져 있는데, 이것은 동사의 성질을 가지고 있으면서 문장 내에서는 명사 역할을 할 수 있다는 것을 의미하지요. 다른 유형들도 여러분이 직접 관찰하면서 분석해 보세요. 그럼, 잊혀지지 않고 더 오래 기억할 수 있을 테니까요!

다음의 준동사 마법 다이어그램은 매우 중요하므로 확실히 기억해 두어야 합니다.

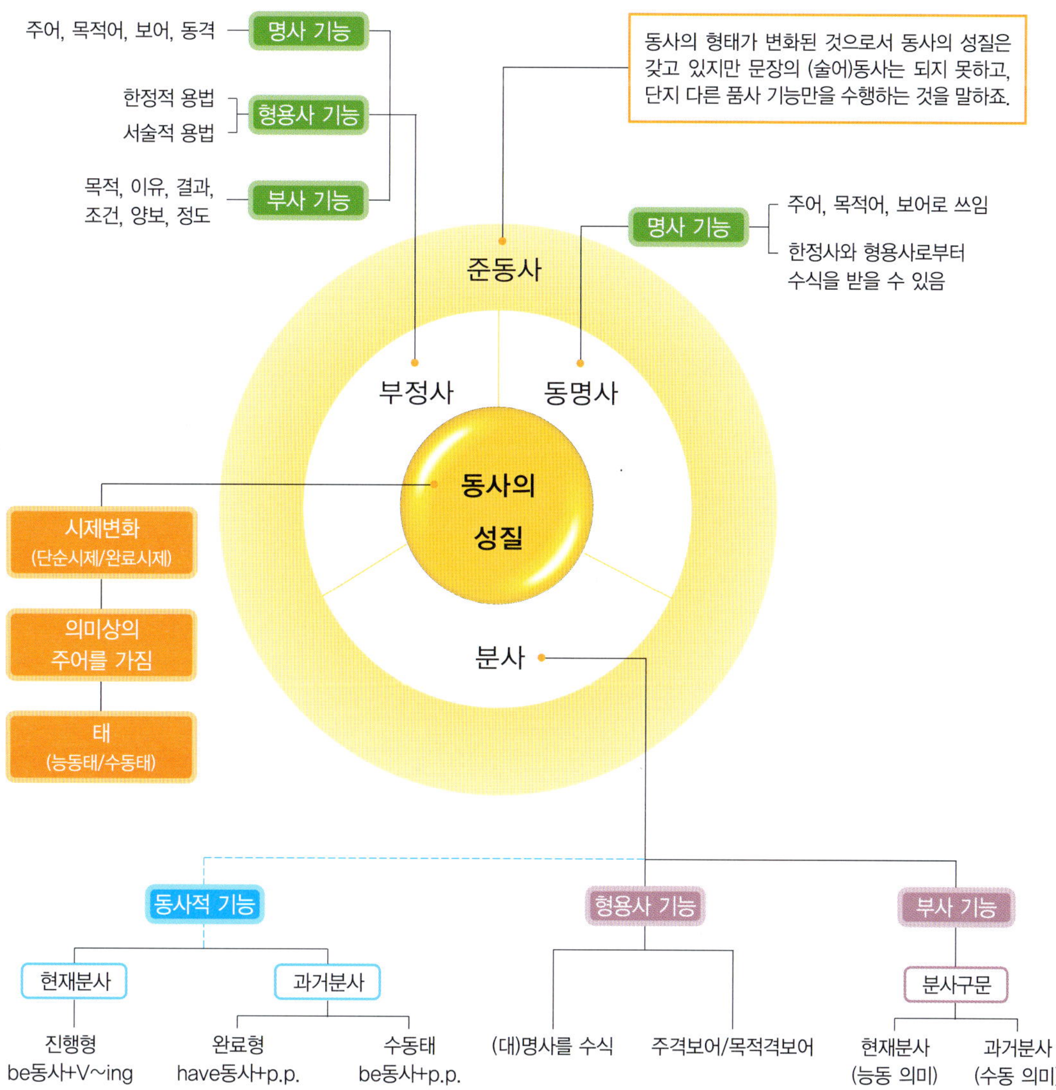

* 얼핏 보면 아주 복잡해 보이지만, 잘 관찰해 보면 준동사 마법을 알기 쉽게 정리해 놓은 특수한 마법의 다이어그램이라는 것을 알 수 있을 겁니다. 동사에서 파생된 **준동사**에는 **동명사, 분사, to부정사**가 있으므로 큰 원으로 표현했지요. 계란 노른자 부분처럼 원 중앙에 노란색으로 표시되어 있는 부분은 **동사의 성질**을 나타낸 것입니다. 동명사, 분사, to부정사는 공통적으로 '**동사의 성질**'을 가지고 있다는 것을 의미하죠. 분사를 보면, 동사적 기능에 대한 선 표시 색깔이 다른 색과 다르죠. 이것은 분사는 그 자체로는 **동사 기능을 수행하지 못하고 조동사의 도움을 받아야만 동사**로 쓰일 수 있기 때문에 다른 품사의 기능과 구분해서 나타낸 것이랍니다.

준동사의 동사적 성질에 대해 아직도 아리송한 분들도 계시겠죠?
중요한 부분이어서 마법의 힘을 빌린 도표로 알기 쉽게 다시 한 번 정리해 드릴 테니, 정신을 집중해서 꼭 이해하도록 하세요.

준동사의 동사 성질 총정리

성질	준동사 종류	예문
의미상의 주어를 취함 **진한 글씨체 부분**이 밑줄 친 준동사의 의미상의 주어	to부정사	It is very important for **us** to trust ourselves. 우리가 자기 자신을 신뢰하는 것은 대단히 중요하다.
	동명사	She is sure of **her** getting a driver's license this month. 그녀는 이번 달에 운전면허증을 획득하리라고 확신하고 있다.
	분사	**It** being sultry, we can enjoy swimming today. 무더운 날씨여서, 우리는 오늘 수영을 즐길 수가 있다.
의미상의 목적어를 취함 **진한 글씨체 부분**이 밑줄 친 준동사의 의미상의 목적어	to부정사	We will want to buy **a nice car** next month. 우리는 다음 달에 멋진 차를 사기를 원한다.
	동명사	We finished repairing **our house** yesterday. 우리는 어제 집수리하는 것을 끝마쳤다.
	분사	There are a number of people enjoying **sports** on weekends. 주말에 스포츠를 즐기는 많은 사람들이 있다.
의미상의 보어를 취함 **진한 글씨체 부분**이 밑줄 친 준동사의 의미상의 보어	to부정사	This girl wants to be **a great golfer.** 이 소녀는 훌륭한 골프선수가 되기를 원하고 있다.
	동명사	Becoming **a great doctor** seems difficult. 훌륭한 의사가 되는 것은 어려운 것처럼 보인다.
	분사	Being **tired**, I went to bed early last night. 피곤해서 나는 지난밤에 일찍 잠자리에 들었다.
부사의 수식을 받음	to부정사	To exercise **regularly** is very important to maintain our health. 우리의 건강을 유지하기 위해서 규칙적으로 운동하는 것은 대단히 중요하다.
	동명사	Speaking a foreign language **fluently** is not easy. 외국어를 유창하게 구사하는 것은 쉽지 않다.
	분사	The car repaired **yesterday** broke down again. 어제 수리한 차가 다시 고장 났다.
시제를 갖음	to부정사	She seems to be smart. [단순부정사 – 주절시제와 같음] → It **seems** that she **is** smart. 그녀는 재치 있는 것처럼 보인다. She seems to have been poor. → It **seems** that she **was** poor. [완료부정사 – **주절시제보다 한 시제 앞섬**] 그녀는 가난했던 것처럼 보인다.
	동명사	On **arriving at** a good idea I decided to write a book. → As soon as I **arrived at** a good idea, I decided to write a book. 멋진 생각이 떠오르자마자 나는 책을 쓰기로 결심했다.
	분사	Turning to the right, you **will find** the post office. → If you **turn** to the right, you **will find** the post office. 오른쪽으로 돌아가면, 당신은 우체국을 찾을 수 있을 것입니다.

성 질	준동사 종류	예 문
태를 갖음	to부정사	I like **to learn** a social dance. [능동태] 나는 사교춤을 배우고 싶다. She likes **to be admired**. [수동태] 그녀는 칭찬받기를 좋아한다.
	동명사	**Establishing** a new store is not difficult. [능동태] 새로운 점포를 여는 것은 어렵지 않다. People don't like **being asked** to borrow money. [수동태] → People don't like that they **are asked** to borrow money. 사람들은 돈을 빌려달라는 부탁 받기를 싫어한다.
	분사	**Living** in the country, I can enjoy nature a lot. [능동태] 나는 시골에 살고 있어서 자연을 많이 즐길 수가 있다. **Written** in plain English, this book is suitable for beginners. [수동태] → **Since it is written** in plain English, this book is suitable for beginners. 평이한 영어로 쓰여서 이 책은 초보자들에게 적합하다.

그럼 이제부터는 준동사 마법의 친구들에 대해서 소개를 받아보도록 하겠습니다.

자, 첫 번째 친구인 부정사 소개 부탁드립니다.

1. 부정사(Infinitives)를 부르는 마법 주문

저는 준동사 마법의 첫 번째 친구인 **부정사**입니다. 준동사와는 처음으로 사귄 친구이니만큼 역할도 가장 다양하답니다. 제가 맡고 있는 역할에 대해서는 재미있는 이야기로 안내하겠습니다.

부정사가 이해하기 어렵다고요?
이제 정말 쉬워집니다.
부정사에서 '부정' 이라는 말은 본래 '긍정' 의 반대의미가 아니고 '정해져 있지 않다' 는 의미예요. 그래서 'to부정사' 는 한 친구(역할)하고만 놀지 않고 여러 친구들과 놀기를 좋아하죠.

명사네 집에 가서 **주어, 목적어, 보어** 놀이를 하며 놀고, **형용사네 집**에 가서는 **명사를 도와 주면서** 신나게 놀죠! 그러고도 모자라 예쁜 여자 친구가 있는 **부사네 집**에 가서는 주말만 되면 테마파크에 가자고 졸라대네요. 여자 친구도 정말로 가고 싶지만 너무 쉽게 '그래' 라고 하면 만만하게 볼까봐 **목적**을 묻고 여러 가지 **이유**와 **원인**, **조건**을 붙이면서 못가겠다고 하는군요. 결국 'to부정사' 는 좋은 **결과**들 얻지 못하고 동사네 집으로 다시 돌아왔지만, 그렇다고 실망할 'to부정사' 가 아니죠!
재주 많은 'to부정사' 이니 곧 여자친구와 즐거운 시간을 보낼 기회를 갖게 되겠죠?

이 Story 하나에 'to부정사' 의 역할이 모두 담겨있죠!
여러분도 이 마법의 영문법 책을 믿고 열심히 하기만 하면 영어를 잘 할 수밖에 없다니까요.
한 번 믿어 주세요. 참고로, 앞에 전치사 to가 있는 것을 **'to부정사,'** to가 없는 부정사를 **'원형부정사'** 라고 한다는 것도 기억하세요.

부정사 마법의 역할에 대한 소개가 재미있군요.
부정사라고 해서 깔보거나 무조건 부정만 해서는 안 되겠죠?

그럼 **부정사 마법의 종류**에는 어떤 것이 있는지 알아보겠습니다.
이것도 마법의 도표로 깔끔하게 정리하면 정말 쉽겠죠!

종류 \ 구분	단순형		진행형	
	능동태	수동태	능동태	수동태
원형부정사(지각·사역동사)	V(동사의 원형)	be+p.p.	×	×
단순부정사	to+V	to+be+p.p.	to+be+V~ing	×
완료부정사	to+have+p.p.	to+have+been+p.p.	to+have+been+V~ing	×
예 문	Let Mary **clean** your room. [원형부정사 – 능동태] Let your room **be cleaned** by Mary. [원형부정사 – 수동태] Tom seems **to study** Japanese. [단순부정사 – 능동태] Tom seems **to be invited** by Mary. [단순부정사 – 수동태] Tom seems **to be studying** Japanese. [단순부정사 – 진행형 능동태] Tom seems **to have studied** Japanese. [완료부정사 – 능동태] Tom seems **to have been invited** by Mary. [완료부정사 – 수동태] Tom seems **to have been studying** Japanese. [완료부정사 – 진행형 능동태]			

부정사 마법의 종류는 별로 어려운 것이 없죠?

부정사 마법의 형태에 유의하면서 부정사의 마술 같은 용법으로 넘어갑니다.
명사적 용법, 형용사적 용법, 부사적 용법 3가지가 있죠. 중요한 부분이므로 집중하세요.

(1) 명사적 용법

to + **동사원형**이 문장 안에서 주어, 목적어, 보어, 동격으로 쓰이는 경우를 말하죠.

Never to depend on others is the best way to succeed in life. [주어 - 부정사의 부정]

다른 사람에게 의존하지 않는 것이 인생에서 성공하는 가장 좋은 방법이다.

I'd like to play the violin. [목적어] 나는 바이올린을 연주하고 싶다.

Your task is to finish this work. [보어] 너의 임무는 이 일을 끝마치는 것이다.

Do you know how to do it? [목적어 - 의문사 + to부정사]

→ **Do you know how you should do it?** [목적어 - 의문사절] 너는 그것을 하는 방법을 알고 있니?

* what to do, where to go 등의 「**의문사+to부정사**」는 명사절 대신 명사구로 간결하게 쓰이는 표현으로 동사 know, wonder, discover, explain 등의 목적어로 사용되죠. 「**why+to부정사**」 구문은 쓰지 않는다는 점에 주의하세요.

He has one aim, to make money. [동격] 그는 하나의 목표를 갖고 있는데, 즉 돈을 버는 것이다.

* one aim과 to make money가 동격 관계이죠.

(2) 형용사적 용법

to + 동사원형이 문장 안에서 명사(구)를 수식하는 경우를 말하죠.

I have no friends **to advise** me.

나는 나에게 충고해 줄 친구가 없다.

(3) 부사적 용법

to + 동사원형이 문장 안에서 부사적 기능을 하는 경우, 즉 to부정사가 목적, 결과, 원인, 조건, 양보, 판단의 근거 등의 의미를 나타내는 경우를 말하죠.

She studies English hard **to pass** the examination. [목적]

그녀는 그 시험을 통과하기 위해 영어를 열심히 공부하고 있다.

She grew up **to become** a great composer. [결과] 그녀는 자라서 훌륭한 작곡가가 되었다.

* 주로 무의지 동사인 awake, live, grow up 다음에 오는 to부정사는 결과를 나타내죠.

I am sorry **to hear** that your mother is in the hospital. [원인]

당신의 어머님께서 병원에 입원해 계신다는 소식을 들으니 유감입니다.

I would be glad **to go** with you next year. [조건]

=I would be glad if I could go with you next year. 내년에 당신과 함께 갈 수 있다면, 나는 기쁠 것이다.

To do his best, he could not succeed in it. [양보]

=Though he did his best, he could not succeed in it. 최선을 다했지만, 그는 그것에 성공할 수가 없었다.

He must be a fool **to do** such a thing. [판단의 근거] 그가 그런 일을 하다니 바보 임에 틀림없다.

(4) 숙어처럼 쓰이는 'be동사+형용사+to부정사'

마법의 도표로 정리하면서 부정사의 용법을 마무리하겠습니다.

종　　류	의　　미	예　　문
be sure to	반드시 ~하는	Something **is sure** to happen. 무슨 일이 반드시 일어날 것이다.
be glad to	~하는 것이 기쁜	I shall **be glad** to accept what you suggest, too. 당신이 제안한 것을 받아들일 수 있다면 저 또한 기쁠 것입니다.
be anxious to	몹시 ~을 갈망하는	I **am anxious** to know her address. 나는 그녀의 주소를 몹시 알고 싶다.

종 류	의 미	예 문
be apt to = be likely to = be liable to	~하기 쉬운 ~하는 경향이 있는	She **is apt** to forget something. 그녀는 뭔가를 잘 잊어버린다. Children **are likely** to get into mischief. 아이들은 장난을 하는 경향이 있다.
be ready to	~할 준비가 되어 있는	We **are ready** to defend them. 우리는 그들을 방어할 준비가 되어 있다.
be content to	~에 만족하는	We **are content** to stay here all month. 우리는 한 달 내내 여기에 머무르는 것에 만족한다.
be eager to	간절히 ~하고 싶어 하는	I **am eager** to see her. 나는 그녀를 몹시 보고 싶다.
be impatient to	몹시 ~하고 싶어 하는	I **am impatient** to play tennis. 나는 몹시 테니스를 치고 싶다.
be willing to	기꺼이 ~하려고 하는	I **am willing** to help you. 나는 기꺼이 너를 도울 것이다.

이제부터는 **"시험 관련 부정사의 핵심 포인트"**를 정리합니다.

첫째, 부정사 마법의 의미상의 주어입니다.

문장 내에 숨어 있는 부정사 마법의 주어를 찾아라!
부정사는 문장 내에서 **동사로 사용되지 못하므로 문장의 주어를 갖지 못하지만**, 동사처럼 동작이나 행위를 나타내는 주어를 가지는데, 이것을 부정사의 '**의미상의 주어**'라고 하죠. 주격을 쓰는 일반 주어와는 달리 부정사의 '의미상의 주어'는 인칭대명사인 경우 **목적격**을 사용한다는 것도 꼭 알아야겠죠!

I want him to buy me lunch.

'I'는 want의 주어 역할을 하고 있기 때문에 주격(I)이어야 하죠.

그러나 'him'은 문장 내에서 want의 목적어 역할을 하고 있어서 **목적격**으로 쓰인 것이며, 실제로 나에게 점심을 사주는 것(to buy)은 그 사람이기 때문에 'to buy'의 **의미상의 주어**는 'I'가 아니라 '**him**'이 되는 것이 당연하죠.

I expect to succeed. (to succeed의 의미상의 주어는 'I')
=**I expect that I shall succeed.** 나는 성공하기를 기대한다.

It is not easy to read this book. (to read의 의미상의 주어는 '일반인') 이 책을 읽는다는 것은 쉽지 않다.

* 동사의 주어와 부정사의 의미상의 주어가 동일한 경우이거나 일반인(we, you, they, people)이 주어인 경우는 의미상의 주어를 생략하죠.

English는 'to study'의 의미상의 목적어 역할

The teacher | expects | students | to study | English | hard.

expects의 목적어이면서, 'to study'의 의미상의 주어 역할

그 선생님은 학생들이 영어를 열심히 공부하기를 기대하고 있다.

부정사가 의미상의 주어뿐만 아니라 '시제도 가진다'는 것은 이미 알고 계시죠?
동사의 시제는 알겠는데, 부정사의 시제에 대해서는 아직도 확실히 모르겠다고요?
그럼, 부정사 시제에 대해 한 번 살펴보죠.

둘째, 부정사 마법의 시제입니다.

부정사는 문장 내에서 술어동사로는 사용되지 못하나 그것의 뿌리는 동사이기 때문에 동사와 마찬가지로 주어의 동작이나 행위가 언제 이루어졌는지를 나타내는 시제가 있는데, 이를 **'부정사의 시제'**라 하죠. 아래의 마법 도표에 주목해 주세요.

to부정사의 시제

단순부정사 : to+동사원형	**완료부정사** : to+have+과거분사
술어동사 시제와 **같은 시제**	술어동사 시제보다 **한 시제 앞선 시제**
He seems to be rich. → It **seems** that he **is** rich. 그는 부자인 것처럼 보인다.	He appeared to have been rich. → It **appeared** that he **had been** rich. 그는 부자였던 것처럼 보였다.

위의 마법 도표에서 알 수 있듯이 **단순부정사**의 경우 주절의 시제(현재)와 종속절의 시제(현재)가 같습니다.
하지만, **완료부정사**의 경우에는 주절의 시제는 **과거시제(appeared)**인데, 종속절의 시제는 주절보다 한 시제 앞선 **과거완료시제(had been)**가 쓰인 점에 유의해야겠죠.

셋째, 원형부정사 마법입니다. [대단히 중요함]

원형부정사는 **to 없는 부정사**, 즉 **동사원형만 쓰는 부정사**를 말합니다.
지각동사(feel, watch, notice, see, hear, listen to), **사역동사**(make, have, let)는 목적격보어로 **원형부정사**를 취하죠.

I **watched** him cross the street. [원형부정사 - 순간적인 동작을 표현]
나는 그가 그 길을 건너는 것을 보았다.
cf. I **saw** him crossing the street. [현재분사 - 진행 중인 동작을 표현]
나는 그가 그 길을 건너가고 있는 것을 보았다.

She **made** me write a letter of apology. [원형부정사 - 목적어와 목적격보어가 능동관계]
그녀는 나에게 사죄의 편지를 쓰라고 했다.
I will **have** him paint my house. [원형부정사 - 목적어와 목적격보어가 능동관계]
나는 그에게 나의 집을 페인트칠하도록 시킬 것이다.
cf. I **had** my dictionary stolen. [과거분사 - 목적어와 목적격보어가 수동관계]
나는 사전을 도난당했다.

아래의 **원형부정사를 취하는 관용어구**는 모두 암기하도록 하세요.

1. **cannot but V** = **cannot help but V** = **cannot help V ~ing** : V하지 않을 수 없다
   I cannot but admire your talent.
   = I cannot help but admire your talent.
   = I cannot help admiring your talent. 나는 당신의 재능에 감탄하지 않을 수 없다.

2. **do nothing but V** : 단지 V하기만 하다
   She did nothing but cry all day. 그녀는 하루 종일 단지 울기만 했다.

3. **had better V** : V하는 것이 더 낫다, [부정] : had better **not** V
   You had better consult a doctor. 당신은 의사와 상의하는 것이 더 낫다.
   cf. You had better not consult a doctor. [부정]

4. **would rather V** : 차라리 V하는 것이 낫다
   I would rather not say what I think. 내가 생각한 것을 차라리 말하지 않는 것이 낫겠다.

넷째, 독립부정사 마법입니다.

독립부정사란 to부정사가 독립적인 **부사구**로서 문장의 어느 일부분을 수식하는 것이 아니라, **문장 전체를 수식하는 부정사**를 말하는데요. 이것은 주로 조건과 양보의 의미를 나타내죠.

<table>
<tr><th>독립부정사</th><th>의 미</th><th>예 문</th></tr>
<tr><td>to do one's justice</td><td>~을 공평히 평가하면</td><td rowspan="10">**To tell the truth**, I don't like your sister.
솔직히 말하면, 나는 너의 여동생을 좋아하지 않는다.

What shall I do, **to begin with**?
우선, 무엇부터 할까요?

Our life is, **so to speak**, a morning dew.
인생이란 **말하자면** 아침이슬과 같은 것이다.

To make matters worse, it started to snow again.
설상가상으로 눈이 다시 오기 시작했다.

She can speak French, **to say nothing of** English.
그녀는 영어는 **말할 것도 없고** 불어도 말할 수 있다.</td></tr>
<tr><td>to tell the truth</td><td>솔직히 말하면, 사실은</td></tr>
<tr><td>to begin with</td><td>우선, 맨 먼저</td></tr>
<tr><td>so to speak</td><td>말하자면</td></tr>
<tr><td>strange to say</td><td>이상한 이야기지만</td></tr>
<tr><td>to make a long story short</td><td>간단히 말해서</td></tr>
<tr><td>to make matters worse</td><td>설상가상으로</td></tr>
<tr><td>not to speak of
to say nothing of
needless to say</td><td>~은 말할 것도 없이</td></tr>
<tr><td>to be frank with you</td><td>솔직히 말하면</td></tr>
<tr><td>to put it in other words</td><td>바꿔 말하면</td></tr>
</table>

다섯째, 준동사와 부정어의 위치입니다.

준동사와 부정어가 함께 쓰일 경우 어느 것이 앞에 위치할까요?
이런 경험들을 많이 해보셨을 겁니다. 줄을 서서 기다리는데, 뒤늦게 나타난 사람이 살짝 끼어들어 새치기한다면 누구나 기분이 안 좋을 겁니다. 마찬가지로 **부정어**(not, never)가 자리 잡고 있는 어떤 문장에 느닷없이 준동사[부정사, 동명사, 분사]가 자기 앞에 끼어든다면 마찬가지로 기분이 안 좋겠죠.
준동사를 부정하는 경우에는 **부정어가 반드시 준동사**(부정사, 동명사, 분사)의 앞에 위치해야 한다는 점을 꼭 기억하세요. 시험에 출제되는 빈도가 아주 높으니까요.

Give me your promise **never** to drink again. (○)
Give me your promise to **never** drink again. (×)
나에게 다시는 술을 마시지 않는다는 약속을 해라.

부정사 마법이 펼치는 소개는 의외로 간단하군요.
이제 부정사 마법에 대한 감이 어느 정도 잡히셨죠?
이해하기 쉽고, 간략하게 영문법의 세계로 길을 안내하니, 그렇게 어렵게만 생각되던 준동사의 높은 벽도 쉽게 허물어지겠죠.

다음에 학습할 동명사 마법을 만나보면 준동사에 대해 보다 강력한 자신감이 생기게 될 겁니다.
동명사 마법의 세계가 더욱 기대되는군요.

2. 동명사(Gerunds)를 부르는 마법 주문

첫 번째 친구가 안내를 너무 잘 해서 걱정이 되긴 하지만요.
저도 최선을 다 해보겠습니다.
저는 준동사 마법의 두 번째 친구입니다.
재주 많은 마법의 친구로부터 많은 도움을 받고 있죠.
부정사 친구가 제 소개를 반쯤은 해 주어서 여러분이 저를 이해하는 데는 별로 어려움이 없을 것 같아 저는 아주 쉽고 간단하게 마법의 영문법 세계로 안내하도록 하겠습니다.

다음의 마법 그림을 자세히 보세요.
준동사 마법을 비롯하여 친구들 모두를 비교하고 있죠.

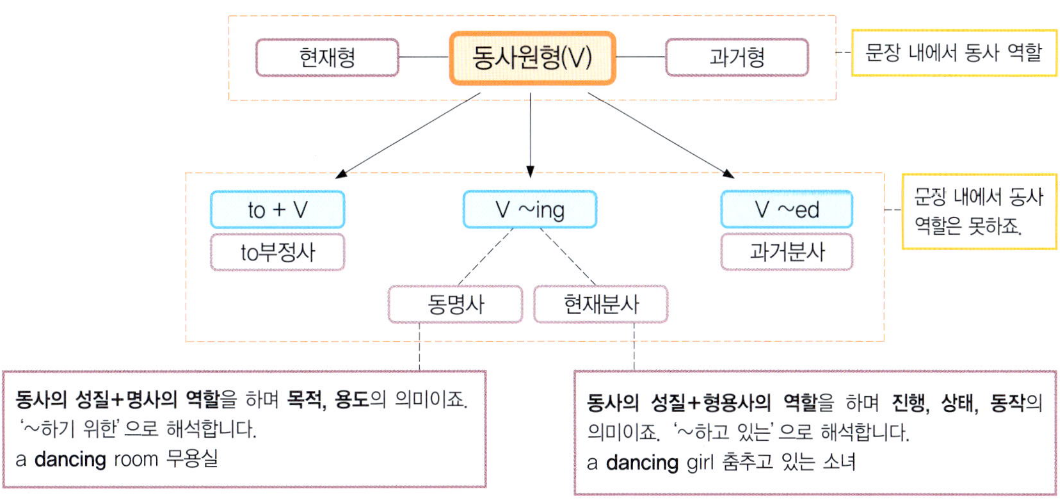

마법의 그림에서 알 수 있듯이 저는 다음에 소개 받을 친구인 현재분사와 「V~ing」로 같은 형태를 하고 있죠. 그래도 역할은 같지 않아서 얼마나 다행인지 몰라요. 그것까지 같으면 쌍둥이로 착각할 수도 있을 테니까요?

저를 이해하려면 제가 어떤 성질을 가지고 있는지를 알아야겠죠?
그럼 동명사 마법의 성격이 마음에 들면 얼짱, 몸짱 친구 좀 꼭 소개시켜 주세요.

'동명사(동사+명사)' 란 이름에서 알 수 있듯이 하나는 동사의 성질이고, 또 다른 하나는 명사의 역할이죠. 동명사 마법의 특징을 예문을 들어 설명해 보죠.

동명사

명사의 역할 : 'Keeping your promise'가 문장의 주어로 쓰이고 있다는 점.

Keeping your promise is a key ingredient for success.

동사의 성질 : Keeping이 의미상의 목적어(your promise)를 갖고 있다는 점.

당신의 약속을 지키는 것이 성공하는데 중요한 요소가 된다.

이해가 잘 되세요?
조금 더 설명이 필요하다고요?
그럼, 먼저 동명사의 **동사의 성질**부터 자세히 소개해 드릴게요.

1. 동명사는 **의미상의 주어**를 취하죠.

I am sure of <u>her</u> taking the doctor's degree this year.

나는 올해에 그녀가 박사학위를 취득하리라고 확신하고 있다.

* 이 문장의 주어는 "I"이지만 동명사 taking의 의미상의 주어는 "her"입니다. 즉, 박사학위를 취득하는 것은 내가 아니라 그녀가 취득하는 것이죠. 동명사의 의미상 주어가 인칭대명사일 경우 **소유격**을 주로 쓰고, **목적격**을 쓰는 경우도 있습니다.

2. 동명사 자신도 동사처럼 **목적어**를 취하죠.

동명사가 의미상의 주어를 가지는 경우 동명사 앞에 명사나 대명사의 **소유격**을 써야 하죠.(Tom's는 'playing'의 의미상의 주어)

the violin은 동명사 'playing'의 의미상의 **목적어**이죠.

I enjoy Tom's playing the violin.

주어 동사 타동사의 목적어

동명사구 : 동명사+목적어

나는 톰이 바이올린을 연주하는 것을 즐긴다.

3. 동명사 자신도 동사처럼 **보어**를 취하죠.

Becoming <u>a singer</u> is not easy. 가수가 되는 것은 쉽지 않다.

* 'a singer'가 becoming의 (의미상의) 보어

4. **부사나 그 상당어구의 수식**을 받을 수 있죠.

<u>Going to bed</u> <u>late</u> is harmful for your health. 늦게 잠자리에 드는 것은 당신의 건강에 해롭다.

동명사구가 부사의 수식을 받는 경우

동명사가 목적어를 취하는 경우와 수식을 받는 경우를 제외하고는 **동명사 앞에 정관사를 붙이지 않습니다.**

the stealing the handbag (×)
수식받는 것을 제외하고 **동명사 앞에 정관사를 쓰지 않음**

the handbag은 동명사 'stealing'의 **목적어**

She was arrested for stealing the handbag.

동명사구(동명사+목적어)가 전치사의 목적어로 쓰인 경우

그녀는 손가방을 훔쳐서 체포되었다.

[주의]
일반적으로 동명사가 동사의 성질을 가지고 의미상의 목적어를 가질 때는 정관사를 붙이지 않으나, 그것이 파생 명사로 명사적 성질만을 가지고 **the+V~ing+of+명사 형태**로 목적어, 보어 등을 수반하지 않는 경우에는 **동명사 앞에 정관사를 붙이죠.**

Sending of electronic mail is very common these days. (×)
→ The sending of electronic mail is very common these days. (○)
전자메일을 보내는 것은 요즘 대단히 평범한 일이다.

동사의 성질에 이어서 동명사의 **명사 역할**을 소개합니다.
동명사가 명사처럼 문장의 **주어, 목적어, 보어**로 쓰이고, **한정사**(관사, 소유격, 지시사)와 **형용사의 수식을 받는 경우**이죠.

첫째, 동명사(구)가 명사처럼 문장에서 주어, 목적어, 보어로 쓰이죠.

Becoming a great doctor is not easy. [주어] 훌륭한 의사가 되는 것은 쉽지 않다.
My hobby is **collecting** foreign postage stamps. [보어] 나의 취미는 외국우표를 수집하는 것이다.
cf. I am **collecting** foreign postage stamps. [현재분사 - 진행형] 나는 외국우표를 수집 중이다.
Children enjoy **watching** TV. [타동사의 목적어] 아이들은 TV 보는 것을 즐긴다.
My son is fond of **reading** books. [전치사(of)의 목적어] 나의 아들은 책 읽는 것을 좋아한다.

둘째, 동명사(구)가 명사처럼 한정사(관사, 소유격, 지시어)나 형용사의 수식을 받는 경우이죠.

the reviewing of your suggestion [한정사의 수식을 받는 경우] 당신의 제안에 대한 검토

We need not have all this useless arguing. [형용사의 수식을 받는 경우]
우리는 이 모든 쓸데 없는 논쟁을 할 필요가 없다.

이 정도면 동명사의 스타일도 꽤 괜찮죠?
이번에는 **동명사의 종류**에는 어떤 것이 있는지 알아 봐야겠죠?

구분 / 종류	능동태의 경우		수동태의 경우	
	형태	예	형태	예
단순동명사	**동사원형+ing**	reading(읽기)	**being+과거분사**	being read (읽혀진 것)
	She is fond of **playing** the piano on weekends. [능동태] 그녀는 주말마다 피아노를 연주하는 것을 좋아한다. The machine is made for **being sold** to a foreign company. [수동태] 그 기계는 외국 회사에 판매할 용도로 만든 것이다.			
완료동명사	**having+과거분사**	having read(읽은 것)	**having been+과거분사**	having been read (읽혀져 온 것)
	I am sure of **having read** *'Great Expectation.'* [능동태] 나는 『위대한 유산』을 읽었다는 것을 확신한다. I am sure of his car **having been repaired** again. [수동태] 나는 그의 자동차가 다시 수리되었다는 것을 확신한다.			

4종류 밖에 안 되므로 이 정도는 모두 외워야겠죠!
외우지 못하는 친구들은 마법의 힘을 빌어서 외워보세요.

이제부터는 **"시험 관련 동명사의 핵심 포인트"**를 정리합니다.

첫째, 동명사(V~ing)를 목적어로 취하는 타동사부터 살펴보죠.

'주어+타동사+목적어' 형태의 3형식 문장에서 일부 타동사들은 목적어로 반드시 **동명사와 짝짓기**를 해야 하는 것들과 **부정사와 짝짓기**를 해야 하는 것들로 나누어져 있는데, 이들을 꼭 구별해서 사용해야 하죠. 만약 뒤바꿔 쓴다면 틀린 문장이 되므로 당연히 시험에 자주 출제되죠.

자, 다음의 마법 도표에 주목해주세요.

종 류	동명사를 목적어로 취하는 동사/동사구		
동 사	consider, imagine, enjoy, mind, suggest, deny, practice, risk, resist, escape, miss, admit, abandon, excuse, avoid, evade, postpone, fancy, stop, finish, discontinue, etc.	+	V~ing 목적어
동 사 구	give up, put off, be used to, approve of, be better off, keep on, can't help, count on, get through, insist on, look forward to, object to, think about, with a view to, etc.		

마법의 도표에서 본 것처럼 단어가 참 많죠.
여러분이 쉽게 외우고 오래 기억할 수 있도록 재미있는 문장으로 만들어 보았습니다.

한 번만 읽으면 저절로 기억되는 마법의 연상 스토리

당신이 성적 충동으로 멋지다고 생각되는(consider, imagine) 사람과 즐기고(enjoy) 싶은 마음에서 상대에게 키스를 제안했으나(suggest)

거절당했음(deny)에도 불구하고 그런 행위를 강제로 실행에 옮기는(practice) 것은 위험하다(risk).

그 상대가 키스하기를 꺼려하여(mind) 저항하거나(resist) 도망쳐서(escape) 놓치게(miss) 된다면

창피함을 받아들이고(admit) 그런 행동을 포기(abandon, give up)하고,

어떤 변명(excuse)도 피해야 하며(avoid, evade) 그런 행위를 다시 연장하려는(postpone) 공상(fancy)은 갖지 말아야(중단)(stop, finish, discontinue) 한다.

* 동명사를 목적어로 취하는 타동사들은 대부분 습관이나 반복적인 행위를 나타내는 동사.

They are <u>considering</u> not **going** to church. 그들은 교회에 가지 않는 것을 고려하고 있다.

I <u>enjoyed</u> **talking** with you last night. 나는 지난 밤에 당신과 함께 이야기를 나누면서 즐거웠다.

I <u>finished</u> **writing** my paper last weekend. 나는 지난 주말에 보고서를 쓰는 것을 끝마쳤다.

This painter <u>is used to</u> **painting** big pictures. 화가는 큰 그림을 그리는데 익숙해 있다.

cf. These brushes are used to **paint** big pictures. [used가 수동태로 사용된 경우]

이 붓들은 큰 그림을 그리는데 사용되고 있다.

He <u>gave up</u> **drinking** and **smoking**. 그는 술과 담배를 끊었다.

둘째, 부정사(to+동사원형)를 목적어로 취하는 타동사입니다.

afford, manage, seek, desire, plan, offer, agree, consent, endeavor, fail, choose, pretend, decide, determine, refuse, hope, wish, expect, etc.

한 번만 읽으면 저절로 기억되는 마법의 연상 스토리

당신이 결혼할 여유(afford)가 가까스로 생겨(manage) 배우자를 찾고자(seek) 하는 소망(desire)이나 계획(plan)이 있다면,

내가 제안하는(offer) 것을 받아들이려는(agree,consent) 노력이 있어야만(endeavor) 실패(fail)하지 않을 것이다.

특히, 나는 당신이 배우자를 선택(choose)하는데 있어 착한 척하는(pretend) 사람에게 속아 섣불리 결정하기(decide, determine) 전에

세심한 주의를 기울여 그 사람을 배우자로 받아들일 것인지 아니면

거절할(refuse) 것인지를 신중하게 결정하기를 바란다(hope, wish, expect).

We can't <u>afford</u> **to hire** more staff. 우리는 더 많은 직원을 채용할 여유가 없다.

Everybody <u>wishes</u> **to succeed** in life. 누구나 인생에서 성공하기를 바란다.

* to부정사를 목적어로 취하는 타동사들은 대부분 **미래지향적 의미를 가진 동사**들이죠.

타동사 "remember, forget, regret"는 동명사를 목적어로 취하면 보다 **이전에 일어난 과거의 일**을 나타내고, 부정사를 목적어로 취하면 **보다 나중[미래]에 생기는 일**을 나타낸다는 것도 반드시 알아두어야겠죠.

I remember **posting** his letter. 그의 편지를 (과거에) 보냈던 것을 기억한다.

I remember **to post** his letter. 그의 편지를 (나중에) 부칠 것을 기억하고 있다.

다음 예문도 구별할 수 있어야겠죠.

I stopped <u>smoking</u>. * smoking은 stop의 목적어이죠.

→ 과거의 어느 시점부터 현재까지 피어오던 담배를 끊었다(금연)는 의미.

cf. I stopped <u>to smoke</u>.

* to smoke는 stop의 목적어가 아니라, 부사구(~하기 위해)로 쓰인 것이죠.

→ 담배를 피우기 위해 어떤 하던 일을 멈추었다는 의미.

셋째, 동명사를 사용하는 관용표현들입니다.

이것은 시험에 자주 출제되므로 반드시 기억해야 합니다.

① There is no **~ing** : ~할 수 없다, ~을 하는 것은 불가능하다

= It is impossible to V = We cannot V

② It is no use[good] **~ing** : ~해도 소용없다

= There is no use (in) **~ing** = It is of no use **to V** = It is useless **to V**

③ cannot help **~ing** : ~할 수 밖에 없다, ~하지 않을 수 없다

= cannot but **V** = cannot help[choose] but **V** = have no choose but **V**

④ It goes without **saying** that S + V ~ : ~는 말할 필요도 없다

= It is needless **to say** that S + V ~ = It is a matter of course that S + V ~

⑤ What do you say to **~ing**? : ~하는 것이 어떻습니까?

=What do you think about **~ing**? = How[What] about **~ing**?

= Why don't you **V**? = Why not **V**? = Let's **V**?

⑥ feel like **~ing** : ~을 하고 싶다

= feel inclined **to V** = be in the mood **to V**

⑦ be worth **~ing** : ~할 만한 가치가 있다

= be worthy of **~ing** = be worth while **to V**

⑧ make a point of **~ing** : 꼭 ~하다, ~하는 것을 규칙으로 삼다
= make it a rule **to V** = be in the habit of **~ing**

⑨ have difficulty[trouble, a hard time] (in) **~ing** : ~하는데 어려움을 겪다
= have difficulty[trouble, a hard time] **with** + 명사

⑩ never … without **~ing** : … 하면 반드시 ~한다
= Whenever S + V … , S + V ~

⑪ be on the point[verge, brink, edge, border] of **~ing** : 막 ~하려고 하다
= be about **to V**

⑫ be busy (in) **~ing** : ~하느라[~로] 바쁘다
= be busy **with** + 명사

⑬ on[upon] **~ing** : ~하자마자 곧
= as soon as S + V ~

⑭ in **~ing** : ~할 때에는, ~하는데 있어서
= When[While] S + V ~

⑮ come[go] near **~ing** : 거의 ~할 뻔하다
= nearly[narrowly] escaped (from) **~ing**

⑯ of one's own **~ing** : 자신이 스스로 ~한
= 과거분사 + **by oneself**

⑰ far from **~ing** : 결코 ~않다
= above **~ing** = never

⑱ spend[waste] one's time (in) **~ing** : ~하는데 시간을 소비하다

⑲ look forward to ~ing : ~을 기대하다

⑳ When it comes to **~ing** : (~의 이야기 · 문제)라 하면, ~로 말할 것 같으면

㉑ with a view to **~ing** : ~할 목적으로

㉒ be accustomed to **~ing** : ~에 익숙해 있다

㉓ be opposed to **~ing** : ~에 반대하다

㉔ devote/dedicate one's life[time, money] to **~ing** : 자신의 삶[시간, 돈]을 ~에 쏟다

※ **to다음에 동명사를 쓰는** ⑲~㉔번 표현에 주의하세요.

동명사 마법을 사용하는 관용표현들이 많죠?
정말 자주 사용하는 표현들이므로 모두 암기하도록 하세요.

준동사들 간에는 공통점과 차이점들이 있습니다.
이들에 대해서도 알고 싶죠?

넷째, 동명사와 부정사의 공통점과 차이점을 살펴봅니다.

구분		동명사	to 부정사
공통점	동사의 성질	**의미상의 주어 · 목적어 · 보어**를 가짐. **시제**나 **태**를 가짐. **부사의 수식**을 받을 수 있음.	
	명사의 역할	모두 명사 역할을 하므로 문장 내에서 **주어, 목적어, 보어**로 쓰일 수가 있음.	
차이점	형태	**동사원형~ing**	**to+동사원형**
	용법	**전치사의 목적어로 쓰임.**	**형용사**의 성질 : to부정사가 **한정적**, **서술적**으로 쓰이는 경우. **부사**의 성질 : to부정사가 **목적, 결과, 원인, 조건, 양보, 판단의 근거**가 되는 경우. **전치사의 목적어로 쓰일 수 없음.**
	의미	일반적, 보편적, 영속적	개별적, 구체적, 일시적
	예문	I like **smoking.**(=be fond of) 나는 담배 피우는 것을 좋아한다.	I like **to smoke.**(=want to) 나는 담배가 피우고 싶다.

다섯째, 동명사와 현재분사의 공통점과 차이점입니다.

구분		동명사	현재분사
공통점	형태	**동사원형~ing**	
	동사의 성질	의미상의 주어 · 목적어 · 보어를 가질 수 있음. 부사의 수식을 받을 수 있음. 시제와 태를 가짐.	
차이점	용법	동명사+명사(**복합관계**)	현재분사+명사(**수식관계**)
		목적, 용도의 의미 : '~하기 위한'으로 해석	진행, 상태, 동작의 의미 : '~하고 있는'으로 해석
		동사의 성질+**명사** 역할	동사의 성질+**형용사** 역할
		명사+**for**+V~ing	명사+**관계대명사+V**~ing
	강세의 위치	동명사+명사 a boíling point(비등점)	현재분사+명사 boiling wáter(끓는 물)
	예문	a sleeping car(침대차) =a car **for** sleeping	a sleeping baby(잠자고 있는 아이) =a baby **who is** sleeping

위의 내용들을 마법의 그림으로 나타내면 다음과 같습니다.

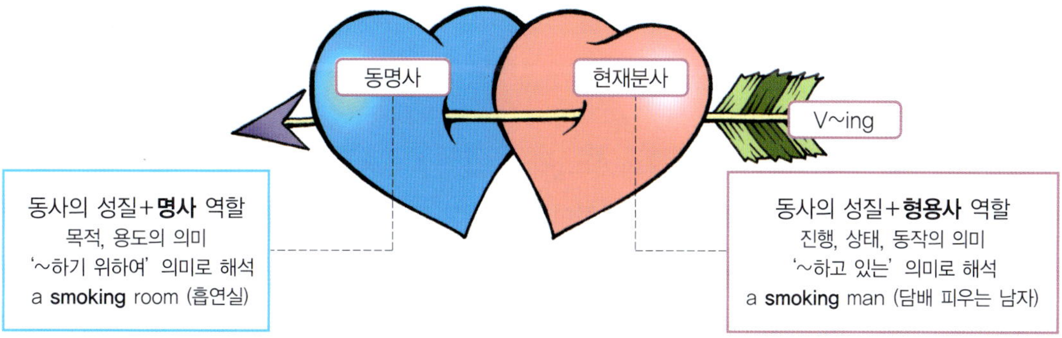

to부정사뿐만 아니라 동명사도 정말 자기소개를 잘하죠?

이제부터 분사인 저도 다른 친구들만큼은 해야 할 텐데 정말 걱정됩니다.
우리 준동사 마법의 마지막 친구인 분사에게 격려 박수를 보냅시다.
짝! 짝! 짝!

고맙습니다.
아무튼 저도 최선을 다하겠습니다.

3. 분사(Participles)를 부르는 마법 주문

저는 키가 작아서 그런지 늘 마지막 줄에 서는군요.
저는 제 이름이 정말 맘에 안 들어 죽겠어요.
요즈음 쉬운 이름으로 바꾸라는 말을 너무 자주 듣고 있죠.
고민 끝에 이제부터는 **분사**대신 **동형사**로 바꾸어 부르기로 결심을 했죠.
(개인적인 생각이므로 좋다고 생각하시는 분들만 참고로 하세요.)

잠깐만!
왜 하필 **동형사**냐구요?
동명사 친구는 "동사의 성질 + 명사의 역할"한다고 해서 '동명사'로 널리 불리고 있잖아요.
그럼, 저는 "동사의 성질 +형용사 역할"을 하므로 '동형사'라고 부르는 게 당연하겠죠!
또한 부정사 친구는 "동사의 성질 + 명사/형용사/부사 역할"을 하므로 '동명형부사'라고 부르면 쌍둥이 형제 같은 느낌이 팍팍 오겠죠?
어때요? 정말 유쾌, 상쾌, 통쾌하죠!

이름 얘기는 여기서 끝내고, 이제부터 제가 누구인지 자세히 소개해 드리겠습니다.
다음의 마법 그림을 잘 살펴보세요.

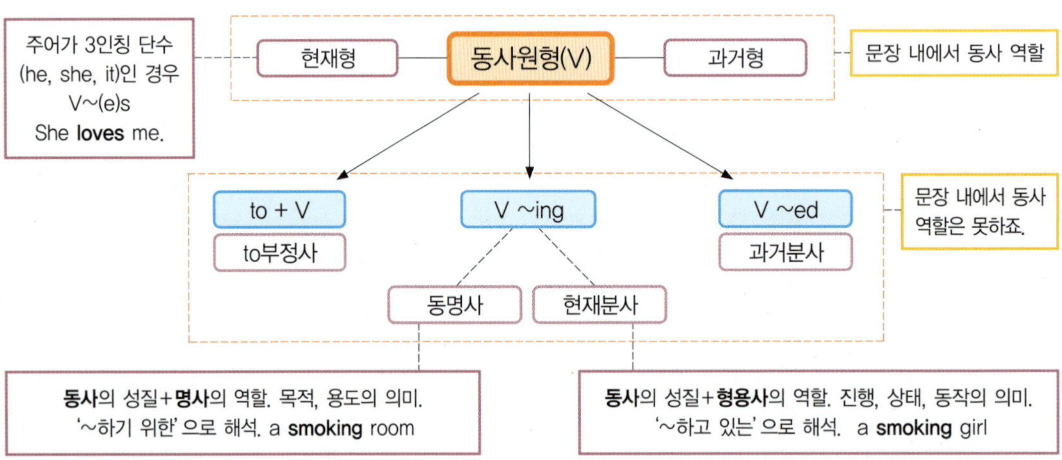

그런데 분사에는 'V~ing' 형태인 현재분사만 있는 것이 아니라, 'V~ed' 형태인 과거분사도 있군요. 동사에는 "현재 - 과거 - 과거분사"라는 삼단계의 변화형이 있죠. 현재, 과거는 혼자서 동사 역할을 할 수 있지만, **과거분사**는 반드시 **be**동사(수동형)나 **have**동사(완료형)**의 도움을 받아야만** 동사 역할을 할 수가 있답니다. 대부분의 과거분사는 과거형('V~ed')과 같지만 불규칙하게 자기 마음대로 변하는 괴상한 과거분사형이 있는데요. 이것들은 얄밉긴 하지만 외워야 하겠죠!

분사의 종류와 용법을 마법의 도표 한 장으로 간단하게 정리해 보겠습니다.

<table>
<tr><th colspan="2">구 분</th><th>현재분사</th><th>과거분사</th></tr>
<tr><td rowspan="3">공통점</td><td>동사의 성질</td><td colspan="2">의미상의 주어를 가짐.
의미상의 목적어나 보어를 가질 수 있고, 부사의 수식을 받을 수 있음.
시제와 태를 가짐.</td></tr>
<tr><td>형용사 역할</td><td colspan="2">명사 앞이나 뒤에 위치하여 명사를 수식하거나 문장 내에서 보어로 쓰임.</td></tr>
<tr><td>부사 역할</td><td colspan="2">시간, 이유, 원인, 조건, 양보, 부대상황 등을 나타내는 분사구문으로 쓰여 부사 역할을 함.</td></tr>
<tr><td rowspan="6">차이점</td><td>형태</td><td>V~ing</td><td>V~ed</td></tr>
<tr><td rowspan="2">의미</td><td>진행, 능동적 의미</td><td>완료, 수동적 의미</td></tr>
<tr><td>~을 하는, ~을 하고 있는,
~을 하게 하는, ~을 시키는</td><td>자동사의 과거분사 : ~하여진,~한
타동사의 과거분사 : ~된, ~당한</td></tr>
<tr><td>용법</td><td>동작이 진행
능동적 의미 : 분사의 의미상의 주어가 분사의 행위자로서 역할을 하는 경우.
A great mechanic is repairing my car.
훌륭한 정비사가 나의 자동차를 수리하고 있는 중이다.</td><td>동작이 완료
수동적 의미 : 분사의 의미상의 주어가 분사의 행위를 받거나 당하는 수동자의 입장에 있는 경우.
My car was repaired by a great mechanic.
나의 자동차는 훌륭한 정비사에 의해 수리되었다.</td></tr>
<tr><td>목적어의 유무</td><td>현재분사가 전치사를 동반하거나 타동사일 경우 목적어가 뒤따름.
I am writing <u>a book</u> on English grammar.
나는 영어 문법 책을 쓰고 있는 중이다.</td><td>과거분사가 전치사를 동반하는 경우에 한해서만 목적어가 뒤따름.
I was surprised at <u>the news</u>.
나는 그 뉴스에 놀랐다.</td></tr>
<tr><td>목적어와 목적격보어의 관계</td><td>S+V+O+현재분사
목적어와 목적격보어의 관계가 능동

I saw him crossing the street.
나는 그가 길을 건너고 있는 것을 보았다.

I'm sorry to have kept you waiting so long.
당신을 너무 오랫동안 기다리게 해서 미안합니다.</td><td>S+V+O+과거분사
목적어와 목적격보어의 관계가 수동
과거분사의 앞, 뒤에 있는 명사가 동작을 받음[당함]을 의미

I had my watch stolen.
나는 나의 시계를 도난 당했다.

I don't want anything said about the accident.
나는 그 사건에 대해 어떠한 것도 언급되는 것을 원치 않는다.</td></tr>
</table>

여러분의 이해를 돕기 위해 예문을 몇 개 더 소개할게요.

I know the <u>swimming</u> girl well. 나는 수영하고 있는 소녀를 잘 알고 있다.

* 밑줄 친 부분은 'girl who is swimming'라는 진행의 의미이며, swimming은 명사 girl을 수식하므로 형용사 역할의 현재분사이죠.

I know that man watching TV well. 나는 TV를 시청하고 있는 저 남자를 잘 알고 있다.

* 밑줄 친 부분은 "that man (who is) watching TV"라는 의미이며, 'watching'의 목적어인 TV를 동반해서 명사 man을 뒤에서 수식해 주고 있죠.

He is a retired teacher. [완료의 의미] 그는 퇴직한 선생님이다.

= a teacher who has retired

I can not enter the room because of a locked door. [수동의 의미]

= a door which is locked

문이 잠겨져 있어서 나는 그 방에 들어갈 수 없다.

이 정도면 분사의 종류와 용법에 대해서는 충분히 이해했겠죠?

분사의 역할로 넘어갑니다.

분 사

- **동사**의 성질 — **목적어**나 **보어**를 가질 수 있고, **부사(구)의 수식**을 받을 수 있죠. I am **learning** how to play the piano.
- **형용사** 역할 — **대명사**와 **명사**를 수식 : of those **invited** / **주격보어**와 **목적격보어**로 사용 : He was **standing** there.
- **부사** 역할 — 동사, 형용사, 문장 전체를 수식, 어떤 일이 발생한 때, 이유, 부대상황 등을 말하는 경우 부사처럼 쓰이죠 [분사구문]. While **reading**, I fell asleep.
- **명사** 역할 — **the+현재분사/과거분사 → 단수/복수 보통명사**로 쓰이죠. the living : 살아있는 자, the accused : 피고인, the unemployed : 실업자

동사의 성질 : 분사 'carrying'이 의미상의 목적어('a ball')를 취하고 있죠.

The boy | carrying | a ball | is my son. 공을 가져가고 있는 소년이 나의 아들이다.

분사구가 명사를 수식하므로 형용사 역할

동사의 성질 : 분사 'repaired'가 부사 'yesterday'의 수식을 받고 있음.

The car | repaired | yesterday | is out of order again. 어제 수리한 자동차가 다시 고장이다.

분사구가 명사를 수식하므로 형용사 역할

Of <u>those</u> <u>invited</u>, only a few participated in her housewarming party. [형용사 역할]

초대받은 사람 중에서 단지 몇 사람만이 그녀의 집들이 파티에 참석했다.

We have only to consider <u>the living</u>. [복수보통명사] 우리는 단지 살아있는 사람만을 고려해야 한다.

=people who are alive

<u>The killed and wounded</u> were carried to a nearby hospital. [복수보통명사]

사상자들은 근처 병원으로 옮겨졌다.

이제부터는 **"시험 관련 분사의 핵심 포인트"**를 정리합니다.

첫째, 감정표현 동사의 분사용법입니다.

<table>
<tr><th>감정표현 동사의 분사용법</th><th colspan="2">분사와 결합</th><th colspan="3">감정표현 동사들</th></tr>
<tr><td>사람주어+be동사</td><td rowspan="8">+</td><td rowspan="8">과거분사</td><td rowspan="16">←</td><td>동 사</td><td>의 미</td></tr>
<tr><td rowspan="7">(감정표현 동사가 형용사 성질을 가지고)
사람을 수식할 때</td><td>please</td><td>즐겁게 하다</td></tr>
<tr><td>surprise</td><td>놀라게 하다</td></tr>
<tr><td>disgust</td><td>정떨어지게 하다</td></tr>
<tr><td>interest</td><td>흥미를 일으키다</td></tr>
<tr><td>worry</td><td>걱정하다</td></tr>
<tr><td>amuse</td><td>즐겁게 하다</td></tr>
<tr><td>excite</td><td>흥분시키다</td></tr>
<tr><td>사물주어+be동사</td><td rowspan="8">+</td><td rowspan="8">현재분사</td><td>bore</td><td>지루하게 하다</td></tr>
<tr><td rowspan="7">(감정표현 동사가 형용사 성질을 가지고)
사물을 수식할 때</td><td>satisfy</td><td>만족시키다</td></tr>
<tr><td>confuse</td><td>혼란스럽게 하다</td></tr>
<tr><td>astonish</td><td>놀라게 하다</td></tr>
<tr><td>embarrass</td><td>당황하게 하다</td></tr>
<tr><td>annoy</td><td>괴롭히다</td></tr>
<tr><td>irritate</td><td>짜증나게 하다</td></tr>
<tr><td>frighten</td><td>섬뜩하게 하다</td></tr>
</table>

I was <u>surprising</u> to see you in the hospital yesterday. (×)

I was <u>surprised</u> to see you in the hospital yesterday. (○) 나는 어제 병원에서 당신을 보고 놀랐다.

The news was <u>surprised</u>. (×)

The news was <u>surprising</u>. (○) 그 소식은 놀라운 것이었다.

When I was first standing in front of many girl students, I was <u>embarrassing</u>. (×)

When I was first standing in front of many girl students, I was <u>embarrassed</u>. (○)

처음으로 많은 여학생들 앞에 섰을 때, 나는 당황스러웠다.

이제 분사 마법에 관한 일반적인 것들은 모두 끝났습니다.
지금부터는 영어를 공부하는 사람이라면 누구나 알고 있어야 할 **분사구문**에 대해서 알아보도록 하죠.
'분사구문' 이란 주절과 종속절[부사절]로 이루어진 복문에서 두 절의 주어가 동일한 경우, 종속부사절의 접속사와 주어를 생략하고, 동사를 분사로 고쳐서 간결하게 만든 **부사구**로 **시간, 이유, 조건, 양보, 부대상황**을 나타내죠.
사람들은 분사구문을 왜 자주 사용할까요?
그 이유는 줄여서 간편하게 사용하려는 경향 때문인데요.
영어에서도 부사절을 부사구로 전환시킨 분사구문이 자주 사용되고 있답니다.

이제 슬슬 분사구문은 어떻게 만들까하는 의문이 들기 시작하죠?

둘째, 분사구문을 만드는 마법입니다. [아주 중요함]

다음의 마법 도표에 주목하세요.

<table>
<tr><th colspan="3">순 서</th><th colspan="3">부사절(종속절)에서 바꿔야 할 내용</th><th>비 고</th></tr>
<tr><td>①</td><td colspan="2">접속사
↓</td><td>삭제(일반적)</td><td colspan="2">분사구문의 뜻이 이유, 조건, 때 등 어느 것으로 쓰였는지
혼동을 일으킬 수 있는 경우를 제외하고는 일반적으로 생략하죠.</td><td></td></tr>
<tr><td rowspan="3">②</td><td rowspan="3" colspan="2">주어
↓</td><td rowspan="2">삭제</td><td colspan="2">주절의 주어와 부사절[종속절]의 주어가 같은 경우</td><td>분사구문</td></tr>
<tr><td colspan="2">주절의 주어와 부사절의 주어가 다른 경우라도
일반인(we/you/they/people)이 부사절의 주어로 쓰인 경우</td><td>무인칭독립
분사구문</td></tr>
<tr><td>의미상 주어를 표시해
주어야 하는 경우</td><td colspan="2">주절의 주어와 부사절의 주어가 다른 경우 [중요]</td><td>독립분사구문</td></tr>
<tr><td rowspan="5">③</td><td colspan="2">동사</td><td>형식</td><td>부사절 동사 시제</td><td>주절 동사 시제</td><td></td></tr>
<tr><td rowspan="4">시제
↓</td><td rowspan="2">단순
분사</td><td rowspan="2">동사원형~ing(능동의미)
동사의 과거분사(수동의미)</td><td>현재</td><td>현재</td><td rowspan="2">동일한 시제</td></tr>
<tr><td>과거</td><td>과거</td></tr>
<tr><td rowspan="2">완료
분사</td><td rowspan="2">having+과거분사</td><td>현재완료/과거</td><td>현재</td><td rowspan="2">주절보다 (과거로)
한 시제 앞선 시제</td></tr>
<tr><td>과거완료</td><td>과거</td></tr>
</table>

위 도표를 핵심정리하면 다음과 같습니다.

부사절을 분사구문으로 바꾸는 3원칙

1. 접속사를 삭제한다!
   단, 분사구문의 뜻을 혼동할 우려가 있는 경우에는 뜻을 분명히 하기 위해 접속사를 분사 앞에 쓸 수 있다.
2. 주어가 같으면 부사절의 주어를 삭제한다!
3. 그 다음 동사를 분사형태로 바꾸어 준다!
   * 동사 뒤에 목적어가 있는 능동형이면 현재분사로, 동사 뒤에 목적어가 없는 수동형이면 과거분사가 된다!

As I live in the country with fresh air, I am very healthy.

→ **Living** in the country with fresh air, I am very healthy. [단순분사 - 능동]

나는 공기가 신선한 시골에 살고 있어서 매우 건강하다.

As I had been deceived by him, I was unable to trust him.

→ (Having been) **Deceived** by him, I was unable to trust him. [완료분사 - 수동]

그에게 속은 적이 있으므로 나는 그를 믿을 수가 없다.

* 종속절이 수동태 문장이거나 형용사나 명사가 주격보어로 사용된 경우를 분사구문으로 고칠 경우, 앞에 오는 being, having been은 생략할 수 있죠.

As it was snowy, we can go skating today.

→ It **being** snowy, we can go skating today. [독립분사구문 - 능동]

눈이 내렸기 때문에, 우리는 오늘 스케이트를 타러 갈 수 있다.

If weather permits, we shall go on a picnic tomorrow.

→ Weather **permitting**, we shall go on a picnic tomorrow. [독립분사구문 - 능동]

날씨만 좋으면 우리는 내일 소풍을 갈 것이다.

* 분사구문의 의미상의 주어는 종속절과 주절의 주어가 **같은 경우에는 생략하지만, 다른 경우에는 의미상 주어를 반드시 표시**해 주어야 하죠.

While she walked along the street, she was injured.

→ While **walking** along the street, she was injured. [부대상황의 분사구문 - 능동]

거리를 걷다가 그녀는 다쳤다.

* 분사구문에서 접속사를 생략하지만, 혼동의 우려가 있는 경우 뜻을 분명히 하기 위해서 접속사를 분사구문 앞에 쓰는 경우도 있죠.

While she smiled brightly, she embraced her mother.

→ **Smiling** brightly, she embraced her mother. [부대상황의 분사구문 - 동시동작]

그녀는 밝게 미소 지으며 자기 어머니를 껴안았다.

He watched TV, with his wife ironing her skirt beside him.

그는 텔레비전을 보고 있었고, 그의 아내는 옆에서 치마를 다림질 하고 있었다.

Don't speak with your mouth full. 입에 음식을 가득 넣은 채 말하지 마라.

*** 'with +목적어+분사[형용사, 부사구, 전치사구]' 형태로 부대상황을 나타내죠.**

셋째, 무인칭 독립분사구문입니다.

의미상의 주어가 주절의 주어와는 다르지만 we, you, they, people, one 등과 같이 막연한 일반인인 경우이어서, 분사구문의 의미상 주어를 생략하고 쓰는 것을 말합니다. 대부분 조건, 양보의 뜻을 나타내며, 하나의 관용어구처럼 사용되므로 그냥 외워 두면 충분하겠죠!

무인칭 독립분사구문의 종류	의 미
strictly/generally/roughly speaking	엄밀히 /일반적으로/대략적으로 말한다면
assuming that ~	~라고 가정한다면
providing[provided] that ~	만약 ~라면
judging from[by] ~	~로 판단할 때
seeing that ~	~이므로
granting[granted] that ~	비록 ~라 할지라도
considering that ~	~을 고려할 때
taking all things into consideration	모든 점을 고려해서

Strictly speaking, he is not an honest man.

→ **If we speak strictly, he is not an honest man.** 엄밀히 말한다면, 그는 정직한 사람이 아니다.

* 참고로 부사 strictly는 분사(speaking) 앞에 위치하지만 일반동사(speak)와 쓰일 경우에는 뒤에 위치합니다.

이것으로 준동사 마법과 그 친구들에 대한 소개가 모두 끝났습니다.
어떠셨나요? 준동사 마법의 매력에 푹 빠지셨겠죠?
그렇지 못한 분은 준동사 마법과 그 친구들을 한 번 더 만나 보세요!
그럼 정말 뿅 가실 테니까요!
제발 그러길 바랍니다.
그 순간, 여러분도 영어에 대해서 자신감을 가지게 될 테니까요!

자, 이제 새롭고 굉장한 탐험을 위해 명사 마법의 집으로 갑니다.
믿어도 좋고, 기대해도 좋습니다. 마법의 힘이란 늘 변함없을 테니까요!
명사 마법이 최고, 명사 마법이 최고야!

지금까지 학습한 마법의 영문법을 잘 익히셨다면 실전문제도 그다지 어렵지 않을 것입니다.
다음은 시험에 많이 출제되는 문제 중에서도 특별히 선별한 초특급 울트라 실전문제입니다.
그동안 갈고 닦은 마법의 영문법 봉(지팡이)이 준비되었다면 자신 있게 맘껏 휘둘러 보세요.

Actual **Test**

Chapter 02 준동사네 집_ 실전확인문제

Part 1 올바른 문장이 될 수 있도록 괄호 안에서 적절한 것을 고르세요.

01. He abandoned (to run, running) for the provincial assembly.

02. The managers of each sales department will be present at the conference (analyzes, to analyze) the trend of the recent consumption.

03. My friend was in a difficult situation, so I and my wife decided (lending, to lend him some money.

04. Remember (to mail, mailing) the letter on your way to school.

05. In the (developing, developed) country that has not reached a high level of industrial development, the concern of technical education is steadily increasing.

06. I forbid you (enter, to enter, entered) my office from now on.

07. I haven't read the article (appeared, appearing) in today's paper yet.

08. Before (enter, entering, entered) elementary school, most Korean children attend kindergarten.

09. I will have a mechanic (repair, to repair, repaired) my watch in the morning.

10. Give me your promise (never to meet, to never meet) her again.

Part 2 다음 문장을 괄호 안에 주어진 단어를 사용하여 올바른 문장으로 만드세요.

01. I enjoy ______ as much as you do. (ski)

02. I dissuaded him from ______ abroad. (go)

03. Both of the attending lawyers were ______ with the results of the negotiation. (satisfy)

04. I am looking forward to ______ my English teacher again. (see)

05. These artists are used to _______ big pictures. (paint)

06. If you hope _______ your weight and your time to exercise is limited to only 30 minutes a day, you'd better run as far as possible every day. (lose)

07. Your success depends on how _______ it. (do)

08. I am anxious _______ her name and address. (know)

09. I have never heard of _______ having been earnest in his youth. (he)

10. There is no _______ what may happen tomorrow. (know)

Part 3 빈 칸에 들어갈 가장 알맞은 표현을 보기 중에서 하나를 선택하세요.

01. He decided to give up _______ after he saw a doctor last month.

A. drinking and to smoke B. drinking and smoking
C. to drink and to smoke D. to drink and smoking

02. _______ this decision, you must know what they want.

A. Make B. To make C. Made D. To be made

03. I hate _______ to sing in front of a lot of people.

A. asking B. to ask
C. being asked D. to have been asked

04. You must not postpone _______ your letter to her any longer.

A. send B. to send C. sending D. sent

05. She is a very beautiful woman, so I can't help _______ to her.

A. attracting B. being attracted
C. to be attracted D. to attract

06. Before _______ a signature from a client, a lawyer should provide the client with a reasonable opportunity to read any written contents of the contract.

A. obtaining B. being obtained
C. obtain D. obtained

07. Weather _______, our tennis game will be held as scheduled tomorrow.

A. permits B. should permit C. will permit D. permitting

08. Mary seems _______ beautiful when she was young.

A. to be B. to have done C. to is D. to have been

09. The company will close one of its branch offices _______ operating expenses for the time being

A. reduce B. to reduce C. reduction D. reduced

10. Our discount offer is not valid on your things _______ on the Internet.

A. purchase B. to purchase C. purchasing D. purchased

11. I went to bed on a feeling of confidence after _______ writing the report to my boss.

A. finishing B. have finished C. having finished D. had finished

12. _______ electronic mail is very common throughout the world.

A. Sending of B. The sending of C. Send of D. The sent of

Chapter 03

Welcome to 명사 마법의 집

1. 명사(Nouns)를 부르는 마법 주문
2. 한정사(Determiners)를 부르는 마법 주문
3. 관사(Articles)를 부르는 마법 주문

⊙ 실전확인 문제

1. 명사(Nouns)를 부르는 마법 주문

안녕하세요! 명사 마법의 집에 오신 것을 열렬히 환영합니다. 짝, 짝, 짝!
여러분! 영문법에서 명사가 그렇게 어려운가요?
예, 어렵죠. 그것도 대단히 어렵습니다.
저를 그토록 어려워하니 한편으론 미안하고 또 한편으론 걱정이 앞서는데요.
저를 왜 그렇게 어렵게 느끼시나요?
그 이유는 **셀 수 있는 명사[가산명사]**와 **셀 수 없는 명사[불가산명사]**를 구별해야 하죠,
단수/복수를 구별해야 하죠, **복수형**도 만들 수 있어야 하죠,
이것뿐이라면 또 얼마나 좋겠어요? 여기에다 **관사와의 결합여부**, **가산명사**와 **불가산명사**에 따른 수식어구의 구별까지 해야 하니까 머리가 터지는 것은 어쩌면 당연한 일이죠.
그러나 이젠 조금도 걱정하지마세요.
명사 마법을 익히시면 그 정도는 쉽게 요리할 수 있을 겁니다.
우선 마법의 기본개념을 잘 이해하시고, 저를 그냥 믿고 따라오기만 하세요.
머지않아 명사 마법에 중독되어 명사만 찾도록 만들어 드릴 테니까요.

먼저, 명사학습의 기본인 **명사 마법의 개념과 역할**에 대해서 알아보죠.

우리 주위에 있는 **사물의 이름**(chair, book, dog, sugar), **사람의 이름**(Tom, Judy, Minsu), **장소의 이름**(station, airport, New York)을 나타내는 말이 명사입니다.
명사는 문장에서 **주어**, (타동사 · 전치사의) **목적어**, (주격 · 목적격) **보어**로 쓰이며, **셀 수 있는 명사**와 **셀 수 없는 명사**로 나누어지죠.

다음의 마법 그림을 통해서 명사 마법 및 그 친구들에 대한 마법의 계보를 학습하면 이보다 더 쉬울 수 없겠죠!

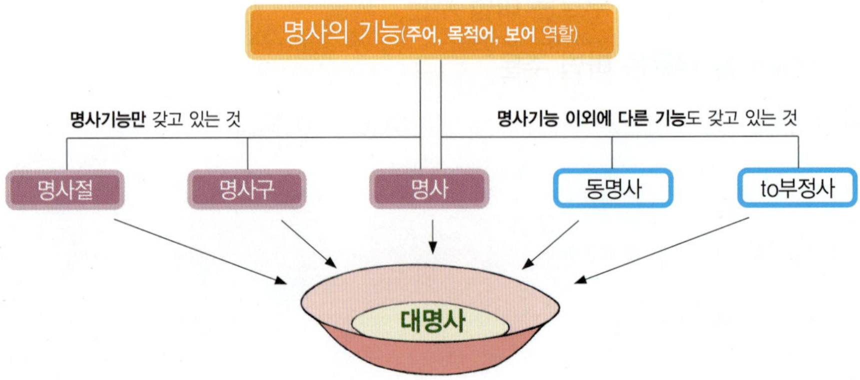

명사의 기능에 대한 표 설명이 어렵다고요?
걱정 꽉 붙들어 매시고 그냥 읽기만 하세요.
마법 주문을 열심히 외우면 그냥 이해가 된다니까요!

영어문장을 어군에 따라 분석해 보면 **주부**와 **술부**로 나눌 수 있다고 이미 배웠죠.
다시 말해 문장은 '**~가[는]** ~이다[상태이다]', 또는 '**~가[는]** ~을[를] 하다'로 끝납니다. 앞 문장에서 밑줄 친 부분이 술부로서, 이것의 역할은 동사가 맡지요.
그럼, 나머지 부분 '**~가[는]**, '**~을[를]**'의 역할은 무엇이 맡을까요? 바로 명사와 명사 친구들입니다. 명사는 자주 들어봤는데, 명사 친구에 대해서는 처음 듣는다고요? 표에서 명사를 중심으로 왼쪽에 있는 **명사구**, **명사절**은 명사의 동성(同姓) 친구로서 한 집에 살면서, 같은 놀이를 하죠.
그러나 명사 오른쪽에 있는 동명사, to부정사는 명사와 색깔이 다르니까 성향도 다른 것이 당연하죠. 왜냐하면 이것들은 명사의 이성(異性) 친구로서 기분이 좋을 때는 명사처럼 **주어 놀이**, **목적어 놀이**, **보어 놀이**를 하고, 삐치면 형용사나 부사 놀이를 한다고 배웠죠. 기억이 없다고요?
동명사, to부정사는 본래 동사네 집에서 살다가 하고 싶은 일이 많아 분가했잖아요. 그래서 동사와 비슷한 놀이를 하죠. 그리고 **to부정사**는 **형용사**나 **부사**가 하는 놀이까지 하니 재주가 많은 친구잖아요. 동명사, to부정사는 한 가지 놀이만 하는 것이 아니라 다른 놀이도 한다는 사실을 꼭 기억해 두세요. 이제 아셨죠?
그리고 밑에 그릇에 담겨져 있는 대명사가 보이죠! 대명사는 **명사**, **명사구(절)**, **동명사**, **to부정사** 등이 하는 역할을 대신할 수 있죠. 다시 말해 문장 내에 이들이 앞에서 언급되었을 경우, 이것들을 대신해서 대명사(he, she, it, they)가 그 역할을 대신할 수 있죠.
이 정도만 기억하시구요. 쭉쭉 읽어 가시면 어느 순간 느낌이 팍 올 겁니다.

이처럼 영어에서 중요한 명사와 친해지려면, 명사에 대한 정보를 많이 아는 것이 중요한데, 명사에 대해서 이제 자신이 조금은 붙었죠?
앞에서 '명사의 정체'에 대해 말한 것처럼, **"명사란 사람, 사물, 장소의 명칭을 표시하는 말"**이기 때문에 우리가 이야기를 나눌 때 주로 명사를 소재로 이야기를 하게 됩니다. 그러므로 명사와 명사 상당어구(명사와 비슷한 역할을 하는 어구)의 문장 내에서의 역할을 예문을 통해서 좀 더 자세하게 살펴보는 것이 필요합니다.

1) 주어로 쓰이죠.

Yeats is a great poet. [명사] 예이츠는 훌륭한 시인이다.
To love and to be loved is the happiest time in the world. [명사구 - to부정사]
사랑을 하고 사랑을 받는 것이 세상에서 가장 행복한 시간이다.
What I need is an exercise equipment. [명사절] 내가 필요한 것은 운동기구이다.

2) 타동사나 전치사의 목적어로 쓰이죠.

Youth should respect age. [명사 - 타동사의 목적어] 젊은이들은 노인들을 공경해야 한다.

I know that India is a hot country. [명사절 - 타동사의 목적어] 나는 인도가 더운 나라라는 것을 알고 있다.

3) 보어로 쓰이죠.

He is a great interpreter. [명사구] 그는 훌륭한 통역사이다.

그럼, 명사 마법의 개념과 역할은 이 정도로 안내하기로 하고, **"시험 관련 명사의 핵심 포인트"**를 정리합니다.

첫째, 명사 마법의 종류부터 살펴보기로 하죠.

여러분들로 하여금 명사를 어렵게 만든 장본인인 **셀 수 있는 명사**와 **셀 수 없는 명사**가 이제 등장합니다. 자꾸 어려워하니까 알기 쉽게 마법의 그림으로 설명하는 것이 좋겠죠!

셀 수 있는 명사와 **셀 수 없는 명사** 양쪽으로 사용될 수 있는 명사로, 즉, **셀 수 없는 명사가 보통명사로 사용되는 경우**입니다.

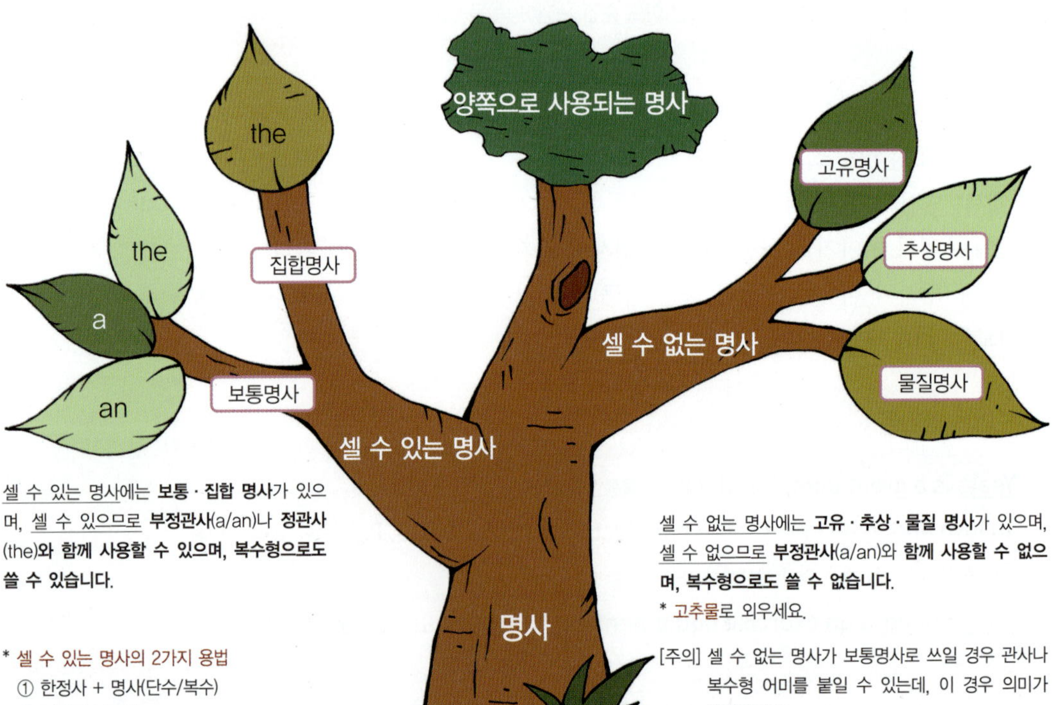

셀 수 있는 명사에는 **보통 · 집합 명사**가 있으며, 셀 수 있으므로 **부정관사**(a/an)나 **정관사**(the)**와 함께 사용할 수 있으며, 복수형으로도 쓸 수 있습니다.**

* 셀 수 있는 명사의 2가지 용법
① 한정사 + 명사(단수/복수)
② 명사의 복수형

셀 수 없는 명사에는 **고유 · 추상 · 물질 명사**가 있으며, 셀 수 없으므로 **부정관사**(a/an)와 **함께 사용할 수 없으며, 복수형으로도 쓸 수 없습니다.**
* 고추물로 외우세요.

[주의] 셀 수 없는 명사가 보통명사로 쓰일 경우 관사나 복수형 어미를 붙일 수 있는데, 이 경우 의미가 달라집니다.

셀 수 있는 명사란?

완전한 형태를 갖추고, 눈으로 볼 수 있고, 만질 수 있고, 정확하게 낱개로 셀 수 있는 명사를 말하며, **'가산명사'** 라고도 하죠. **셀 수 있는 명사**는 **앞**에 (관사, 소유격 등의) **한정사를 붙이거나 복수형태로 써야 합니다.** 예를 들어, car라고 쓰지 않고, a car, the car, my car, that car, many cars 등 명사를 한정시켜 표현하거나 cars라고 표현해야죠.

셀 수 없는 명사란?

명사 중에서 형태나 크기가 부정확하여 낱개로 셀 수 없는 명사를 말하며, **'불가산명사'** 라고도 합니다. **셀 수 없는 명사 앞**에는 **부정관사를 붙일 수 없고, 복수형태**로 쓸 수 없죠. 예를 들어, a money, moneys/ an equipment, equipments 라고 쓰지 않고, **money**(돈), **equipment**(장비)라고 써야죠.
참고로 **돈(money)**을 셀 수 없는 명사에 포함시키고 있는데, 그 이유가 뭘까요?
돈에는 여러 가지 종류가 있고 우리가 돈을 셀 때, 천, 만 등으로 세는 것이 아니라 천**원**, 만**원** 또는 천 **달러**, 만 **달러** 등 **돈에는 어떤 단위**를 붙여 세고 있고, 환율도 시시각각으로 다르다는 사실을 고려한다면, 돈을 셀 수 없는 명사로 취급하는 것이 당연하죠.

다음은 **시험에 자주 출제되는 셀 수 없는 명사**들이므로 꼬~옥 기억하세요.
information(정보)/ equipment(설비)/ furniture(가구)/ machinery(기계류)/ money(돈)/ weaponry(무기류)/ merchandise(상품)/ produce(농산물)/ advice(충고)/ baggage(수하물)/ knowledge(지식)/ damage(손상) cf. **damages**(손해배상금)/ advertising(광고)/ clothing(의류)/ fruit(과일)/ homework(숙제)/ ignorance(무지)/ poetry(시)/ game(사냥감)

여기서 잠깐!
가산명사(可算名詞), 불가산명사(不可算名詞)와 같은 어려운 문법용어가 왜 필요할까요?
한자를 뜻풀이해서 가산명사는 **"셀 수 있는 명사"**, 불가산명사는 **"셀 수 없는 명사"**라고 하는 것이 훨씬 이해하기 쉽지 않나요?
이 책은 어려운 것을 쉽게 설명하려는 마법의 노력을 다 할 것입니다.
어떠세요. 마법의 영문법이 멋지게 보이지 않나요?
명사 마법의 매력에 점점 빠져들고 있죠?
아주 푹 빠져보세요. 빠지면 빠질수록 매력을 느낄 테니까요.

01 셀 수 있는 명사[가산명사]

(1) 보통명사

동일한 종류의 사람, 사물에 공통적으로 붙이고 있는 명칭을 보통명사(book, chair, tree, teacher)라 하죠.

A horse is a useful animal. [보통명사] - 대표단수

The horse is a useful animal.

Horses are useful animals. 말은 유용한 동물이다.

(2) 집합명사

'집합명사'란 여러 개체가 모여서 하나의 집합체를 나타내는 것을 가리키는 말이죠. 이것은 집합체를 나타내는 부류에 따라 **복수형 어미, 관사, 단수/복수**가 각각 다르게 사용되기 때문에 **주어와 동사의 수의 일치**나 **관사의 선택 여부**에 특히 주의해야 합니다.

1) 집합명사는 단수취급 할까요?, 복수취급 할까요?

committee, family, team, class 등이 문장 내에서 하나의 집합단위 의미로 쓰일 때는 **단수취급**하고, 집합체를 이루고 있는 각 구성요원들을 개별적으로 지칭할 때는 **복수취급**을 해야 합니다.

The committee meets once a year. [**집합명사**(전체로 생각) - 단수취급] 그 위원회는 1년에 한 번 열린다.

The committee are divided in their opinions of FTA. [**군집명사**(구성원 각자로 생각) - 복수취급]

그 위원회 의원들은 FTA에 대하여 다양한 의견을 제시하였다.

* FTA = Free Trade Agreement 자유무역협정

그러나 부분을 **나타내는 단어[구]**는 뒤에 오는 말(명사나 대명사)에 따라 **단수/복수가 결정**되죠.

부분을 나타내는 단어[구]	+	단수명사/복수명사	→	단수동사/복수동사
part, portion, half, fraction(分數), the rest the majority, a lot, some(any) most, the bulk(대부분)	+	of+**단수명사**(물질/추상명사)	→	**단수동사**로 받음
	+	of+**복수명사**	→	**복수동사**로 받음

Half of my income **is** being saved for the future. [명사가 단수 → 단수동사]

나의 수입 절반을 미래를 위해 저축하고 있다.

Half of the passengers **are** seriously hurt. [명사가 복수 → 복수동사]

승객의 절반이 중상이다.

2) 집합명사는 관사와 함께 쓸 수 있을까요?

police, clergy 등은 부정관사나 복수형을 붙일 수 없으며, 보통 the와 함께 쓰여 **복수취급**하죠. 단, 한 사람을 지칭하는 경우에는 부정관사를 붙이죠.

The police are on the track of the murderer. 경찰들은 그 살인자를 추적하고 있다.

the police(경찰들) → a policeman(경찰 한 사람)

the clergy(성직자들) → a clergyman(성직자 한 사람)

3) 집합적 물질명사

furniture(가구), clothing(의류), merchandise(상품), produce(농산물), game(사냥감), baggage(수하물), machinery(기계류), poetry(시), scenery(풍경) 등은 물건의 집합체이므로

① **부정관사와 함께 쓰일 수 없고, 복수형으로도 쓰일 수 없으며,**

② 수 표시어인 **many, few, a few** 등의 수식을 받을 수 없고, 양 표시어인 **much, little, a little** 등의 수식을 받아야죠.

The room was crowded with many **furniture**. (×)

The room was crowded with many **furnitures**. (×)

The room was crowded with much **furniture**. (○) 그 방은 많은 가구로 가득 차 있었다.

02 셀 수 없는 명사[불가산명사]

고유 · 추상 · 물질명사는 일정한 모양이 없어 셀 수 없으므로 부정관사와 함께 쓰이지 못하며, 복수형으로도 쓰이지 않지요. 그러나 일부 고유명사는 부정관사와 함께 쓰여 보통명사 의미로 쓰이고, 물질 · 추상명사는 단위를 나타내는 수량표시어를 사용하여 수 · 양의 변화를 나타내죠.

(1) 고유명사

장소, 특정한 물건, 사람의 고유한 명칭을 말합니다.
고유명사의 첫 글자는 **대문자**를 쓰죠.
Neither Jones nor Smith has completed his report. 존스와 스미스도 보고서를 끝내지 못했다.

(2) 추상명사

성질, 상태, 개념 등을 나타내는 명사를 말합니다.
Art is long, life is short. 예술은 길고 인생은 짧다.

다음은 추상명사의 수량표시어입니다.
I heard a bolt of thunder. 나는 한 차례의 천둥소리를 들었다.

a piece of news 뉴스 한 토막
a piece of advice 충고 한마디
a piece of information 한 편의 정보
a stroke of luck 뜻밖의 행운, 요행수

(3) 물질명사

wood, glass, water, sugar, air, oxygen처럼 재료, 식료품 등의 셀 수 없는 물질의 명칭을 말하죠.
Water rusts iron. 수분은 철을 녹슬게 한다.

다음은 물질명사의 수량표시어입니다.

a glass of milk 우유 한 잔
a piece/loaf of bread 빵 한 조각/덩어리
a lump of sugar 각설탕 한 개
a slice of toast 토스트 한 조각
an ear of corn 옥수수 한 개
an article of clothing 의류 한 점
cf. two ears of **corn** 옥수수 2개 → two ears of corns (×)

명사의 종류에 대한 설명에서 **셀 수 없는 명사**(고유 · 추상 · 물질 명사)는 **"항상 셀 수 없는가?"**라는 의문이 들지 않나요? 이런 의문이 드신 분은 영어 실력이 일취월장 쑥! 쑥! 늘 겁니다.

하지만 그런 것이 어디 있어요. 모든 것이 다 변하는 세상인데 말입니다.
흔히들 **'명사의 전용**이라거나 **불가산명사의 보통명사화'** 라는 용어를 쓰는데요.
이것은 **셀 수 없는 명사**에 (셀 수 있는 명사처럼) **관사(a, an, the)가 붙거나 복수형이 되면** 셀 수 있는 명사(보통명사)로 바뀌는 것을 말합니다. 여기서 중요한 것은 이렇게 되면 명사가 본래의 의미와 다른 의미를 갖는다는 것이죠. 바로 이것이 명사의 변신 마법이죠.

He bought a Ford yesterday. [고유명사 → 보통명사 : 제품, 작품] 그는 어제 포드 자동차 한 대를 샀다.
I want to be a Shakespeare. [고유명사 → 보통명사 : ~와 같은 사람]
나는 셰익스피어와 같은 문학가가 되기를 원한다.

Fire burns wood. [물질명사 - 불] 불은 나무를 태운다.
They had a big fire last night. [보통명사 - 화재] 그들은 지난 밤에 큰 화재를 당했다.

My mother was a girl of great beauty. [추상명사 - 미모, 아름다움] 나의 어머니는 대단한 미모의 소녀였다.
My mother was a beauty in her youth. [보통명사 - 미인] 나의 어머니는 젊은 시절에 미인이었다.

He was ambitious in his youth. [추상명사 - 청년시절] 그는 청년시절에 야심이 있었다.
He is a promising youth. [보통명사 - 청년] 그는 전도유망한 청년이다.

둘째, 명사의 복수형 만드는 법은 영어 학습의 기본이죠.

복수형에는 **규칙변화**(단수+s/es)하는 것과 **불규칙변화**하는 것이 있는데, 불규칙 변화하는 명사는 별도로 암기해야 하고, 규칙변화하는 명사는 그대로 원칙을 따르면 되겠죠.

<table>
<tr><th colspan="2">복수어미의 종류</th><th colspan="2">예</th></tr>
<tr><td rowspan="4">-s를 붙이는 것</td><td>무성음 : [f, k, p, t, θ]+s → [s]로 발음</td><td colspan="2">chiefs, books, drops, pockets, months</td></tr>
<tr><td rowspan="3">유성음 : [b, d, g, l, m, n, ŋ, 모음]+s → [z]로 발음</td><td colspan="2">verbs, friends, legs, bells, dreams, lessons, songs</td></tr>
<tr><td colspan="2">모음+r : chairs, doors, workers</td></tr>
<tr><td colspan="2">모음소리 : eyes, ways, windows</td></tr>
<tr><td rowspan="6">-es를 붙이는 것</td><td rowspan="6">어미(x,s,sh,ch,se,ge,ze)가 [z, dʒ, s, ʃ, tʃ, ks]로 발음되는 경우에는 es를 붙이고 [iz]로 발음</td><td>z</td><td>noises, noses</td></tr>
<tr><td>dʒ</td><td>oranges, pages</td></tr>
<tr><td>s</td><td>buses, classes, horses</td></tr>
<tr><td>ʃ</td><td>bushes, dishes</td></tr>
<tr><td>tʃ</td><td>churches, matches, speeches</td></tr>
<tr><td>ks</td><td>boxes, foxes, taxes</td></tr>
<tr><td colspan="2">「자음+o」 → es를 붙인 뒤 [z]로 발음</td><td colspan="2">negroes, potatoes, heroes, echoes</td></tr>
<tr><td colspan="2">자음+y → ies(y를 i로 고침)</td><td colspan="2">cities, ladies, bodies, armies, babies</td></tr>
<tr><td colspan="2">모음+y → ys</td><td colspan="2">days, monkeys, keys, toys, guys, boys</td></tr>
<tr><td colspan="2">~f, fe → ves [vz]</td><td colspan="2">halves, calves, wives, leaves, wolves</td></tr>
</table>

불규칙변화하는 명사는 원칙을 익히고, 예로든 명사는 모두 외워 두세요.

복수어미의 종류	예
모음이 변하는 것	man → men　tooth → teeth　woman → women mouse → mice　foot → feet　gentleman → gentlemen
en를 붙이는 것	ox → oxen　cf. child → children
외래어의 복수 -um, -on으로 끝나는 단어는 **-a**로	datum → data　phenomenon → phenomena　medium → media curriculum → curricula　criterion → criteria　maximum → maxima
어미가 -us로 끝나는 단어는 **-i**로	stimulus(자극) → stimuli　focus(초점) → foci alumnus(동창생) → alumni　syllabus(강의계획서) → syllabi/syllabuses
어미가 -sis[sis]로 끝나는 단어는 **-ses**[siz]로	hypothesis(가설) → hypotheses　analysis(분석) → analyses synthesis(종합) → syntheses　crisis(위기) → crises basis(기초, 초대) → bases　diagnosis(진단) → diagnoses

복수형을 만드는 마법은 어느 정도 이해되셨죠?

다음은 **주의해야 할 복수형**입니다.
이들 명사는 대명사로 받거나 동사와 함께 쓰일 때 특히 주의해서 사용해야겠죠.

1. 항상 **짝을 이루어 복수형으로만 사용하는 명사**들입니다.
compasses(제도용 컴퍼스), trousers(바지), pants(바지), shorts(반바지), gloves(장갑), scissors(가위), glasses(안경), spectacles(안경), tongs(집게)

There <u>are</u> no sugar <u>tongs</u> on the table. 탁자 위에는 설탕 집게가 없다.

2. 다음 단어들은 문장 내에서 **단수로 사용될 때와 복수로 사용될 때, 그 뜻이 달라지는 명사**입니다. 괄호 안의 뜻으로 쓰일 경우에는 꼭 복수형을 사용해야죠. 단수로 쓰이면 무슨 뜻으로 변하는지는 스스로 확인해 보세요.
brains(두뇌), billiards(당구), works(공장), means(수단), clothes(옷), goods(상품), belongings(소지품, 친척), earnings(소득), riches(재산), valuables(귀중품), savings(저금), particulars(명세서), remains(잔고, 유적, 유해), authorities(당국)

The mayor of Seoul has <u>the authority</u> to grant permission. 서울 시장이 허가권[권한]을 갖고 있다.
<u>The civil authorities</u> must deal with this situation urgently.
행정당국은 이 사태에 시급히 대처해야만 한다.

3. 다음 단어들은 **형태가 복수형처럼 보이지만 단수취급을 해야 하는 명사**들이죠.
economics(경제학), ethics(윤리학), mathematics(수학), physics(물리학), politics(정치학), gymnastics(체조, 체육), phonetics(음성학), statistics(통계학 : 학과명), news(뉴스), measles(홍역)

Mathematics are given a great deal of weight on the entrance examination. (×)
Mathematics is given a great deal of weight on the entrance examination. (○)
수학은 입학시험에서 비중이 매우 크다.
No **news** is good news. 무소식이 희소식이다.

4. 명사가 다른 명사 앞에서 **"명사 + 명사"** 형태로 쓰일 경우, 앞에 놓인 명사는 뒤에 있는 명사를 수식하는 형용사 역할을 하므로 **단수형**을 사용하죠.

blood type 혈액형 answer sheet 답안지 brain injury 뇌장애
shoe store 신발가게 mountain range 산맥 intelligence test 지능검사
evalation program 평가 프로그램 application form 신청서

다음은 **앞 명사가 복수로 쓰이고 있는 예외적인 경우**입니다.

savings bank 저축은행 sales manager 영업부장 earnings growth 수익 증가
customs official 세관원 sports complex 종합 경기장 sports car 경주용 자동차
awards ceremony 시상식 communications satellite 통신위성

5. 다음은 반드시 **복수명사를 사용**해야 하는 표현들이죠.

shake hands with ~ : ~와 악수하다 make friends with ~ : ~와 친해지다
exchange greetings : 인사를 주고받다 exchange places[seats] with ~ : ~와 자리를 바꾸다
change trains[planes] : 기차[비행기]를 갈아타다 cross swords with ~ : ~와 결투하다
keep on good[friendly] terms with ~ : ~와 좋은 관계로 지내다

셋째, 명사의 격에 대하여 정리하면서 명사에 대한 소개를 마치고, 이어서 명사의 친구들을 만나보기로 하죠.

격에는 **주격, 소유격, 목적격**이 있는데요. 주격, 목적격은 어느 정도 다루었으므로 여기서는 소유격을 중점적으로 다루기로 하죠.

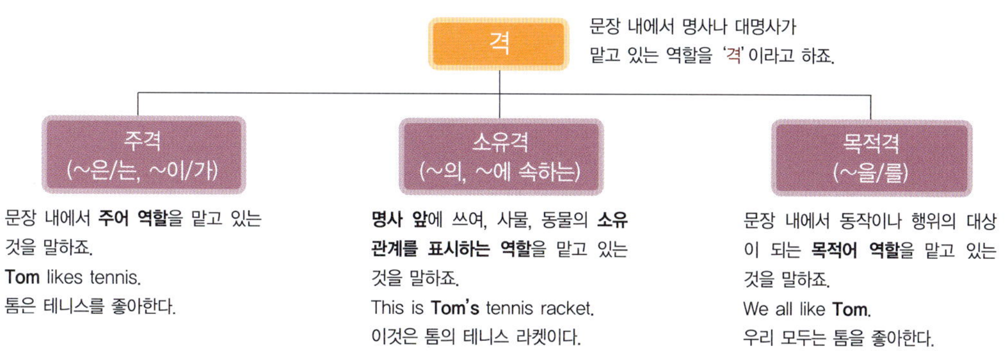

소유격을 만드는 방법

① 명사에 **어포스트로피(')**를 붙인 후, s를 붙이죠.

This is John's ball. 이것은 존의 공이다.

cf. girls' school 여학교/ ladies' shoes 숙녀화/ men's shoes 신사화

② **인칭대명사의 소유격**을 사용하죠.

This is my car. 이것은 나의 자동차이다.

③ 무생물의 소유격은 **'of + 명사'** 의 형태로 표시하죠.

The legs of the table need repainting. 그 탁자의 다리들은 다시 페인트칠을 해야 한다.

cf. today's newspaper 오늘의 신문 at a stone's throw 아주 가까운 거리에
a dollar's worth 1달러어치 ten tons' weight 10톤의 중량
at one's fingers' ends ~에 정통하여 at one's wit's[wits'] end 어찌할 바를 몰라

소유격에는 **공동소유**와 **각자소유**라는 것이 있죠!

Tom and Mary's car [공동소유 - **소유격이 한쪽** → 단수취급] 톰과 메리가 공동으로 소유하고 있는 자동차

Tom's and Mary's cars [각자 소유 - **소유격이 양쪽** → 복수취급] 톰과 메리가 각각 소유하고 있는 별개의 자동차들

소유격에는 시험에 자주 출제되는 **이중소유격**이 있는데요. 하나의 명사에는 보통 하나의 한정사 밖에 쓸 수 없으므로 **소유격**(my, your, his, her, its, their, our)과 다른 **한정사**(a, an, this, that, either, neither)를 **나란히 붙여 쓸 수 없고** "**a+명사+ of+ 명사의 소유격/소유대명사**" 형태로 써야 한다는 거죠.

He is a my friend. (×) → He is a friend of mine. (○) 그는 내 친구이다.

a my father's friend (×) → a friend of my father's (○)

아직도 명사가 어려운가요?
이젠 아니겠죠? 최소한 명사와 친하게 지낼 수 있다는 자신감은 생겼죠?
짧은 시간에 그 정도면 진도가 많이 나간 거죠.
앞으로 한두 번만 더 만나면 명사와 멋진 커플이 될 것 같군요.
명사 마법과 친해지고 나니 이제 슬슬 명사는 누구와 친하게 지내는지 궁금해지기 시작하죠?
다른 사람들이 부러워 할 정도로 명사 앞에 늘 붙어 다니는 **명사 마법의 친구들**이 있습니다.
그런 친구들은 누구일까요?

관사, 소유격, 지시형용사, 수량형용사입니다.
영어를 조금 아는 사람들은 이 친구들을 하나의 그룹으로 묶어서 **'한정사'** 라고 부르고 있죠.

2. 한정사(Determiners)를 부르는 마법 주문

이제부터 명사 앞에 붙는 것들은 모조리 살펴보도록 하죠.

한정사(限定詞) 당신은 누구신가요?

여러분, "한정"이란 말의 뜻이 뭔가요? "한계를 정하다, 제한하다"는 뜻 정도 아닌가요?
영어에서도 마찬가지입니다.
명사에 붙어 **"전체적인 범위를 제한해 주는 것들"**을 **'한정사'** 라고 하죠.
즉, 명사 앞에서 명사의 성질을 밝혀주는 한정사에는 **관사**(a, an, the), **소유격**(my, our, your, his, her, its), **지시형용사**(this, these, that, those, each, another, other)가 있고요. 명사의 수와 양을 표시하는 **수량형용사**(many, few, much, little)가 있지요.
한정사와 명사는 일치해야 하므로 어떤 한정사를 사용하기 전에, 먼저 명사가 **단수인지 복수인지, 셀 수 있는 명사인지 셀 수 없는 명사인지**를 파악하는 것이 중요하겠죠.

아래에 있는 마법의 나무 그림을 보면 한정사가 더욱 쉽게 이해될 겁니다.

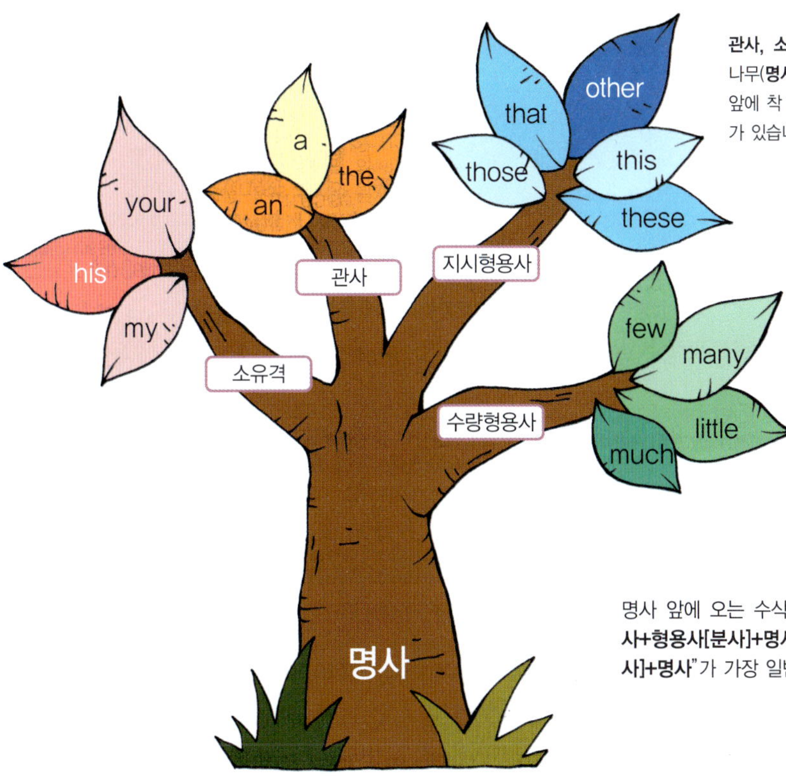

관사, 소유격, 지시형용사, 수량형용사는 나무(**명사**)에 붙어 있는 가지처럼 명사 앞에 착 달라붙어야만 어떤 역할을 할 수가 있습니다.

명사 앞에 오는 수식어구는 **"한정사+명사"**, **"한정사+형용사[분사]+명사"**, **"한정사+부사+형용사[분사]+명사"**가 가장 일반적인 어순이죠.

여기서 **명사 앞에 형용사가 2개 이상 오는 경우, 어순**이 어떻게 되는지를 마법의 도표로 정리해 보겠습니다.

한정사		수량		성질	크기(대소)		모양 · 상태		신구		색깔	원산지(국적)	재료
전치 한정사	관사 지시형용사 소유격 부정형용사 (형용사 역할)	서수	기수	성질 (주관적평가)	큰 것	작은 것	모양	상태	신	구	컬러	한국인 중국인 그리스인	나무 돌 흙 플라스틱
all both double twice half	a/an, the this/that my/her some/any	first second third	one two three	beautiful kind pretty	big	small	round square	sick pale	new	old	red yellow black pink	Korean Chinese Greek	wooden stone earthen plastic

한정사가 포함된 형용사의 어순은 대체로 **"전치한정사+한정사(관사, 소유격, 지시사) + 수량 + 성질 + 크기 + 모양·상태 + 신구 + 색깔 + 원산지(국적) + 재료 + 명사"** 어순을 취하죠.

My first small salary was saved. 나의 얼마 안 되는 첫 봉급을 저축했다.

These two tall handsome young Korean boys know me.

키가 크고 잘 생긴 이 두 젊은 한국인 소년들은 나를 알고 있다.

I bought an old Chinese writing desk yesterday. 나는 어제 오래된 중국산 책상을 샀다.

이제 한정사에 대해서 어느 정도 이해되셨죠?

그럼 지금부터 한정사 중에서 가장 중요한 **관사의 마법**을 보도록 하죠.

3. 관사(Articles)를 부르는 마법 주문

밤하늘의 별만큼 많은 이름 중에 하필 "관사가 뭐냐"고 친구들에게 놀림 당했어요.
그래서 너무 화가 나서 밤잠 안자고 관사를 연구했죠.
한번 들어보고 다시 평가해 주셨으면 고맙겠습니다.

왕은 왕관을 쓰고, 군인은 군인 모자를 쓰듯이 경찰관은 경찰 모자를 써서 자신의 신분임을 알려 주지요. 만약 경찰관이 왕관을 쓴다면 잘 어울리지도 않을 뿐더러 자신의 역할을 수행할 수 없겠죠? 모자는 신분이나 상황에 맞게 써야지만 어울리는 것처럼 **'관사'도 문장 내에서 모자와 같은 역할**을 하므로 명사와 잘 어울리게 사용하는 것이 중요합니다.

다시 말해, **관사는 명사 앞에 위치하여 그 명사에 대한 어떤 정보를 알려 주는 역할**을 합니다. 명사 앞에 **부정관사**(a/an)가 있으면 **셀 수 있는 명사**임을 나타내 주고, 특히 **an**이 있는 경우는 **발음이 모음으로 시작된다는 것**을 말해 주며, **정관사**(the)가 있으면 **특정한 것**이나 **말하는 사람끼리 서로 알고 있는 것을 나타내 주는 것**입니다.

아직도 아리송하다고요?
위의 내용을 실제 경찰관의 모습으로 재현한 마법의 그림을 통해서 설명해 보죠!

경찰 모자를 통해 이 사람의 신분이 경찰임을 알 수 있는 것처럼, **'관사(冠詞)'**도 **명사 앞에 위치하여 그 명사에 대한 어떤 정보를 제공해 주는 역할**을 합니다. 참고로 관사의 '관(冠)'은 머리 위에 쓰는 것을 말하죠.

경찰관의 가슴에 부착되어 있는 기장(badge)이 바로 이 경찰관이 어떤 훌륭한 업적을 쌓았는가를 보여 주고 있는 것처럼, **관사**도 **명사 앞에 붙어 그 명사에 대한 어떤 정보를 알려주는 역할**을 하죠.
이 기장이 경찰관에게 부착되었을 때 어떤 의미를 가지는 것과 마찬가지로, 관사의 경우도 명사에 붙어야만 어떤 역할을 할 수 있습니다.
다음 예문을 통해서 확실히 이해하세요.

경찰의 신분과 한 사람임을 알려줌 　　　　 동사 수식 　　　　 부사구

A | policeman | is wearing | a badge to show his achievements | on | his breast.

한 경찰관이 가슴에 그의 업적을 보여주는 기장(배지)을 착용하고 있다.

cf. The police **are** also looking for a criminal. 경찰들이 또한 한 범인을 찾고 있다.

* police는 부정관사나 복수형 어미를 붙일 수 없으며, 단지 **정관사(the)를 붙여, 복수취급**을 하여 '경찰들' 임을 알려줌.

관사와 한정사에 대한 개념정리는 이 정도면 충분하지 않은가요?

이제 관사의 용법으로 넘어가기에 앞서 부정관사와 정관사의 차이점을 이해하는 것이 중요하죠. 아래에 아주 쉬운 3개 문장이 있군요. 여기에는 미묘한 차이가 있습니다.

a. I like a flower.
b. I like the flower.
c. I like flowers.

a의 'a flower'는 어떤 꽃인지는 모르지만 '어느 한 가지 꽃'을 좋아한다는 의미입니다. b의 'the flower'는 '그 꽃'을 좋아한다는 의미가 되어 다른 꽃들과 구별되는 어떤 특정한 꽃을 의미하죠. 다시 말해, 대화상에서 어떤 꽃을 이미 언급한 경우, 가령 장미를 언급했으면 장미가 되는 것입니다. c의 'flowers'는 '어떤 꽃이든 꽃이면 다 좋아한다'는 의미죠.

쉽게 말해 대화자끼리 어떤 것을 언급하는지를 알고 있는 명사 앞에는 **정관사**를 써야 하고, 어떤 것(누구)을 가리키는 것인지 불명확한 명사 앞에는 **부정관사**를 써야 하죠.

a. I have met the teacher. 나는 그 선생님을 만났다.
b. I want to become a teacher. 나는 선생님이 되고 싶다.

a의 'the teacher'는 대화자끼리 어떤 선생님을 가리키는지를 알고 있는 경우이죠. b의 'a teacher'의 경우에는 어떤 특정한 선생님이 아니라 자라서 선생님이 되고 싶다는 의미이므로 부정관사를 붙인 것입니다.

관사 이외에 다른 한정사와 명사의 결합 관계를 아래와 같이 간단한 표로 정리했습니다. 특히 수량형용사 many나 few는 **셀 수 있는 명사**와 much나 little은 **셀 수 없는 명사**와 일치시켜 사용해야만 한다는 사실에 주의하세요.

한정사의 종류		'한정사+명사' 의 예
① 관사	부정관사(a/an)	a car
	정관사(the)	the car
② 소유격	my, your, his, its	my car
③ 지시형용사	that, this	that car
④ 수량형용사	수(many, few)	many cars
	양(much, little)	much cars(×)

관사에 필요한 선행학습은 이것으로 충분하죠!
그럼, **관사의 용법**으로 넘어갑니다.

첫째, 부정관사의 용법입니다.

1. 부정관사는 자음발음으로 시작하는 명사 앞에는 **a**를, 모음발음으로 시작하는 명사 앞에는 **an**을 쓰죠.

부정관사	일반 규칙		발음상 주의해야 할 규칙	
a	**자음 발음 앞**	a book a car a pencil	예외 : 'u'가 모음이지만 자음 '[ju]' 처럼, 'y'가 [ji]처럼 발음되는 경우에는 **a**를 쓰죠.	**a** university **a** unit, **a** union **a** uniform **a** use, **a** year
an	**모음 발음 앞** (a, e, i, o, u)	an oil an American an orange an egg an umbrella	예외 : 자음 'h'로 시작되지만 묵음이고, 그 다음 음이 모음인 경우에는 **an**을 쓰죠.	**an** hour **an** honor **an** heir

2. 부정관사는 문장에서 아래와 같은 뜻으로 쓰이죠.

의 미	예 문
하나(one)의 의미	I usually eat an apple a day. 나는 평소 하루에 사과 하나씩 먹는다.
종족을 대표하는 의미	A fox is a cunning animal. 여우는 교활한 동물이다.
어떤(certain)의 의미	A boy came to meet you. 어떤 소년이 너를 만나러 왔었다. cf. in a sense : 어떤 의미(점)에 있어서, 어느 정도까지
같은(same)의 의미	We are of an age. 우리는 동갑이다.
어느 정도, **약간**(some)의 의미	He was speechless for a time. 그는 잠시 말이 없었다.
~마다, **~당**(per)의 의미	I write to her once a day. 나는 하루에 한 번씩 그녀에게 편지를 쓴다.

둘째, 정관사의 용법입니다.

1. 앞에 나온 명사를 반복할 경우에 사용하죠.

There is a pen on the desk. 책상 위에 펜이 하나 있다.

The pen is mine. 그 펜은 나의 것이다.

2. 어떤 명사가 **'수식어구**(형용사구, 형용사절)**에 의해 한정'** 되어 특정한 성격을 띠는 경우에 붙이죠.

I like literature. [추상명사] 나는 문학을 좋아한다.

I like the literature of the twentieth century. [수식어구가 붙는 경우] 나는 20세기의 문학을 좋아한다.

* 고유 · 추상 · 물질명사는 원칙적으로 정관사를 붙일 수 없으나, **수식어구로 한정되면 정관사 the를 붙이죠.**

3. 시간, 위치, 수량의 단위를 나타낼 경우에 붙이죠.

the 1950s, the twenty-first century, the morning, the afternoon, the evening, the future, the present, the past, the beginning, the middle, the end, the year, the month, the day

cf. at night, day by day, at present, etc. [시간]

* decade(10년), century(100년), morning, past, beginning 등과 같은 시간 명사 앞에는 정관사를 붙이죠.

She rented the apartment by the month. 그녀는 아파트를 월세로 빌렸다.

They hired a man by the day. 그들은 한 남자를 일당제로(하루 단위로) 고용했다.

the front, the back, the bottom, the top, the center [위치]

The post office is located in the center of this building. 우체국은 이 건물의 중앙에 위치하고 있다.

Potatoes are sold by the pound in plastic or paper bags. [수량단위]

감자는 비닐 또는 종이 백에 담아 파운드로 판다.

* 물건을 사고 팔 때의 단위를 표시하는 방법은 **by the+단위 형식**으로 반드시 **정관사**를 사용하죠.

4. 신체의 일부분을 표시할 경우에 사용하죠. → by[on, in] + the + 신체의 일부

He caught me by the neck. 그는 내 목을 잡았다.

cf. He caught me by my neck. (×)

* 동사 catch, seize, take, hold, grasp는 전치사 **by**를 동반하고,
동사 strike, hit, pat, tap, touch, kiss는 전치사 **on**을 동반하며,
동사 look, stare는 전치사 **in**을 동반하죠.

5. 형용사의 최상급, 서수(first, second, …) **등이 명사를 수식하는 경우**에 사용하죠.

Seoul is the largest city in Korea. 서울은 한국에서 가장 큰 도시이다.

Egypt was the first country to become civilized. 이집트는 문명화된 최초의 나라이다.

the tenth chapter, the tenth volume

cf. 기수(one, two, …)에는 정관사를 사용하지 않죠. (chapter ten, volume ten)

Ten pages are missing. (총) 10 페이지가 빠져 있다.

6. **악기명, 발명품 앞**에 사용하죠.

Can the lady play the piano well? 그 숙녀 분은 피아노를 잘 칠 수 있습니까?

7. 고유명사는 셀 수 없는 명사이므로 관사를 붙이지 않는 것이 원칙이나 다음의 경우는 **고유명사에 정관사가 붙는 경우**입니다.

1) **세상에 하나뿐인 유일물 앞**에 붙죠.

the sun, the moon, the sky, the equator(적도), the world, the Bible

2) **방위 앞**에 붙죠.

the north[south, east, west], the right[left]

3) **산맥, 군도, 반도, 운하, 강, 해협 앞**에 붙죠.

the Alps 알프스 산맥, the Philippines 필리핀 군도, the Korean Peninsula 한반도

the Suez Canal 수에즈 운하, the Thames 템즈 강, the English Channel 영국해협

* Mt. Everest(에베레스트산), Mt. Baekdu(백두산)처럼 산 이름 앞에는 관사를 붙이지 않죠.

4) **공공건물, 선박, 항공기, 신문, 잡지, 정기 간행물 이름 앞**에 붙죠.

the British Museum 대영 박물관, the Pentagon 미 국방성, the Titanic 타이타닉 호, the New York times 뉴욕타임지

* Seoul Station, Wall Street처럼 공공건물이 지명을 딴 경우에는 관사를 붙이지 않죠.

셋째, 관사를 붙이지 않는 경우입니다.

1. **관직, 호격, 가족관계, 축제일, 요일, 달 앞**에는 관사를 붙이지 않죠.

He was appointed chairman. [관직, 신분이름이 보어로 쓰인 경우] 그는 의장으로 임명되었다.

My favorite holiday is Christmas. 내가 가장 좋아하는 휴일은 크리스마스이다.

He usually goes to church on Sundays. 그는 대개 일요일마다 교회에 간다.

2. **식사, 질병, 운동, 계절명 앞**에는 관사를 붙이지 않죠.

They were having breakfast when I arrived. [식사명]

내가 도착했을 때, 그들은 아침식사를 하고 있었다.

cf. Because I had a heavy breakfast, I have no appetite now. [형용사의 수식을 받는 경우]

나는 아침식사를 많이 했기 때문에 지금 식욕이 없다.

The breakfast I had this morning was too light. [절의 수식을 받는 경우]

내가 오늘 아침에 먹은 아침식사는 양이 너무 적었다.

* **식사명 앞에 형용사가 오는 경우나 식사명이 형용사구나 절로 한정이 될 때에는 관사가 붙죠.**

He is suffering from fever/cancer/pneumonia/diabetes/obesity/anaemia. [병명]

그는 열병/암/폐렴/당뇨/비만/빈혈증(으)로 고통을 겪고 있다.

I enjoy playing tennis when I have free time. [운동명] 시간 있을 때, 나는 테니스 치는 것을 즐긴다.

I like summer, but I don't like winter. [계절명] 나는 여름은 좋아하나 겨울은 좋아하지 않는다.

3. **공공건물이 본래의 목적으로 쓰일 때**는 관사를 붙이지 않죠.

I go to church. 예배 보러 교회에 간다.

cf. I go to the church. (누구를 만나기 위해서 등의 다른 목적으로) 나는 교회에 간다.

School begins at 9 o'clock. 수업은 9시에 시작한다.

* **school의 본래의 목적인 공부, 수업 등의 뜻으로 쓰일 경우 관사 없이 사용하죠.**

4. **by** + 교통[통신]수단의 **형태로 교통, 통신수단을 나타낼 경우**는 관사를 붙이지 않죠.

I came here by airplane/train/car/taxi. [교통수단] 나는 여기에 비행기/기차/자동차/택시로 왔다.

cf. I came here on foot. 나는 여기에 걸어서 왔다.

I went to school on the 3:30 train. 나는 3시 30분 기차로 학교에 갔다.

* 교통수단에는 관사를 붙이지 않으나 3시 30분이라는 **특정한 기차를 언급**하는 경우이므로 **관사를 붙여야 하죠.**

I informed him of our news by telephone/letter/E-mail. [통신수단]

나는 그에게 우리의 소식을 전화/편지/이메일로 알렸다.

넷째, 관사의 위치에 대해 들어 본 후 명사 마법에 대한 소개를 마치겠습니다.

1. 앞에 오는 한정사에 따라 **부정관사의 위치가 다름**에 주의해야죠.

such, many, what, whatever + **부정관사** + 형용사 + 명사

so, as, too, how, however + 형용사 + **부정관사** + 명사

Such a difficult job cannot be done in so short a time.

그토록 어려운 일은 그렇게 짧은 시간 안에 행해질 수가 없다.

It's so hot a day to work. 일하기에는 너무나 더운 날씨이다.

2. **전치한정사의 위치**에 주의 해야죠.

여기에서 전치는 **"앞에 위치한다"**는 뜻으로 **다른 한정사들 앞에 위치하는 것**들을 말하는데요.

전치한정사(half, all, both, double, twice) + **관사** + **명사**' 어순을 꼭꼭 외워 두세요.

I was forced to pay the double price for it.(×)
I was forced to pay double the price for it.(○) 나는 그것에 대해 두 배의 값을 지불할 것을 강요받았다.
It took us half an hour by bus to get to school. 우리는 학교에 가는데 버스로 30분 걸렸다.

이것으로 명사 마법에 대한 소개를 모두 마쳤습니다.
저는 가능한 쉽게 설명을 하려고 최선을 다했습니다만, 어떠셨나요?
완전 실망은 아니겠죠?
실망이라뇨? 정말 알기 쉽게 마법을 구사해서 정말 맘에 들었다고요?
칭찬은 고맙지만요. 한 번쯤은 더 보시고 제대로 평가해 주세요.

이제 명사 마법의 집을 나와서 **대명사 마법의 집**으로 출발하겠습니다.
대명사가 분가하려고 했을 때 처음에 명사 마법의 친구들이 "같은 '명사' 인데 따로 나가 살 이유가 뭐 있냐"고 말렸죠.
명사가 함께 생활하자고 하도 졸라대서 행동을 같이 해 볼까 하고 잠시 망설이기도 했죠.
하지만 명사 마법과는 다른 점이 더 많은 것 같아서 완전히 따로 독립하기로 마음먹었죠.
그래도 명사 마법과는 조금은 친인척 관계가 있으므로 잘 봐주세요.

지금까지 학습한 마법의 영문법을 잘 익히셨다면 실전문제도 그다지 어렵지 않을 것입니다.
다음은 시험에 많이 출제되는 문제 중에서도 특별히 선별한 초특급 울트라 실전문제입니다.
그동안 갈고 닦은 마법의 영문법 봉(지팡이)이 준비되었다면 자신 있게 맘껏 휘둘러 보세요.

Actual **Test**

Chapter 03 명사네 집_ 실전확인문제

Part 1 올바른 문장이 될 수 있도록 빈 칸에 들어갈 적절한 것을 보기 중에서 골라 쓰세요.

보기 : a, an, the, ×(무관사)

01. I usually eat an egg _______ day.

02. How many times do you usually go abroad _______ year?

03. I'll call you back in _______ hour.

04. She rented the apartment by _______ month.

05. Do you enjoy playing _______ violin?

06. South Korea was invaded from North Korea in _______ 1950s.

07. _______ Swedish are proud of their ancestors, the Vikings.

08. If you don't get up early, you will not have time for _______ breakfast.

09. Because I got up late in the morning, I had to go to school by _______ taxi.

10. He went to _______ hospital to see a doctor yesterday.

11. My friend gave me a toothbrush last week. _______ toothbrush was very good.

12. She is _______ vegetarian who doesn't eat meat.

13. I don't usually wear _______ cap, but I wore one yesterday.

14. As a rule, the workers were paid by _______ day.

15. Sweet potatoes are sold by _______ pound in plastic or paper bags.

16. _______ breakfast I had this morning was too light.

17. His farther had run _______ small business for ten years but it broke last month.

18. I want to buy _______ paper to read in an express bus.

19. Tony's mother went to _______ school to meet a teacher yesterday because Tony's grade fell.

20. John is _______ tallest in his class.

Part 2 올바른 문장이 될 수 있도록 괄호 안에서 적절한 것을 고르세요.

01. He made a firm (decide, decision, decisive) to quit smoking.

02. The majority of the passengers (is, are) missing.

03. Economics (is, are) considered one of the most important subjects that business administration majors have to study in university.

04. Eighty minutes (is, are) the time allowed for this exam.

05. January is (the first, the one, first) month of the year.

06. (Water, A water, The water) of this well is not good for people to drink.

07. Most of (the students, students, the student) come to school by bus.

08. An executive director, Mr. Johnson announced his early (retiring, retires, retirement), at the board meeting last Monday.

09. The committee (is, are) divided in their opinions for the analyses of market share.

10. There is little (room, a room, rooms) to express personal feelings because I am busy doing a new project.

Part 3 어법상 빈 칸에 들어갈 수 없는 표현을 보기 중에서 하나 고르세요.

01. Most students _______ playing computer games.
A. enjoy B. want to enjoy C. likes D. don't hate

02. We have many _______ to buy before this evening.
A. apples B. chickens C. furnitures D. spoons

03. I need _______ about the warranties applying to the vehicle.

A. an information
B. some information
C. information
D. a piece of information

04. I don't know _______.

A. what to do today
B. that she needs
C. who will do this project
D. when the next shipment will arrive

Part 4 밑줄 친 부분에 들어갈 가장 알맞은 표현을 보기 중에서 하나 고르세요.

01. Could you give me change for _______?

A. hundred-dollars bill
B. a hundred-dollar bill
C. a hundred-dollars bill
D. a hundred-dollar's bill

02. This brochure does not give consumers the adequate information about new _______ available on the market.

A. produce
B. products
C. production
D. productive

03. I don't know the reason why my wife suddenly bought _______ this afternoon.

A. three dozen of notebooks
B. three dozens of notebooks
C. three dozen of notebook
D. three dozens of notebook

04. _______ bicycles broke down again, but luckily they knew how to repair them.

A. Tom and Sony's
B. Tom's and Sony's
C. Tom's and Sony
D. Tom and Sony

05. Fire-resistant materials are used to retard _______ to the passenger cabin of the newest aircraft in case of accidents.

A. a damage
B. the damages
C. damage
D. damages

06. We have taken a series of tests to measure the _______ of the drug that your company developed.

A. efficacy
B. affect
C. efficient
D. efficiently

07. I will inform you what to do next ______ by tomorrow.

A. by the e-mail B. by e-mail C. by a e-mail D. by an e-mail

08. ______ goods that are bought, sold, or traded.

A. Merchandise are B. A merchandise is

C. Merchandises are D. Merchandise is

09. ______ is better than the song of many birds.

A. A sheet of bread B. A loaf of bread

C. A bread D. Breads

10. ______ was playing a musical instrument at the student center yesterday.

A. Musician and teacher B. Musician and a teacher

C. A musician and teacher D. A musician and a teacher

Chapter 04

Welcome to 대명사 마법의 집

1. 인칭대명사를 부르는 마법 주문
2. 지시대명사를 부르는 마법 주문
3. 부정대명사를 부르는 마법 주문
4. 의문대명사를 부르는 마법 주문

⦿ 실전확인 문제

정말 반갑습니다! 이렇게 뵙게 되어서요. 대명사 마법의 집에 오신 것을 열렬히 환영합니다.
짝, 짝, 짝! 여러분 제가 누구인지 무척 궁금했겠죠?
저는 원래 명사 마법이 맡고 있는 주어, 목적어, 보어 역할을 대신하는 대타 역할을 주로 했습니다만, 남의 일만 대신하다 보니 제 마법은 뒷전이 되었죠. 이렇게 해서는 안 되겠다는 생각이 들어 친구들에게 각자 마법의 역할을 맡겼습니다.
"인칭 · 소유 · 재귀 · 지시 · 부정 · 의문 대명사" 등 6명의 친구들이 흔쾌히 각자의 역할에 맞는 마법을 수행해 주었죠.

먼저 제 소개를 멋지게 하겠습니다.
제 소개가 맘에 들면 여러분은 제가 전수하는 마법을 열심히 배우고 익혀서 나중에 위대한 마법의 영문법사가 되세요.
먼저 대명사 전반에 대해 소개를 하고, 다음에는 각각의 대명사에 대해서는 제 친구들이 각자 자신들의 가장 중요한 시험 관련 핵심포인트 위주로 설명할 겁니다.
아래에 소개한 마법의 그림을 잘 살펴보세요.
명사 마법의 집에서 본 기억이 나죠?
대명사 마법의 이해를 돕기 위해 잠깐 빌려 왔습니다.

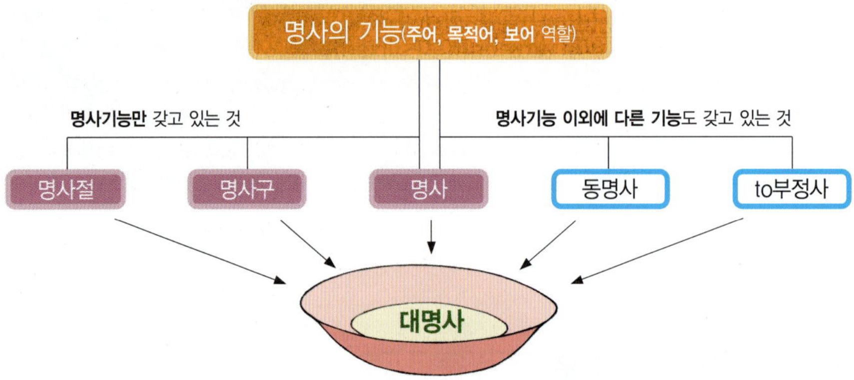

마법의 그림에서 알 수 있듯이 <u>명사 대신에 사용되는 말</u>이 **대명사**(代名詞)이죠. 이 친구는 성격이 좋아서 **명사, 명사구[절], 동명사, to부정사 등이 하는 역할**을 대신해 줄 수가 있습니다. 다시 말해, 문장 내에서 이들이 언급되었을 경우, 대명사(she, he, it, they, them …)가 그 역할을 대신 할 수 있다는 거죠. 여기서 유의할 점은 대명사는 문장에서 **주어**나 **목적어**로 쓰이며, 명사와는 달리 **격**(주격, 소유격, 목적격)이나 **수**(단수/복수)에 따라 형태가 바뀌어 문장에 나타난다는 사실입니다.

대명사 마법에 대한 개념정리는 이 정도로 해 두고요.
첫 번째 친구인 **인칭대명사**의 소개를 들어보겠습니다.

1. 인칭대명사를 부르는 마법 주문

인칭이란 사람이나 명사(이름)대신 쓰는 호칭을 말하는데요. 이처럼 인칭의 구별을 나타내는 I, me, you, your, he, she, it, them 등이 인칭대명사이죠. 인칭대명사는 주격(I), 소유격(my), 목적격(me)처럼 격변화를 하므로 문장 내에서 수, 성, 격을 구별하여 바르게 사용해야만 합니다.
아래에 있는 **대명사의 마법의 격 일람표**는 영어 학습에 있어서 가장 기본적이면서도 중요한 것입니다. 표 자체보다는 각각의 인칭대명사가 문장 내에서 어떤 자리에 사용되고 있는가를 익히는 것이 더 중요하겠죠.

인칭대명사는 인칭, 수, 격에 의한 변화가 있고, 3인칭 단수에는 성의 구별이 있죠.

인칭	수와 성		주격	소유격	목적격	소유대명사	재귀대명사
1인칭	단수형		I	my	me	mine	myself
	복수형		we	our	us	ours	ourselves
2인칭	단수형		you	your	you	yours	yourself
	복수형		you	your	you	yours	yourselves
3인칭	단수형	남성	he	his	him	his	himself
		여성	she	her	her	hers	herself
		중성	it	its	it	–	itself
	복수형		they	their	them	theirs	themselves
문장 내의 위치			**주어 자리**(동사앞)	**명사 앞자리**	**타동사나 전치사의 목적어 자리**	• **소유격+명사 역할** • **주어, 보어, 목적어 자리**에 위치	**타동사나 전치사의 목적어 자리**(재귀용법) **주어/주격보어/목적어 다음 자리**(강조용법)
해석			~은/는, 이/가	~의	~을/를, ~에게	~의 것	~자신, ~자체, ~스스로

이제 "**대명사의 마법의 격 일람표**"에 대해서는 익숙해졌죠?
그럼 이것들이 문장에서 어떻게 쓰이는지를 살펴보겠습니다.

There is a book on the desk. **They are** mine. (×) 책상 위에 책 한 권이 있다. 그것은 내 것이다.

* They are → It is로 고쳐야 하죠. 왜냐하면 a book은 한 권의 책을 의미하므로, 3인칭 단수형 인칭대명사 It을 써야 하기 때문이죠.

I have a pen and a notebook. **It was** bought for me by my father yesterday. (×)

나는 펜 한 자루와 노트 한 권이 있다. 그것들은 어제 아버지가 내게 사 준 것이었다.

* It was → They were로 고쳐야 하죠. 왜냐하면 a pen과 a notebook은 복수이므로 이것을 받는 대명사는 3인칭 복수형 They이기 때문이죠.

I love Mary. That's why **he** is beautiful and honest. (×)

나는 메리를 사랑한다. 그 이유는 그녀가 아름답고 정직하기 때문이다.

* he → she 로 고쳐야 합니다. 왜냐하면 Mary가 여성이므로 이것을 받는 인칭대명사는 he가 아니라 she이기 때문이죠.

인칭대명사의 격은 바르게 사용하는 것이 중요합니다.
다음 마법의 표에서 어떤 자리에 무슨 격이 사용되는지를 확인하세요.

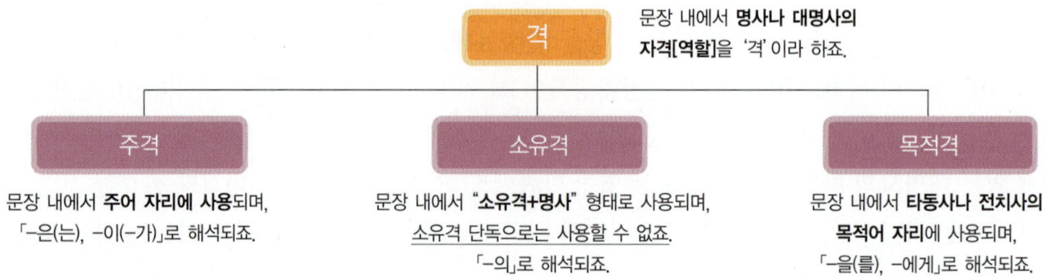

<u>My</u> know the candidate who was elected. (×) 나는 선출된 후보자를 알고 있다.

* know의 주어가 필요하므로 소유격 My를 주격 I로 고쳐야 하겠죠.

He twisted <u>him</u> ankle in the accident. (×) 그는 사고로 그의 발목을 삐었다.

*명사 앞에 사용할 수 있는 격은 소유격이므로 목적격 him을 소유격 his로 고쳐야 하겠죠.

She gave <u>I</u> a good book. (×) 그녀는 나에게 좋은 책 한 권을 주었다.

* 타동사 gave의 간접목적어 자리이므로 주격 I를 목적격 me로 고쳐야 하겠죠.

It is very difficult for <u>she</u> to pass this exam. (×) 그녀가 이 시험을 통과하는 것은 대단히 어렵다.

*전치사 for의 목적어 자리이므로 주격 she를 목적격 her로 고쳐야 하겠죠.

소유격과 소유대명사의 차이점이 뭔지 아시나요?
기억이 잘 나지 않으면 아래의 비교를 통해서 확실히 기억하세요.

소　유　격 : <u>형용사처럼 명사 앞에 사용</u>되며 "~**의**"로 해석되죠.
→ my　our　your　his　her　their
소유대명사 : "**소유격 + 명사**"를 **대신**하여 <u>명사처럼 단독으로 사용</u>하며 "~**의 것**"으로 해석되죠.
→ mine　ours　yours　his　hers　theirs

My books are about sports, but **hers** are about computer.
나의 책들은 스포츠에 관한 것인데, 그녀의 책들은 컴퓨터에 관한 것이다.

*명사 books 앞이므로 소유격 my가 사용되었고, "소유격(her)+명사(books)"를 대신하여 소유대명사 hers가 주어로 쓰인 것이죠.

소유대명사는 **이중소유격**에도 사용됩니다.
한정사 a, an, this, that, any, no, which, some, these, another 등과 <u>소유격은 함께 쓸 수 없으므로</u>, '**a/an** + 명사 + **of** + 소유대명사' 형태의 **이중소유격**으로 써야 하죠.

Show me another book of **her**. (×)

Show me another book of **hers**. (○) 그녀의 또 다른 책을 나에게 보여주시오.

cf. This is **my own** real estate. 이것은 내 자신의 부동산이다.

She always wants a room **of her own**. 그녀는 항상 자신만의 방을 원하고 있다.

* one's own + **명사** : 자기 자신의 ~/ ~of one's own : 자기 소유의, 자신만의 ~

인칭대명사에는 **재귀대명사**가 있는데요.

이것은 myself, yourself, themselves처럼 "-self" 형태의 대명사로, "~ 자신"이란 뜻이며, 1, 2인칭은 소유격에, 3인칭은 목적격에 self[selves -복수]를 붙여 만들며, 다음 두 가지 용법으로 쓰이죠.

첫째, 재귀 용법은 재귀대명사가 타동사나 전치사의 목적어로 쓰여서 주어의 행위의 결과가 다시 주어 자신에게 영향을 미치는 경우입니다.

Heaven helps those who help **themselves**. [재귀대명사가 목적어로 쓰인 경우 - 복수]

신은 스스로 노력하는 사람을 돕는다.

* 재귀대명사 'themselves'와 'those'는 동일한 것을 지칭하는 것이나 문장 내 역할은 다르죠. 즉 위 문장에서 'those'는 help의 주어로 쓰이고 있지만 'themselves'는 help의 목적어로 쓰이고 있죠. 'themselves' 대신 목적격 대명사(them)나 소유대명사(theirs)를 쓰지 않도록 주의해야 합니다.

둘째, 강조 용법은 재귀대명사가 앞의 주어, 목적어, 보어 중 어느 하나와 동격관계에 있으면서 주어, 목적어, 보어를 의미적으로 되풀이하여 강조하는 경우이므로 재귀대명사를 생략해도 문장이 성립됩니다.

Life **itself** is an unsolved mystery. [주어를 강조하는 경우]

인생 자체가 해결되지 않는 미스터리이다.

* 'itself'는 'life'를 단순히 강조하는 역할만 하므로, 생략해도 문장이 성립되죠.

재귀대명사의 관용적 용법은 중요하므로 모두 외우도록 하세요.

- by oneself 홀로, 혼자서(=alone)
- for oneself 혼자 힘으로(=without other's help)
- in itself 본래, 본질적으로(=naturally)
- of itself 저절로, 자연발생적으로(=spontaneously)
- beside oneself 제정신이 아닌(=out of sense)
- in spite of oneself 무의식적으로, 자기도 모르게
- to oneself 혼자서만, 독점하여
- between ourselves 이것은 비밀인데, 우리끼리 얘기지만(=between you and me)

영어에서 자주 사용되는 대명사 it에 대해서 살펴본 후, 지시대명사로 넘어가겠습니다.

첫째, It은 비인칭주어(허수아비 주어)로 쓰이죠.

정체불명의 it을 '비인칭주어'라고 불러주세요!

영어 문장은 대개 동작이나 행위를 한 주체가 명확히 나타나 있는데, 가끔 주체가 누구인지[무엇인지]를 명확하게 나타낼 수 없는 불명확한 상황이 있습니다. 가령 "너무 춥다"라고 말했을 경우, "현재 날씨가 춥다"는 의미인지, 아니면 "자신이 지금 너무 춥다"는 의미인지가 불명확 하죠. 이처럼 **날씨, 명암, 요일, 계절, 온도, 시간, 거리, 막연한 상황 등 주어를 명확히 나타낼 수 없는 경우에 사용**되는 'it'을 **'비인칭주어'**라고 합니다. 이때 it은 허수아비와 같은 무의미한 주어로서 해석하지 않죠.

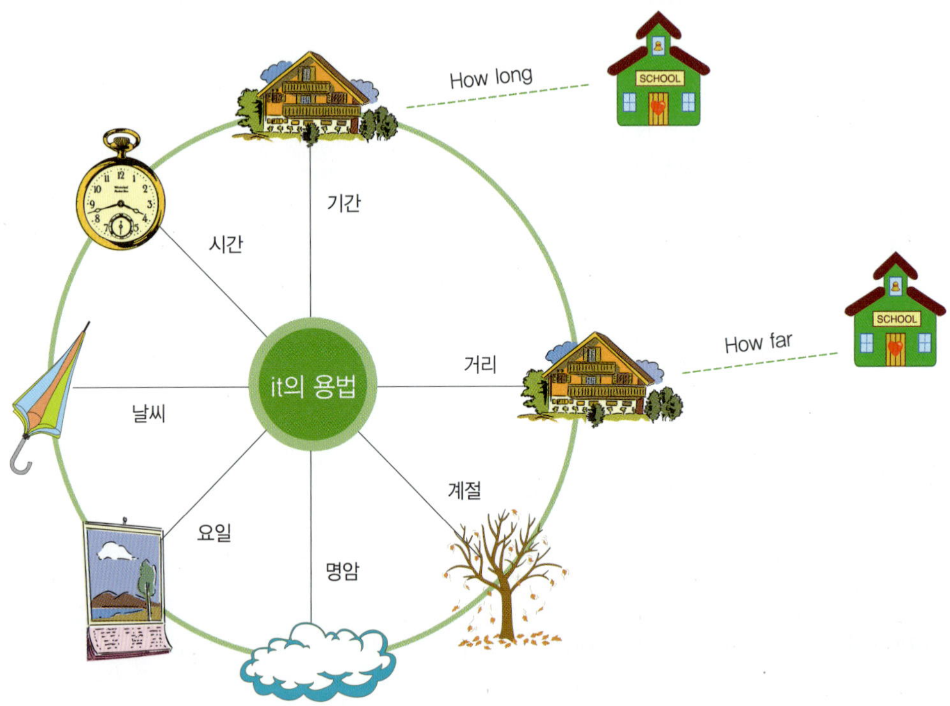

It is warm for this time of the year. [날씨] 한 해의 이맘 때 치고는 따뜻하다.

It is spring now. [계절] 지금은 봄이다.

What time is it now? [시간] 지금 몇 시입니까? - It is six o'clock. 6시입니다.
It is Sunday today. [요일] 오늘은 일요일이다.
It was our wedding anniversary yesterday. [날짜] 어제는 우리의 결혼기념일이었다.
How far is it from here to the station? [거리] 여기에서 역까지 거리가 얼마나 되지요?
How long will it take for you to get here from the airport? [기간]
당신이 공항에서 여기 도착하는 데에 얼마나 걸리나요?
It is too dark in the room. [명암] 방안이 너무 어둡다.
It's a small world. [막연한 상황] 세상 참 좁구나.
How is it in the market these days? [상황] 요즘 경기가 어떻습니까?

둘째, It은 문두에 위치하여 가주어(가짜 주어)로 쓰이죠.

주어가 긴 경우 문장의 균형을 맞추기 위해 **it**이 어떤 의미 없이 문두에 형식적으로(가짜로) 위치하고 있는 경우를 말해요.

- **가주어 :** 주어가 긴 경우 —(문장의 균형을 맞추기 위해 / it 사용)→ 어떤 의미 없이 **문두**에 **형식적**으로(가짜로) 위치
- **진주어 :** to부정사, 동명사, 절 ➡ it대신 넣어 해석

국어	한두 달 내에 테니스를 숙달하는 것은	불가능하다.		
영어	It (가주어)	is	impossible	to master tennis in a month or two. (진주어) [to 부정사구]

It(가주어) is no use crying over spilt milk.(진주어) [동명사구]
우유를 엎질러 놓고 울어봤자 소용 없다.(쏟아진 우유를 다시 담을 수 없다).

It(가주어) is true that he is honest and diligent.(진주어) [명사절]
그가 정직하고 근면하다는 것은 사실이다.

셋째, It은 가목적어(가짜 목적어)로 쓰이죠.

목적어가 긴 경우 문장의 균형을 맞추기 위해 **it**이 어떤 의미 없이 형식적으로 목적어 자리에 위치하고 있는 경우를 말해요.

⊙ **가목적어 :** 목적어가 긴 경우 —(문장의 균형을 맞추기 위해 / it 사용)→ 어떤 의미 없이 **형식적**으로 목적어 자리에 위치

⊙ **진목적어 :** to부정사, 절 ➡ it대신 넣어 해석

국어	나는	매일 아침 일찍 일어나는 것을	규칙으로	하고 있다.		
영어	I	make	it	a rule	to get up early morning.	[to 부정사구]
			가목적어		진목적어	

He makes it clear that he doesn't want to speak to me. [명사절]
가목적어 / 진목적어(that절 이하)

그는 나와 이야기를 하고 싶지 않다는 것을 분명히 하고 있다.

넷째, It은 앞에 언급한 명사, 구, 절, 문장을 받죠.

He took *a book* and threw it. [명사] 그는 책 한 권을 집어서 그것을 던졌다.

The slave attempted *to escape*, but found it impossible. [구]

그 노예는 도망치려고 시도했으나, 그것이 불가능하다는 것을 알았다.

He is honest. I know it quite well. [문장] 그는 정직하다. 나는 그것을 아주 잘 알고 있다.

* It ~ that 강조구문은 특수구문의 강조편을 참조하세요.

소개가 정말 훌륭했죠?

이것으로 인칭대명사를 마무리하면서 두 번째 친구인 **지시대명사**의 소개를 들어보도록 하죠.

2. 지시대명사를 부르는 마법 주문

여기서 "지시"는 '명령' 의 뜻이 아니라 **"가리키다"**는 뜻으로 사람이나 물건을 (정확하게) 가리키는 대명사를 말하죠. 비유를 하자면 this, that이 주전 선수이고요, such, same, so 등은 후보 선수들입니다. 그럼, 지금부터 주전 선수에서 후보 선수에 이르기까지 차례대로 소개하겠습니다.

첫째, This/That의 용법부터 시작합니다.

1. **this**는 가까운 쪽을, **that**은 먼 쪽을 가리키죠.

This is better than that. 이것이 저것보다 더 좋다.

Who's that? 저 분은 누구시지요?

This is my wife. [사람 소개] 이 사람은 제 아내입니다.

Hello! This is Tom. Is that[this] Mary? [전화에서] 여보세요, 나 톰인데. 메리니?

2. **this/that**은 앞뒤 문장이나 앞뒤 어구를 받죠.

He did not answer my letter, and this made me all the more angry.

그는 나의 편지에 답장하지 않았다. 그래서 이것이 나를 더욱 더 화나게 했다.

To be or not to be, that is the question. 죽느냐 사느냐 그것이 문제로다.

3. **that/those**는 앞에 나온 명사의 반복 사용을 피하기 위해서 of와 함께 쓰이죠.

The population of India is much larger than **that** Korea.(×)

The population of India is much larger than **that of** Korea.(○) 인도의 인구는 한국의 인구보다 많다.

The ears of a rabbit are longer than **those of** a fox. 토끼의 귀는 여우의 귀보다 더 길다.

* that of ~ : 앞에 나온 명사가 **단수명사**인 경우, those of ~ : 앞에 나온 명사가 **복수명사**인 경우에 사용하죠.

4. **that/this**가 전자, 후자의 뜻으로 쓰이죠.

전자(앞의 것을 지칭)	후자(뒤의 것을 지칭)
that	this
the former	the latter
the one	the other

Both study and sport are important : **this** for the development of the body and **that** for the improvement of the mind.

공부와 스포츠는 둘 다 중요하다. 후자는 신체의 발달에 중요하고, 전자는 지성을 발전시키는데 중요하다.

We keep a dog and a cat : I like **the one** better than **the other**.

우리는 개와 고양이를 기르고 있다. 나는 후자(고양이)보다는 전자(개)를 더 좋아한다.

둘째, Such의 용법입니다.

1. **as such** 형태로 "**그러한 것[사람]으로서, 그 자체로**"란 뜻으로 쓰이죠.

A commercial is a kind of lie ; so you should take it **as such**.

상업광고는 일종의 거짓말이므로, 당신은 그것을 그런 것으로서 받아들여야 한다.

2. **such ~ as[that]/ such as A, B and C** 형태로 "(가령) **~과 같은**" 뜻으로 쓰이죠.

Such scientists **as** Newton are rare. 뉴턴과 같은 과학자들은 드물다.

Autumn gives us fruits, **such as** pears, apples and persimmons.

=Autumn gives us **such** fruits **as** pears, apples and persimmons.

가을은 우리에게 배, 사과, 감과 같은 과일을 제공해 준다.

3. such가 부정관사와 쓰일 경우, so와 다른 어순을 취하죠.

such + **a[an]** + 형용사 + 명사+that
so + 형용사 + **a[an]** + 명사 + that
] 너무 …하므로 ~하다

She is such a lovely woman that everybody loves her.

=She is so lovely a woman that everybody loves her. → 관사의 위치에 유의 해야죠.

그녀는 너무나 사랑스런 여인이여서 누구나 그녀를 좋아한다.

셋째, So의 용법입니다.

1. **so ~ as to V** 형태로 "**V 할 만큼 ~한**"이란 의미로 쓰이죠.

He was **so** pure **as to** believe it. 그는 그것을 믿을 만큼 순수했다.

2. **as ~, so …** 형태로 "**~에 따라**"란 의미로 쓰이죠.

As it became darker, **so** the wind blew harder.

점점 어두워짐에 따라 바람도 점점 세차게 불었다.

3. **so that(=in order that) ~** 형태로 "**~하기 위해서**[목적]"란 의미로 쓰이죠.

I'm going to make an early start **so that** I won't be late for my first interview for a job.

나는 구직을 위한 첫 면접에 늦지 않도록 일찍 출발할 예정이다.

4. **so ~ that …** 형태로 "**…할 만큼 ~하여**[정도, 결과]"란 의미로 쓰이죠.

so ~ that 사이에는 형용사나 부사가 온다는 것을 꼭 알아 두세요.

She was **so** excited **(that)** she could not speak. 그녀는 말을 할 수 없을 만큼 흥분해 있었다.

5. 부사로 "**이렇게, 그렇게, 이 정도로**"란 의미로 쓰이죠.

Excuse me for having been silent **so** long. 이렇게 오랫동안 소식을 전하지 못해서 죄송합니다.

6. 긍정적 동의 - 나 또한 그렇다 "**So + V(be동사/조동사/do동사) + S**" 구문에 쓰이죠.

A : She is rich. 그녀는 부자다.

B : **So** is she.(=She is rich, too.) 그녀 또한 부자다. [she는 A의 She와 다른 사람]

So she is.(=Yes, she is rich.) 그래 정말 그녀는 부자다. [she는 A의 She와 같은 사람]

cf. A : He didn't meet them. 그는 그들을 만나지 않았다.

B : **Neither** did I. 나 또한 만나지 않았다. [부정적 동의에는 neither를 사용하죠.]

7. think, hope, guess, suppose, believe, say, expect, imagine등의 동사와 함께 목적어로 쓰인 **that**절을 대신하죠.

A : Is he coming? 그가 올까요?

B : I think **so**.(=that he is coming.) 나는 그렇게 생각한다.(나는 그가 올 것이라고 생각한다.)

A : Will it rain this weekend? 이번 주말에 비가 올까요?

B : I hope **so**.(=I hope it will rain this weekend.)

나는 그렇게 되길 바란다.[나는 이번 주말에 비가 오기를 바란다.]

I hope **not**.(=that it will not rain this weekend.) [부정문]

나는 그렇게 되길 바라지 않는다.(나는 이번 주말에 비가 오지 않기를 바란다.)

넷째, Same 용법입니다.

The same은 두 개의 명사나 하나의 복수 명사 다음에 쓰이죠. the same은 as 또는 that과 짝을 이루어, 즉 **the same ~ as**는 '**동일종류**' 인 경우에 쓰이고, **the same ~ that**은 '**동일물**' 을 가리키는 경우에 쓰이죠.

My shoes and your shoes are **the same**. 내 신발과 당신 신발은 같다.

This is **the same** toy **as** I bought my son last weekend.

이것은 지난 주말에 내가 아들에게 사 준 장난감과 같은 종류이다.

This is **the same** toy **that** I bought my son last weekend.

이것은 지난 주말에 내가 아들에게 사 준 장난감과 똑 같은 것이다.

same을 마지막으로 지시대명사에 대한 소개를 마칩니다.
지시대명사에 대한 아쉬움은 세 번째 친구인 **부정대명사**에게서 마음껏 채워 보세요.

3. 부정대명사를 부르는 마법 주문

대명사 마법의 세 번째 친구인 **부정대명사**입니다. 저는 긍정의 반대 부정이 아닙니다. 부정사와 마찬가지로 한계가 정해지지 않은 막연한 사람이나 사물을 나타내는 대명사를 말하죠. 예를 들면 it(그것), this(이것), she(그녀) 등은 가리키는 것이 명확히 딱 정해졌지만, some(약간), every(모든), another(하나 더) 등은 가리키는 것이 명확히 정해지지 않았죠. 바로 이런 것들을 말하죠.

그럼 부정대명사 마법에는 어떤 것들이 있는지 하나씩 만나보기로 하죠.

첫째, One의 용법부터 살펴봅니다.

1. we, you처럼 one은 막연히 일반인을 지칭할 수 있죠.
   이 경우 「우리는, 사람은」의 뜻으로 쓰이고, 소유격은 one's/his, 재귀대명사는 oneself/himself로 받죠. 소유격 their로 받지 않도록 주의하세요.
   One should keep **one's[his]** word. 사람은 자신이 한 약속을 지켜야 한다.

2. **앞에 나온 단수보통명사 대신**에 쓰이죠.
   a/an + 단수보통명사 → **one** [같은 종류이나 다른 물건을 지칭할 때]
   the, this, that + 단수보통명사 → **it** [똑같은 그 물건을 지칭할 때]

   If you need a book, I will lend you **one.** 책이 필요하다면, 내가 너에게 한 권을 빌려줄 것이다.
   I bought a book this morning, but I lost **it.** [바로 그 책]
   나는 오늘 아침 책 한 권을 구입했는데, 그것을 잃어버렸다.

3. one은 **셀 수 있는 명사 대신**에 쓰이는 데요.
   개성이 강해 아무하고나 짝짓기를 하지 않으므로 다음과 같은 경우에는 쓰이지 못하죠.

   (1) **셀 수 없는 명사인 물질명사, 추상명사 대신**에 쓰이지 않으며,
   (2) **명사나 대명사의 소유격이나 소유격 + own 다음**에도 쓰이지 않고,
   (3) **기수사, 최상급 뒤에는 one**을 쓰지 않죠.

   I like red wine better than white **one.** (×) → one 삭제
   나는 백포도주보다 적포도주를 더 좋아한다.
   Your sister's school is larger than my sister's **one.** (×) → one 삭제
   네 여동생의 학교는 내 여동생의 학교보다 크다.
   He has three balls, but I have only two **one.** (×) → one 삭제
   그는 세 개의 공을 가지고 있는데, 나는 단 두 개뿐이다.

둘째, Other의 용법입니다.

1. **형용사**로 **"다른, 그 밖의"**란 뜻으로 쓰이죠.

Show me **other** fountain pens. [other + 복수명사] 나에게 다른 만년필들을 보여주시오.

2. **대명사**로 **"같은 종류의 다른 것; 다른 것들, 다른 사람들"**이란 의미로 쓰이죠.

Some of the students are hardworking, **the others** lazy. 학생 중 몇 명은 부지런하고, 나머지는 게으르다.

* the others : 정해진 사람이나 물건들 중 이미 언급한 것들을 제외한 그 나머지를 지칭하죠.

Some (people) like summer, **others** like winter.

어떤 사람들은 여름을 좋아하고, 다른 사람들은 겨울을 좋아한다.

* others : 정해지지 않은 사람이나 물건들 중 막연하게 또 다른 사람이나 물건을 지칭하죠.

3. other가 사용된 다음의 **관용적 표현**은 중요하므로 반드시 외우도록 하세요.

in other words 바꿔 말하면
the other day 일전에
the other way 거꾸로
one after the other 차례로, 번갈아
on the other hand 한편으로는, 이와는 달리
sometime or other 조만간
some day or other 언젠가
every other day[year/line/door] 하루[한 해, 한 줄, 한 집] 걸러

셋째, Another의 용법입니다.

other와 비교해서 학습하는 것이 중요하죠.

1. **'하나 더'** 란 의미로 쓰이죠.

Will you have **another** cup of coffee? [another+단수명사] 커피 한 잔 더 드시겠어요?

2. **'다른 것' '역시 같은 사람'** 이란 뜻으로 쓰이죠.

I don't like this : show me **another**. 나는 이것이 마음에 들지 않아요, 또 다른 것을 보여주세요.

"Coward!" - "You're **another**!" "이 겁쟁이야" – "(뭐) 너야말로 겁쟁이다"

3. **one, other, another, the other, the others, others**의 차이점은 무엇인가?

무조건 암기하는 것보다는 개념을 생각하면서 원리를 이해하는 것이 중요하죠. 그래야 기억에도 오래 남으니까요. 이것들의 차이점은 **정관사와 부정관사의 차이점**을 이해하고 있는 분이면 쉽게 이해될 텐데요. **one**은 '몇 개가 있든지 그 중 하나'인 경우에 쓰면 되고, **other**는 '다른 것들'이란 뜻에 쓰입니다. 더 나아가 '다른 하나'인 경우에는 'an+other'가 합쳐진 **'another'**를 쓰면 되겠죠.
다시 말해, '불특정한 다른 하나를 말하는 경우'에는 **'another'**, 말하는 사람끼리 모두 알고 있는 어느 하나를 말하는 경우에는 **'the other'**, 하나가 아닌 '특정한 다른 것들'을 말하는 경우에는 **'the others'**, '막연히 다른 것들'을 가리키는 경우에는 **'others'**를 쓰면 되죠.

여기에 더해 other/the other 그리고 others/the others[the rest]의 차이점도 알아 두면 더욱 좋겠죠.

구 분	명사와 결합여부	용	법
other, the other	가능	other+**복수명사**	the other+단수/복수명사
others, the others	불가능	others 일정하지 않은 '다른 것들'을 가리키는 경우	the others 특정한 여럿 가운데 '나머지 전체'를 가리키는 경우

Some schools are universities, **other** schools (are) colleges, and **the other** schools (are) junior colleges.
= **Some** schools are universities, **others** (are) colleges, and **the others** (are) junior colleges.
몇몇 학교들은 종합대학교이고, 다른 학교들은 대학이며, 나머지 학교들은 전문대학이다.

You should think of **others.**(=other people) 당신은 다른 사람들을 생각해야 한다.
I met him just **the other** day. 나는 바로 일전에 그를 만났다.

다음의 것들은 **서로 짝지어 쓰는 관용구문**입니다.
마법의 그림을 통하여 보다 쉽게 이해할 수 있도록 했죠.

1. **one ~ the other ⋯** : **두 개 중**에서 **"그 중 하나는 ~이고, 다른 하나는 ⋯이다"**라고 지칭할 경우에 사용하죠.
   I have <u>two</u> apples : **one** is green and **the other** is red.
   나는 두 개의 사과를 가지고 있는데, 하나는 녹색이고, 다른 것은 빨간색이다.

2. **the one ~ the other ⋯** : **두 개 중** 그 순서를 가려 **"전자, 후자"**의 뜻으로 쓸 경우에 사용하죠.
   I have <u>a bird</u> and <u>a rabbit</u> : I like **the one** better than **the other**.
   나는 새 한 마리와 토끼 한 마리를 가지고 있는데,
   나는 후자(토끼)보다는 전자(새)를 더 좋아한다.

3. **one ~ another ⋯** : 특별히 **정해지지 않은 3개 이상 중**에서 <u>하나</u>를 **one**, <u>또 다른 하나</u>를 **another**라고 하죠.
   There are <u>many</u> balls. **One** is red and **another** is blue.
   많은 공들이 있다. 하나는 빨간색이고, 다른 하나는 청색이다.

4. **one ~ another ~ the others** … : 여러 개 중에서 그 하나를 **one**, 둘째 것을 **another**, 그리고 남은 것을 묶어서 **the others**라고 하죠.
There are many balls. **one** is red, **another** is blue and **the others** are black and scarlet.
많은 공들이 있다. 하나는 빨간색이고, 다른 하나는 청색이고, 나머지 것들은 검은색과 주홍색이다.

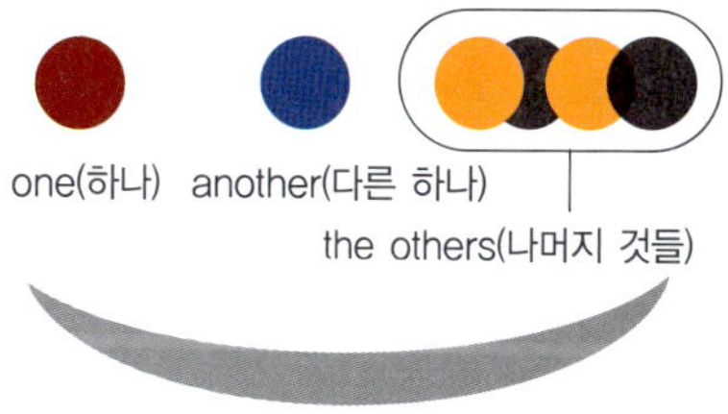

cf. 셋 이상의 것을 순서 없이 열거할 때는 "**one, another[a second], the other**"를 사용하죠.
One movie starts at two, **another** movie starts at five, and **the other** movie starts at eight.
한 영화는 2시에 시작하고, 또 다른 영화는 5시에 시작하고, 나머지 다른 영화는 8시에 시작한다.

5. **some ~ others** … : 다수의 정해지지 않은 것을 구분하여, "**약간은[일부는] ~이고, 다른 것들은 …이다**"라고 말하는 경우에 사용되죠.
There are many birds : **some** are gray and **others** (are) red. 많은 새들이 있다. 일부는 회색이고, 다른 것들은 빨간색이다.

some(일부는)

others(다른 것들은)
정해지지 않은 막연한 수

6. **some ~ the others[the rest]** … : 다수의 정해진 것을 두 그룹으로 구분하여 "약간은[일부는] ~이고, 나머지 것들은 …이다"라고 언급하는 경우에 사용되죠.
There are seven birds : **some** are gray and **the others** (are) red. 7마리의 새들이 있다. 일부는 회색이고, 나머지 것들은 빨간색이다.

some(일부는)

the others(나머지 것들은)
정해진 수

이렇게 딱 부러지게 정리한 영문법 책을 보셨나요?
정말 애 많이 썼죠?
마법 수련에 많은 발전이 있길 바랄게요.

넷째, Some/Any의 용법입니다.

some과 any는 막연한 수량이나 전체 중 일부를 나타낼 때 사용합니다. 셀 수 있는 명사, 셀 수 없는 명사 모두를 수식할 수 있죠.
He has **some** one hundred books. [형용사] 그는 대략 100권의 책을 가지고 있다.
Some were captured, **others** were killed. [대명사] 어떤 사람들은 체포되었고, 다른 사람들은 살해되었다.

여기서 중요한 점은 some과 any는 **문장의 종류**에 따라 알맞게 선택해서 사용해야 한다는 것인데요. some은 **긍정문**에 쓰고, any는 **의문문, 부정문, 조건문**에 쓰는 것이 원칙이죠.

The operation requires **some** skill. [긍정문] 그 수술은 다소의 기술을 요구한다.

Do you have **any** money? [의문문] 돈 좀 있으세요?

We didn't accept **any** suggestion. [부정문] 우리는 어떤 제안도 받아들이지 않았다.

I have a lot of pencils : if you want **any**, I will give you them. [조건문]

나는 많은 연필을 갖고 있는데, 만일 당신이 원하는 것들이 있다면, 나는 그것들을 당신에게 주겠다.

그러나 위에 언급된 원칙과 관계없이, **"권유나 의뢰"** 또는 **"다른 사람으로 하여금 yes라는 대답을 기대 할 경우"** 에는 의문문이나 조건문에도 **some**이 쓰이죠.

Would you have **some** juice? [권유] 주스 좀 드시겠습니까?

Have you got **some** money you could lend me? [의뢰] 나에게 빌려줄 약간의 돈 좀 갖고 있으세요?

If you have **some** complaints, please tell me them without hesitation.

[불만이 있을 것이라고 믿고 있는 경우]

다소의 불만이라도 있으시면, 주저하지 말고 저에게 그것들을 말씀해 주세요.

다섯째, No/None의 용법입니다.

no는 (부정)형용사로 "**no + 명사**"(=not any 명사) 형태로 쓰이고,

none은 대명사로 "**no + 단수명사**" **대신** 쓰입니다.

참고로 not은 **부사**라는 것도 알아 두시죠! none + 명사 (×)

No news is good news. 무소식이 희소식이다.

There are **no** clouds in the sky. 하늘에는 구름 한 점 없다.

Half <u>a loaf</u> is better than **none.** 빵 반 조각만이라도 없는 것보다는 낫다.

None of them <u>know[knows]</u> anything about this project yet.

그들 중 아무도 아직 이 계획에 관해 어떤 것도 모르고 있다.

여섯째, Each/Every/All의 용법입니다.

1. each는 **단수명사를 수식**하며, **단독으로 주어가 될 수 있죠.**

   Each day seemed bright and **each** morning was filled with the expectancy of things to come.

   나날이 찬란해 보였고, 아침마다 앞으로의 일에 대한 기대로 가득 차 있었다.

   Each <u>was</u> dressed neatly. [대명사] 제각각 말쑥한 복장을 하고 있었다.

   * 'each(형용사) + 단수명사' 또는 each가 대명사로 쓰이는 경우 **단수동사**를 써야 하죠.

2. every는 **단수명사**를 수식하므로 **단수동사**로 받으며, **단독으로 주어가 될 수 없죠.**

Every students *likes* this book. (×)

Every student *likes* this book. (○) 모든 학생이 이 책을 좋아한다.

He comes here **every five days.** 그는 여기에 5일마다 온다.

= **every fifth day** [every + 서수 + 단수명사]

* every 다음에 기수가 오면 예외적으로 복수명사를 쓸 수 있고, '~마다'로 해석하죠.

다음 예문은 참고로 하세요.

all children : 모든 아이들 → 아이들 전체를 지칭

each child : 각각의 아이 → 아이 하나하나를 개별적으로 지칭

every child : 모든 아이 → 아이 하나하나를 염두에 두고 전체를 지칭

3. all은 수 일치에 유의해서 사용해야 합니다. 즉 all이 **셀 수 없는 명사**를 수식하는 경우 **단수취급**하여 단수동사로 받고, all이 **셀 수 있는 명사의 복수형**과 함께 쓰일 경우 **복수취급**하여 복수동사로 받아야 하죠.

All **life** is a series of difficulties. [all이 셀 수 없는 명사와 쓰임] 모든 인생은 어려움의 연속이다.

All **men** are equal. [all이 셀 수 있는 명사와 쓰임] 모든 사람은 평등하다.

All were present. [all이 단독으로 대명사로 쓰임 → 복수취급] 모든 사람이 참석했다.

All of **the money** was stolen. [all of + 셀 수 없는 명사 → 단수취급] 돈 전부를 도난당했다.

All of **them** are participating in the party tomorrow. [all of + 셀 수 있는 명사 → 복수취급]
그들 모두가 내일 파티에 참석할 예정이다.

일곱째, 부정대명사의 마지막인 Either/Neither/Both의 용법입니다.

1. **either**는 **"둘 중에서 어느 하나/한쪽"**을 나타내며, **단수취급**이 원칙이죠.

Either of the boys is not right. [대명사] 두 소년 중 어느 한 쪽은 옳지 않다.

Sit on **either** side. [형용사] 어느 쪽에든 앉으시오.

2. **neither**는 **"둘 중에서 어느 쪽도 ~ 아닌" 양쪽 부정**을 나타내며 **단수취급**이 원칙이죠.

Neither of those cars is[are] exactly what I want. 저 자동차들 중 어느 것도 정확히 내가 원하는 것이 아니다.

He can't swim. **Neither** can I. 그는 수영을 못한다. 나도 그렇다.

* 부정적인 동의에 쓰고 **도치 어순**을 써야 하죠. 긍정적인 동의에는 **so**를 쓴다고 이미 배웠죠.

3. both는 **"양쪽, 양쪽 모두"**를 지칭하는 경우에 쓰며, **복수취급**을 하죠.

We need financial support and relief supplies ; **both** of them are not supplied. [대명사]
우리는 재정적인 지원과 구호물품이 필요하다. 하지만 그것들 둘 다 공급되지 않고 있다.

Both sisters are dead. 자매가 둘 다 죽었다. [형용사]

다음 예문을 통해 **both, either, neither**의 **차이점**을 확인하면서 마법의 부정대명사를 마무리 하겠습니다.

I know **both** of the brothers. 나는 형제들 둘 다를 알고 있다.

Do you know **either** of the two students? 당신은 두 학생들 중 어느 한 학생을 알고 있습니까?

I know **neither** brother. 나는 어느 형제도 알지 못한다.(=I do**n't** know **either** brother.)

* both가 **'둘 다'**를 뜻한다면, either는 **'둘 중에 어느 하나'**를, neither는 **'둘 중에 어느 하나도 아닌 것'**을 뜻하죠.

세 번째 친구의 소개도 참 멋지지 않았나요?
얼굴만 꽃미남인 줄 알았더니 언제 이런 실력을 갖췄는지 모르겠군요.
여러분들도 반드시 영어의 짱이 될 날이 올 겁니다. 아자! 아자! 파이팅!
대명사 마법의 집 친구들은 성격도 좋고, 잘 생겨서 좋고, 다 좋은데, 웬 말이 그렇게 많은지 말만 좀 줄이면 어딜 가나 인기 만점일 겁니다.
저도 지겨워 죽는 줄 알았다니까요?
시작이 있으면 끝이 있다는 말이 있듯이 참고 하다 보니 어느 덧 대명사의 마지막 친구인 마법의 의문대명사까지 오게 됐군요.

우리 마지막이니까 다시 한 번 정신을 집중하죠!
네 번째 친구인 **의문대명사**의 마법에 대해 소개하겠습니다.

4. 의문대명사를 부르는 마법 주문

여기까지 오시느라 수고가 많았습니다.
저도 제 친구들이 너무 오래 끌어 기다리다 죽는 줄 알았다니까요.
그러므로 제 마법은 간단명료하게 끝내는 게 좋겠죠!
먼저 의문대명사를 살펴본 후, 이어서 의문형용사와 의문부사도 알아보기로 하죠.

첫째, 의문대명사입니다.

의문대명사는 의문문에서 빠져있는 **주어, 보어, 목적어 중 어느 하나의 역할**을 맡고 있죠.

1. **who**는 **"이름, 신원, 혈족 관계"**를 물을 때 사용하죠.
   Who is he? [의문사가 보어] 그는 누구입니까?
   - He is my brother, a doctor. 그는 내 동생인데 의사입니다.
   Who told you so? [의문사가 주어] 누가 당신에게 그렇게 말했습니까?
   * 의문사가 주어로 쓰인 경우는 어순이 도치되지 않죠.

2. **what**은 **"뭐, 무엇, 사람의 직업, 신분, 국적"**을 물을 때 사용하죠.
   What is he? 그는 직업이 무엇입니까?
   - He is a novelist. 그는 소설가입니다.
   What's your nationality? 당신의 국적은 어디십니까?

3. **which**는 **"물건, 사람 중에서 선택 – 어느 쪽, 어느 것"**에 사용하죠.
   Which do you like better, tea or coffee? 당신은 차와 커피 중 어느 것이 더 좋으세요?
   * which : 선택의 범위가 제한된 경우, what : 선택의 범위가 넓고 명확하지 않은 경우에 사용하죠.

둘째, 의문사가 명사 앞에 사용되어 명사를 꾸며주는 의문형용사입니다.

'의문형용사**[what, which]**+명사' 형태가 **주어, 보어, 목적어** 역할을 하기 때문에
그 뒤에는 주어, 보어, 목적어가 빠져있는 불완전한 구문이 오죠.

1. **what**은 **"무슨, 어떤, 얼마만큼의"**란 뜻으로 쓰이죠.
   What color is your car? [보어] 당신의 자동차는 어떤 색입니까?

2. **which**는 **"어느, 어떤, 어느 쪽의"**란 뜻으로 쓰이죠.
   Which car do you want? [목적어] 당신은 어느 차를 원하세요?

셋째, 의문부사입니다.

when(때 - 언제), where(장소 - 어디), how(방법 - 어떻게), why(이유 - 왜) 등이 부사로 쓰이는 경우인데요. 의문부사 뒤에는 완전한 구문이 오죠.

When are you going to leave? 언제 떠날 예정인가요?
Where do you live? 어디에 살고 계십니까?
How did you know his name and address? 당신은 그의 이름과 주소를 어떻게 아셨습니까?
Why were you absent from school yesterday? 어제 왜 학교에 결석했니?

이번에는 의문대명사에서 가장 자주 출제되는 **간접의문문**의 마법에 대해서 알아보겠습니다.

"간접의문문"이란 의문사가 이끄는 직접의문문이 다른 문장의 일부가 되어 간접적으로 물어보는 형식을 취하는 의문문입니다. 즉, **의문사가 포함된 의문문 형태**가 의문문 내에서 **목적어 자리**에 위치하여 **궁금한 사항을 간접적으로 물어보는 의문문** 형태를 말하는데요. 중요한 것은 **"의문사+주어+동사"**의 어순을 취한다는 것이죠.

What is her name? 그녀의 이름이 무엇입니까? [직접의문문 - **의문사 + V + S**]
Do you know what her name is? 당신은 그녀의 이름이 무엇인지 알고 있나요? [간접의문문 - **의문사 + S + V**]

다음은 의문사의 뜻이 우리말과 일치하지 않는 경우인데요. What**대신 How를 쓰지 않도록 주의해야 할 표현**들입니다.

(국어) 내일 날씨가 어떻게 될 것 같습니까?
(영어) What will the weather be like tomorrow? [How (×)]
cf. What's the weather like today? [How (×)]
= How's the weather today? (○) → today인 경우는 How도 함께 사용하죠.
오늘 날씨는 어떻습니까?

(국어) 그녀는 외모가 어떻게 생겼어요?
(영어) What does she look like? [How (×)]

(국어) 그 위원회의 수는 얼마나 됩니까?
(영어) What is the number of the committee? [How (×)]

아직, **관계대명사**에 대한 소개가 남았는데요.
이것은 연결사 마법의 집에서 상세히 소개하기로 하고,
이것으로 대명사 마법의 집에 대한 소개를 모두 마치겠습니다.

친구들이 많아서 그런지 시간이 많이 걸렸군요.
이제, '마법의 영문법 정복' 이 얼마 남지 않았습니다.
힘들어도 조금 더 참고 열심히 하면, 영어 잘 할 수 있습니다.

Go! GO! 마법의 영문법 세계로!
다음은 영어 학습의 핵심이 되는 **연결사**(관계사, 접속사, 전치사) **마법의 집**으로 갈 차례인데요.
정말 멋지게 소개할 준비가 되어 있으니 충분한 휴식 후, 다시 만나기로 하죠.

지금까지 학습한 마법의 영문법을 잘 익히셨다면 실전문제도 그다지 어렵지 않을 것입니다.
다음은 시험에 많이 출제되는 문제 중에서도 특별히 선별한 초특급 울트라 실전문제입니다.
그동안 갈고 닦은 마법의 영문법 봉(지팡이)이 준비되었다면 자신 있게 맘껏 휘둘러 보세요.

Actual **Test**

Chapter 04 대명사네 집_ 실전확인문제

Part 1 올바른 문장이 될 수 있도록 괄호 안에서 적절한 것을 고르세요.

01. I have (some, any) things to do before I leave my office today.

02. Because there were (no, none) restaurants to eat near here, we'd better have some bread and milk at this convenience store.

03. I think that my qualifications are better than (that, those) of any other candidate.

04. Many women in Korea actually have two full-time jobs-one outside the home and (the other, another) inside the home.

05. Luck comes to (that, those) who do their best in everything.

06. (Most of, Most, Almost) the books he has are the English novels of the 20th century.

07. He was (so, such) feverish that he nearly died.

08. (All, Every) students in the classroom laughed at their teacher's joke.

09. There are seven employees in my division : some come from German and (the others, others) come from French.

10. (What, How) did you know his name and address?

11. I make (it, that, one) a rule to get up early every morning.

12. I don't know what (he is, is he) like.

13. My car and your car are (the same, the same as, the same that).

14. I don't care (what, how, why) class you are in?

15. I bought a wallet yesterday, but I lost (it, one) in the morning.

16. I will take (either, both) one of your suggestions just as far as I can succeed in my business.

17. He is not so much a scholar (as, such) a statesman.

18. It is very hot today. So I want (anything, something) cold to drink.

Part 2 괄호 안에 주어진 대명사를 사용하여 올바른 문장으로 만드세요.

01. He gave a gold ring to ______ yesterday.(I)

02. That boy twisted ______ ankle in the accident.(he)

03. The best way for children to learn science is to perform experiments ______. (they)

04. Do you prefer to buy books or borrow ______ from the library? (they)

05. To be a success at anything you do, you have to trust ______ , above all.(you)

Part 3 밑줄 친 부분에 들어갈 가장 알맞은 표현을 보기 중에서 하나를 고르세요.

01. Can I have ______ information about your country's religious rites?
A. a number of B. any C. some D. an

02. I am too tired to do ______.
A. anything B. something C. some D. None

03. All the apples and pears have been sold. So ______ of them are left.
A. no B. none C. not D. a little

04. ______ people I have met in Indonesia for ten days have been very friendly to me.
A. Some of B. Some C. A little D. Many of

05. ______ is the price?
A. How B. When C. What D. Where

06. ______ all the teachers have had three to four semesters of experience in teaching students English conversation before working for our college.
A. Most B. Most of C. Almost D. Much of

07. I prefer to play _______ rather than with friends.

A. for myself B. by myself C. for me D. myself

08. Our Homeplus offers three free car washing coupons to _______ purchasing more than $100.

A. some B. them C. anyone D. whomever

09. It is unnecessary for passengers to buy a new ticket when transferring from one subway to _______ in Korea.

A. one B. another C. other D. the other

10. I keep a dog and a cat: I like the one better than _______.

A. other B. the other C. others D. the others

11. If customer's data should be lost due to virus-infected web sites after using this program, we are willing to compensate the customer for _______ loss.

A. its B. it C. they D. their

Chapter 05

Welcome to 연결사 마법의 집

1. 관계사(Relatives)를 부르는 마법 주문

   관계대명사/ 복합관계대명사/ 유사관계대명사/ 관계부사

2. 접속사(Conjunctions)를 부르는 마법 주문
3. 전치사(Prepositions)를 부르는 마법 주문

⊙ 실전확인 문제

안녕하세요!

연결사(관계사, 접속사, 전치사) **마법의 집**을 방문해 주신 여러분들을 진심으로 환영합니다. 짝, 짝, 짝!
저희에게는 연결시켜 주는 재주가 있죠.
그런데, 연결사 마법 및 그 친구들은 각각 재주가 달라서 관계사는 **절**을, 접속사는 **단어/구/절**을, 전치사는 **단어/구**를 연결시킬 수 있죠.
과연 영어에서 저희들이 없다면 어떻게 될까요?
문장이 아주 짧은 단문뿐이거나 전체 문장 또한 매끄럽지 못하겠죠?
여러분들은 아무튼 저의 마법과 친하게 지낼 수밖에 없겠죠?
왜냐 하면, 제가 펼치는 마법을 모르고서는 절대로 영어를 잘 할 수가 없기 때문이죠.
저를 비롯한 마법의 친구들도 최선을 다해서 알기 쉽게 안내할 테니 여러분들도 용기를 가지고 잘 따라와 주세요.

그럼, 먼저 연결사 마법이 뭔지, 어떻게 단어, 구, 절을 연결시켜 주는지를 알아보도록 하겠습니다.
우선 우리가 가지고 있는 각각의 재주가 뭔지를 서로 비교해서 만든 연결사 마법 다이어그램을 익히도록 하겠습니다.
처음부터 모두 이해하고 암기하려고 하지 말고 그냥 전체적인 개요만 파악하세요.

- **연결사**: 단어, ,구 절을 **연결**하는 기능
  - **관계사**
    - 종류 (선행사의 유무에 따른 구분)
      - 有
        - 관계대명사 : who, which, that, **what**(선행사 포함)
        - 관계형용사 : what, which
        - 관계부사 : where, when, why, **how**(선행사 생략)
      - 無
        - 복합관계대명사 : whoever, whichever, whatever
        - 복합관계형용사 : whatever, whichever
        - 복합관계부사 : wherever, whenever, however
    - 기능
      - ● 접속사 역할 (절을 연결함) +
        - 대명사 역할 : (복합)관계대명사
        - 형용사 역할 : (복합)관계형용사
        - 부사 역할 : (복합)관계부사
  - **접속사**
    - 종류
      - 등위접속사 : and, or, but, yet, so
      - 등위상관접속사 : both ~ and, either ~ or
      - 종속접속사 : since, that, because, as
    - 기능
      - ● 문장 내에서 같은 역할과 형태를 갖는 **단어, 구, 절**을 연결함.
        * 단지 연결시켜 주는 역할만 함.
  - **전치사**
    - 종류
      - 단일전치사 : in, on, at, for, over, about
      - 이중전치사 : from behind, as above
      - 구전치사 : by means of, in place of
      - 분사형전치사 : concerning, including
    - 기능
      - ● 문장 내에서 **단어나 구**를 연결하나 절은 연결할 수 없음.
        * 전치사+전치사의 목적어→전치사구 : **형용사나 부사** 역할.
      - 전치사 + 전치사의 목적어 (· 명사(구) · 동명사+(명사(구)) · 대명사(목적격))
        - 전치사구 ↓
          - 형용사 역할: 명사를 수식
          - 부사 역할: 동사, 형용사, 부사를 수식

이제 연결사의 마법이 "무엇인지?", "어떻게 사용되는지?" 에 대해서 어느 정도 이해되셨죠?
마법의 도표가 조금 복잡하고 이해가 힘들다고요?
그렇다고 해서 크게 걱정하진 마세요. 연결사 마법에 대해 아직 학습하지 않아서 그런 것이므로 쭉쭉 읽어 가면 금방 이해하게 될 겁니다.

연결사 마법 부분을 학습한 후 꼭 다시 한 번 읽어보세요.
그러면 이 연결사 마법의 다이어그램이 얼마나 체계적으로 정리가 잘 되어 있고, 중요한 내용인지 감탄하게 될 테니까요!
연결사 마법 중에서 먼저 대명사와의 관련성을 고려하여 관계사에 대한 마법부터 알아보도록 하겠습니다.

1. 관계사(Relatives)를 부르는 마법 주문

01 관계사에 대한 개념 설명입니다.

'관계사' 란 절 속에 있는 **명사(구)나 대명사**를 대신하여 명사, 형용사, 부사 중에서 어떤 역할을 하면서 동시에 절을 연결시켜 주는 역할을 맡고 있는 것을 말합니다. 관계사절에는 관계사 앞에 있는 **명사/대명사**(선행사)를 수식하여 형용사와 같은 수식 기능을 하는 관계대명사절과 관계부사절, '관계사+명사' 형태로 관계사가 이끄는 절이 뒤에 있는 명사를 수식하는 관계형용사절이 있죠.

이들 관계사는 1인 2역, 즉 **관계대명사**는 접속사 역할과 대명사 역할을, **관계부사**는 접속사 역할과 부사 역할을, **관계형용사**는 접속사 역할과 형용사 역할을 동시에 한답니다.

자, 다음 두 문장을 보세요.

I know **the poet**.
나는 그 시인을 알고 있다.

He plays the piano well.
그는 피아노를 잘 친다.

이 두 문장을 관계대명사로 연결하여 한 문장으로 만드는 마법의 과정을 국어와 비교해서 설명해 보겠습니다.

먼저 국어의 연결과정에 주목해 주세요.

나는 그 시인을 알고 있다. + 그는 피아노를 잘 친다.

그 시인을?
('알고 있다'의 목적어)

그는?
('피아노를 잘 친다'의 주어)

연결어미 '는'을 사용하여
한 문장으로 바꾸어 보면,

나는 피아노를 잘 치는 그 시인을 알고 있다.

수식어로
만드는 역할

수식어(피아노를 잘 치는)가
피수식어(그 시인)를 수식

연결시키는 역할

연결어미 '는'이 두 문장을 한
문장으로 연결시켜 주는 역할

마법의 감이 살짝 오지 않나요?
이번에는 이러한 과정을 영어로 전개시켜 보겠습니다.

I know the poet. + He plays the piano well.

the poet?
('know'의 목적어)

He?
('plays'의 주어)

두 문장을 한 문장으로 연결시키려면 접속사 역할과 동시에 'plays'의 주어 He를 대신할 수 있는 대명사 역할이 필요하죠. 이 역할을 하는 것이 바로 관계대명사인데, 선행사(the poet)가 사람이고 'plays'의 주어 역할을 할 수 있는 형태가 와야 하므로 관계대명사 주격 'who'가 와야겠죠!

plays의 주어 he(=the poet)의 의미가
who에 포함되어 있음.

I know the poet who ___ plays the piano well.

who가 이끄는 관계사절이 선행사
'the poet'을 뒤에서 수식

문장 내 역할

He(=the poet)를 대신하여 'plays'의
주어로서 **대명사** 역할

두 문장을 한 문장으로 연결시켜
주는 **접속사** 역할

이해를 돕기 위해 다시 한 번 정리해 드리죠.(그만큼 중요하다는 얘기겠죠!)
영어에서 두 개의 문장을 하나로 연결할 수 있는 방법은 두 가지입니다.

첫 번째는 **접속사를 이용하는 방법**입니다.
이 두 문장을 접속사 **and**를 이용하여 연결할 수 있어요,
I know the poet and he plays the piano well.
이 문장에서 **the poet**와 **he**가 중복되므로 접속사로 문장을 연결하는 것은 비효율적입니다.

두 번째는 **관계대명사를 이용**하는 방법입니다.
관계대명사는 접속사 역할과 대명사 역할을 동시에 할 수 있으므로 '**and he**'를 한 단어로 바꿀 수가 있습니다. '**He**' 가 가리키는 선행사 '**the poet(시인)**'이 사람이고, **plays**의 주어역할을 할 수 있는 주격 관계대명사 **who**를 써서 이 두 문장을 한 문장으로 만들면,
'**I know the poet who plays the piano well.**'

이 문장에 사용된 관계대명사 **who(that)**는 대명사 '**He**' 를 대신해서 'plays' 의 주어로 쓰였으므로 **대명사 역할**을 하고 있고, 'plays the piano well' 이 'the poet' 을 수식하여 한 문장이 될 수 있도록 연결하는 **접속사 역할**을 동시에 하고 있습니다.

관계사 마법이 뭔지에 대해서는 어느 정도 이해하셨죠?
이제 관계사가 "무엇인지?", "어떻게 사용되는지?" 에 대해서는 충분히 이해하셨을 겁니다.
아리송한 분들은 마법의 과정을 한 번만 더 읽어 주세요.
그렇게 하면 보다 마법이 분명해질 테니까요.
이제 관계사 마법에 대한 기본개념은 어느 정도 이해되었으므로 지금부터는 관계사 마법의 친구들에 대해서 소개를 받도록 하죠.

02 관계사 마법의 종류에 대해 알아보겠습니다.

먼저, 관계사 마법의 첫 번째 친구인 **관계대명사**의 소개를 받아보겠습니다.
잘난 척 하는 것은 아니지만 모든 마법 중에서 관계대명사 마법이 제일 중요하다고 말씀드릴 수 있습니다.
동사 마법도 중요하지만 제가 펼치는 마법 역시 동사 마법에 뒤질 게 없다고 생각하거든요.
앞으로 영어를 잘하고 싶으시면 저와 반드시 친하게 지내는 것이 여러모로 좋을 겁니다.
본격적으로 학습하기에 앞서 **"시험 관련 관계대명사의 핵심 포인트"**를 소개해 드리죠.

관계대명사

시험 출제 핵심 포인트

관계대명사의 의미	접속사 역할(절을 연결해 줌) +대명사 역할을 동시에 수행. 관계대명사가 **선행사**를 대신해서 **주어, 목적어** 역할.
관계대명사의 격	문장 내에서 관계대명사가 맡고 있는 역할, 즉 주어 역할(**주격**), 목적어 역할(**목적격**), 명사의 소유 역할(**소유격**)에 맞는 관계대명사를 사용.
관계대명사와 선행사의 일치	선행사가 사람이면 관계대명사 **who**나 that이, 사물이면 **which**나 **that**이, 그리고 선행사가 없는 경우이면 **what**이 적절하게 사용되었는지를 확인.
선행사와 관계사절 속의 동사일치 문제	관계대명사의 선행사와 관계사절 속의 **동사일치(단수/복수, 태, 인칭)** 여부를 확인.
관계대명사의 용법	**한정적 용법** : 관계대명사가 이끄는 관계사절이 앞에 있는 **선행사를 바로 수식**(한정)하는 경우이며 **콤마(,)가 없음**. **계속적 용법** : 선행사를 수식하는 것이 아니라 **상황을 설명하거나 또는 보충적인 뜻**을 나타내는 경우로 **콤마(,)가 있음**.
관계대명사의 생략	**생략할 수 있는 경우** : 관계대명사가 **타동사**나 **전치사의 목적격**으로 쓰였을 경우. **생략할 수 없는 경우** : 관계대명사가 계속적 용법으로 사용되었거나, **주격**으로 쓰인 경우, **전치사+관계대명사** 형태의 어순으로 쓰인 경우.
관계대명사와 관계부사의 차이점	**관계대명사** : '관계대명사+(주어)+동사+(목적어) ~' 형태로 관계대명사가 이끄는 절은 주어나 목적어가 빠져 있는 **불완전한 문장**. **관계부사** : '관계부사+주어+동사 ~' 형태로 관계부사가 이끄는 절은 주어, 동사, 목적어 등의 빠진 요소가 없는 **완전한 문장**.
관계대명사와 복합관계대명사의 차이점	**관계대명사** : '선행사+관계대명사' 형태(what은 선행사를 포함한 관계대명사) **복합관계대명사** : '관계대명사+ever' 형태로 선행사와 관계대명사 역할을 동시에 하므로 **선행사**를 함께 쓸 수 없음.

어떤 것이 시험에 자주 출제되는지 아시겠죠?
이미 앞에서 선보인 바는 있지만 관계대명사 마법의 이해를 돕기 위해 다음 관계대명사가 두 문장을 연결하는 신비한 마법의 과정을 다시 보여드립니다.

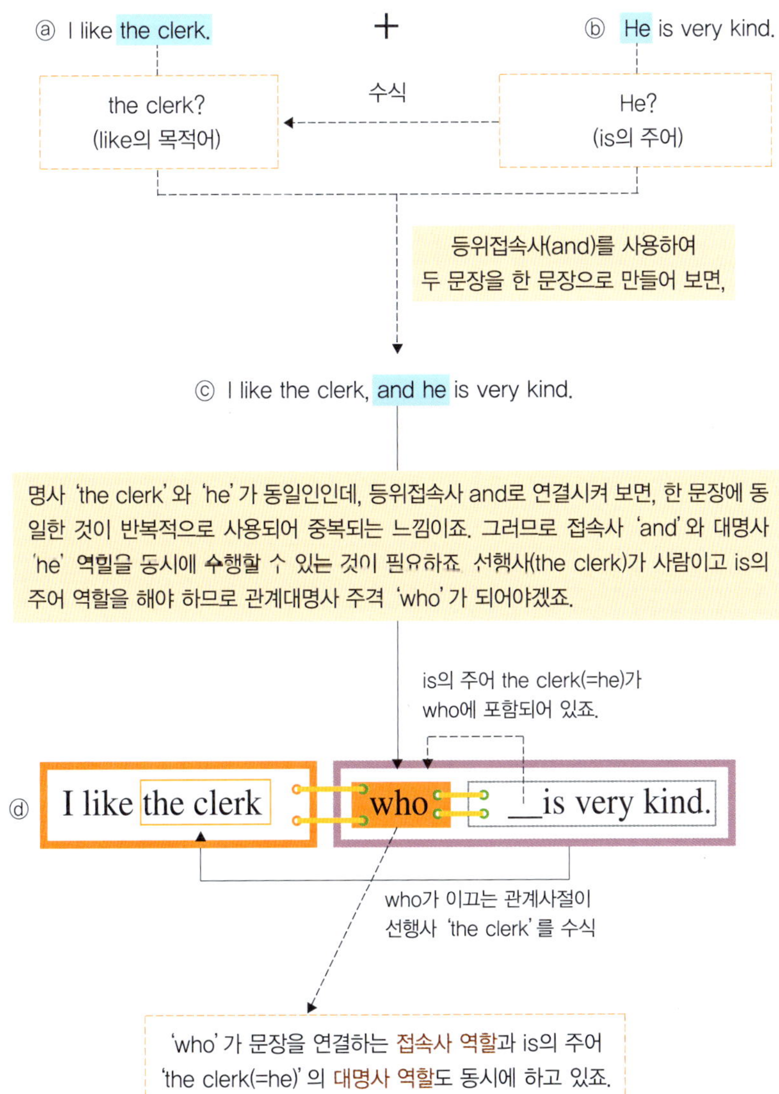

나는 매우 친절한 그 점원을 좋아한다.

이번에는 제가 여러분에게 몇 가지 질문을 던져 볼 텐데요?
아는 대로 답해 보세요.
하 하 하, 질문이라는 말만해도 미리 겁부터 먹는군요.
그럼 이 몸이 또 수고를 할 수 밖에요.

(1) 관계대명사의 선행사와 격이란 무엇인가요?

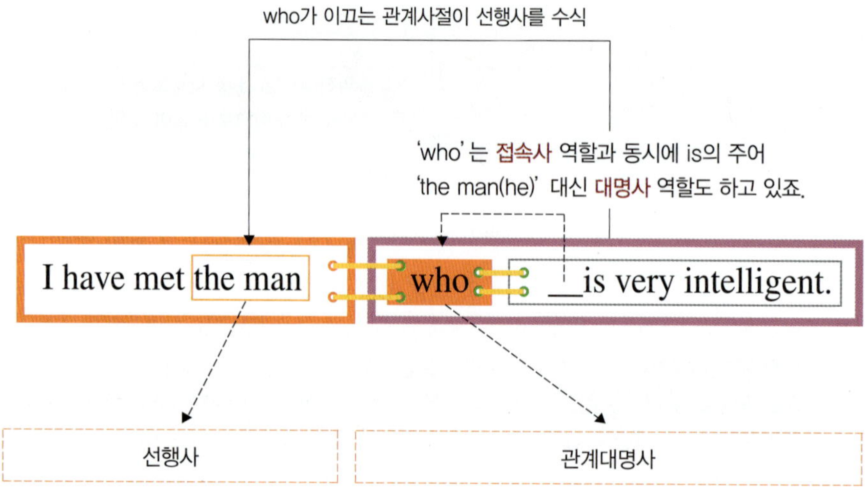

관계사절이 수식하는 명사(구), 대명사, 다시 말해 관계대명사 앞에 있는 명사(구), 대명사를 **선행사**라고 하죠. 'the man'을 'who'의 '선행사'라고 부릅니다.

관계대명사의 격은 선행사가 포함된 주절 속에서 갖는 격과는 관계가 없고, 단지 **관계대명사가 이끄는 절 속에서 관계사(선행사)가 맡고 있는 역할을 말하죠.** 다시 말해 **관계대명사절 속에서 필요한 요소에 따라 주격, 소유격, 목적격**이 결정되죠. 선행사 the man은 주절에서는 met의 목적어로 사용되고 있지만 격에는 영향을 주지 않고, 관계대명사절에서 is의 주어가 필요하므로 관계대명사 주격 who가 사용된 것이죠.

나는 매우 지적인 그 남자를 만난 적이 있다.

(2) 선행사와 관계대명사의 일치는 어떻게 시킬까요?

1) 선행사의 유형(사람, 사물, 동물)에 따라 관계대명사의 종류를 일치시켜야 하죠.

아래 마법의 표는 관계대명사 학습에 항상 필요하므로 꼭!꼭! 외워 두세요.

구 분	선행사	주 격	소유격	목적격
who	사람	who	whose	whom
which	동물, 사물	which	of which (whose)	which
that	사람, 동물, 사물	that	×	that
what	사물(선행사 포함)	what	×	what

선행사('the book')와 관계대명사를 일치시켜야 함. → 관계대명사는 **선행사가 사람이냐 사물이냐**에 따라서 영향을 받지만, 단수냐 복수냐에 따라서는 영향을 받지 않죠.

관계대명사 'which/that'이 bought의 목적어 'the book(=it)' 대신 대명사 역할을 맡고 있죠.

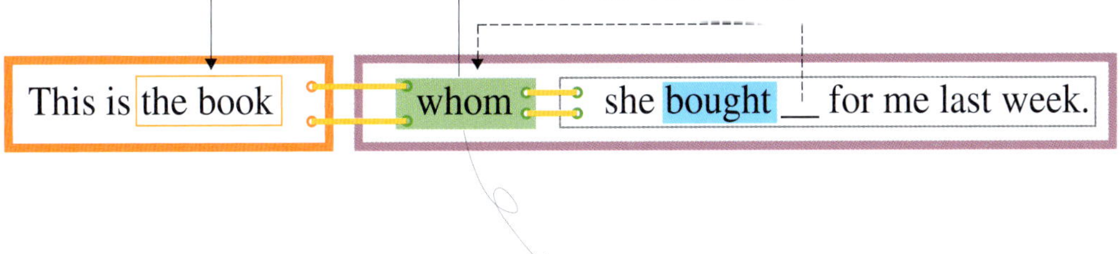

which/that

절을 연결시킬 수 있는 접속사 역할과 동시에 bought의 목적어 'the book' 대신 대명사 역할도 할 수 있는 관계대명사 whom이 쓰인 문장입니다. 그런데 whom은 선행사가 사람이고 목적격인 경우에만 쓸 수 있으므로 분명 잘못된 거죠. 이 문장에서 선행사 the book은 사물이므로 whom을 **'which나 that'**으로 바꾸어야 하겠죠.

이것은 그녀가 지난 주에 나에게 사 준 책이다.

2) 선행사가 단수냐 복수냐에 따라 관계사절 속의 동사는 수일치를 시켜야 하죠.

이것은 관계대명사가 **주격**일 경우에만 해당하는 내용입니다.

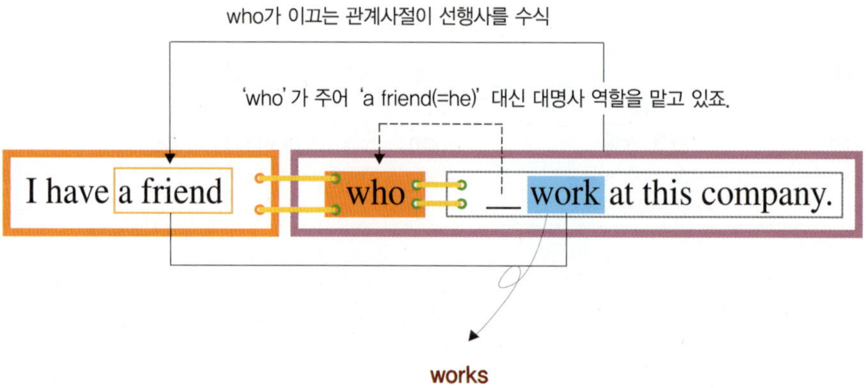

관계대명사의 선행사 'a friend'가 사람이면서 3인칭 단수 현재이므로 '**work → works**'로 바꿔야겠죠.

나는 이 회사에서 일하고 있는 한 친구가 있다.

3) 선행사가 행위의 주체이냐, 행위의 대상이냐에 따라 관계사절 내 동사는 태일치를 시켜야 되죠.

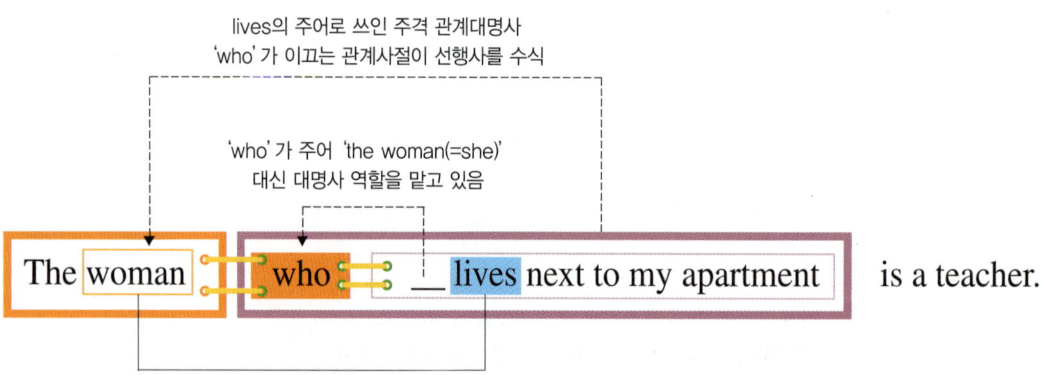

선행사('the woman')와 관계사절 속의 동사는 태를 일치시켜야 하죠. → 문맥상 선행사(the woman)가 lives의 주체이므로 능동태 문장을 써야지 수동태(is lived)로 쓰면 안 되죠.

나의 아파트 옆에 살고 있는 그 여자는 선생님이다.

(3) 관계대명사의 용법에는 어떤 것이 있을까요?

제한적[한정적] 용법과 **계속적 용법**이 있죠.

1) 제한적 용법입니다.

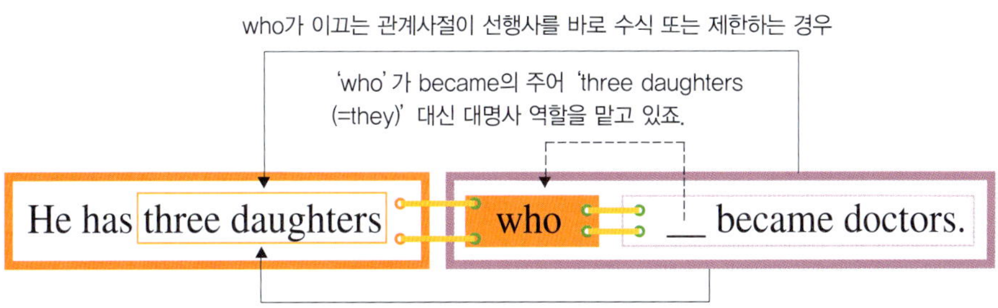

제한적 용법은 관계대명사 앞에 콤마(,)가 없고,
해석은 주로 관계사가 이끄는 절을 먼저 한 후 선행사를 하며,
관계대명사가 타동사나 전치사의 목적격으로 쓰인 경우에는 생략이 가능하죠.

그는 의사가 된 3명의 딸이 있다.

* 이 말은 '의사가 아닌 딸들이 또 있을지도 모른다'는 의미를 내포하고 있죠.

2) 계속적 용법입니다.

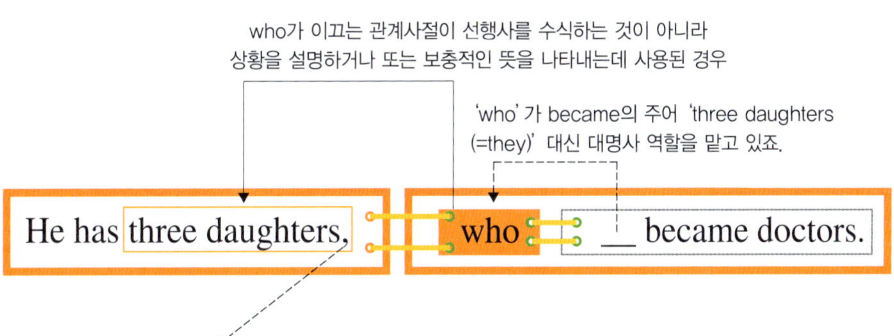

계속적 용법으로 쓰인 관계대명사는 **'접속사(and, but, for)+대명사'**의 역할을 하므로, 이 문장에서 **'who'**는 **'and +they'** 역할을 하죠. 계속적 용법은 관계대명사 앞에 콤마(,)가 있고, 앞에서부터 해석하며, 관계대명사의 생략이 불가능하죠.

그는 3명의 딸이 있는데, 그들은 의사가 되었다.

* '딸 셋이 모두 의사가 되었다'는 의미를 내포하고 있죠.

(4) 관계대명사는 항상 생략 할 수 있나요?

항상은 아니죠?
다음을 잘 보세요.

1) 관계대명사가 타동사나 전치사의 목적격으로 쓰인 경우에는 생략이 가능하죠.

This boy is the student (whom) I taught last year. [타동사의 목적어]
이 소년은 내가 지난 해에 가르쳤던 학생이다.

He has no man (whom) he can rely on in his company. [전치사의 목적어]
그는 회사 내에 그가 믿을 만한 사람이 없다.

This is the house in which we live. [관계대명사 생략 불가] 이것이 우리가 사는 집이다.
This is the house we live in. [관계대명사 생략 가능]
* 관계대명사를 생략할 경우 관계대명사 앞에 있는 전치사는 문장 끝에 위치시켜야죠.

2) 관계대명사가 주격으로 쓰인 경우나 계속적 용법으로 쓰인 경우에는 생략할 수 없습니다.

This girl is the student who wants to meet you. [주격]
이 소녀가 당신을 만나고 싶어 하는 그 학생이다. [관계대명사 생략불가]

I bowed to the gentleman, whom I knew well. [계속적 용법]
나는 그 신사에게 인사를 했는데, 그를 나는 잘 알고 있었다. [관계대명사 생략불가]

관계대명사 학습에 필요한 선행학습은 이것으로 충분하시죠!
그럼, 지금부터는 각각의 관계대명사 용법을 구체적으로 살펴보도록 하죠.

03 각각의 관계대명사 용법입니다.

(1) 관계대명사 who입니다.

1) 주격 who입니다.

선행사가 **사람**이고 관계대명사가 관계사절 속에서 주어로 쓰이는 경우에 사용되며,
"선행사+관계대명사 ___동사 ~" 형태가 되죠. → **주어**가 없군요.

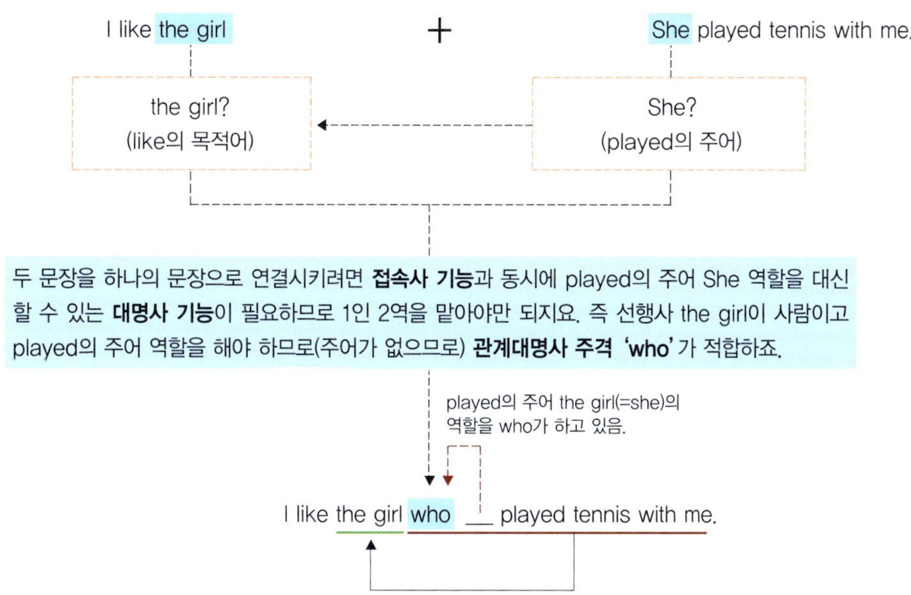

who가 이끄는 **관계사절이 선행사 'the girl'을 수식**하며, 'who'가 문장을 연결하는 **접속사 역할**과 주어 'the girl(=she)'을 받는 **대명사 역할**도 동시에 하고 있죠.

나는 나와 테니스를 친 그 소녀를 좋아한다.

2) 목적격 whom입니다.

선행사가 **사람**이고, 관계대명사가 동사나 전치사의 목적어로 쓰이는 경우에 사용되며, **"선행사+관계대명사+주어+타동사___ ~"** 형태가 되죠. → **목적어**가 없군요.

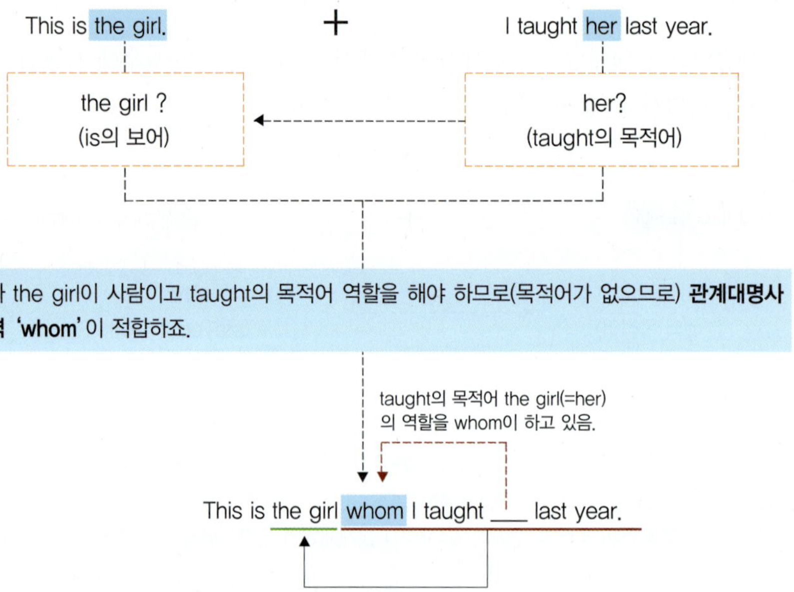

whom이 이끄는 **관계사절이 선행사 'the girl'을 수식**하며, 'whom'이 문장을 연결하는 **접속사 역할**과 타동사 'taught'의 목적어 her를 받는 **대명사 역할**도 동시에 하고 있죠.

이 아이가 내가 지난 해에 가르쳤던 그 소녀이다.

This is **the client.** + I told you about **him.**

이 분이 그 고객입니다. 제가 당신께 그 분에 관하여 말씀드렸습니다.

→ This is the client about **whom** I told you. [전치사의 목적어 – 관계대명사 생략불가]

= This is the client **(whom)** I told you about. [관계대명사 생략가능]

이 분이 제가 당신께 말씀드렸던 그 고객입니다.

3) 소유격 whose입니다.

선행사가 **사람**이고, 관계대명사가 명사 앞에 위치하여 **명사를 수식**하는 경우에 사용하며, **"선행사 +관계대명사+명사+동사 ~"** 형태가 되죠. → 관계대명사 뒤에 **명사**가 있군요.

I am looking for the girl. + Her hair is long.

the girl?
(for의 목적어)

Her?
(hair의 소유격)

선행사 the girl이 사람이고 명사 hair 앞에서 소유격 her를 받는 역할을 해야 하므로 (뒤에 명사가 왔으므로) **관계대명사 소유격 'whose'**가 적합하죠.

hair를 꾸며주는 소유격 역할

I am looking for the girl whose hair is long.

whose가 이끄는 **관계사절이 선행사 'the girl'을 수식**하며, 'whose'가 문장을 연결시켜 주는 **접속사 역할**과 'the girl'의 **소유격 역할**도 동시에 하고 있죠.

나는 머리가 긴 소녀를 찾고 있다.

(2) 관계대명사 which입니다.

선행사가 **동물, 사물**일 경우 **주격, 목적격**으로 쓰입니다.

1) 주격일 경우는 "선행사+관계대명사___+동사 ~" 형태가 되죠. → 주어가 없군요.

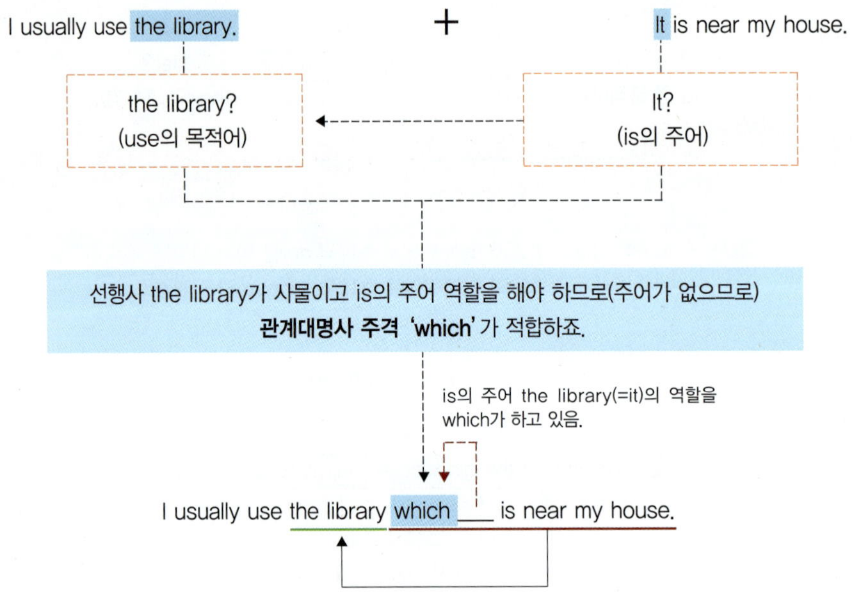

which가 이끄는 **관계사절이 선행사 'the library'를 수식**하며, 'which'가 문장을 연결하는 **접속사 역할**과 주어 it을 받는 **대명사 역할**도 동시에 하고 있죠.

나는 대개 집에서 가까운 도서관을 이용하고 있다.

2) 목적격일 경우는 "선행사+관계대명사+주어+타동사 ___~" 형태가 되죠. → 목적어가 없군요.

I like the handbag. + You bought it for me.

the handbag?
(like의 목적어)

it?
(bought의 목적어)

선행사 the handbag이 사물이고 bought의 목적어 역할을 해야 하므로(목적어가 없으므로)
관계대명사 목적격 'which'가 적합하죠.

bought의 목적어 the handbag(=it)의
역할을 which가 하고 있음.

I like the handbag which you bought ___ for me.

which가 이끄는 **관계사절이 선행사 'the handbag'을 수식**하며, 'which'가 문장을 연결하는 **접속사 역할**과 목적이 'it(=the handbag)'을 받는 **대명사 역할**을 동시에 하고 있죠.

당신이 나에게 사 준 핸드백이 마음에 든다.

3) 소유격일 경우는 "선행사+관계대명사+명사+동사 ~" 형태가 되죠. → 관계대명사 뒤에 명사가 있군요.

I am reading an article + The title of it is a pension system.

an article?
(reading의 목적어)

it?
(of의 직접목적어)

선행사 an article이 사물이고 'it'을 대신할 수 있는 것은 관계대명사인데, 'of'라는 전치사가 있으므로 'that'은 쓸 수 없죠.(that 앞에는 전치사가 올 수 없잖아요.) 따라서 which를 써야 합니다. **'of which'**는 **소유격 형태**이므로 which의 또 다른 소유격 **'whose'**로 바꿔 쓸 수가 있죠.

I am reading an article the title of which is a pension system.

"the +명사 + of which +동사 ~" 형태에서,
of which를 소유격 관계대명사 **whose**로 바꾸어 보면,

title을 꾸며주는 소유격 역할

I am reading an article whose title is a pension system.

"선행사 + whose +명사+동사 ~" → 관계대명사 뒤에 명사가 있군요.
즉 선행사가 사물이고 소유격 whose가 이끄는 **관계사절이 선행사 'an article'을 수식**하며, 'whose'가 문장을 연결하는 **접속사 역할**과 주어 'the title of it(=an article)'의 **소유격 역할**도 동시에 하고 있죠.

나는 제목이 연금제도라는 기사를 읽고 있는 중이다.

참고로 which가 계속적 용법으로 쓰일 경우, **형용사, 구, 절 그리고 문장 전체를 선행사**로 받을 수 있다는 것도 기억하세요.

He wanted to come, **which** was impossible. [앞 문장 전체가 선행사]
그는 오고 싶어 했지만, 그것은 불가능했다.

(3) 관계대명사 that입니다.

관계대명사 that은 능력도 있고 성격도 좋아 1) 선행사가 사람인 경우 **who** 대신, 사물인 경우 **which** 대신, 2) 선행사가 **'사람 + 사물(동물)'** 이거나, **의문사(who, which)**인 경우, 3) **선행사 앞에 최상급의 형용사, 서수사, the only, the very, all, some, any, no, every, little, few, much, the same 등이 올 경우**에는 that을 주로 쓰죠. 그러나 that은 까탈스러운 성격도 있어 1) **소유격이 없고**, 2) **that 앞에는 전치사를 쓸 수 없으며**, 3) **계속적 용법으로는 쓸 수가 없죠.**

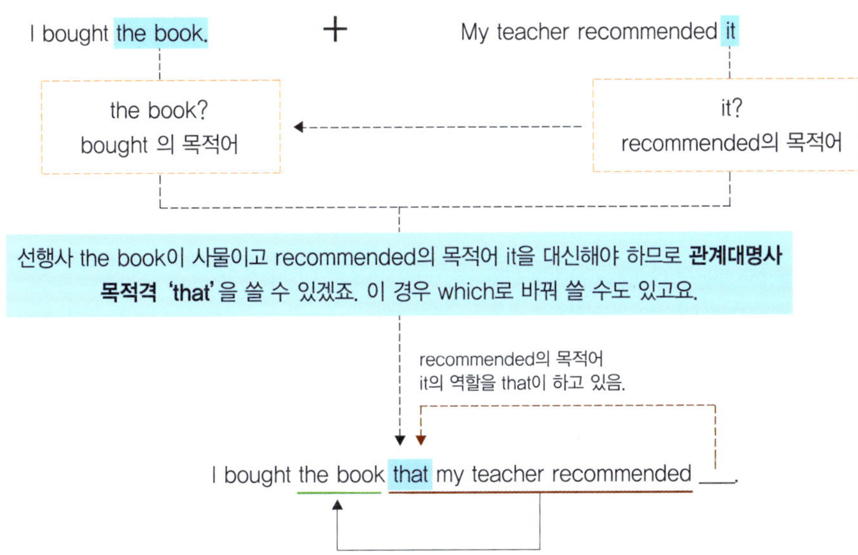

that이 이끄는 관계사절이 선행사 'the book'을 수식하며, 'that'은 문장을 연결시키는 **접속사 역할**과 recommended의 목적어 'it'의 **대명사 역할**도 동시에 하고 있죠.

나는 나의 선생님이 추천해 주신 그 책을 샀다.

This is the only book **that** he wrote in his youth. 이것이 그가 젊은 시절에 쓴 유일한 책이다.

She is the greatest poet **that** Japan has ever produced. 그녀는 일본이 지금까지 배출한 가장 훌륭한 시인이다.

다음 두 문장을 관계대명사를 이용하여 한 문장으로 만들어 보죠.

This is the house. + She lives in it.

This is the house **in which** she lives.(○) 이것이 그녀가 사는 집이다.

This is the house **which** she lives **in**.(○)

This is the house **that** she lives **in**.(○)

This is the house she lives **in**.(○) [관계대명사의 생략이 가능]

cf. This is the house **in that** she lives.(×)

(4) 관계대명사 what입니다.

관계대명사 what은 이미 자신의 몸속에 선행사를 간직하고 있는 상태이므로 '선행사+what' 형태로 쓸 수가 없죠. what 자체가 **"선행사+관계대명사"**로서 that[those] which ~, all that ~, anything that ~, the thing(s) which ~와 같은 의미입니다. what은 **"~인 것, ~하는 것"**으로 해석되고, 다른 관계대명사들은 형용사절을 이끄는 반면에, **명사절**을 이끌죠.

This is the thing. + My father bought it for me on Monday.

the thing?
(is 보어)

it?
(bought의 목적어)

선행사가 사물 the thing이고 bought의 목적어 it을 대신해야 하므로 관계대명사 which나 that을 쓸 수 있겠죠. 여기서 선행사를 없애고**(선행사를 포함한) 관계대명사 what**으로 두 문장을 연결할 수 있겠죠.
→ This is the thing **which[that]** my father bought for me on Monday.
→ This is **what** my father bought for me on Monday.

bought의 목적어 it의 역할을 what이 하고 있음.

This is what my father bought ___ for me on Monday.

선행사를 포함한 관계대명사 what은 문장을 연결하는 **접속사 역할**과 bought의 목적어 it 대신 **대명사 역할**도 동시에 하고 있죠. what이 이끄는 관계사절은 is의 보어로 쓰였으므로 **명사절**인거죠.

이것은 나의 아버지께서 월요일에 나를 위해 사 주신 것이다.

what이 need의 목적어 역할을 하고 있음

What I need ___ is a nice car.

내가 필요로 하는 것은 멋진 자동차이다.

is의 주어 역할 → **명사절**로 쓰였죠.

이 문장의 전체 주어는 'what I need'이며, 동사는 'is'입니다.
what은 'I need ___' 문장과 '___ is a nice car.'라는 문장을 연결해 주는 **접속사 역할**과 동시에 'need'의 목적어 역할을 대신할 수 있는 **대명사 역할**을 하고 있죠. 관계대명사 'what'은 앞에 선행사 없이 사용한다는 것을 꼭 알고 있어야겠죠.

이것으로 관계대명사의 소개가 모두 끝났습니다.
새로운 마법의 방식으로 최선을 다해서 이해하기 쉽게 소개했는데 쏙쏙 들어왔죠?
확실히 이해하지 못한 분들은 한 번만 더 읽으면,
관계대명사 마법에 대해 훤해질 겁니다.

그럼 이제부터 관계대명사의 첫 번째 친구인 **복합관계대명사**의 소개를 받아보죠.

저는 관계대명사의 첫 번째 친구인 **복합관계대명사**입니다.

여러분! "복합"이란 말뜻은 모두 아시겠죠? "합쳐졌다"라는 의미잖아요.
저도 마찬가지로 '관계대명사에 뭔가가 합쳐졌다'는 뜻이랍니다.
관계대명사에 **"ever"**가 붙어있는 형태로 **whoever, whomever, whichever, whatever** 등이 있죠.
저는 몸속에 선행사를 간직하고 있지요. 즉, 자체에 선행사의 역할까지 포함되어 있으므로 선행사와 함께 쓸 수 없습니다.
문장 내에서 주어나 목적어로 쓰이기 때문에 뒤에는 주어나 목적어가 빠져있는 불완전한 문장이 온다는 것도 중요한 사실이죠.

Send it to whoever wants to have the book. [주격 : ~하는 사람은 누구든지]
(=anyone who) 그 책을 갖고 싶어 하는 사람 누구에게나 그것을 보내 주어라.

I will buy you whatever you want. [목적격 : ~하는 것은 무엇이든지]
(=anything that) 나는 당신이 원하는 것은 무엇이든지 당신에게 사 줄 것이다.

Let me send it to anyone whoever needs it.(×)
Let me send it to whoever needs it.(○)
Let me send it to anyone who needs it.(○) 그것을 필요로 하는 누구에게나 그것을 보내 주겠다.
* 복합관계대명사(whoever)에는 이미 선행사(anyone)가 포함되어 있기 때문에 '선행사 + 복합관계대명사' 형태로 **쓸 수가 없죠**.

Send it to whoever you like.(×)
Send it to whomever you like.(○) 당신이 좋아하는 사람 누구에게나 그것을 보내 주어라.
* 타동사 like의 목적어가 필요하므로 복합관계대명사 목적격 whomever가 옳겠죠.

Send it to whomever likes you. (×)
Send it to whoever likes you. (○) 당신을 좋아하는 사람 누구에게나 그것을 보내 주어라.
* 복합관계대명사가 이끄는 절의 동사 like의 주어가 필요하므로 복합관계대명사 주격 whoever가 옳겠죠.

→ 복합관계대명사는 문장 내에서 맡고 있는 역할에 따라(필요한 요소에 따라) **격**(주격/목적격)이 **결정**되죠.

저는 관계대명사의 두 번째 친구인 **유사관계대명사**입니다.

"유사"하다는 뜻에서도 알 수 있듯이 관계대명사와 "닮은, 비슷한" 관계대명사이죠.
'유사관계대명사' 라고 해서 다른 특별한 용법으로 쓰이는 것은 아닙니다. 단지 특별한 **선행사하고만 짝을 이루어 문장에 쓰이므로 각각의 선행사와 잘 어울리는 유사관계대명사만** 알면 되겠죠.

1. 유사관계대명사 **as**입니다.
저는 선행사에 **such, the same, as, so** 등이 있는 경우에만 **주격, 목적격**으로 사용되죠.

Make such friends **as** will benefit you. [주격 : as가 benefit의 주어 역할]
너에게 도움이 되는 친구를 사귀어라.

I have the same bicycle **as** you have. [목적격 : as가 have의 목적어 역할]
나는 당신이 갖고 있는 것과 같은 종류의 자전거를 갖고 있다.

2. 유사관계대명사 **but**입니다.
저는 선행사에 **부정어인 not, no** 등이 있는 경우에 **주격**으로 사용되죠.
but은 **'that ~ not** (~하지 않는)' 의 의미로 이미 **not**의 뜻이 포함되어 있으므로 부정어(not, never)를 또 쓰면 안 되겠죠.

There is **no** rule **but** has some exceptions.
* but이 주격으로 쓰이고 있으므로 but 이하는 당연히 주어가 빠진 불완전한 문장이 오죠.
=There is **no** rule **that** does **not** have some exceptions.
약간의 예외를 가지고 있지 않은 규칙은 없다.(예외 없는 규칙은 없다.)
cf. There is **no** rule **but** does **not** have some exceptions.(×)

3. 유사관계대명사 **than**입니다.
저는 선행사에 **비교급(more/-er ~)**이 있는 경우에만 **주격, 목적격**으로 사용되죠.

There are more books **than** are needed. [주격] 필요한 것보다 더 많은 책들이 있다.

I have more books **than** you need in studying ecology. [목적격]
나는 당신이 생태학을 연구하는데 필요한 그 이상의 책들을 갖고 있다.

유사관계대명사 마법은 완전히 거저먹기죠. 아주 쉬운 마법입니다.
다음에 다룰 **관계형용사 마법**도 그다지 어려운 게 아니니까 너무 긴장하지 마세요.

저는 관계대명사 세 번째 친구인 **(복합)관계형용사**입니다.

저는 형용사 마법과 마찬가지로 명사 앞에 위치하여 그 명사를 수식하면서 절을 연결시키는 역할을 하는 관계사**(what, which, whatever, whichever)**입니다. 다시 말해, '주어+동사' ~형태를 갖추고 있는 절을 이끄는 관계사가 명사 앞에 위치("what+명사, which+명사, whichever+명사")하여 그 명사를 수식하는 절을 **'(복합) 관계형용사절'** 이라고 하죠. 바로 이것이 저의 마법입니다.

이런 내용을 잘 이해할 수 있도록 마법의 도표로 설명해 보겠습니다.

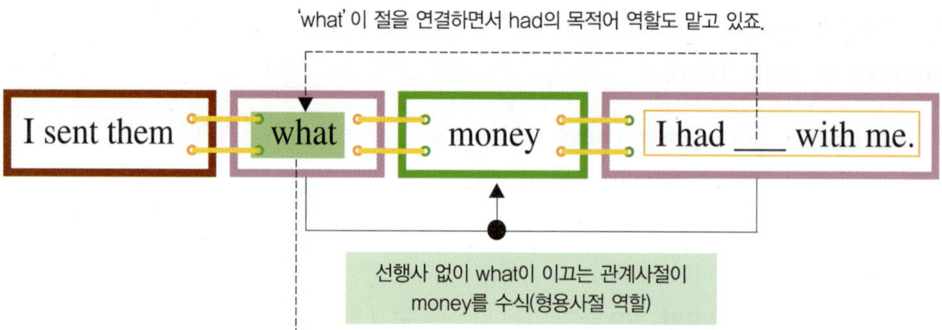

두 문장을 한 문장으로 연결시키려면 **접속사 역할**과 had의 목적어 역할을 대신하여 **대명사 역할**을 하는 관계대명사가 필요한데, 선행사가 없으므로 **what**이 쓰였죠. what이 이끄는 관계사절이 sent의 직접목적어 'money'를 수식하므로 이런 절을 '관계형용사절' 이라고 부르고 있죠.

I sent them **what** money I had with me.

=I sent them all the money **that** I had with me.

나는 그들에게 내가 갖고 있던 돈을 모두 보내 주었다.

cf. Take **whichever** books you like.(복합관계형용사)

whichever는 선행사를 포함하고 있으면서 명사 books를 수식하므로 **'복합관계형용사'** 라고 하고, whichever가 이끄는 절을 **'복합관계형용사절'** 이라고 하죠.

Take **whichever** books you like. 당신이 좋아하는 책은 어떤 책이든 가져가라.

=any of the books that

이젠, 관계형용사 마법이 확실히 이해되셨죠?
아직도 아리송한 부분이 조금 있다고요!
그럼, 앞부분으로 가서 한 번 만 더 학습하세요. 마법이 확실히 이해될 겁니다.

다음은 관계사 마법의 마지막 부분인 **관계부사의 마법**입니다.

지금까지 열심히 마법 수련을 해 오신 분이라면 전혀 어렵지 않을 겁니다.
마지막까지 최선을 다해서 유종의 미를 거둘 수 있도록 하세요.

관계대명사 마법이 **"접속사+대명사"** 역할을 하여 두 절을 연결하는 것과는 달리,
관계부사인 저는, **"접속사+부사"** 역할을 하면서 두 절을 연결하는 마법을 구사하죠.
종류에는 **when, where, why, how**가 있고요, 선행사에 따라 그 종류가 결정되죠.
먼저 이미 배운 **관계대명사와 관계부사의 차이점**에 대해서 살펴보죠.

첫째, 관계대명사는 '선행사+관계대명사+(주어)+동사+(목적어) ~' 형태로 "접속사+대명사" 역할을 하기 때문에 관계대명사가 이끄는 절은 주어나 목적어가 빠져 있는 **불완전한 문장**을 이루고 있죠.

This is the place. 이 곳이 그 장소이다.
I visited the place two years ago. 나는 2년 전에 그 곳을 방문했다.

이 두 문장을 마법을 써서 한 문장으로 만들어 보죠.

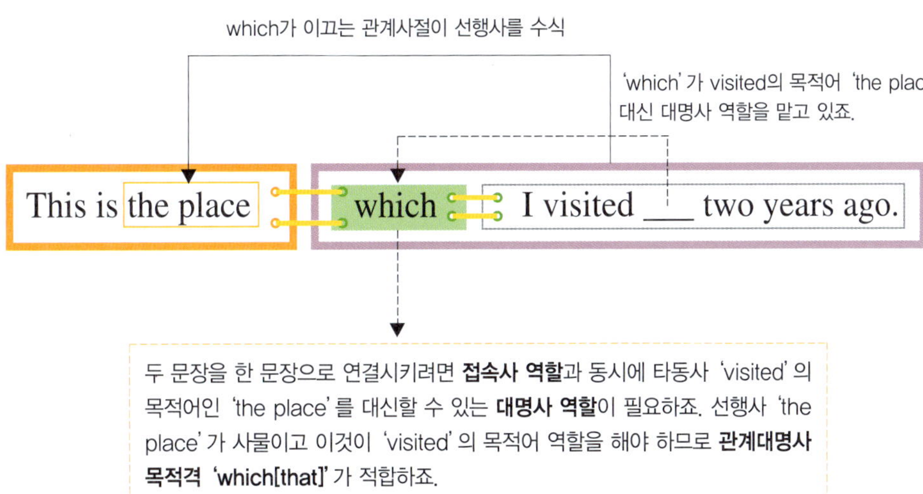

이 곳은 내가 2년 전에 방문했던 그 장소이다.

둘째, 관계부사는 '선행사+관계부사+주어+동사 ~' 형태로 "접속사 + 부사" 역할을 합니다. 관계부사가 이끄는 절은 주어, 동사, (목적어 : 타동사인 경우) 등을 모두 갖추고 있는 **완전한 문장**을 이루고 있죠.

This is the place. 이 곳이 그 장소이다.

I met my wife there for the first time. 나는 그 곳에서 처음으로 아내를 만났다.

이 두 문장을 마법을 써서 한 문장으로 만들어 보죠.

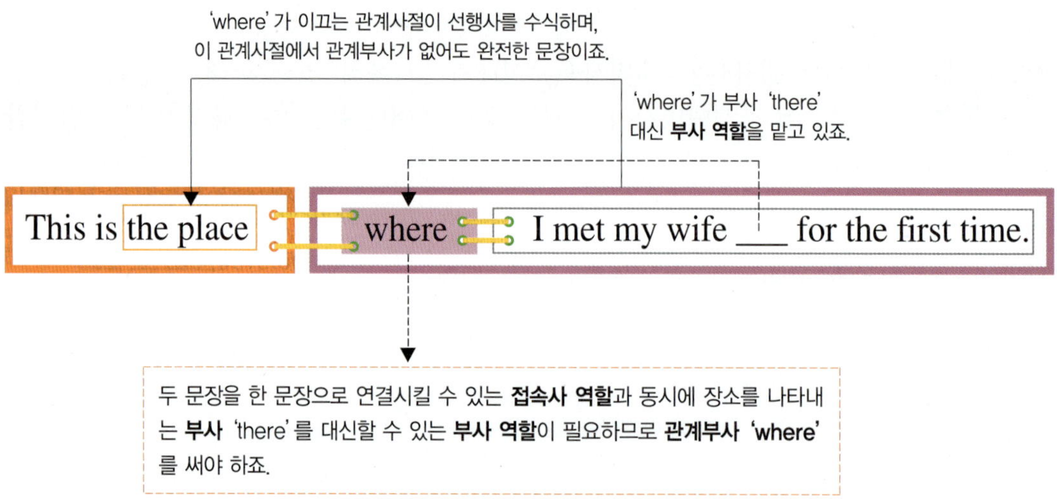

이 곳은 내가 처음으로 나의 아내를 만났던 장소이다.

*위 두 예문에서 선행사 the place에 대해서 관계대명사 which와 관계부사 where가 사용되었죠. 관계대명사는 **접속사**와 **대명사 역할**을 동시에 하기 때문에 관계대명사절에서 **주어, 목적어** 혹은 **전치사의 목적어**를 대신하여 사용됩니다. 첫째 예문에서는 관계대명사 which는 visited의 목적어로 쓰여 **대명사 역할**을 하죠.
그러나 관계부사는 **접속사**와 **부사 역할**을 동시에 하기 때문에 둘째 예문에서 where는 내가 나의 아내를 처음으로 만난 장소가 바로 '거기서' 라는 **부사 역할**을 합니다.

관계대명사와 **관계부사의 차이점**에 대한 이해는 되셨는지요?
'관계' 에 대한 마법은 같지만, '대명사' 와 '부사' 의 차이만큼이나 둘의 마법은 많이 다른 모습이었죠? 이제부터 관계부사 마법에 대해서 본격적으로 살펴봅니다.

다음은 **"관계부사와 관련된 시험 출제 핵심 포인트"**이므로 꼬~옥 암기해야만 합니다.

관계부사 → 시험 출제 핵심 포인트

관계부사의 의미

접속사 역할(절을 연결시킴)과 선행사를 대신해서 장소, 때(시간), 이유, 방법을 나타내는 **부사 역할**을 하며, 뒤에 **완전한 문장**이 오죠.

선행사와 관계부사의 일치

선행사와 관계부사의 일치, 즉 장소-**where**, 시간, 때-**when**, 이유, 원인-**why** 등은 일치시켜 사용해야 하고, 관계부사 **how**의 경우는 방법을 나타내는 선행사(the way)와 함께 쓰지 못하므로 **how**와 **the way** 중 **어느 하나만**을 써야 하죠.

관계부사의 용법

한정적 용법 : 관계부사가 이끄는 관계사절이 **앞에 있는 선행사를 바로 수식[한정]하는 경우**이며, **콤마(,)가 없죠.**

계속적 용법 : 관계부사가 이끄는 관계사절이 선행사를 수식하는 것이 아니라 **상황을 설명하거나** 또는 **보충하는 경우**이며, **콤마(,)기 있죠.**

관계부사의 생략

생략할 수 있는 경우 : 관계부사가 **한정적 용법**으로 쓰인 경우, 특히 선행사가 the way인 경우에는 how를 반드시 생략하죠.

생략할 수 없는 경우 : 관계부사가 **계속적 용법**으로 사용된 경우이죠.

관계부사와 복합관계부사의 구분

관계부사 : '**선행사+관계부사**' 형태(how는 예외)

복합관계부사 : '**관계부사+ever**' 형태로 **선행사**와 **관계부사 역할**을 동시에 하므로 **다른 선행사와 함께 쓸 수 없죠.**

1. **선행사와 관계부사의 일치**입니다.

선행사	관계부사	=전치사 + 관계대명사(which)
장소(the place)	**where(어디에)**	=전치사(**at, in, on**) + which
때, 시간(the time)	**when(~할 때)**	=전치사(**at, in, on**) + which
이유, 원인(the reason)	**why(~한 이유)**	=전치사(**for**) + which
방법(the way : how와 함께 안씀)	**how(~한 방법/방식)**	=전치사(**in**) + which

(1) 선행사가 **장소(the place)인 경우**는 **where**를 사용하죠.

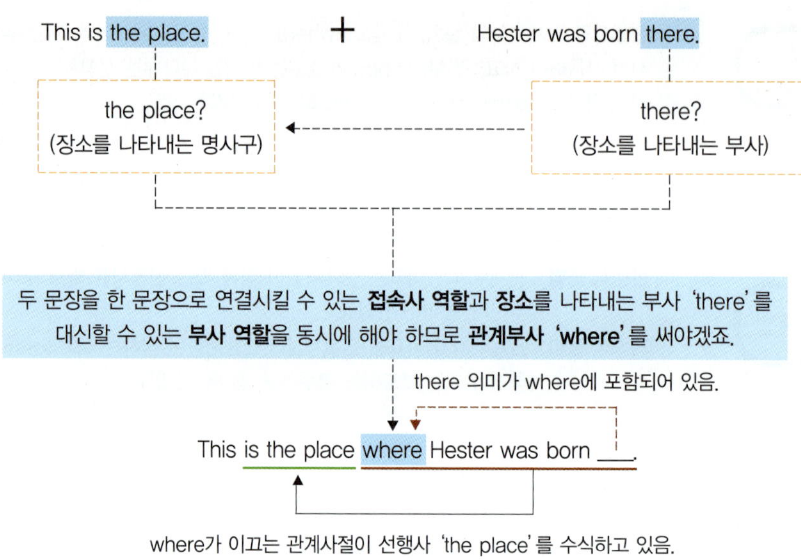

이 곳이 헤스터가 태어난 곳이다.

위 문장은 아래처럼 여러 가지로 바꿔 쓸 수 있죠.

=**This is the place <u>where</u> Hester was born.**

=**This is the place <u>in</u> <u>which</u> Hester was born.** [전치사+관계대명사]

=**This is the place <u>(which)</u> Hester was born <u>in</u>.** [which는 생략 가능]

=**This is the place <u>that</u> Hester was born.** [that은 관계부사로 where 대신 사용]

* '관계부사'나 '전치사+관계대명사' 다음에는 주어와 목적어가 있는 **완전한 문장**이 와야만 합니다.

(2) 선행사가 때, 시간(**day, month, year, time**)인 경우는 **when**을 사용하죠.

I will remember the day. + I first met you on the day.

the day?
(때를 나타내는 명사구)

on the day?
(때를 나타내는 부사구)

두 문장을 한 문장으로 연결시킬 수 있는 **접속사 역할**과, **때**를 나타내는 부사구 'on the day'를 대신할 수 있는 **부사 역할**을 동시에 해야 하므로 **관계부사 'when'**을 써야겠죠.

on the day 의미가 when에 포함되어 있음.

I will remember the day when I first met you ___.

when이 이끄는 관계사절이 선행사 'the day'를 수식.

나는 당신을 처음 만났던 날을 기억할 것이다.

(3) 선행사가 이유(**the reason**)인 경우는 **why**를 사용하죠.

I want to know the reason. + She doesn't love me for the reason.

the reason?
(이유를 나타내는 명사구)

for the reason
(이유를 나타내는 부사구)

두 문장을 한 문장으로 연결시킬 수 있는 **접속사 역할**과 **이유**를 나타내는 부사구 'for the reason'를 대신할 수 있는 **부사 역할**을 동시에 해야 하므로 **관계부사 'why'**를 써야겠죠.

for the reason 의미가 why에 포함되어 있음.

I want to know the reason why she doesn't love me ___.

why가 이끄는 관계사절이 선행사 'the reason'을 수식하며,
the reason과 why 중 어느 하나를 생략할 수 있음.

나는 그녀가 나를 사랑하지 않는 이유를 알고 싶어요.

(4) 선행사가 **방법**(the way)인 경우에는 **'the way' 와 관계부사 how는 함께 사용할 수 없으므로 반드시 둘 중에 하나만 사용해야 하죠.**

This is the way. + Earnest Hemingway wrote his novels in this way.

the way?
(방법을 나타내는 명사구)

in this way?
(방법을 나타내는 부사구)

두 문장을 한 문장으로 연결시킬 수 있는 **접속사 역할**과 동시에 **방법**[방식]을 나타내는 부사 'in this way'를 대신할 수 있는 **부사 역할**을 동시에 해야 하므로 **관계부사 'how'**를 써야겠죠. 그러나 how는 다른 관계부사와는 달리 선행사 'the way'와 함께 사용하지 못하므로 반드시 둘 중에 하나만 사용해야 하죠.

선행사 'the way'를 쓴 경우

This is the way ____ Earnest Hemingway wrote his novels.

how의 의미가 'the way'에
포함되어 있음.

관계부사 how를 쓴 경우

This is ____ how Earnest Hemingway wrote his novels.

the way의 의미가
'how'에 포함되어 있음.

관계부사 'how'가 이끄는 관계사절이
생략된 선행사 'the way'를 수식.

이것이 어니스트 헤밍웨이가 그의 소설을 쓴 방식이다.

2. 관계부사의 용법입니다.

관계대명사와 마찬가지로 **제한적용법**과 **계속적용법**이 있죠.

(1) 제한적[한정적] 용법입니다.

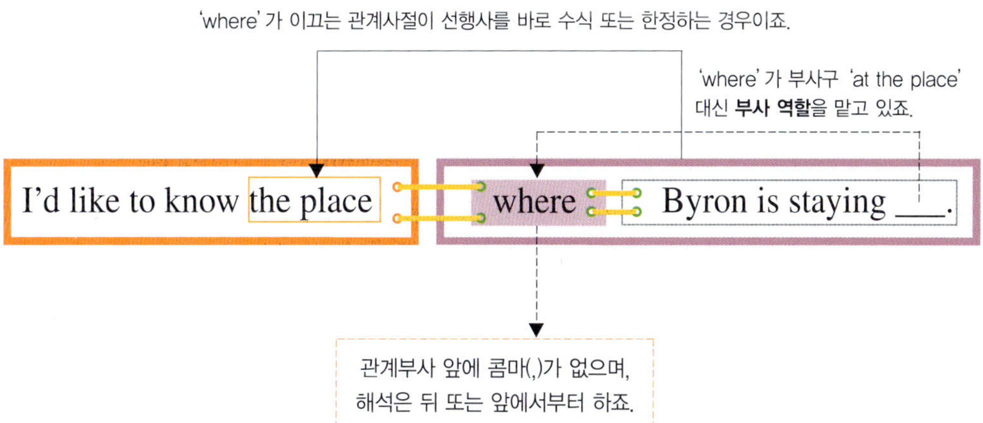

나는 바이런이 머물고 있는 그 장소를 알고 싶다.
(그 장소를 알고 싶어 하는 이유가 바로 "바이런이 그 곳에 머물고 있기 때문이다"라는 의미가 내포되어 있죠.)

(2) 계속적 용법입니다.

이 용법으로 쓸 수 있는 관계부사는 **where**와 **when**인데, 이것들은 생략할 수 없죠.

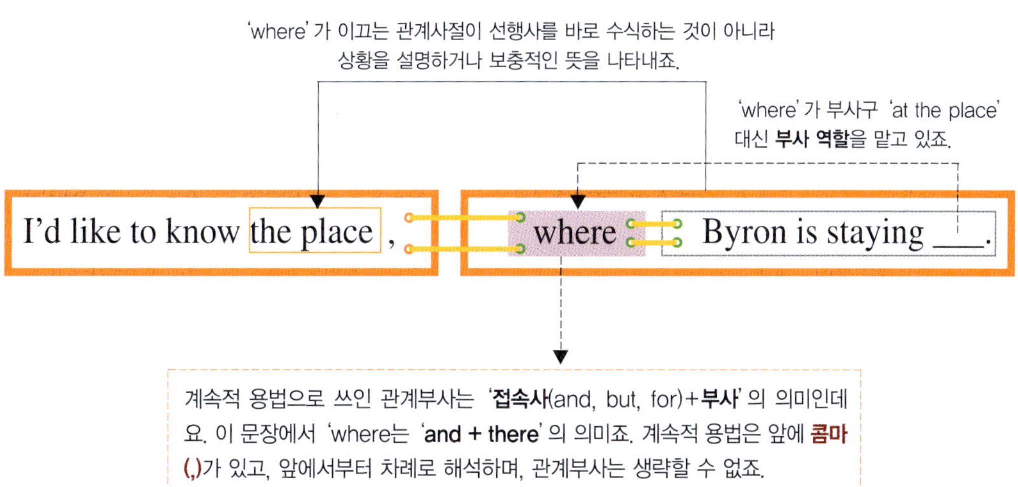

나는 그 장소를 알고 싶은데, 그 곳에 바이런이 머물고 있다.
(그 장소를 알고 싶어 하는 이유가 반드시 "바이런이 그 곳에 머물고 있어서는 아니다"라는 의미를 내포하죠.)

저는 관계부사의 친구인 **복합관계부사**입니다.

복합관계부사란 관계부사에 "ever"가 붙어 있는 형태로, 그 자신의 몸속에 선행사를 간직하고 있으며 양보의 부사절을 이끄는 것을 말하죠. 종류에는 **wherever**(~하는 곳은 어디든지, 어디에서 ~하든지), **however**(아무리 ~할지라도), **whenever**(~할 때는 언제나, ~할 때마다, 언제 ~하더라도) 등이 있고, 복합관계부사는 no matter + 의문사(how, what) 형태로 바꾸어 쓸 수 있죠.

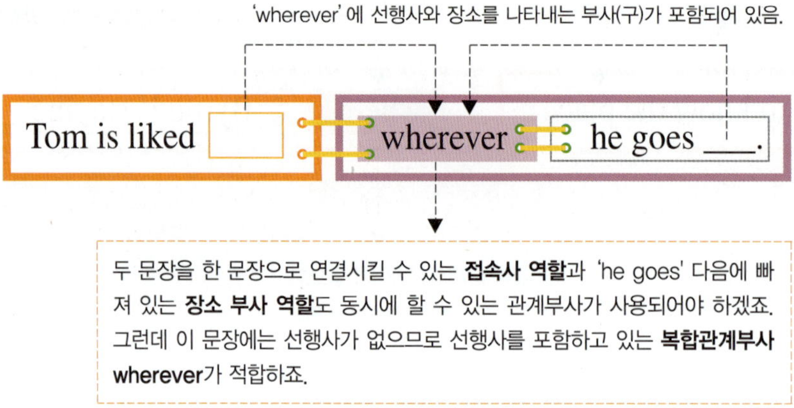

톰은 가는 곳마다 호감을 받는다.

Please go **wherever** you like. 당신이 좋아하는 곳은 어디든지 가세요.
=Please go **any where** you like.

Whenever my grandfather goes out, he takes his stick with him. [시간의 부사절]
나의 할아버지는 외출하실 때에는 언제나 지팡이를 가지고 가신다.

However long a vacation is, I always feel I want a few days more. [양보의 부사절]
=**No matter how** long a vacation is, I always feel I want a few days more.
휴가가 아무리 길어도, 나는 항상 며칠 더 있었으면 하고 생각한다.
However rich she is, I will not marry her..

이것으로 연결사 마법의 첫 번째 친구인 **관계사**의 소개를 들어보았습니다.
역시 친구를 보면 그 사람을 보다 확실히 알 수 있다고 하죠.
마법을 잘 가르치는 친구를 보니까 연결사 마법에 대해 보다 확실히 알 수 있죠?
여러분은 어땠나요? 이제 영어를 잘 할 수 있다는 자신감이 생기지 않나요?
문장을 마법으로 도식화하니 이해하기도 쉽고, 핵심을 찌르는 마법의 설명까지 덧붙이니 이제 관계대명사가 조금은 쉬워졌을 겁니다.

관계사 마법에 대해서는 여기서 마무리하고 연결사 마법의 두 번째 친구인 **접속사에 대한 마법**을 알아보죠.

2. 접속사(Conjunctions)를 부르는 마법 주문

앞의 친구가 너무나도 잘해 기가 죽어서 마법을 제대로 구사할지 걱정이 앞서네요. 저도 앞의 친구 못지않게 마법을 잘 한다는 소릴 들어야 할 텐데 말이죠. 하지만 저의 마법 또한 절대 독자들을 실망시키지 않을 거니까 기대해도 좋을 겁니다.

첫째, 접속사의 개념에 대한 설명입니다.
문장에서 단어, 구, 절을 (문법적으로) 연결시켜 주는 역할만 하는 것을 말합니다. 접속사에는 등위접속사, 등위상관접속사, 종속접속사가 있죠. '연결' 하면 생각나는 것이 바로 기차 아닌가요? 호그와트 급행열차에 비해 결코 못지않은, 빠른 속도를 자랑하는 마법의 영문법 KTX를 타시죠. 당 열차는 곧 출발합니다!

We talked for hours and hours.

우리는 여러 시간동안 얘기했다.(**단어와 단어**를 연결)

He is a great poet or a great novelist.

그는 훌륭한 시인이거나 아니면 훌륭한 소설가이다.(**구와 구를** 연결)

I waited for her for ages, but she didn't show up.

나는 오랫동안 그녀를 기다렸지만 그녀는 나타나지 않았다.(**절과 절을** 연결 – 등위접속사)

I know that he needs much money.

나는 그가 돈이 많이 필요하다는 것을 알고 있다.(**주절과 종속절을** 연결 – 종속접속사)

둘째, 접속사의 종류에는 어떤 것이 있을까요?

접속사를 문장에서의 기능에 따라 분류하면, **등위접속사, 등위상관접속사, 종속접속사**가 있죠.

구분	종 류	용 법
등위접속사	and, but, or, yet, so	문장 안에서 **문법적 역할이 같은 단어나 구를 연결**하고, 또한 대등한 절을 연결하여 **중문**을 만들죠. 이때 접속사로 연결되는 단어, 구, 절은 문장 내에서 동일한 문법적 역할을 하는 것끼리 **병렬구조**를 이뤄야 하죠.
등위상관접속사	**both[at once]** ~ and **between** ~ and **not only** ~ but (also) **either** ~ or **neither** ~ nor **not** ~ but **not that** ~ but that **not because** ~ but because	두 개 이상의 단어가 **서로 짝을 이루어 함께 사용**되어 서로 대등하게 연결시키는 접속사를 말하죠. 반드시 확인할 사항은 첫째, 함께 사용하는 **연결어구** and, but (also), or, nor 등이 바르게 사용되었는지를 확인하고, 둘째, **동사의 수일치**가 바르게 되었는지를 확인하고, 셋째, 문법상 같은 역할을 하는 어구끼리 **병렬구조**를 이루고 있는지를 확인해야 하죠.
종속접속사	because, (so)that, as, until, though, since, if, unless	대등한 관계에 있지 않은 하나의 절을 주절의 한 요소로 **연결시켜 주는 접속사**로 문장 내 역할에 따라 **명사절, 형용사절, 부사절**이 있으며, '종속접속사' 가 쓰인 문장은 **복문**이나 **혼합문**이죠.

※ **접속사 관련 시험 출제 유형 : ① 문맥에 맞는 접속사** 선택 문제 ② 등위상관접속사에 맞는 것 **짝짓기와 동사 수의 일치** 문제 ③ **등위접속사와 종속접속사 구분**하여 사용하는 문제 ④ **접속사와 관계사 구분**하여 사용하는 문제 ⑤ **접속사와 전치사 구분**하여 사용하는 문제

(1) 등위접속사의 용법입니다.

1) 등위접속사 **and** : "그리고, ~와 , ~및"이란 "**나열**"의 의미.

She is pretty **and** clever. [형용사 and 형용사] 그녀는 예쁘고 영리하다.

We walked **and** talked. [동사 and 동사 - 동시성 : **~하면서**] 우리는 걸으면서 이야기했다.

Work hard, **and** you will pass the exam.

→ If you work hard, you will pass the exam.

열심히 노력해라, 그러면 당신은 그 시험을 통과할 것이다.

* **명령문+콤마(,)+and** : ~하여라, 그러면 ~할 것이다 [좋은 결과]

She has a passionate interest in music, literature **and** sports.

그녀는 음악, 문학, 스포츠에 열정적인 관심을 갖고 있다.

* 일반적으로 셋 또는 그 이상 예를 들어 설명하는 경우 : 나홀로 영문법(손길연) 508~9쪽 참조하세요.

2) 등위접속사 **but** : "그러나, ~지만"이라는 "**반대, 대조**"의 의미.

Please excuse me, **but** there is something I must say. 죄송합니다만, 제가 말씀드릴 것이 있습니다.

This is **not** much, **but** I hope you will like it. [~하지는 않지만]

이것은 변변치 못한 것이지만, 나는 그것이 당신의 마음에 들길 바랍니다.

3) 등위접속사 **or** : "~또는, ~이나, 혹은"이라는 **"선택"**의 의미

Shall we walk **or** drive? 걸어 갈까요? 차를 타고 갈까요?

You may have tea, milk, cocoa, **or** coffee. [A, B, or C]

당신은 차(茶)든, 우유든, 코코아든 또는 커피든 어떤 것을 마셔도 된다.

<u>Make haste</u>, **or** you will be late for school.

=**If** you do **not** make haste, you will be late for school.

=**Unless** you make haste, you will be late for school.

서둘러라, 그렇지 않으면 당신은 학교에 늦을 것이다.

* **명령문+콤마(,)+or** : ~하여라, 그렇지 않으면 ~할 것이다 **[좋지 않은 결과]**

4) 등위접속사 **nor** : 앞의 부정문을 다시 받을 경우 **"~도 않다"**는 의미로 "**nor[neither]+V+S**"의 도치구문을 사용

You don't like smoking, **nor** do I.

너도 흡연을 좋아하지 않지만 나도 그렇다.

등위접속사는 별로 어렵지 않죠?

그럼, 두 개 이상의 단어가 **서로 짝을 이루어 함께 사용**되어 서로 대등하게 연결시켜 주는 **등위상관접속사의 용법**으로 넘어가죠.

(2) 등위상관접속사의 용법입니다.

1) **both A and B** : A와 B 모두, 둘 다 [양자긍정] → **복수취급**
at once[alike] A and B : A도 B도 [양자긍정]

Both the novelist **and** the poet are attending this meeting.
소설가와 시인 모두 이 모임에 참석할 예정이다.

He is **at once** kind **and** handsome. 그는 친절하고 잘 생겼다.

다음은 **주어 B에 동사를 일치시켜야 하는 경우**입니다.

2) **either A or B** : A이거나 또는 B이거나, A이든지 아니면 B이든지 [양자택일]

I think **either** you **or** he is mad. 나는 당신 아니면 그가 미쳤다고 생각한다.

3) **neither A nor B** : A도 아니고, B도 아니다 [양자부정]

Neither he **nor** I have money. 그도 나도 돈이 없다.
She doesn't want to live in Korea, **nor does she** want to live in Japan.
그녀는 한국에서 살기를 원하지 않으며, 또한 일본에서 사는 것도 원치 않는다. [부정의 연속]

* neither나 nor만 사용할 경우에는 반드시 **도치구문**을 써야하므로,
어순은 **'neither[nor]+조동사[be동사 포함]+주어'** 형태를 쓰죠.

4) **not only[merely] A but (also) B** : A뿐만 아니라 B도

Not only I **but also** they are wrong. 나뿐만 아니라 그들도 잘못이다.

5) **B as well as A** : A뿐만 아니라 B도

They **as well as** I am wrong.(×)
They **as well as** I are wrong.(○) 나뿐만 아니라 그들도 잘못이다.
Health **as well as** money is very important. 돈뿐만 아니라 건강도 대단히 중요하다.

등위상관접속사는 함께 사용하는 **"상관어구"**와 **"동사의 수일치"**에 특히 유의하세요.

그럼 **종속접속사 마법**으로 넘어 갑니다.

(3) 종속접속사의 용법입니다.

1) 명사절을 이끄는 종속접속사의 종류와 용법에 대해서 알아보겠습니다.

명사절 — 용법 →

'주어+동사'의 형태를 갖추고 명사와 같은 역할을 하는 절을 **명사절**이라 하는데요. 종속접속사[that, whether, if]+'주어+동사' 형태를 갖춘 절이 문장에서 **주어, (타동사, 전치사의) 목적어, 보어 등으로 쓰이는 절**을 **명사절**이라 하죠.

문장 내에서 역할

명사절을 이끄는 **종속접속사(that, whether, if)와 예문**

주어

That the rumor is true is undoubtful. 그 소문이 사실이라는 것은 의심할 여지가 없다.
=**It** is undoubtful **that** the rumor is true.
* that절이 주어일 경우 가주어 it을 앞에 사용하여 that절을 진주어로 뒤로 돌릴 수 있죠.

Whether it is a good plan or not is out of the argument.
그것이 좋은 계획인지 아닌지는 논의할 여지가 없다.
* **whether ~ or**('~인지 아닌지'라는 의미)

목적어

He realized the fact **that** he had made a great mistake.
* that은 명사 fact와 동격의 관계를 이루어 문장에서 목적어로 쓰이면서 명사절을 이끌고 있죠.
그는 자신이 큰 실수를 했다는 사실을 깨달았다.

John knows **whether** she is honest or not.
존은 그녀가 정직한지 아닌지를 알고 있다.
* 뒤에 "**or not**"이 올 경우는 **if**를 쓰지 않는 것이 원칙이며, **if**가 이끄는 절은 목적어로는 쓰이지만 주어로는 쓰일 수 없죠.

John knows **if** she is honest or not.(X)

보어

The question is **that** she is not honest.
문제는 그녀가 정직하지 않다는 것이다.

The question is **whether** she is honest or not.
문제는 그녀가 정직한지 아닌지이다.

※ **관계대명사**(what), **복합관계대명사**(whichever), **관계부사**(why, how, when), **의문사**(what, which) 등도 **명사절**을 이끌 수 있죠.

※ 종속절이 **형용사절로 쓰이는 경우**는 **"관계대명사"**와 **"관계부사"**인데요. 이미 앞에서 자세히 다루었으므로 접속사 편에서는 다루지 않습니다. 형용사절이 아리송한 분들은 관계사 마법을 다시 한 번 만나보시길 …

2) 부사절을 이끄는 종속접속사의 **종류**와 **용법**에 대해서 알아보겠습니다.

부사절 마법을 수련하기 전에 다음의 마법 다이어그램을 통해 **"부사절 관련 핵심사항"**을 기본적으로 이해하세요.

부사절 — 용법 → 부사절이란 '종속접속사+S+V' 형태를 갖춘 절이 **문장 전체** 또는 **술어동사를 수식하는 것**으로 시간, 장소, 이유, 양보, 조건, 양태, 정도, 결과 등을 나타내는 절을 말하죠.

핵심사항 분류

부사절 핵심사항과 예문

종속절

부사절은 주절 없이 홀로 존재할 수 없고, 주절과 함께 사용될 때만 문장에서 자신의 역할을 하므로 **'종속절'**이라 불리죠.

Until I come back. (X)

You should wait here **until** I come back.
(You should wait here: 주절 / until I come back: 종속절(부사절))

역할

부사절은 주절에 의미를 더해주는 **도우미 역할**을 하죠.
즉, **부사절**은 **문장 전체**나 **술어동사**를 **수식**하죠.

You should wait here **until** I come back. (until I come back → wait)

너는 내가 돌아올 때까지 여기에서 기다려야 한다.

위치

부사절은 주절 앞과 뒤 어디든지 위치할 수 있죠. 단 주절 앞에 위치하는 경우에는 **콤마(,)**를 사용해야만 합니다.

Until I come back, you should wait here.

해석

이유나 원인(~때문에), **양보**(~일지라도), **조건**(만약~라면), **시간**(~할 때, ~하는 동안), **목적**(~하기 위해), **결과**(너무 ~해서 …하다) 등의 의미로 해석하죠.

종류

부사절을 이끄는 종속접속사 : 3)의 **부사절 유형**을 참조하세요.
(because, since, when, while, as, whether ~ or not, if, as soon as, as if, in case (that), as[so] long as, no sooner ~ than, such[so] ~ that, hardly[scarcely] ~ when[before], whereas(반면에)

3) 부사절의 3가지 유형에 대해서 알아보겠습니다.

분 류	의 미	예 문
종속접속사가 있는 부사절	시간, 장소, 이유나 원인, 양보, 조건, 양태, 정도, 목적, 결과 등을 나타내는 종속접속사에 의해 부사절을 나타내는 경우.	You have to wait here **until** he comes back. 당신은 그가 돌아올 때까지 여기에서 기다려야 한다. ***until** 은 접속사, 전치사 양쪽으로 쓰이며, **by**는 전치사로만 쓰이죠.
종속접속사가 없는 부사절	특별한 연결요소가 없어도 어순에 의하거나, 또는 관용적으로 은연중에 부사절을 나타내는 경우.	Were I rich, I would travel around the world. [if생략] =**If** I were rich, I would travel around the world. 내가 부자라면 세계를 두루 여행할 텐데.
종속절의 주어와 동사가 생략된 부사절	부사절에서 **"주어와 be동사"**가 함께 생략된 경우.	I'd like you to pay this bill **as soon as** (it is) convenient (to you). 형편 닿는 대로 당신이 이것을 계산해 주길 바랍니다.

4) 부사절에 쓰인 종속접속사의 의미에 따른 분류입니다.

부사절

시 간	원인/이유	조 건	대 조	목 적	장 소	양 보	결 과
after, as, before, as soon as, while	as, because, since	if, unless, provided that, in case	whereas, while	so that, in order that	where, wherever	though, although, if, even if	so ~ that, such ~ that

부사절에 대한 기본적인 마법은 이해했으므로 이제부터는 **부사절 각각의 용법**에 대해서 살펴보기로 하죠.

1) 시간 부사절을 유도하는 접속사입니다.

종 류	의 미	예 문
before	~하기 전에	You must sow **before** you can reap. 당신은 수확을 하기 전에 먼저 씨를 뿌려야 한다.(씨를 뿌려야 거둔다.) [속담]
after	~한 후에	I arrived there **after** they left. 그들이 떠난 후에 나는 거기에 도착했다.
since	~한 이래로	I've been doing this work **since** I retired. 나는 퇴직한 이래로 이 일을 해 왔다.
when	~할 때	**When** you finish the exam, be sure there are no mistakes. 시험을 끝냈으면 실수가 없는지 확인해라.
while	~하는 동안에	**While** there is life, there is hope. 살아있는 동안[한], 희망은 있다.
once	~하자마자, 일단 ~하면	**Once** the president arrives, the meeting will begin. 일단 회장님이 도착하면, 그 모임은 시작될 것이다.
till **until**	~까지 (지속적인 기간)	We worked **till** it was too dark to see. 우리는 너무 어두워서 보이지 않을 때까지 일을 했다. cf. The cleaner's is only open **until** 9:00 p.m. [전치사] 세탁소는 오후 9시까지만 영업한다.
not ~ until	~하고 나서야 비로소 ~하게 되다	People do **not** realize the importance of health **until** they have lost it. 사람들은 건강을 잃고 나서야 비로소 건강의 중요성을 깨닫는다.
not ~ till	~할 때까지 ~않다 ~하여 비로소 ~하다	She **won't** go away **till** you promise to help these children. 당신이 이 아이들을 돕겠다고 약속할 때까지 그녀는 가지 않을 것이다.
by the time	~까지는(한정된 시간)	I'll have finished my work **by the time** you get back. 당신이 돌아올 때까지는 나의 일을 끝마칠 것이다. cf. I'll have finished my assignment **by** two o'clock. [전치사] 나는 2시까지 숙제를 끝마칠 것이다.
as soon as = the moment = the instant = immediately = instantly	~하자마자	**As soon as** he heard the news, he hastened to the spot. 그는 그 소식을 듣자마자 그 장소로 서둘러 갔다.

=He had **no sooner** heard the news **than** he hastened to the spot. *"시제"에 주의해야죠.
(had heard: 과거완료, hastened: 과거)

=**No sooner** had he heard the news **than** he hastened to the spot. *"도치"에 주의해야죠.
=**Hardly** =**when[before]**
=**Scarcely** =**when[before]**

* **no sooner**는 **than**하고만 연결되고, **hardly, scarcely**는 **when, before** 모두와 연결되죠.

=On[Upon] hearing the news, he hastened to the spot. 그 소식을 듣자마자 그는 그 장소로 서둘러 갔다.
* on ~ing : ~하자마자

* **It will not be long before** ~ : 머지않아 ~하게 될 것이다.
It will not be long before he gets well. 머지않아 그는 회복될 것이다.

* **before, after, since, till** 등은 **전치사**와 **접속사 양쪽으로 쓰이지만 by**는 **전치사로만** 쓰이기 때문에 뒤에 절이 올 때에는 **by the time**을 쓰죠.

2) 이유 부사절을 유도하는 접속사입니다.

종 류	의미 및 예문
as	* **어떤 행동에 대한 이유**를 말할 경우 **As** it may rain on the way, I will take my raincoat. 도중에 비가 올 수도 있기 때문에 나는 비옷을 가져갈 것이다.
because	* **필연적인 결과를 가져온 원인**이나 **어떤 결론의 필연적인 이유**를 나타낼 경우 **Because** I was sick, I was absent from school yesterday. 나는 아팠기 때문에 어제 학교에 결석했다. * **because of + 명사(상당어구)**
not because A, but because B	* **A 때문이 아니라 B 때문이다** I like him **not because** he is wealthy, **but because** he is honest. 나는 그가 부유하기 때문이 아니라 그가 정직하기 때문에 좋아한다.
since	* **분명한 사실에 대한 이유**를 들 때 [이야기의 관심은 주절이죠.] **Since** credit cards are so convenient, many people use them. 신용카드가 너무나 편리하기 때문에 많은 사람들이 그것을 사용하고 있다.
now (that)	* **~이니까, ~한 이상은** **Now (that)** you mention it, I do remember his name. 당신이 그것을 언급하니까 나는 그의 이름이 기억난다.
inasmuch as	* **~이므로, ~인 까닭에** [문어체 문장에서 주로 사용하죠.] **Inasmuch as** all the votes have not yet been counted, the outcome of the election can not be announced. 모든 투표수가 집계되지 않았으므로, 선거의 결과가 발표될 수 없다.

[주의] on the ground that ~ : ~의 이유로, ~라는 핑계로

She didn't attend this meeting on the ground that she was busy with housekeeping.

그녀는 집안 일이 바쁘다는 이유로 이 모임에 참석하지 않았다.

3) 양보 부사절을 유도하는 접속사입니다.

종 류	의 미	예 문
if though even though (=even if) although as	비록 ~일지라도	**If** I understand your proposal, I can't accept it. 당신의 제안을 이해는 하지만, 나는 그것을 수락할 수는 없다. **Though** she earns a good salary, she never saves any money. 그녀는 상당한 봉급을 받고 있지만, 결코 한 푼도 저축하지 않는다. **Even though** I am tired, I am willing to help you.(=Although) 피곤하지만, 나는 너를 기꺼이 도울 것이다. Much **as** I like you, I will not marry you. 내가 너를 많이 좋아하지만, 나는 너와 결혼하지는 않을 것이다. * as가 양보의 뜻이 될 때에는 **보어**(형용사 혹은 관사가 없는 명사)나 **부사**가 as 앞에 온다.
whether ~ or (not)	~이든지 아니든지 간에	**Whether** (they are) good **or** bad, habits will soon become a kind of second nature. 좋든 나쁘든 습관이라는 것은 곧 일종의 제2의 천성이 된다.
however whatever whoever whosever	아무리 ~일지라도 [복합관계사]	**Whatever** may happen, you must not lose courage. 무슨 일이 일어날지라도, 너는 용기를 잃지 말아야 한다. **Whoever** comes to my home, they will be welcome. 나의 집에 오는 사람은 누구든지간에 환영받을 것이다.

[주의] **다음은 양보를 나타내는 여러 가지 표현들**입니다.

① **복합관계부사[대명사]+주어+동사**

However hard you may try, you can never finish it in a week.

네가 아무리 열심히 노력할지라도, 일주일 안에 그것을 끝마칠 수는 없다.

=No matter how hard you may try, you can never finish it in a week.

=Try as you may, you can never finish it in a week.

② **be+주어+(ever so)+형용사**

Be a man ever so rich, he should not be idle. 사람이 아무리 부자라 할지라도, 게을러서는 안 된다.

=However rich a man may be, he should not be idle.

=No matter how rich a man may be, he should not be idle.

③ **명사+as+주어+동사(=though+주어+동사+명사)**

Coward as he was, he could not bear such an insult. 그가 겁쟁이긴 했지만, 그런 모욕적인 행위를 참을 수가 없었다.

=Though he was **a coward**, he could not bear such an insult.

* a coward가 문두로 **도치**되면 **부정관사(a)를 반드시 생략해야 하죠.**

④ **형용사+as+주어+동사(=though+주어+동사+형용사)**

Rich as he is, he cannot buy his sister a new car. 그는 부자이긴 하지만, 그의 여동생에게 새 자동차를 사 줄 수가 없다.

=Though he is rich, he cannot buy his sister a new car.

⑤ **부사+as+주어+동사(=though+주어+동사+부사)**

Hard as he studied, he would fail in the exam. 그가 아무리 열심히 공부했다 하더라도 그 시험에 실패했을 것이다.

=Though he studied hard, he would fail in the exam.

4) 조건 부사절을 유도하는 접속사입니다.

종 류	의 미	예 문
if	~한다면	**If** he did say so, you needn't believe him. 그가 그렇게 말했다면, 당신은 그를 믿을 필요가 없다.
unless	만일 ~하지 않는다면	**Unless** he had a car, he should go to work on foot. 만일 그가 자동차가 없다면 그는 직장에 걸어서 가야 한다.
provided (that)	(만약) ~이라면	**Provided (that)** she knows it, what would she say? 그녀가 그것을 알게 된다면 그녀가 무엇이라고 말할까?
supposing (that)		I will not go there **supposing (that)** it is not fine tomorrow. 내일 날씨가 좋지 않으면 나는 거기에 가지 않을 것이다.

[주의]

① **once** : 일단 ~하면, 적어도 ~하면

Once you have planned for your goal, you should try to achieve it.

일단 당신의 목표에 대해 계획을 세웠으면, 당신은 그것을 이루려고 노력해야 한다.

② **on(the) condition that** : ~라는 조건으로, 만약 ~라면

I will lend you this book **on the condition that** you return it to me by next weekend.

나는 당신이 이 책을 다음 주말까지 되돌려 준다는 조건으로 그것을 당신에게 빌려줄 것이다.

③ **in case** : 만일에 대비하여

I will take my umbrella **in case** it rains this afternoon.

오늘 오후에 비가 올 경우를 대비하여 나는 우산을 가져갈 것이다.

5) 결과 부사절을 유도하는 접속사입니다.

종 류	의 미	용법 및 예문
so+형용사/부사+that	너무 ~해서 …하다, …할 정도로 ~하다	*어순에 주의 : so+형용사+**a/an**+명사+that
	He ate **so** fast **that** he nearly choked. [so+부사+that] 그는 너무 빨리 먹어서 거의 질식할 정도였다.	
such+(부사/형용사) +명사+that	너무 ~해서 …하다	*어순에 주의 : such+**a/an**+형용사+명사+that * such 다음에는 many, much, little, few가 오지 않죠.
	It was **such** a lovely day **that** I preferred to walk. 너무 좋은 날씨여서 나는 걷는 것이 더 좋았다.	
so ~ that+주어 +can not …	너무 ~해서 …할 수 없다.	=too ~ to V
	This book is **so** difficult **that** I **can not** read it. 이 책은 너무 어려워서 나는 읽을 수가 없다. → This book is **too** difficult for me **to read**. 이 책은 내가 읽기에는 너무 어렵다.	

[주의] You worked hard, **so** you could succeed in the field. [so 앞에 콤마를 찍어서 결과의 접속사로 쓰임]

당신이 열심히 일했으므로, 그래서 당신은 그 분야에서 성공할 수 있었던 것이다.

6) **목적 부사절을 유도하는 접속사**입니다.

구분	의미	종류	예문
긍정적 표현	~하기 위해	so that ~ may	We eat **so that** we **may** live. 우리는 살기 위해서 먹는다.
		in order that ~ may	We eat **in order that** we **may** live. 우리는 살기 위해서 먹는다.
부정적 표현	~하지 않도록 ~하지 않기 위해	lest ~ should * 부정어와 함께 쓰면 안 되죠.	He dyed his beard **lest** they **should** recognize him. 그는 그들이 알아볼 수 없도록 턱수염을 염색했다.
		for fear (that) ~ should	I am studying hard **for fear** (that) I **should** fail in this exam. 나는 이 시험에 낙제하지 않기 위해 열심히 공부하고 있다.

7) **양태 부사절을 유도하는 접속사**입니다.

• as : ~와 같이, ~대로 • as if[though] : 마치 ~인 것처럼

Treat other people **as** you want them to treat you.

다른 사람들이 당신을 대접해 주기를 바라는 대로 그들을 대접하라.

He talks **as if** he knew everything about art.

그는 마치 예술에 대해 모든 것을 아는 것처럼 말한다.

8) **범위, 정도 부사절을 유도하는 접속사**입니다.

• **as far as** : ~하는 한
• **as long as** : ~하는 한(에서는), ~하는 동안

As far as I know, there is no such an insect. 내가 알고 있는 한 그러한 곤충은 없다.

As long as I have known Julia, she is a great doctor.

내가 줄리아를 알고 있는 한, 그녀는 훌륭한 의사이다.

cf. I am going **as far as** Seoul. 나는 서울까지 갈 예정이다.

* as 다음에 장소명사가 오면 전치사로 사용되어 "~까지" 의미로 쓰이죠.

접속사 마법이 무엇인지에 대해서는 확실히 이해하셨죠?
그렇다면, 같은 연결사라도 연결하는 마법의 방법이 다르다는 것도 아셨나요?
여기까지 완벽하게 마법을 익혔다면 지금부터 **접속사와 관계사의 공통점과 차이점**을 살펴보죠.

접속사와 **관계사**의 공통점과 차이점 (1)

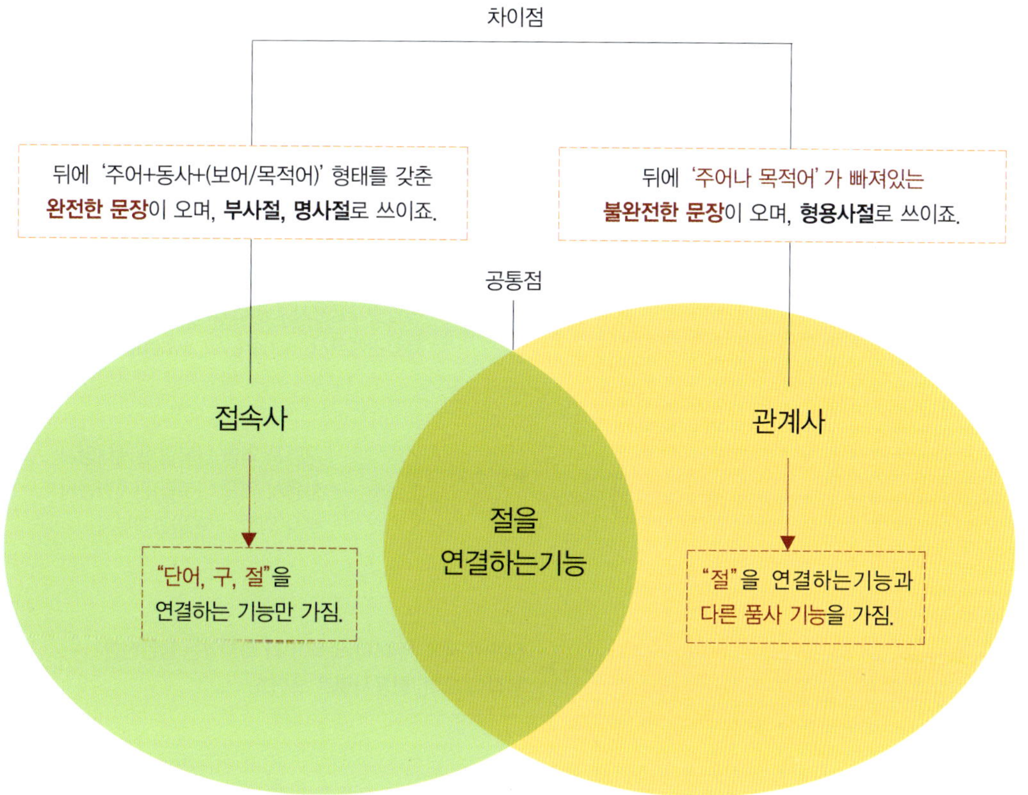

접속사와 관계사의 공통점과 차이점 (2)

- **공통점** ▶ 문장 속의 2개 이상의 절을 연결
- **차이점**
  - **관계사**
    - **종류** – 선행사의 유무에 따른 구분
      - 有
        - 관계대명사 : who, which, that, **what**(선행사 포함)
        - 관계형용사 : what, which
        - 관계부사 : where, when, why, **how**(선행사 생략)
      - 無
        - 복합관계대명사 : whoever, whichever
        - 복합관계형용사 : whatever, whichever
        - 복합관계부사 : wherever, whenever
    - **기능** – ● 접속사 역할 (절을 연결함) ＋
      - 대명사 역할 : (복합)관계대명사
      - 형용사 역할 : (복합)관계형용사
      - 부사 역할 : (복합)관계부사
    - **문장구조** ▶ 관계사 뒤에 '주어나 목적어' 가 빠져있는 **불완전한 문장**이 오며, **형용사절**로 쓰이죠.
  - **접속사**
    - **종류**
      - 등위접속사 : and, or, but, yet
      - 등위상관접속사 : both ~ and, either ~ or
      - 종속접속사 : since, that, because, as
    - **기능** – ● 문장 내에서 단어, 구, 절을 연결하죠.
    - **문장구조** ▶ 접속사 뒤에 '주어+동사+(보어/목적어)' 형태를 갖춘 **완전한 문장**이 오며, **명사절, 부사절**로 쓰이죠.

관계사(관계대명사)의 예

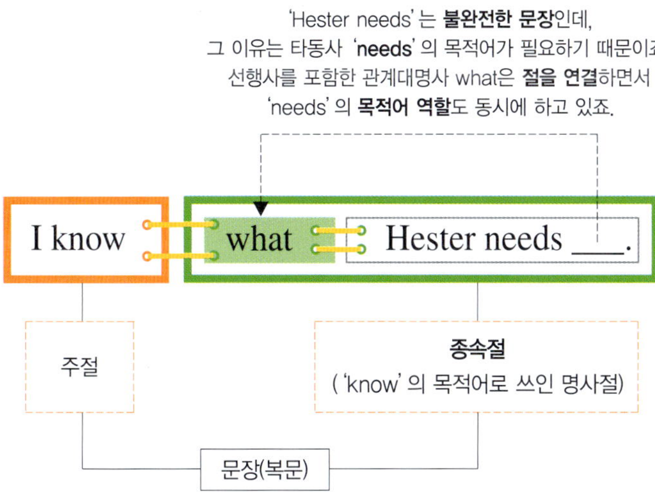

나는 헤스터가 필요로 하는 것을 알고 있다.

접속사의 예

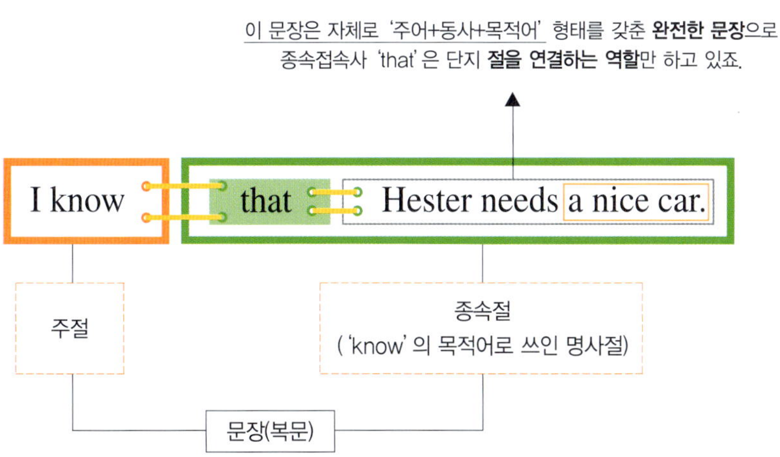

나는 헤스터가 멋진 자동차를 필요로 하고 있다는 것을 알고 있다.

다음은 **같은 단어가 접속사와 부사로 사용되는 경우**인데 참고로 하세요.

종 류	품사 구분에 따른 예문	
	접속사	부 사
therefore	I think, **therefore** I am. 나는 생각한다. 그러므로 나는 존재한다.	It is **therefore** desirable to know the difference between right and wrong. 그러므로 옳은 것과 그릇된 것과의 차이점을 알고 있는 것이 바람직하다.
however	**However** carefully I may write, I sometimes make mistakes. 내가 아무리 조심스럽게 써도 나는 때때로 실수를 한다. * **however+형용사/부사+S+V**	This was not an easy decision. It is, **however**, a decision that I feel is dictated by my duty. 이것은 쉬운 결정이 아니었다. 그러나 그것은 나의 의무에 의해 내려진 결정이라고 생각한다.
so	There was snow everywhere, **so** the shape of things was difficult to identify. 도처에 눈이 덮여서 사물의 형태를 파악하기가 어려웠다.	You must not behave **so**. 너는 그렇게 행동해서는 안된다. Everything is just **so**. 모든 것이 반듯하게 정돈되어 있다.
yet	It is good, **yet** it is necessary to improve it. 그것은 좋다, **그러나** 개선할 필요가 있다.	They have not arrived here **yet**. 그들은 아직 여기에 도착하지 않았다.

이것으로 접속사 마법의 소개가 끝났군요.
정말 하나같이 흠잡을 데가 없죠.
영어와 이렇게 친해지게 하는 마법의 책을 만났으니까요!
여러분은 행운아인 것입니다.

여담은 이것으로 끝내고 연결사 마법의 마지막 친구인 **전치사의 소개**도 받아 봐야겠죠.
아마도 앞서 소개한 친구들을 닮았다면 분명히 그의 마법도 기가 막히겠죠?

3. 전치사(Prepositions)를 부르는 마법 주문

여러분들은 저를 마지막으로 소개하니까 그다지 중요하지 않은 마법의 영문법을 구사하는 것으로만 생각할지 모르겠으나 저는 제 이름 **전치**(앞에 놓임)에서도 알 수 있듯이 항상 남들보다 앞에서 솔선수범하는 성격입니다.

따라서 제가 구사하는 마법 또한 항상 남들보다 앞에서 솔선수범하는 마법이 되겠습니다.

못 믿으시겠다고요?

사실인지 아닌지는 다음의 제 마법을 잘 읽어보시고 평가해 주세요.

첫째, 전치사의 개념입니다.

"헤스터가 어디에 살고 있는지 아세요?"(Do you know where Hester lives?)

"예, 그녀는 나의 아파트 ____에 살고 있어요."

(Yes I do. She lives above my apartment.)

위 문장에서 명사(구), 즉 '나의 아파트' 다음의 ___에는 '위층', '아래층', '맞은 편' 등을 써서 집의 위치를 나타낼 수가 있죠. 국어의 "**~에, ~에서**(부사격조사)"를 영어에서는 명사, 대명사, 동명사 앞에 전치사(above, under, opposite)를 써서 **장소, 위치, 방향, 시간 등의 의미**를 나타내죠.

즉, '**전치사(前置詞)**'란 **명사(구), 동명사, 대명사 등의 앞에 위치**하여 문장 내에서 **형용사**나 **부사 역할**을 하는 어구를 말하죠. 전치사 다음에 위치하는 것이 전치사의 목적어인데, 대명사가 목적어로 쓰인 경우에는 반드시 **목적격**을 써야 합니다.

먼저, 이런 전치사의 개념과 역할에 대하여 이해가 잘 될 수 있도록 마법의 도표로 설명해 보죠.

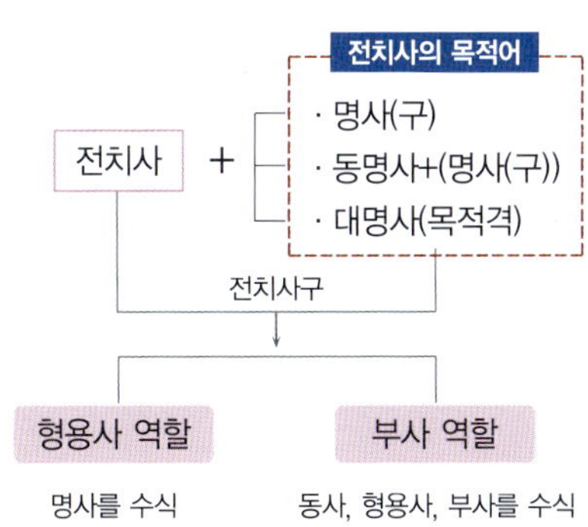

도표 내용을 좀 더 쉽게 이해할 수 있도록 마법의 자동차 그림으로 보여 드리죠.

우선 화물자동차의 짐(명사)과 트레일러의 짐(전치사의 목적어)과의 관계에 유의하세요.
그리고 이 둘을 **연결고리**(전치사)로 이어준 모양이죠.

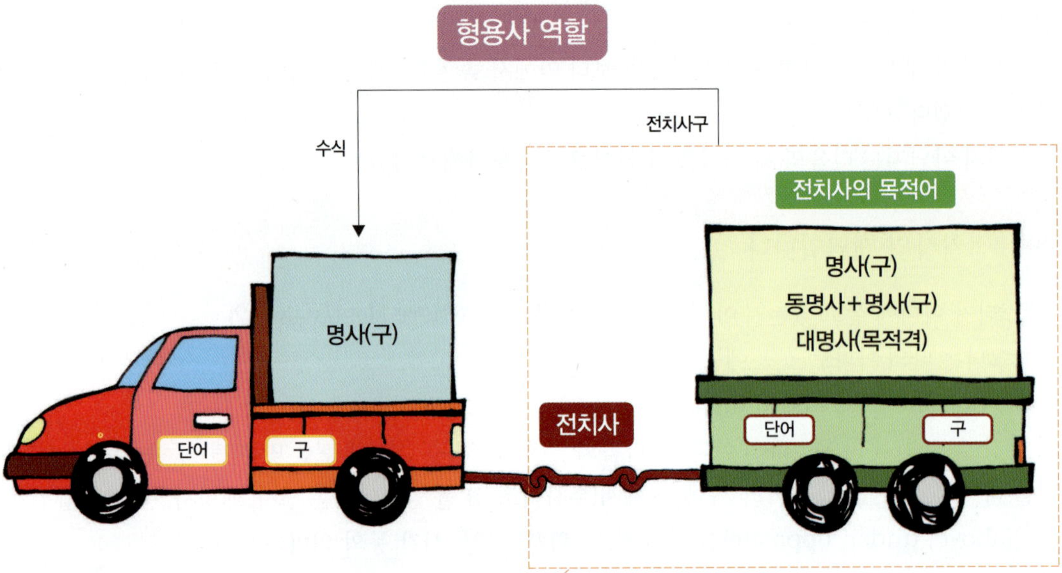

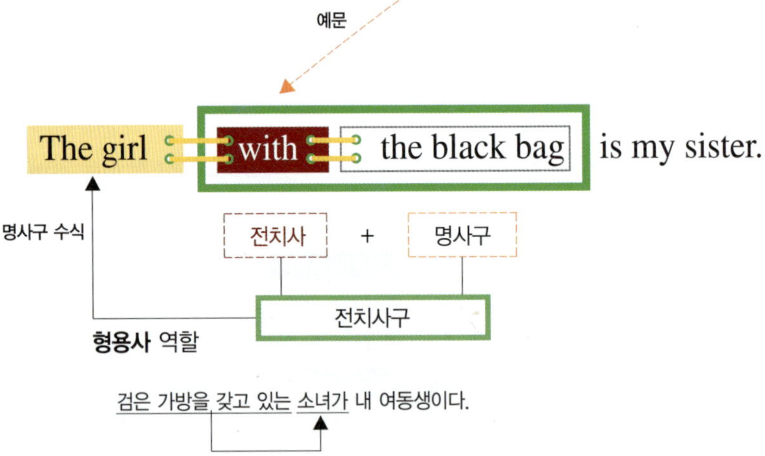

※ 국어에서는 '소녀'를 앞에서 수식하지만, 영어에서는 **뒤에서 수식**한다는 점이 중요함.

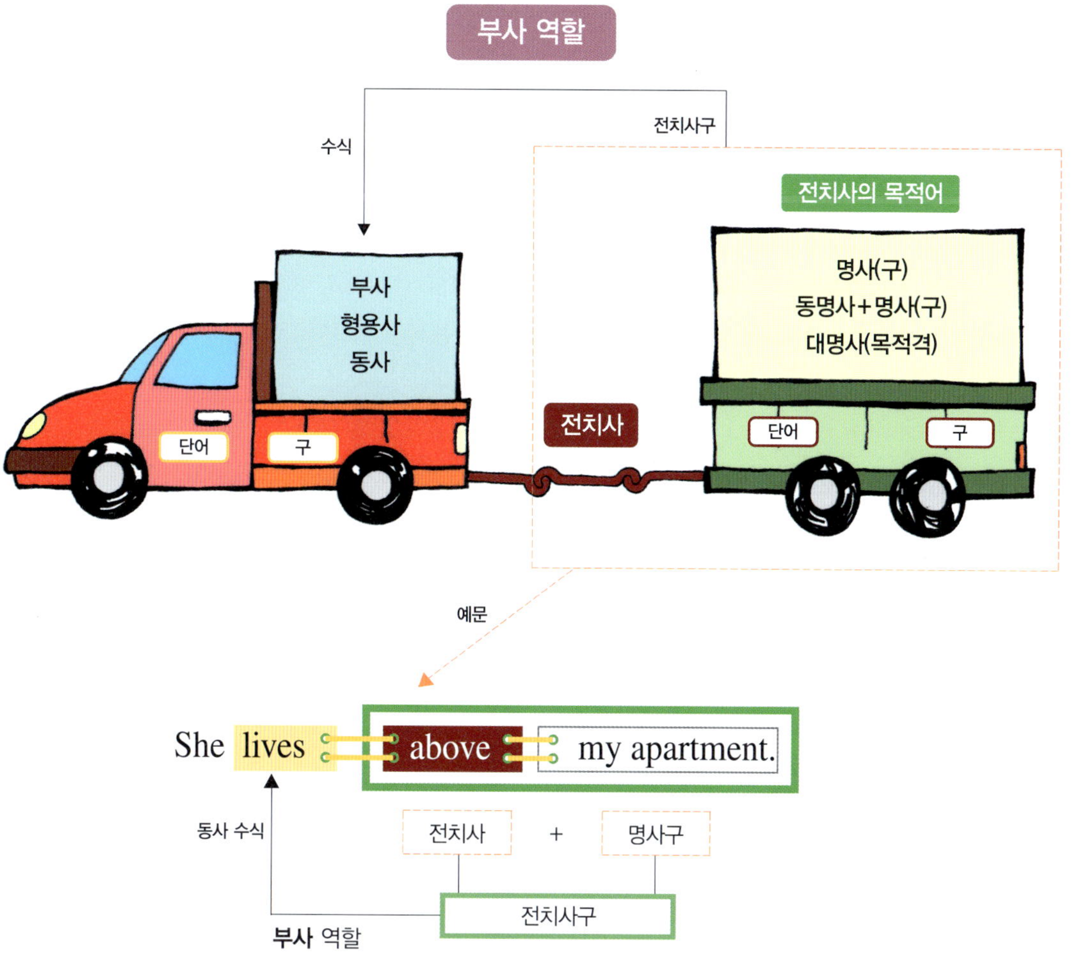

그녀는 나의 아파트 위층에 산다.

어떠세요? 제 마법은 정말 남들 앞에서 먼저 솔선수범하는 마법이지 않나요? 이해를 돕기 위해 예를 더 들어보죠.

1. 전치사가 **자동사와 결합**하여 **타동사 역할**을 하는 변신마법의 경우입니다.

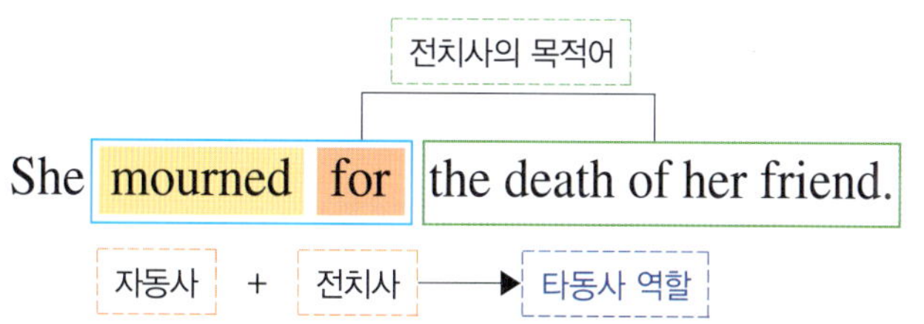

그녀는 친구의 죽음을 애도했다.

2. 전치사구가 **명사(구)를 수식**하여 **형용사 역할**을 하는 변신마법의 경우입니다.

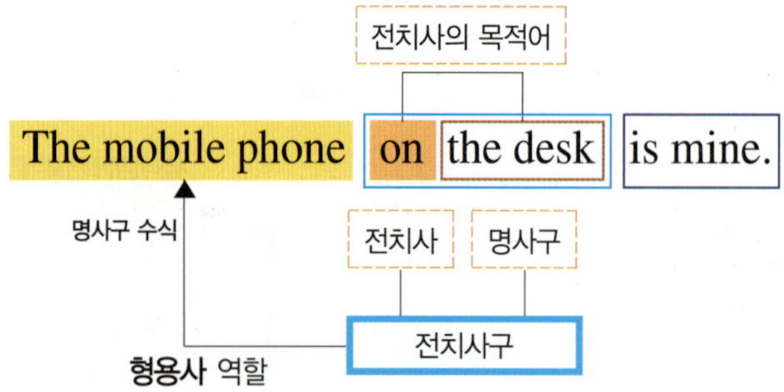

책상 위에 있는 휴대폰은 내 것이다.

3. 전치사구가 **동사를 수식**하여 **부사 역할**을 하는 변신 마법의 경우입니다.

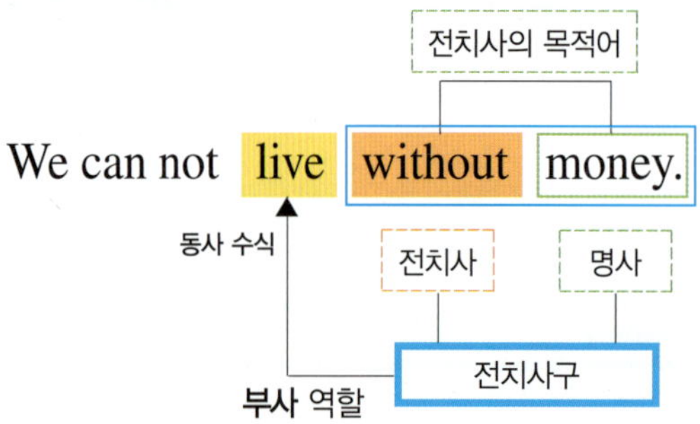

우리는 돈 없이 살 수 없다.

4. 전치사의 목적어인 **동명사**가 또 목적어를 취한 변신마법의 형태이죠.

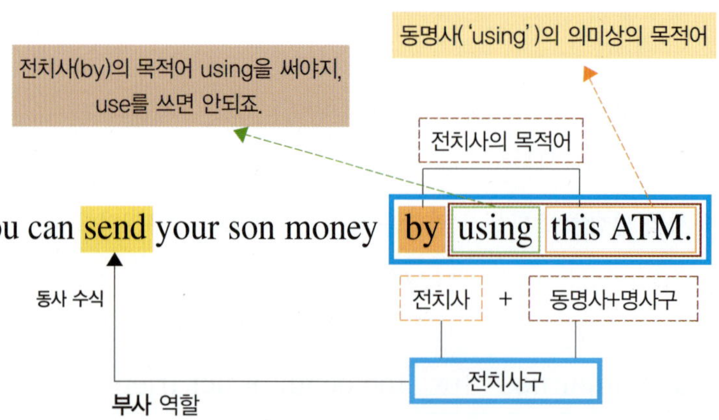

당신은 이 현금 자동인출기를 이용하여 당신의 아들에게 돈을 송금할 수 있다.

*ATM(Automated Teller Machine의 약자) : 현금 자동인출기

둘째, **전치사의 형태상 분류**입니다.

전치사의 형태상 분류 (종류)	전치사의 종류에 대한 개념 및 예문
단일전치사 (simple preposition)	**단어 한 개만**으로 전치사로 쓰이는 것을 말하죠. My name comes after yours **on** the list. 내 이름은 명부에서 당신의 이름 다음에 있다.
이중전치사 (double preposition)	**단독으로 쓰일 수 있는 전치사가 다른 전치사와 함께 사용되는 것을** 말하죠. **from behind**(뒤에서), **as above**(위와 같이), **until after**(~한 후에야) I heard someone call my name **from behind** the building. 나는 누군가가 건물 뒤에서 내 이름을 부르는 것을 들었다. I am not free **until after** lunch. 나는 점심시간이 지나야 시간이 있어요.
구전치사 (phrasal preposition)	**두 개 이상의 단어가 모여 하나의 전치사로 사용되는 것**을 말하죠. **in place of**(~을 대신하여), **according to**(~에 따라서), **by means of**(~에 의하여) Could I have pears **in place of** apples? 사과 대신에 배를 먹을 수 있을까요?
분사형전치사 (participle preposition)	**'V+ing'(분사) 형태가 전치사로 사용되는 것**을 말하죠. **concerning**(~에 관하여, ~에 대하여), **regarding**(~에 관하여, ~의 점에서는), **including**(~을 포함하여, ~와 함께), **excepting**(~을 제외하고, ~을 생략하고), **notwithstanding**(~에도 불구하고) **Concerning** the matter, I'd like to say a word or two. 그 문제와 관련하여, 나도 한 마디 하고 싶다

전치사 마법은 그 종류가 엄청나게 많아 학습할 마법의 내용도 많습니다.
여기에서는 영어 학습에 꼭 필요한 중요한 전치사의 핵심 내용만 다루겠습니다.

셋째, 전치사의 종류와 용법에 대해 알아보겠습니다.

1. 장소나 위치를 나타내는 전치사입니다.

1) at/ in/ on

종류	분 류	용 법	용 례
at	장 소	비교적 좁은 장소	**at** a hotel, **at** the mall, **at** work, I stayed **at** a hotel **in** New York. 나는 뉴욕에 있는 호텔에 묵었다.
		구체적인 장소	**at** a party, **at** a meeting, **at** the match
	위 치	하나의 특정 지점, **번지**	**at** the center, **at** the top, **at** 100 Madison Street 메디슨가 100번지에
in	장 소	비교적 넓은 장소(국가, 주, 도시) *좁은 장소라도 자기가 살고 있는 곳	**in** Japan, **in** New York I live **in** this village. 나는 이 마을에 살고 있다.
	위치	특정 구역, 지역 「안」에 있음을 나타내는 경우	**in** the office, **in** hospital, **in** church
on	위치	(책의) 페이지나 신체 외부의 대부분을 나타내는 경우	**on** page 10, 100, 1,000 **on** your head, **on** the cheeks, Have a ring **on** your finger. The suit looks nice **on** you. 그 정장이 당신에게 잘 어울린다.
	장소	표면 위나 일직선상의 지점 **거리명**	**on** a stage, **on** the second floor **on** King/Bridge Street 킹/브릿지 가

2) 위와 아래의 상대적인 위치를 나타내는 전치사

① **over** : (떨어져서 수직으로 바로) 위에, 위쪽에
under : (떨어져서 수직으로 바로) 아래에, 밑에, 기슭에
The moon is **over** the roof of our school. 달은 우리 학교 지붕의 바로 위에 있다.
Don't walk **under** the trees. 나무 밑으로 걷지 마라.

② **above** : (비스듬히, 막연하게, 떨어져서) 위에, 위쪽에
below : (비스듬히, 막연하게, 떨어져서) 아래에, 하류에
Please look for it **above** and **below** the table.
탁자 위와 아래에서 그것을 찾아보세요.

③ **on** : (표면에 접촉해서) 위에, 표면에
beneath : (표면에 접촉해서) 아래에, 밑에
on the ceiling 천장에, **on** the other wall 다른 벽에
beneath one's feet 발 밑에, **beneath** a window 창 밑에

3) 앞과 뒤의 상대적인 위치를 나타내는 전치사

before : '~의 앞에 <위치>, ~의 면전에' 란 뜻으로 쓰이죠.
behind : '~의 뒤에 <위치, 순서>, 나중에 <때>' 란 뜻으로 쓰이죠.
in front of : '~의 앞에' 란 뜻으로 before보다는 덜 격식적인 문장에 사용되죠.

She sat **before** me in church. 그녀는 예배 중에 내 앞에 앉았다.
Shut the door **behind** you. 네 뒤에 있는 문을 닫아라.
He stood just **in front of** my house. 그는 바로 내 집 앞에 서 있었다.

4) 이동의 방향을 나타내는 전치사

into : (밖에서) ~ 안으로, ~의 속으로 <운동 상태>
out of : (안에서) ~ 밖으로 <운동 상태>; ~의 밖에서 <위치>

We went **into** the house. 우리는 그 집 안으로 들어갔다.
He took a wallet **out of** his pocket. 그는 그의 주머니에서 지갑을 꺼냈다.

5) 통과, 관통을 나타내는 전치사

across : '(길, 어떤 영역을) ~가로질러, ~횡단하여' 란 의미로 쓰이죠.
through : '(선이나, 면을) 통과하여, 관통하여, 지나서' 란 의미로 쓰이죠.
along : '(길, 거리 등의 긴 것을) 따라서' 란 의미로 쓰이죠.

Don't go **across** the road alone. 혼자서 도로를 건너지마라.
A bullet went **through** the lung. 총알이 폐를 관통했다.
We walked **along** the riverside. 우리는 강변을 따라 걸었다.

6) 다른 대상 사이에 위치한 것을 나타내는 전치사

between : 주로 두 개 사이에 놓여 있는 경우에 사용하죠.
among : (사람이나 물건 등이) 세 개 이상 사이에 놓여 있는 경우에 사용하죠.

There is a bookstore **between** the post office **and** the bank. 우체국과 은행 사이에 서점이 하나 있다.

* between A and B : A와 B 사이에

There is a female student **among** many male students.
많은 남학생들 사이에 한 명의 여학생이 있다.

7) 근접한 위치를 나타내는 전치사

by(옆에, 곁에), **beside**{~의 곁에(서)}, **near**(가까이, 근접하여)

Stand **by** the door. 문 옆에 서라.

She sat **beside** me in school. 그녀는 수업 중에 내 곁에 앉았다.

I want to buy a house **near** here. 나는 이 근방에 집을 사기를 원한다.

조금 복잡하죠?
위에서 학습한 내용을 정말 알기 쉽게 마법의 힘을 빌린 그림으로 다 보여드리죠.
아마 바로바로 이해되실 겁니다.

위치를 나타내는 전치사의 유형

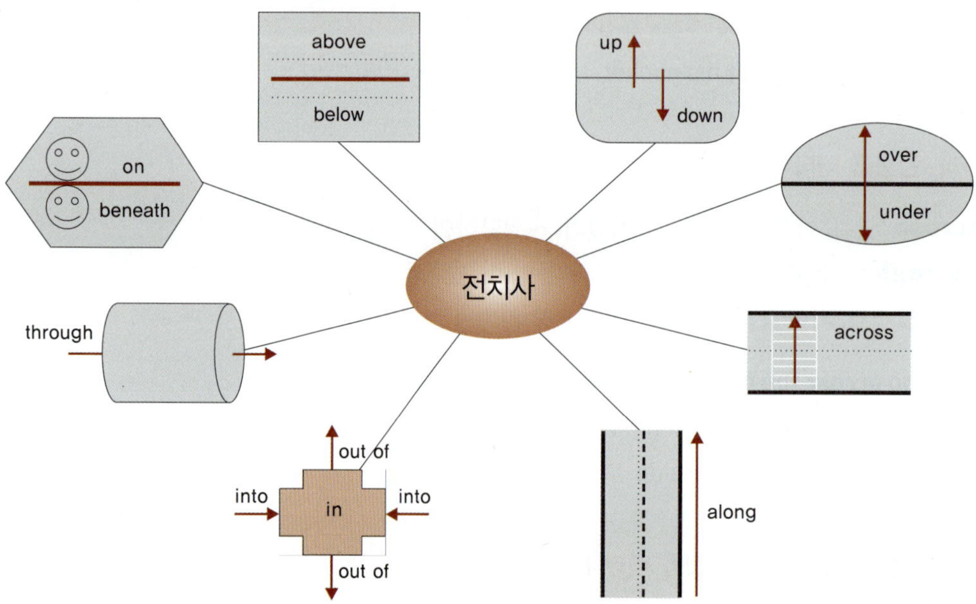

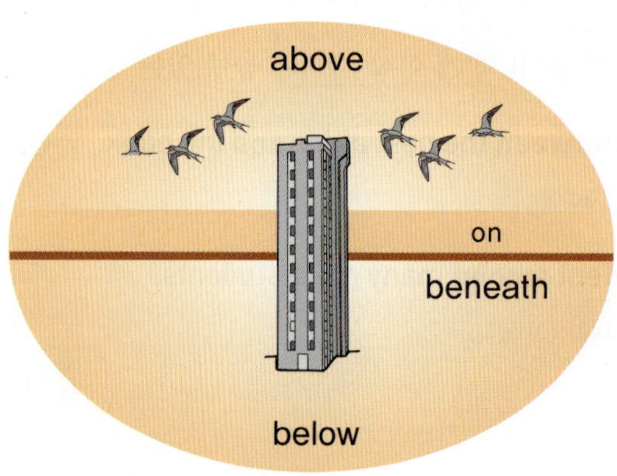

2. 운동방향을 나타내는 전치사입니다

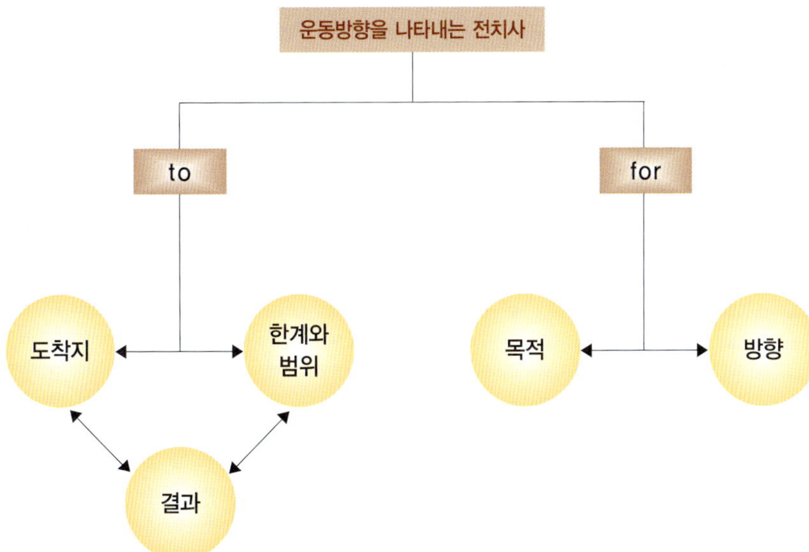

종 류	용 법	예 문
to	**~으로, ~쪽으로, ~을 향해서** (방향과 도착지점)	Please bring your wife **to** my housewarming party with you. 당신의 아내를 나의 집들이 파티에 모시고 오세요.
for	**~을 향해서** (방향이나 목적지)	This is the six o'clock express bus **for[to]** Seoul. 이것은 서울행 6시 고속버스입니다. We will start **for** India next month. 우리는 다음 달에 인도로 출발할 것입니다. * **leave/start/depart/head+for** : ~을 향해 출발하다
from	**~에서, ~로부터**(출발장소)	I left **from** Seoul yesterday. 나는 어제 서울에서 떠났다.
toward	(막연한 목표를 향해서) **~쪽으로** (위치 방향)	We suddenly turned **toward** our hometown. 우리는 갑자기 고향 쪽으로 돌렸다.

3. 시간을 나타내는 전치사입니다.

종 류	용 법	용 례
at	몇 시, 몇 분, 밤, 정오, 새벽, **시각**	**at** seven o'clock, **at** noon
on	요일, **특정 날짜, 특정한 날의 아침 · 오후 · 저녁**	**on** Sunday, **on** the tenth of April, **on** Christmas Day, **on** the evening of March 7 Where did you go **on** Christmas Day? 너는 성탄절에 어디에 갔었니?
in	**세기**, 연, 월, 계절, 아침, 오후, 저녁, (기간으로) ~ 동안에/ (시제가 미래 중심) **~후에, ~가 지나서** (시간의 경과)	**in** April, **in** summer, **in** 2003 We live **in** the 21st century. 우리는 21세기에 살고 있다. My birthday will come **in** a few days. 며칠 있으면 나의 생일이다. **in** one's childhood. 어린 시절에
for	**~동안** (일반적으로 **숫자 앞**) "얼마나 오랫동안 지속되었는지를"	The war has lasted **for** seven years. 그 전쟁은 7년 동안 계속되었다. I have stayed in Seoul **for** three days. 나는 3일 동안 서울에 머물러왔다.
during	**~중에** (동작이나 상태의 계속, **특정의 사건, 기간 앞**에) 명사와 함께 쓰여 "언제 일어났는지를"	What are you going to do **during** your summer vacation? 너는 여름방학 동안 무엇을 할 예정이니?
since	**~이래 줄곧** (과거로부터 현재까지 계속)	I have lived here **since** my birth. 나는 태어난 이래 줄곧 여기서 살고 있다.
through	**~동안 줄곧** (처음부터 끝까지 계속)	He nodded **through** English class. 그는 영어수업 동안 줄곧 졸았다.
by	**~까지** (목적어가 가리키는 시점까지의 **기한**을 나타냄)	I must finish it **by** the end of this month. 나는 그것을 이달 말까지는 끝마쳐야 한다. You must be home **by** seven o'clock. 너는 7시까지는 집에 돌아가야 한다.
until till	**~까지** (어느 때까지 동작이나 상태의 **계속**을 나타냄)	You must be home **until** seven o'clock. 너는 7시까지는 집에 있어야 한다. I will be here **till** six. 나는 6시까지 여기에 있을 것이다.
from	**~로부터** (출발점만 표시)	He works hard **from** morning **till** night. 그는 아침부터 밤까지 열심히 공부한다.
within	**~이내에** (일정한 기한 내에)	He will come back **within** a few months. 그는 몇 달 이내로 돌아올 것이다.
after	**~후에** (동작의 완료 기준, 과거시제)	The work was finished **after** a month. 그 일은 한 달 후에 끝났다.

[주의] * **over** : ~을 하면서, ~에 관해서, ~를 통해서 [전화]

We'll **discuss** it **over** our lunch. 점심식사를 하면서 그것을 논의합시다.

Let's **talk over** the matter. 그 일에 관해서 이야기합시다.

They are talking **over** the phone. 그들은 전화로 얘기 중이다.

4. 원인이나 이유를 나타내는 전치사입니다.

종류	용 법	용 례
of	**직접적인 원인**을 표시(병명)	He died **of** cancer[diabetes]. [병명] 그는 암으로[당뇨병으로] 죽었다.
from	**생리적인 원인**을 표시 (과로로, 추워서, 부상으로)	The old man was collapsed **from** overwork. 그 노인은 과로로 쓰러졌다. He was taken ill **from** fatigue. 그는 과로하여[피곤해서] 병에 걸렸다.
with	**육체에 미치는 직감적 원인** (추위, 두려움, 무서움, 흥분)을 표시 *~로 인해	He is down **with** influenza. 그는 독감으로 누워 있다. He is trembling **with** fear. 그는 두려움으로 떨고 있다.
through	**간접적, 소극적 원인** (태만, 과오, 결점, 매개의 수단)을 표시 *~에 의하여, ~을 통하여	He lost his place **through** the neglect of his duty. 그는 직무태만으로 그의 직위를 잃었다. cf. We shall stay in the country **through** the holidays. 우리는 휴일 동안에 시골에 머물 것이다. * 시간을 나타내는 명사와 쓰이는 경우 : **~내내, ~동안에**
at	**감정의 원인을 표시** * ~을 듣고, ~을 보고, ~으로	I was surprised **at** the news of his death. 나는 그의 사망 소식에 놀랐다.
for	**감정의 직접적인 원인** 및 **단순한 이유를 표시,** **행위의 이유** * ~때문에	She shouted **for** joy. 그녀는 기뻐서 소리를 질렀다. He couldn't speak **for** laughing. 그는 웃음 때문에 말을 할 수가 없었다.

5. 재료, 원료의 전치사입니다.

종류	용 법	용 례
of	**물리적 변화** (형태나 질은 변하지 않음)	This house was built **of** bricks. 이 집은 벽돌로 지어졌다.
from	**화학적 변화** (형태나 질이 변함)	Beer is made **from** hops. 맥주는 홉 열매로 만든다.
into	**원료가 가공되어 제품이 될 때** (A is made into B)	We make rice **into** Makgeolli. 우리는 쌀로 막걸리를 만든다.
in	**표현방법, 수단, 재료, 착용**	This picture is painted **in** oils. 이 그림은 유화 물감으로 그려진 것이다. a woman **in** a wedding dress 결혼예복을 입은 여자
out of	구어체에서 **of**나 **from 대신**에 쓰임	This suit is made **out of** silk. 이 옷은 비단으로 만든 것이다.

6. 수단, 도구의 전치사입니다.

with : ~을 가지고, ~으로 (대상물이나 도구, 수단에 관해 언급하는 경우)
by : ~에 의해서, ~로 (어떤 행위나 행동에 관해 언급하는 경우)
through : ~을 통하여 (중개, 경로, 매개, 수단)

I killed the spider **with** a book. 나는 책으로 거미를 죽였다.

I killed the spider **by** hitting it. 나는 거미를 때려서 죽였다.

Our company went **by** bus and returned **by** train.
우리 일행은 버스로 가서 기차로 돌아왔다.

I am looking for the boy **through** a newspaper advertisement.
나는 신문광고를 통해 그 아이를 찾고 있다.

7. 주제(~에 관하여)에 관한 전치사입니다.

about : 언급하고자 하는 내용이 전문적이지 않은 일반적인 경우
on : 언급하고자 하는 내용이 전문적이거나 **"연설, 논문, 토론의 주제"**인 경우

They chatted **about** old times. 그들은 옛 일을 서로 이야기했다.

This is a paper **on** prepositions. 이것은 전치사에 관한 논문이다.

8. 이유를 나타내는 구전치사입니다.

구전치사도 전치사이므로 뒤에는 명사나 **명사상당어구**가 오겠죠.

부사 역할		절(주어+동사)
이유를 나타내는 **구전치사**	전치사의 목적어 명사/명사상당어구	
Because of Owing to Due to On account of On the ground of	his poverty,	he cannot buy the used car.

=He is **so** poor **that** he cannot buy the used car. 그는 너무나 가난해서 그 중고차를 살 수가 없다.
=He is **so** poor **as** not to buy the used car.
=He is **too** poor **to buy** the used car.
=His poverty **prevents** him **from buying** the used car.
=His poverty **forbids** him **to buy** the used car.

Because of his illness, he could not go to church yesterday. 병 때문에 그는 어제 교회에 갈 수가 없었다.

Owing to a great deal of snow, I could not leave for Seoul. 많은 눈 때문에 나는 서울로 떠날 수가 없었다.

[참고] thanks to ~ : **~덕분에, ~ 때문에**

Thanks to her assistance, I succeeded in stopping smoking. 그녀의 도움 덕택에 나는 담배를 끊는데 성공했다.
Thanks to the heavy rain, she had to stay home all day long. 폭우로 인해, 그녀는 하루 종일 집에 머물러있어야만 했다.

9. 양보를 나타내는 구전치사입니다.

부사 역할		절(주어+동사)
양보를 나타내는 **구전치사**	전치사의 목적어 명사/명사상당어구	
In spite of Despite For all With all In the face of Notwithstanding	his poverty,	he is happy.
가난할지라도 그는 행복하다.(He is poor, **but** he is happy.)		

Despite his richness, he is not happy. [~임에도 불구하고]
부유함에도 불구하고 그는 행복하지 않다.

He succeeded **in the face of** great danger. [~에도 아랑곳없이, ~에도 불구하고]
그는 큰 위험에도 불구하고 성공했다.

10. 목적을 나타내는 구전치사입니다.

구 분		의 미	종 류	예 문
* 목적을 나타내는 **구전치사**	부정사구	~하기위해서	in order to V so as to V	A house should be built **in order to** admit plenty of light. 집은 충분한 빛을 받을 수 있도록 지어져야 한다.
	구전치사	~할 목적으로	for the purpose of ~ing with a view to ~ing	He went over to America **for the purpose of** studying medical science. 그는 의학을 공부할 목적으로 미국으로 건너갔다.

He works hard **so that** he **may** pass the examination.
=in order that → 목적을 나타내는 부사절
=He works hard **for the purpose of** passing the exam.
=with a view to ~ing → 목적을 나타내는 구전치사
그는 시험에 통과할 목적으로 열심히 공부하고 있다.

11. 시험에 자주 출제되는 구전치사입니다.

구전치사		예 문
종 류	의 미	
for want of	~의 부족(결핍) 때문에	The plant died **for want of** water. 그 식물은 물 부족으로 죽었다.
in company with together with	~과 함께	He came **in company with** a group of boys. 그는 한무리의 소년들과 함께 왔다.
prior to	~에 앞서 ~이전에	You must check in at the airport at least 30 minutes **prior to** your plane's departure. 당신은 적어도 당신의 비행기가 출발하기 30분전에 탑승절차를 밟아야 한다.
by means of by dint of by virtue of	~의 덕택으로 ~에 의해서	Thoughts are expressed **by means of** words. 사상은 말에 의해 표현된다.
by way of	~을 경유하여 ~하기 위하여	I went to New York **by way of** Paris. 나는 파리를 경유하여 뉴욕에 갔다. They are making inquiries **by way of** knowing the cause of the accident. 그들은 그 사고의 원인을 알아내기 위해 문의하고 있다.
for the purpose of with the object of with a view to with the view of	~할 목적으로	He entered college **for the purpose of studying** law. =He entered college **with a view to studying** law. =He entered college **with the view of studying** law. 그는 법을 공부할 목적으로 대학에 들어갔다.
for the sake of for the good of for the benefit of for the interest of	~을 위하여 ~의 이익을 위해	He argues **for the sake of** arguing. 그는 논쟁을 위한 논쟁을 한다. He is working hard **for the benefit of** his company. 그는 자기 회사의 이익을 위해서 열심히 일하고 있다.
in consequence of as a result of	~의 결과로서	**In consequence of** the inflation of the currency, the prices of things have greatly risen. 통화 팽창의 결과로서, 물건들의 가격은 크게 올랐다.
in the course of	~하는 동안에	I'll finish this project **in the course of** this year. 나는 연내에 이 계획 사업을 끝마칠 것이다.
in favor of	~에 찬성하여	I can not be **in favor of** your proposal. 나는 당신의 제안에 찬성할 수 없다.
in the light of in view of	~에 비추어서 볼 때 ~의 관점에서 ~을 생각하면	His insistence can not be trustworthy **in the light of** recent scientific knowledge. 그의 주장은 최근의 과학적인 지식의 관점에서 볼 때 신뢰할 수가 없다.
in addition to cf. besides	~이외에도, 게다가 ~위에 또, ~에 더하여	There is postage **in addition to** the repair charge. 수리비 이외에도 우편요금이 있다.
in terms of	~의 관점에서	Don't see life **in terms of** money. 금전적인 관점에서 삶을 보지 마라.
	~의 식으로(표현으로)	You don't try to explain it **in terms of** special theory. 당신은 특별한 논리로 그것을 설명하려고 하지 말아야 한다.
in honor of	~에 경의를 표하여 ~을 축하하여	This event is **in honor of** the opening of new museum. 이 행사는 새로운 박물관의 개장을 축하하기 위한 것이다.
apart from	~은 별문제로 하고 ~은 제외하고	The classroom was empty **apart from** one girl seated beside the fire. 그 교실은 난로 옆에 앉아 있는 한 소녀를 제외하고는 텅 비어 있었다.
at the cost of at the expense of	~을 희생하여	I wrote this book **at the cost of** my health. 나는 내 건강을 희생해가면서 이 책을 썼다.
in pursuit of in search of	~을 찾아서 ~을 추구하여	I do this work **in pursuit of** a particular result. 나는 어떤 특별한 결과를 얻으려고 이 일을 한다.

12. 혼동하기 쉬운 구전치사입니다. 차이점에 유의하세요.

1) **as for**(=**with reference to**) : ~에 관해 말하자면, ~에 관하여
as to(=**about, concerning, regarding, as concerns, in regard to, in respect to, with reference to**) : ~에 관하여

As for the matter, we shall talk about that later.
그 문제에 관해서라면, 나중에 그것에 관해 이야기하도록 합시다.
* 어떤 말을 한 뒤에 보충적으로 이야기할 경우 주로 문두에 사용되죠.

As to myself, I would rather not go there. 나로서는 차라리 거기에 가고 싶지 않다.
* as for와 같은 의미로 사용되며 문장 내에서 위치가 자유롭죠.

2) according to + 명사(=in proportion to + 명사) : ~에 따라서
according as + S + V(=in proportion as + S + V) : ~에 따라서

According to the rule, we can choose neither of them.
그 규칙에 따르면, 우리는 그것들 중 어느 하나도 선택할 수가 없다.

We see life differently **according as** we are rich or poor.
우리는 빈부에 따라 삶을 다르게 본다.

3) **in case of** + 명사(=in the event of + 명사) : ~할 경우에는
in case (that) + **S** + **V** : ~할 경우에는, ~에 대비해서

In case of fire, ring the alarm bell.
화재가 발생할 경우, 그 경보 벨을 울려라.

Take a sweater **in case** (that) the weather should turn cold.
날씨가 쌀쌀해질 경우를 대비하여 스웨터를 가져가라.

13. 전치사가 동사, 명사, 형용사와 함께 쓰이는 경우입니다.

전치사가 다른 품사와 결합하는 용례		
동사+전치사	**명사+전치사**	**형용사+전치사**
apologize **to**+사람 ~에게 사과하다	advance **in** ~에 대한 발전 approval **of** ~에 대한 찬성	close **to** ~에 가까운 contrary **to** ~과 반하여
apologize **for**+행위 ~에 대해 사과하다	interest **in** ~에 대한 관심 demand **for** ~에 대한 요구	equal **to** ~와 같은, ~할 역량이 있는
stay **with**+사람 ~와 머물다	emphasis **on** ~에 대한 강조 access **to** ~에 대한 접근	free **of** ~이 없는 free **from** ~로부터 자유로운
stay **at**+장소 ~에 머물다	exposure **to** ~에 대한 노출 cause[reason] **for** ~에 대한 이유	identical[equivalent] **to** ~와 동일한
complain **to**+사람 ~에게 불평하다	effect **on** ~에 대한 효과 influence **on** ~에 대한 영향	responsible **for** ~에 책임있는 similar **to** ~와 비슷한
complain **about**+행위 ~에 대해 불평하다	capability **of** ~에 대한 능력 possibility **of** ~에 대한 가능성	comparable **to** ~에 필적하는 comparable **with** ~와 비교되는
succeed **in** ~에 성공하다	increase **in** ~에 있어서의 증가 decrease **in** ~에 있어서의 감소	anxious **about** ~을 걱정하는 anxious **for** ~을 갈망하는
succeed **to** ~을 계승/상속하다	contribution **to** ~에 대한 기여 respect **for** ~에 대한 존경	capable **of** ~을 할 수 있는 necessary **for** ~에 필요한
rely[count, depend] **on** ~에 의존하다	question **about** ~에 대한 질문 dispute **over** ~에 대한 논쟁	absent **from** ~에 불참한

14. 혼동하기 쉬운 동사구입니다.

1)

agree with + '**사람** 또는 **정책**' : ~에 동의하다
agree to + '**제안**이나 **조건**' : ~에 동의하다
agree on + '(~에 대한) **의견이나 결정**' : ~에 동의하다

Tom certainly **agrees with** you. 톰은 확실히 당신에게 동의한다.

I don't **agree to** his proposal on the matter. 나는 그 문제와 관련해서 그의 제안에 동의하지 않는다.

They **agreed on** my opinion for the cause of the traffic accident. 그들은 그 교통사고의 원인에 대한 나의 견해에 동의했다.

2)

answer to ~ : ~와 일치하다, ~에 부합하다
answer for ~ : ~을 책임지다

Her features **answer to** the description. 그녀의 용모는 인상서와 일치한다.

You must **answer for** what you said yesterday. 당신은 어제 당신이 말한 것에 대해 책임져야 한다.

3) **call on** + '사람' : ~을 방문하다
call at + '장소' : ~에 들르다
call for ~ : ~을 요구하다, ~을 필요로 하다

I am going to **call on** my brother this afternoon. 나는 오늘 오후에 내 동생을 방문할 예정이다.
You'd better **call at** a bookstore on your way to school.
당신은 학교에 가는 도중에 서점에 들르는 것이 좋겠다.
Your success will **call for** a lot of effort. 당신의 성공에는 많은 노력이 요구될 것이다.

4) **correspond with** ~ : ~와 일치하다, ~와 서신왕래를 하다
correspond to ~ : ~와 동등하다, ~에 상당하다, ~에 해당되다

I really wish to **correspond with** you. 나는 당신과의 서신왕래를 진심으로 바라고 있다.
The narrow lines on the map **correspond to** river basins.
지도상의 가는 선들은 하천유역에 해당된다.

5) **compare A with B** : A와 B를 비교하다
compare A to B : A를 B에 비유하다

Let me **compare** the copy **with** the original. 내가 복사본과 원본을 비교해 보겠다.
Life is often **compared to** a voyage. 인생은 종종 항해에 비유된다.

6) **deal in** ~ : ~을 거래하다, ~을 팔다, ~을 취급하다
deal with ~ : ~을 처리하다, ~을 다루다

Our company doesn't **deal in** narcotics. 우리 회사는 마약을 취급하지 않는다.
Let me **deal with** the culprit. 내가 그 범죄자를 상대하지.

넷째, 전치사를 쓰지 않는 경우입니다.

1. 한정사+시간표시 명사 앞

last/next/some/every/all/one/this/that + 시간표시 명사

The party lasted **all night.** 그 파티는 밤새도록 지속되었다.
How about seeing a movie **next Sunday**? 다음 일요일에 영화 보는 것이 어떠니?

2. 시간부사어구 앞

tonight, today, tomorrow, yesterday, etc.

How about going for a walk **tonight**? 오늘 밤 산책하러 가는 것이 어떠니?

다섯째, 접속사와 전치사의 공통점과 차이점입니다.

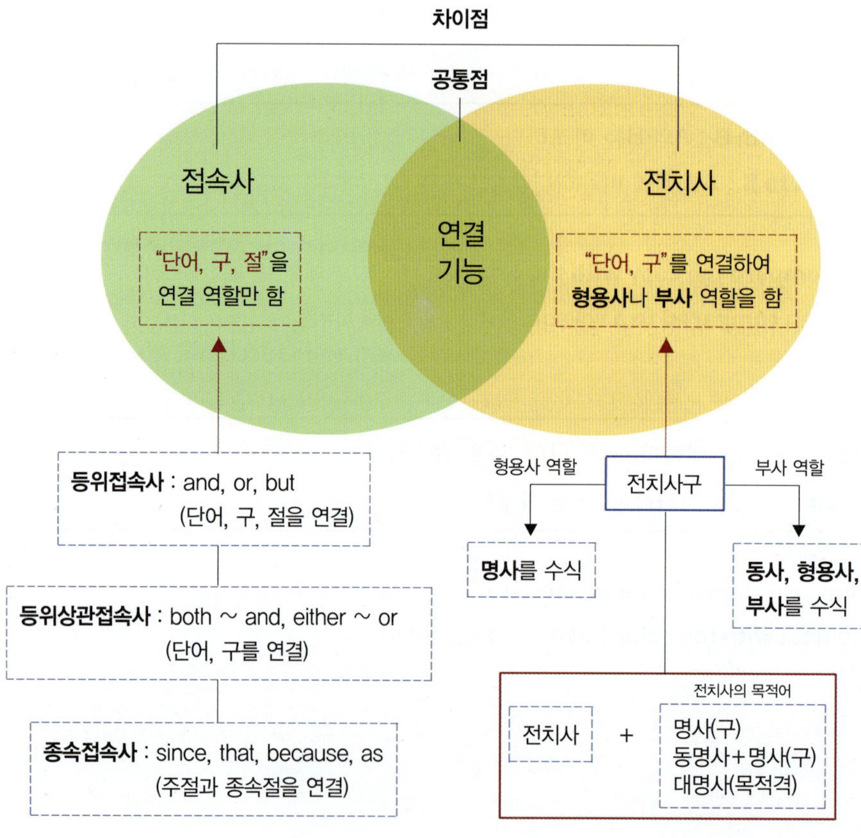

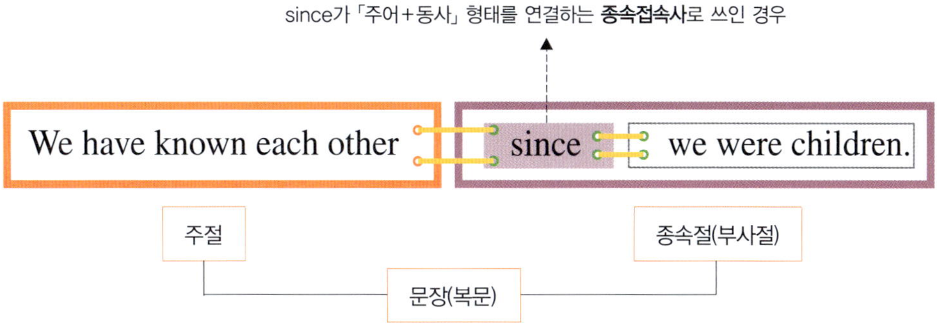

우리는 어렸을 적부터 서로 잘 알고 지낸다.

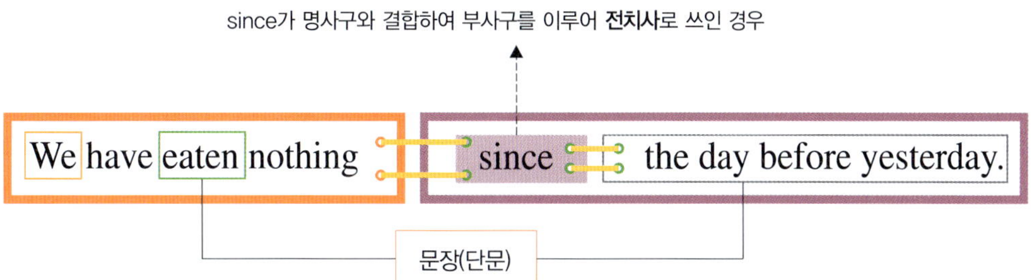

「since+명사구」(the day before yesterday)가 동사를 수식하여 부사 역할을 하고 있죠.

우리는 그저께부터 아무 것도 먹지 못했다.

이것으로 연결사 마법의 마지막 친구에 대한 소개가 끝났군요.
그 어렵다는 전치사 부분을 알기 쉽게 잘 설명했죠?
연결사 마법의 친구들 역시 어느 누구 하나 부족함이 없는 마법을 구사했다고 보는데 여러분의 느낌은 어떤가요?
전적으로 동감하신다구요?
감사합니다.
용기 백배, 힘이 불끈불끈 솟는군요.

이 에너지로 이 책의 마지막을 장식할 **수식어구 마법의 집**에서 두 배, 세 배로 보답해 드리겠습니다.

지금까지 학습한 마법의 영문법을 잘 익히셨다면 실전문제도 그다지 어렵지 않을 것입니다.
다음은 시험에 많이 출제되는 문제 중에서도 특별히 선별한 초특급 울트라 실전문제입니다.
그동안 갈고 닦은 마법의 영문법 봉(지팡이)이 준비되었다면 자신 있게 맘껏 휘둘러보세요.

Actual **Test**

Chapter 05 연결사네 집_ 실전확인문제

Part 1 다음 보기 중에서 빈 칸에 들어갈 적합한 전치사 하나를 고르세요.

보기 :	A. while	B. for	C. during	D. until	E. by
	F. since	G. in	H. on	I. to	J. with

01. We are going to stay here _______ two weeks.

02. Many students in Korea take a trip to America _______ the summer vacation.

03. I was watching a baseball game on TV _______ my wife was reading a book.

04. Let me know the result _______ next Sunday.

05. We will wait for you here _______ seven o'clock.

06. I have known the man _______ he was a child.

07. Where science furnishes us _______ means we can use, philosophy directs us to ends we should seek.

08. It is clear that TV has a serious influence _______ our lives.

09. Addiction to computer games is similar _______ drug or alcohol addiction.

10. Most of the students who attend this middle school succeeded ______ passing the entrance examination.

Part 2 올바른 문장이 될 수 있도록 괄호 안에서 적절한 것을 고르세요.

01. (Where, What, How) do you wear when you exercise?

02. The economic analyst (which, whose, whom) I met yesterday can speak English well.

03. He was the only Korean ambassador (that, which, whom) attended the resumed Cabinet-level meetings on October 10.

04. Actually, my own history in this respect has both unusual (and, or, nor) usual aspects.

05. We could not but help an auditor (who, whose, whom) wife was dead.

06. All programmers were invited to participate in the contest, either individually (and, or, nor) collectively.

07. Any young boy or girl who knows (what, that) he wants to do in life is probably better off for it.

08. (Whether, If, Because) you succeed or not in life depends on your efforts.

09. I think you will find our proposal, which (include, to include, includes) an estimated return on investment, very satisfactory.

10. What is the most important difference between the legal system in Korea (and, or, nor) the one in your country?

11. I prefer staying home to (go, going, gone) out in this weather.

Part 3 빈 칸에 들어갈 가장 알맞은 표현을 보기 중에서 하나를 선택하세요.

01. She is tall, _______ her sister is short.

A. that B. so C. and D. but

02. _______ sales decreased during the hot summer, we expect it to be good during the cold winter.

A. Although B. That C. Because D. Otherwise

03. He has three sons, _______ became scientists.

A. who B. which C. that D. whom

04. Entertainers _______ she was close expressed their grief through funeral addresses and hymns.

A. with whom B. with that C. with who D. whom

05. You'd better send it to _______ you like.

A. who B. whom C. whoever D. whomever

06. There is no rule _______ has some exceptions.

A. as B. but C. that D. what

07. I can meet you _______ you have the time.

A. whenever B. when C. who D. that

08. Once you know _______ your customers want, you must try to find a good way of improving your products efficiently.

A. that B. what C. whose D. which

09. _______ you experience any problems with your mobile phone, please inform us of your inconvenience by e-mail or by telephone.

A. If B. Because C. Because of D. Even though

10. A number of people often spend too much money on pieces of art that_______ not genuine.

A. being B. is C. are D. having

11. There must be the principles of interpretation available to the hearer _______ enable him to determine the context of discourse.

A. which B. who C. whom D. what

Chapter 06

Welcome to 수식어구 마법의 집

1. 형용사(Adjectives)를 부르는 마법 주문
2. 부사(Adverbs)를 부르는 마법 주문
3. 비교(Comparisons)를 부르는 마법 주문

⊙ 실전확인 문제

마법의 영문법을 마지막으로 장식할 **수식어구 마법**에 대해 소개하겠습니다.
먼저 수식어구 마법을 비롯하여 그의 친구들은 여러분의 노력에 진심으로 감사드립니다.
수식어구 마법은 여러분들이 영어 학습을 잘 마무리지을 수 있도록 최선을 다해 모든 마법을 전수할 것입니다.
아무쪼록 마무리를 잘 하셔서 **Reading, Writing, Listening, Speaking**에 이르기까지 영어 전반에 걸쳐 많은 발전 있길 바랄게요.

그럼 먼저 수식어구 마법이 무엇인지, 또 어떤 것들이 있는지, 그리고 차이점이 무엇인지 등에 대해서 살펴보기로 하죠.

우선 **수식어구** 마법의 **다이어그램**을 기억해 주세요.
여기에 비장의 마법이 숨어있습니다.

수식어(구)

- **한정사** — 명사(구) 앞에 위치하여 명사의 범위를 한정시켜 주는 것 :
  관사(a car), 소유격(my car), 지시형용사(that car), 수량형용사(many cars)
- **형용사(구)** (한정적 용법)
  - '**형용사** + 명사(명사 상당어구)' — a **true** man
  - '**명사**(명사 상당어구) + **형용사**' — means **possible**
- **분사(구)**
  - **현재분사**(능동, 진행) — '**분사** + **명사**' — a **singing** teacher
  - **과거분사**(수동, 완료) — '**명사** + **분사**' — a letter **written** in English
  - * 분사는 종요소로 명사의 앞과 뒤에서 형용사처럼 쓰임.
- **부사(구)** — 부사는 동사, 형용사, 부사, 구, 절 등을 수식하며, 빈도부사는 **일반동사 앞**, be동사나 조동사 **뒤에** 위치하죠.

  [부사가 문두에서 문장 전체를 수식하는 경우 콤마를 찍음.]
  * 부사는 문장의 **주요소**로 쓰이지 못하죠.
  예 : I am **truly** grateful. [부사 truly가 형용사 grateful을 수식]

수식어구 마법의 다이어그램이 쉽게 느껴지지는 않죠?
당연히 그럴 건데요.
수식어구 마법은 문장의 주요소가 아니므로 그동안 소홀히 대해 왔다는 점이 중요한 이유겠죠.
그리고 수식어구 마법에 대해 아직 학습하지 않아서 그런 것이므로 인내심을 갖고 끝까지 쭉쭉 읽어 가면 쉽게 이해 될 것입니다. 수식어 부분을 학습한 후에 이 표를 보게 되면, 수식어에 대한 전반적인 내용을 체계적으로 잘 정리할 수 있을 것입니다.
그럼, 수식어구 마법의 친구들로부터 마법에 대한 각자의 소개를 들어 보기로 하죠.
우리는 여기서 "수식"이란 말을 "**꾸며준다**"는 뜻으로 이해하면 됩니다.
그리고 "**형용사와 부사가 둘 다 수식어인데,**
모두 같은 것을 꾸미는 것일까?"라는 의문이 들지 않나요?
당연히 궁금해야겠죠!
무작정 암기하는 학습보다는 마법의 개념과 원리를 궁금해 하고,
새로운 사실을 발견하는 과정에서 마법의 영문법 실력이 일취월장하니까요!

그럼 **형용사와 부사의 공통점과 차이점**을 알아보도록 하죠.

공통점 : 수식어로서의 기능을 합니다.
차이점 : **형용사** - 1) **명사**, **대명사**를 **수식**하여 **문장의 종요소**로 쓰이죠.
2) **주격보어**, **목적격보어**로 쓰여 **문장의 주요소**로 쓰일 수 있죠.
부사 - 1) **동사**, **형용사**, **다른 부사**, **구**, **절**, **문장**을 수식하죠.
2) 오직 **수식어로서의 기능뿐**이므로 **문장의 종요소**(보조요소)만으로 쓰이죠.

참고로 **형용사와 분사의 공통점과 차이점**도 알려드리겠습니다.

공통점 : 1) **명사**를 **수식**하죠. [전치수식, 후치수식]
2) **주격보어**, **목적격보어**로 쓰이므로 **문장의 주요소**로 쓰일 수 있죠.
3) **부사의 수식**을 받죠.

위의 공통점 외에 분사에는 다음과 같은 차이점이 있죠.

1) **the**+**현재분사**[**과거분사**]는 "**복수보통명사**, **단수보통명사**, **추상명사**"로 쓰이죠.
2) 준동사로서 동사의 성질을 갖고 있어 의미상의 주어 · 목적어 · 보어를 취할 수 있고, 시제를 갖죠.
3) **현재분사** - 능동 · 진행 의미
과거분사 - 수동 · 완료 의미를 가지죠.

앞의 내용을 잘 숙지해서 마법의 그림으로 만들어보면 훨씬 이해하기 쉽겠죠?

형용사 + 명사 어순

형용사[분사]가 단독으로 명사를 수식하는 경우에는 **명사 앞**에서 수식하죠.

명사 + 형용사 어순

형용사[분사]가 다른 수식어를 동반하거나 형용사가 2개 이상인 경우, 특정한 명사나 형용사인 경우에는 **명사 뒤**에서 수식하죠.

앞의 내용을 예문을 통해 확인해 보죠.

What is your **live** issue? [형용사가 명사를 앞에서 수식] 당신이 당면한 문제는 무엇이냐?

He left his English book **open** on the desk. [형용사가 명사를 뒤에서 수식]

그는 영어 책을 책상 위에 펼쳐둔 채 내버려 두었다.

Hold your chopsticks **so**. [부사가 동사를 수식] 젓가락을 이렇게 잡아라.

This book is **very** useful for beginners. [부사가 형용사 수식] 이 책은 초보자들에게 매우 유용하다.

She swims **very** well. [부사가 다른 부사를 수식] 그녀는 수영을 매우 잘 한다.

Evidently she gave you the book. [부사가 문장전체를 수식] 분명히 그녀가 당신에게 그 책을 주었다.

I met her **soon** after seven o'clock. [부사가 전치사구를 수식] 나는 7시가 조금 지나서 그녀를 만났다.

I did not go to church **simply** because I did not want to. [부사가 부사절을 수식]

나는 단순히 가고 싶지 않았기 때문에 교회에 가지 않았다.

*** 잠깐! 부사가 동사 이외의 다른 것을 수식할 경우 수식 받는 것 앞에 위치한다는 사실을 알고 가야죠.**

국어와 영어의 수식어의 위치에 있어서 어떤 차이점이 있는지를 알아보면 더욱 확실해지겠죠.

* **국어의 경우** : 수식어가 피수식어 **앞쪽에만** 위치하죠.

a. 5개월 된 아기

b. 아이들에게 유용한 책

c. 바닷가에 있는 아름다운 집

수식어 수식어 피수식어

* **영어의 경우** : 수식어는 피수식어[수식받는 말] **앞이나 뒤, 또는 앞뒤 양쪽**에 다 올 수 있죠.

a five-month old **baby** [수식어가 피수식어의 **앞**에 위치하는 경우]

수식어 피수식어

a **book** useful for children [수식어가 피수식어의 **뒤**에 위치하는 경우]

피수식어 수식어

a beautiful **house** by the seaside [수식어가 피수식어의 **앞뒤 양쪽**에 위치하는 경우]

수식어 피수식어 수식어

이제 '수식어구' 가 "무엇인지?", "어떻게 사용되는지?" 에 대해서는 충분히 이해되셨죠?
그래도 아리송한 분들은 한 번만 더 읽어 주세요.
그럼 분명해질 테니까요.

이제 수식어구 마법에 대한 기본개념은 어느 정도 이해되었으리라 믿고,
지금부터는 수식어구 마법의 친구들에 대해서 알아보겠습니다.

수식어구 마법의 친구들은 모두 세 명입니다.
첫 번째 친구인 **형용사**가 다음 페이지에서 기다리고 있군요.

1. 형용사(Adjectives)를 부르는 마법 주문

안녕하세요. 저는 수식어구 마법의 첫 번째 친구인 **형용사**입니다.
제가 가장 좋아하는 마법은 **명사** 마법입니다.
저는 명사 마법에게 잘 보이기 위해 pretty(예쁘고), beautiful(아름답고), sexy(섹시하고), glamorous(매혹적인) girl이 되려고 날마다 fitness center(헬스클럽)에서 몸매를 다듬고 있죠!
그렇다고 제가 생각없이 꾸미기만 좋아하는 형용사로 착각은 하지 마세요.
명사 마법은 머리가 텅 빈 친구를 싫어하므로 마법의 영문법 공부도 정말 열심히 한답니다.
못 믿으시겠다고요? 그럼 제가 얼마나 열심히 준비했는지 마법으로 보여드리죠.

첫째, 형용사의 용법에는 한정적 용법과 서술적 용법이 있습니다.

아래의 마법 그림을 통해 국어와 영어의 용법 차이를 이해하세요.

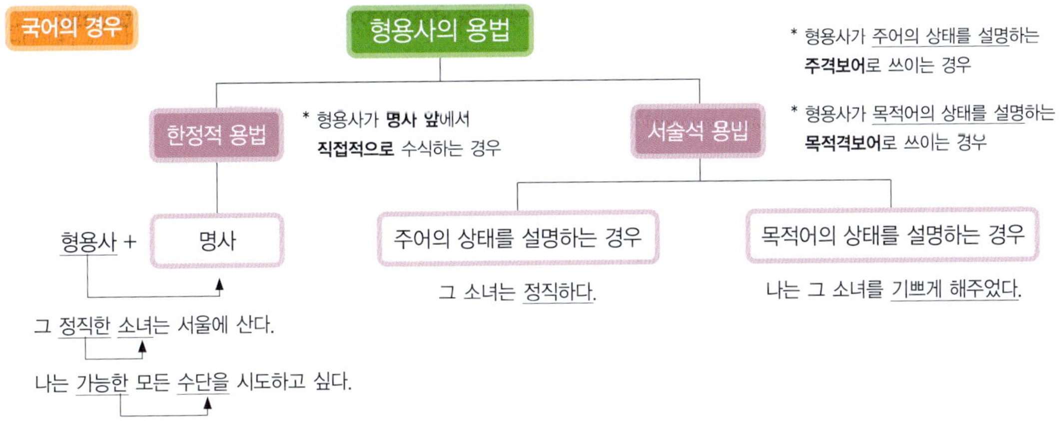

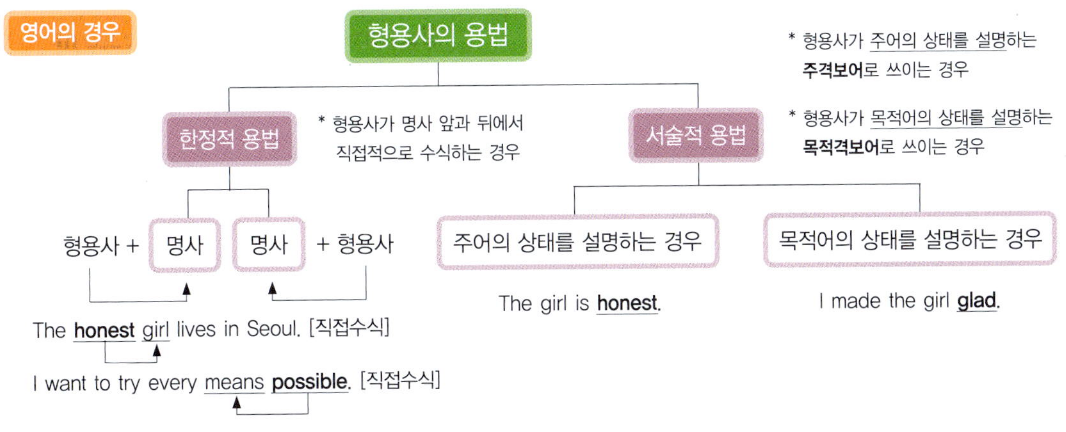

앞의 내용을 예문을 통해서 하나하나 확인해 보죠.

(1) 한정적 용법입니다.

1) 형용사가 명사 앞에 위치하여 명사를 수식 [일반적인 경우]

I want to buy a **nice** car.

나는 멋진 자동차 한 대를 사길 원한다.

2) 형용사가 명사 뒤에 위치하여 명사를 수식 [예외적인 경우]

① 여러 형용사들이 하나의 명사를 수식하는 경우

This is a boy **handsome, kind and outgoing**. 얘는 잘 생기고, 친절하고, 사교성이 있는 소년이다.

② 두 개 이상의 형용사가 대구(對句)적으로 쓰인 경우

With all my limitations, **physical and mental**, I have been happy to live.

나는 육체적, 정신적으로 한계를 갖고 있으면서도 지금까지 살아 있다는 것만으로도 행복했다.

③ 형용사가 다른 요소를 동반하여 길어질 경우

This is a book **useful for beginners**. 이것은 초보자들에게 유용한 책이다.

④ 최상급, all, every, any 뒤에 오는 명사를 "-able, -ible"로 끝나는 형용사가 수식하는 경우

Do you have any room **available**? 이용할 수 있는 방이 있습니까?

⑤ 형용사가 "-thing, -body"로 끝나는 (대)명사를 수식하는 경우

unusual something (×)

something **unusual** (○) 이례적인 어떤 것

3) 한정적 용법으로만 쓰는 형용사들입니다.

drunken/ elder/ older/ former/ latter/ only/ inner/ outer/ lone/ mere/ sheer upper/ utmost/ utter/ very/ wooden/ live/ living/ sole/ this/ that/ frightened

You have to learn **living** English. 당신은 생활영어를 배워야 한다.

He is a **drunk** man. (×)

He is a **drunken** man. (○) 그는 술 취한 사람이다.

cf. He is **drunk**. 그는 술에 취해 있다.

→ drunken은 한정적 용법에만 쓰이고, drunk는 서술적 용법에만 쓰이죠.

(2) 서술적 용법입니다.

1) 형용사가 문장 내에서 **주격보어**, **목적격보어**로 쓰이는 경우이죠.

He is **honest**. [주격 보어] 그는 정직하다.

We all think him **honest**. [목적격 보어] 우리 모두는 그가 정직하다고 생각한다.

2) **서술적 용법으로만 쓰는 형용사들**입니다.

afraid/ alike/ alive/ alone/ asleep/ ashamed/ awake/ aware/ amiss/ averse astray/ aghast/ content/ fain/ fond/ glad/ liable/ loath/ submit/ subject unable/ well/ worth

These shoes are **like**. (×)

These shoes are **alike**. (○) 이 신발들은 거의 같다.

The bird is still **alive**. 그 새는 여전히 살아 있다.

The baby is fast **asleep**. 아기는 깊이 잠들어 있다.

I will be home **alone** all day tomorrow. 나는 내일 종일 집에 홀로 있을 것이다.

둘째, 수량형용사입니다.

수를 표시하는 형용사는 **셀 수 있는 명사**와 결합하여 **복수취급**하고, 양을 표시하는 형용사는 **셀 수 없는 명사**와 결합하여 **단수취급**하죠.

이것은 시험에 자주 출제되므로 아래의 마법 도표를 잘 익혀 두세요.

수를 표시하는 형용사		**양**을 표시하는 형용사		**수**와 **양**을 함께 표시하는 형용사	
many few a few not a few a good many a great many a great number of a large number of a multitude of (많은, 수많은)	**+ 복수명사** **→ 복수취급**	much little a little not a little a good deal of a great deal of a great quantity of a large amount of (많은 양의, 상당한 양의)	**+단수명사** (물질/추상명사) **→ 단수취급**	a lot of lots of (a) plenty of some any	**+ 복수명사** **→ 복수취급** **또는** **+ 단수명사** **→ 단수취급**

1) many 많은 (수의) ↔ much 많은 (양의)

I think that they have **much** children. (×)

I think that they have **many** children. (○) 나는 그들이 많은 아이들을 두었다고 생각한다.

Much student has repeated the same mistake. (×)

Many students have repeated the same mistake. (○) 많은 학생들이 똑 같은 실수를 되풀이해 왔다.

I think that there is **many** news about the plane crash. (×)

I think that there is **much** news about the plane crash. (○)

비행기 충돌에 관한 많은 소식들이 있다고 생각한다.

2) few (수가) 거의 없는 ↔ little (양이) 거의 없는 [부정적 의미]

There were **little** reference books on the desk. (×) [little → few] 책상 위에 참고서가 거의 없다.

I have very **few** time to study psychology. (×) [few → little] 나는 심리학을 공부할 시간이 거의 없다.

3) a few (수가) 조금 있는 ↔ a little (양이) 조금 있는 [긍정적 의미]

They will come back in **a little** days. (×) [a little → a few] 그들은 며칠 있으면 돌아올 것이다.

They will come back in **a few** while. (×) [a few → a little] 그들은 잠시 후에 돌아올 것이다.

4) not a few (수가) 적지 않은 ↔ not a little (양이) 적지 않은

(=quite a few 꽤 많은) ↔ (=quite a little 꽤 많은)

He has **not a little** friends. (×) [little → few] 그는 적지 않은 친구들이 있다.

We have **not a few** snow here in winter. (×) [few → little] 이 곳은 겨울에 눈이 많이 온다.

5) only a few (수가) 아주 적은(=but few) ↔ only a little (양이) 아주 적은(=but little)

He has **only a few** friends. 그는 아주 작은 수의 친구들이 있다.

6) a large[great] number of 많은, 다수의 ↔ a large amount of 상당량의, 다량의

A large number of people visit the historic site. 많은 사람들이 유적지를 방문한다.

Our company has **a large amount of** equipment. 우리의 회사는 많은 장비를 가지고 있다.

cf. **the number of** + 단수 · 복수명사 → **단수동사**

The number of students **is** decreasing in Korea.

한국에서 학생의 수는 감소하고 있다.

7) a good(great) deal of + 단수명사 : 상당량의, 다량의

She has spent **a good deal of** money on books.

그녀는 책값으로 상당히 많은 돈을 소비해 왔다.

셋째, 수사입니다.

수사에는 개수를 나타내는 **기수**와 순서를 나타내는 **서수**가 있죠.
이들의 용법에 대해 한 번 살펴볼까요?

1. **dozen, hundred, thousand, million**의 사용법입니다.

(1) 숫자+척도를 나타내는 명사의 단수형 : 정확한 수치를 나타내죠.

three decade(10)/ dozen(12)/ score(20)/ hundred/ thousand/ million
30 36 60 300 3,000 3,000,000

I bought three dozen eggs yesterday. 나는 어제 달걀을 36개 샀다.

(2) 척도를 나타내는 명사형의 복수형+of+복수명사 : 막연한 수치를 나타내죠.

dozens of eggs 수십 개의 계란 **scores of** eggs 수십 개의 계란
hundreds of people 수백 명의 사람들 **thousands of** inhabitants 수천 명의 거주민들

Dozens of students were absent yesterday because of heavy snow.
수십 명의 학생들이 많은 눈 때문에 어제 결석했다.

cf. three **dozen** of eggs two **score** of eggs three **thousand** of eggs

* dozen, score, hundred, thousand, percent 등이 수사 다음에 올 때는 복수일지라도 반드시 **단수형**을 사용하죠.

2. 시간표시법입니다.

7 : 55 **a.m.** = seven fifty-five (eiem)/ ante meridian(오전), **p.m.** : post meridian(오후)
11시 10분 전 : It's ten **to** eleven.
11시 10분 : It's ten **past** eleven. = It's ten (minutes) **after** eleven.(= It's eleven ten.)
11시 15분 전 : It's a quarter **to** eleven.
11시 15분 : It's a quarter **past** eleven.

3. 연월일**(date)**표시법입니다.

예 문	전치사와 연, 월, 일, 요일, 시간 표시		
	전치사의 예	전치사	유 형
My son was born 내 아들은 태어났다.	in 1997.	in	연도
	in October.	in	월
	on October seventeenth.	on	월, 일
	on October 17, 1997.	on	연도, 월, 일
	on Thursday.	on	요일
	at 20 : 00.	at	시각

4. **기수, 서수 사용법**입니다.

기수 앞에는 정관사가 붙지 않고 **서수** 앞에는 정관사가 붙죠.

분 류	명사+기수	the+서수+명사
Chapter II	chapter two	**the** second chapter
Act II	act two	**the** second act
World War II	World War two	**the** Second World War
Page 135	page one (hundred and) thirty five	**the** one hundred and thirty fifth page

We left before beginning **the act two**. (×)

We left before beginning **the second act**. (○) 우리는 2막을 시작하기 전에 떠났다.

5. **'수사 – 단위명사+명사'** 의 사용법입니다.

'수사와 단위명사' 가 **하이픈**(hyphen : –)으로 연결되어 명사를 수식하여 형용사 역할을 할 때에, 단위명사는 단수형을 사용해야죠.

I bought a five-dollar notebook yesterday. 나는 어제 5달러짜리 노트를 샀다.

An eight-year-olds child has to go to school. (×) 8살 된 아이는 학교에 다녀야 한다.
→ old(○)

* 명사 앞에 사용된 하이픈(–)은 형용사로서의 기능을 하기 때문에 복수나 소유격 형태로 변형시켜서는 절대 안 되죠.

cf. She is five **feet** tall. 그녀의 키는 5피트이다. * foot의 복수형이 feet이죠.

* '수사+단위명사' 가 하이픈 없이 **서술적 용법**으로 쓰이면 **복수명사**를 사용하죠.

6. 정도를 표시하는 형용사입니다.

(1) large나 small의 수식을 받는 명사

family, sale, income, salary, demand, profit, change, number, etc.

We have a **many** family. (×)

We have a **large** family. (○) 우리는 대가족이다.

(2) high나 low의 수식을 받는 명사

quality, productivity, wage, price, cost, level, standard, speed, etc.

My sister bought her suit at very **much** price yesterday. (×)

My sister bought her suit at very **high** price yesterday. (○)

내 여동생은 어제 아주 비싼 값으로 그녀의 옷을 샀다.

넷째, 혼동하기 쉬운 형용사의 예입니다.

비교단어	의	미
comparative	비교의, 비교상의	This information is got through a **comparative** analysis of many companies. 이 정보는 많은 회사들에 대한 비교분석을 통해 얻어진 것이다.
comparable	~에 필적하는, ~과 비교할 수 있는	Our house is not **comparable** with yours. 우리 집은 당신 집과는 비교가 되지 않는다.
economic	경제학의, 경제적인, 경제의	This **economic** blockade had a great influence on our economy. 이번의 경제적인 봉쇄는 우리의 경제에 막대한 영향을 끼쳤다.
economical	절약하는, 낭비하지 않는	My wife is an **economical** housewife. 나의 아내는 알뜰한 주부이다.
healthy	건강한, 건장한, 왕성한	She had a normal pregnancy and delivered a **healthy** baby. 그녀는 정상적인 임신을 해서 건강한 아기를 낳았다.
healthful	건강에 좋은	Swimming is a **healthful** exercise for everybody. 수영은 누구에게나 건강에 좋은 운동이다.
sensible	분별 있는, 지각 있는, 현명한, 느낄 수 있는	A **sensible** man never repeats the same mistake. 지각 있는 사람은 결코 똑 같은 실수를 반복하지 않는다.
sensitive	민감한, 섬세한, 상하기 쉬운	I am **sensitive** to cold[heat]. 나는 추위[더위]를 잘 탄다.
historic	역사(상)의, 역사적으로, 유명한, 유서깊은	Churchill made a **historic** speech in 1940. 처칠은 1940년에 역사적으로 유명한 연설을 했다.
historical	역사의, 역사적인	She worte a series of **historical** facts. 그녀는 일련의 역사적 사실에 대한 글을 썼다.

이것으로 꾸미기 좋아하는 **형용사 마법**의 비밀을 낱낱이 알아 보았습니다.
이 정도면 형용사가 꾸미기만 좋아하는 것이 아니라 마법의 실력도 상당한 것을 알았죠?
명사가 남자(man)라면 정말 행복한 man이라는 것을 알 수 있을 겁니다.
pretty(예쁘고), beautiful(아름답고), sexy(섹시하고), glamorous(매혹적이고), intelligent(지적인) girl이 항상 붙어 다니니까요.

어디 또 그런 girl 없을까요?
공부하라고 잔소리 하지 않아도 코피 터지게 공부할 텐데 말입니다.
잠시 휴식을 취한 후,
멋진 girl을 만날 수 있다는 희망을 가지고 수식어구 마법의 두 번째 친구인 **부사**를 만나 보시죠!

2. 부사(Adverbs)를 부르는 마법 주문

안녕하세요. 저는 수식어구 마법의 두 번째 친구인 **'부사'** 입니다.
형용사가 마법을 걸어 명사를 수식하는 것처럼, 저도 동사, 형용사, 부사(구/절), 문장 전체 등에 마법을 걸어 모두를 수식할 수 있죠. 하지만 제가 마법 걸기를 제일 좋아하는 것은 **동사**입니다.
그런데 동사의 앞과 뒤에서 아무리 마법을 걸어도 동사는 눈이 높아서 그런지 통 반응을 보이지 않아요.
그러니까 더 약이 올라요.
이번 기회에 동사의 시선을 끌어 봐야겠어요.
그러고 싶으시면, 다시 한 번 **수식어구 도표**와 **형용사와 부사의 차이점**을 복습한 후 부사의 종류를 학습하는 것이 좋겠군요.

첫째, 부사의 종류에 대해서 알아 보겠습니다.

1. 부사의 의미상 분류입니다.

종 류	기 능	용 례
의문부사	의문사가 문장 내에서 시간, 장소, 방법, 이유 등을 묻는데 부사로 사용된 경우	**when**, **where**, **how**, **why**, **what**, etc. **What** does it profit her? 그것이 그녀에게 얼마나 이득이 되는가?
관계부사	의문사가 문장 내에서 부사와 접속사 역할을 겸하고 있는 경우	**where**, **when**, **why**, **how**, etc. It was the last day of October **when** I met her. 내가 그녀를 만났던 때는 10월의 마지막 날이었다.
초점부사	특별히 강조하고 싶은 부분에 위치하는 부사	**only**, **even**, **also**, **too**, etc. Even now it's not **too** late. 지금이라도 너무 늦지는 않았다.
장소부사	장소를 표시해 주는 부사	**outside**, **inside**, **there**, **here**, **home**, **abroad**, etc. I don't want to go **abroad**. 나는 해외로 가는 것을 원치 않는다.
시간부사	시간을 나타내 주는 부사	**then**, **before**, **ago**, **early**, **now**, etc. I met her not long **ago**. 나는 불과 얼마 전에 그녀를 만났다.
연결부사	한 문장[절]과 다른 문장[절]을 연결시켜 주는 부사 ※ 부사를 접속사로 볼 수 있음	**however**, **therefore**, **in addition**, **in conclusion**, etc. **However** tired you may be, you must finish it today. 당신이 아무리 피곤해도 오늘 그것을 끝마쳐야 한다.
양태부사	어떤 동작이 어떻게 이루어지고 있는지를 설명하는 부사 → how로 묻는 질문에 대한 답변으로 쓰이는 부사	**carefully**, **happily**, **well**, **hard**, **badly**, **generally**, etc. You must do it **carefully**. 너는 그것을 신중히 해야 한다.
부정부사	막연한 사람이나 사물 또는 장소를 지시하는 부사	**somewhere**, **somehow**, **anyhow**, **anywhere**, etc. He lives **somewhere** around here. 그는 이 근처 어딘가에 살고 있다.
빈도부사	횟수를 나타내는 부사	**frequently**, **often**, **ever**, **never**, **usually**, **rarely**, etc. He **usually** goes to church on Sundays. 그는 보통 일요일마다 교회에 간다.

2. 의문사(**how**) + 형용사/부사입니다.

용 법	품 사	단 어	뜻	예 문
How +	형용사	old	나이	How **old** is he? 그는 몇 살이니?
		high	높이	How **high** is the mountain? 그 산의 높이는?
		long	길이	How **long** is it? 그것의 길이는?
		tall	키	How **tall** is she? 그녀의 키는?
		many	개수	How **many** eggs are there in the refrigerator? 냉장고 안에는 얼마나 많은 달걀이 있습니까?
How +	정도부사	deeply	깊이	How **deeply** is she sleeping? 그녀는 얼마나 깊이 잠들어 있어요?
		far	거리	How **far** is it from school to the post office? 학교에서 우체국까지 거리가 얼마나 되지요?
		much	양	How **much** money do you have in your pocket? 수중에 돈을 얼마나 가지고 있습니까?
		often	횟수	How **often** does the shuttle bus run from here to school? 셔틀버스는 여기에서 학교까지 얼마나 자주 운행되고 있습니까?
		badly	상태	How **badly** was he wounded? 그는 얼마나 심하게 부상을 당했지?
		동사, 형용사, 전치사구(부사구)를 수식하죠.		**almost**, **far**, **much**, **greatly**, **wholly**, **completely**, etc. They come here **almost** every day. 그들은 여기에 거의 매일 오다시피 한다.

3. 부사(구)의 역할에 따른 내용별 분류입니다.

구 분	부사(구)의 종류	
열거하거나 부가적인 내용의 언급	**first(ly)** 첫째로, **second(ly)** 둘째로 **in addition** 게다가, 그 위에 **to begin with** 우선(=for one thing)	**above all** 무엇보다도(=first of all) **furthermore** 더욱이(=moreover)
부연이나 예(例)	**for example** 예를 들어	**that is (to say)** 즉, 다시 말해
화제의 전환	**by the way** 그런데 **meantime** 한편, 그 사이에	**incidentally** 덧붙여 말하자면, 부수적으로 **eventually** 결국, 최후에는
대조	**on the other hand** 한편 **by comparison** 비교하면	**on the contrary** 이에 반하여 **by contrast** 대조적으로
양보	**nevertheless** 그럼에도 불구하고 **notwithstanding** ~에도 불구하고	**besides** 게다가 **anyhow** 어쨌든
내용의 요약	**so** 그러므로(=therefore, thus)	**in conclusion** 결론적으로
결과	**consequently** 결과적으로 **accordingly** 따라서	**as a result** 하나의 결과로서

둘째, 부사의 형태입니다.

1. 부사의 기본형은 "**형용사 + ly**"이죠.

certain → certainly 확실히, 반드시, 꼭 / real → really 정말로, 실제로, 확실히

2. 부사를 만드는 예외적인 경우입니다.

종 류	예		예 외
	형용사	부 사	
y → i로 바꾸고 ly를 붙이죠.	happy	happily	
~ue는 e를 없애고 ly를 붙이죠.	true	truly	
~le → e를 없애고 y를 붙이죠.	simple/ possible	simply/ possibly	sole → solely
~ll은 → y만 붙이죠.	full	fully	
~ic는 → ically가 되죠.	dramatic/ economic	dramatically/ economically	public → publicly
~ed → ly만 붙이죠.	learned	learnedly	

3. 형용사와 부사 양쪽으로 사용되는 부사입니다.

종 류	형용사	부 사
early	**초기의, 이른, 아직 젊은, 이른 철에 나도는**	**일찍이, 늦지 않게, 일찍부터**
	I think **early** fruits are very expensive. 맏물 과일은 대단히 비싸다고 생각한다. We had an **early** breakfast. 우리는 이른 아침식사를 했다.	I usually get up **early**. 나는 평소에 일찍 일어난다. We had breakfast **early**. 우리는 일찍 아침식사를 했다.
long	**긴, 지루한**	**오랫동안 * long before** 훨씬 전에
	He has a **long** memory. 그는 좋은 기억력을 가지고 있다. We talked about our local politics for three **long** hours. 우리는 장장 3시간 동안 지역정치에 관해 이야기 했다.	We waited for you to come **long**. 우리는 당신이 오길 오랫동안 기다렸다. His brother has been **long** dead. 그의 동생이 죽은 지 오래다.
late	**늦은**	**늦게**
	We were **late** for lunch. 우리는 점심식사에 늦었다.	She got here ten minutes **late**. 그녀는 여기에 10분 늦게 왔다.
weekly	**매주의**	**주마다, 매주**
	It is a **weekly** magazine. 그것은 주간지이다.	This magazine is published **weekly**. 이 잡지는 주마다 발행되고 있다.
hard	**어려운, 딱딱한, 맹렬한**	**열심히, 몹시, 단단히, 굳게**
	That's a very **hard** question. 그것은 대단히 어려운 질문이다. a **hard** struggle for existence 치열한 생존경쟁	Study Chinese **hard**. 중국어를 열심히 공부해라. It was snowing **hard**. 몹시 눈이 내리고 있었다.
well	**건강한**	**훌륭하게, 잘**
	I'm not very **well** today, I can't go there. 나는 오늘 건강이 좋지 않아서 거기에 갈 수가 없다.	You dress **well**. 당신은 옷을 맵시 있게 입는다.

4. 뜻이 다른 두 가지 형태의 부사입니다.

순번	종 류	의미차이	예 문
1	**hard**	열심히, 몹시, 단단히	She tries **hard** to learn the annals by heart. 그녀는 연대표를 암기하려고 몹시 노력한다.
	hardly	거의 ~하지 않다	I can **hardly** believe it. 나는 그것을 거의 믿을 수가 없다.
2	**late**	늦게	We arrived an hour **late**.(부사) 우리는 한 시간 늦게 도착했다. I was **late** for class because of bad weather.(형용사) 나는 나쁜 날씨 때문에 수업에 늦었다.
	lately	최근에	I haven't seen them **lately**. 나는 최근에 그들을 본 적이 없다.
3	**loud**	큰소리로	Don't talk so **loud**. 그렇게 큰소리로 말하지 마세요.
	loudly	시끄럽게, 화려하게	She was **loudly** dressed. 그녀는 화려하게 입고 있었다.
4	**high**	높게, 높이, 고가에	If you aim **high**, you will achieve the best that you can. 만일 당신이 목표를 높이 잡는다면, 당신이 이룰 수 있는 최고의 것을 성취하게 될 것이다.
	highly	대단히, 고도로	Tom was a **highly** successful salesman. 톰은 대단히 성공적인 판매원이다.
5	**free**	무료로	The seminars are **free**, with lunch provided. 그 세미나들은 참가비가 무료이며, 점심도 제공됩니다.
	freely	자유로이, 마음 터놓고	I wonder whether she has someone to whom she can talk **freely**. 나는 그녀가 마음 터놓고 이야기할 수 있는 어떤 사람이 있는지 궁금하다.
6	**dear**	값비싸게	Some storekeepers buy cheap and sell **dear**. 어떤 상인들은 싸게 사서 값비싸게 판다.
	dearly	몹시	I love my wife **dearly**. 나는 나의 아내를 몹시 사랑한다.
7	**direct**	직접, 곧장	He went **direct** to New York. 그는 뉴욕으로 직행했다(다른 곳에 가지 않고).
	directly	바로, 일직선으로	Our home is **directly** opposite the post office. 우리의 집은 우체국 바로 정면에 있다.
8	**pretty**	상당히	This watermelon is **pretty** large. 이 수박은 상당히 크다.
	prettily	예쁘게	I like to be **prettily** dressed. 나는 예쁘게 옷을 차려 입는 것을 좋아한다.
9	**cheap**	값싸게	I was very lucky to get these products **cheap**. 나는 매우 운이 좋아서 이 상품들을 값싸게 구입했다.
	cheaply	싸게, 값싸게 (두 가지 비교)	It will produce electricity more **cheaply** than a nuclear plant. 그것은 핵발전소보다 더욱 값싸게 전기를 공급할 것이다.
10	**sometimes**	때때로 =occasionally	I walk to work **sometimes**. 나는 가끔 직장에 걸어서 간다. * 문두나 문미에 위치하며, how often에 대한 답변
	sometime	(미래에) 언젠가	Let's meet for lunch **sometime**. 언제 만나서 점심식사나 합시다. * 동사 다음이나 문미에 위치

셋째, 주의해야 할 유사의미의 부사입니다.

1. **already, yet, still**의 차이점입니다.

종 류	사용문장	의 미	용 법	위 치
already	**긍정문**	이미, 벌써	어떤 일이 예상했던 것보다 빨리 끝났거나 동작이 완료된 경우에 쓰죠.	문중 또는 강조할 경우 문미
	의문문	벌써(놀라움을 표시)		
	예문	1. **긍정문** – He has **already** been to America three times. 그는 이미 미국에 3번이나 가 본 적이 있다. 2. **의문문** – Has he come home **already**? 그가 벌써 집에 왔어요? (그가 예상했던 것보다 빨리 집에 왔을 경우)		
yet	**긍정문**	아직도, 여전히	기대하고 있는 어떤 것에 대해 말하거나 동작이 완료된 경우에 쓰죠.	문중이나 문미
	부정문	아직까지		
	의문문	이미, 벌써		
	예문	1. **긍정문** – His success might **yet** be possible. 그의 성공은 아직도 가능하다. 2. **부정문** – His success might not **yet** be possible. 그의 성공은 아직까지 가능하지 않다. 3. **의문문** – Has he gone overseas **yet**? 그가 벌써 해외로 갔습니까?		
still	**모든 문장**	아직도, 여전히	어떤 일이 중단되지 않은 채 계속되고 있다는 것을 말하는 경우로, **과거에 시작된 동작이나 상태가 지속되는 것**에 대해 말할 때 쓰죠.	**still**+일반동사 긍정문 : be동사/조동사+**still**+본동사 부정문 : **still**+조동사+부정어(not)+본동사
	예문	1. **긍정문** – She **still** dislikes him. 그녀는 여전히 그를 싫어한다. He is **still** hoping for a letter from her. 그는 아직도 그녀로부터 편지를 기대하고 있다. You must **still** keep your promise. 당신은 여전히 당신의 약속을 지켜야 한다. 2. **부정문** – still+조동사+부정어+본동사 He **still** doesn't like her. 그는 여전히 그녀를 좋아하지 않고 있다.		

2. **ago, before, since**의 차이점입니다.

종 류	사용문장	의 미	용 법
ago	**과거시제**	~전에 (**지금을 기준**으로 해서)	He passed away three weeks **ago**. 그는 3주 전에 세상을 떠났다. * 완료시제와 함께 쓸 수 없죠.
before	**현재완료시제**	(**현재를 기준**으로) 지금보다 이전에 (시간의 부사를 수반하지 않고 사용된 경우)	I have seen this picture **before**. 나는 전에 이 그림을 본 적이 있다.
	과거완료시제	(**과거를 기준**으로) 그때 보다 이전에 (시간부사 + before)	He said that she had died three years **before**. 그는 그녀가 3년 전에 죽었다고 말했다.
since	**현재완료시제**	그 이래, 그 후	I have not seen the boy **since**. 그 후 나는 그 소년을 본 적이 없다. Bill came last year and has stayed here ever **since**. 빌은 지난 해에 온 이래 줄 곧 이 곳에 머물고 있다.

3. **good, well**의 차이점입니다.

종류	품 사	의 미	용 례
good	형용사	좋은, 훌륭한, 유효한, 맛있는 (특성이나 성질을 나타내죠.)	This product is **good** for $100. 이 상품은 100달러의 값어치가 있다. This is a **good** opportunity to improve your English. 이것은 당신의 영어를 향상시킬 수 있는 좋은 기회이다.
	부사 (구어체에서만 사용)	훌륭히, 잘	I slept **good** last night.(×) I slept **well** last night.(O) 나는 지난 밤에 잠을 잘 잤다.
well	형용사	'건강한' 의 의미로서 서술적 용법으로만 사용되죠.	I hope you are **well**. 당신이 건강하기를 바랍니다. You look **well**. 당신은 건강해 보인다.
	부사	잘, 충분히, 상당히, 친절히	Everything is going **well**. 모든 것이 잘 되어 가고 있다.
	명사	우물	A **well** flows. 샘물이 솟는다.

4. **too**와 **either**의 차이점입니다.

종류	용 도	의 미	위 치	용 례
too	긍정문, 형용사, 부사 수식	~도 또한, 너무	문중, 문미	He is good and handsome, **too**. 그는 착한데다가 미남이다. You were **too** late for today's lesson.[형용사 수식] 너는 오늘 수업에 너무 늦었다. Don't read **too** fast. [부사 수식] 너무 빨리 읽지 마라.
either	부정문	~도 또한, 역시	문미	If you do not go, I will not **either**. 당신이 가지 않는다면, 나도 가지 않을 것이다. He doesn't like drinking. I do**n't** like it, **either**. 그는 술 마시는 것을 좋아하지 않는다. 나 또한 그것을 좋아하지 않는다.

5. **soon, early, fast**의 차이점입니다.

종류	의 미	대조되는 단어	용 례
soon	시간의 경과 후 바로	long	**Soon** afterwards he is separated from his wife. 그 후 바로 그는 아내와 별거하고 있다.
early	시간상 일찍 (예정된 시간보다)	late	I got up **early** this morning. 나는 오늘 아침 일찍 일어났다.
fast	속도 면에서 빠른	slowly	I can run as **fast** as you. 나는 너 만큼 빨리 달릴 수 있다.

6. **almost, most, most of**의 차이점입니다.

종류	의미	용법	용례
almost	대부분의, 거의, 거의 ~라고 할 수 있는	almost+all the+명사 (수량을 나타내는 명사)	**Almost all the** students attended his English class. 거의 모든 학생들이 그의 영어수업에 참석했다.
		부사로 사용	I have **almost** reached my quota this semester. 나는 이번 학기에 나의 할당량에 거의 도달했다.
most	대부분의	most+명사	**most** students 대부분의 학생
		형용사로 사용	cf. **the most** : 가장 **the most** crucial resources 가장 중요한 재원
most of	대부분의	most of+한정사+명사	**most of** students (X) → **most of the** students (O) 대부분의 학생
		형용사로 사용	**Most of** the books are (the) English novels of the 20th century. =**Most** books are (the) English novels of the 20th century. =**Almost all of** (the) books are (the) English novels of the 20th century. 그 책들 대부분은 20세기의 영국 소설이다.

넷째, 부사의 위치입니다.

다른 품사와는 달리 부사는 문장 내에서 위치가 비교적 자유롭지만 일부 부사는 사용 위치가 정해져 있으므로 주의해야 합니다.

1. **enough**의 위치입니다.

형용사[부사] 뒤에 위치	**반드시 후치수식** → 형용사 [부사] + enough (to V)
명사 앞이나 뒤에 위치	**전치수식** → enough + 명사/ **후치수식** → 명사 + enough + 다른 수식어구가 수반되는 경우

This is **good** enough. [부사] 이것이면 족하다.

This book is **easy** enough for me to read. [부사] 이 책은 내가 읽을 수 있을 만큼 아주 쉽다.

She speaks French **well** enough to be an interpreter. [부사]

그녀는 통역자가 될 수 있을 만큼 불어를 상당히 잘 한다.

He has enough **money**. [형용사] 그는 충분한 돈을 가지고 있다.

He has **money** enough to buy a new car. [형용사 : 다른 수식어구가 수반된 경우]

그는 새 자동차를 살 만큼의 충분한 돈을 가지고 있다.

2. 빈도(횟수)부사, 정도부사의 위치입니다.

위치 / 구 분	일반동사 – 앞	be동사 – 뒤	조동사와 본동사 – 사이	be[have] + p.p. – 사이	
빈도부사	always frequently	frequently sometimes	occasionally regularly	usually seldom	often never
정도부사	nearly completely	almost mostly	still generally	highly wholly	barely hardly

We **often** go to New York. [일반동사 앞] 우리는 종종 뉴욕에 간다.

Tom was **often** late for the meeting. [be 동사 뒤] 톰은 종종 회의에 늦었다.

I would **regularly** go to see my parents. [조동사와 본동사 사이] 나는 정기적으로 부모님을 뵈러 간다.

Most students were **highly** amused by my lecture. [be동사 + p.p. 사이]

대부분의 학생들은 나의 강의에 상당히 즐거워했다.

cf. No certain results have been **yet** gained. 아직 어떠한 결과도 얻지 못했다.

* 조동사+조동사+부사+동사

We have **hitherto** been considering your proposal. 우리는 지금까지 당신의 제안을 고려해 왔다.

* 조동사+부사+조동사+동사

3. '타동사의 목적어가 대명사일 경우' 목적어는 반드시 부사 앞에 위치합니다.

목적어가 **대명사**인 경우	목적어는 반드시 타동사와 부사 사이에 오죠.
목적어가 **명사**인 경우	목적어는 부사 앞이나 뒤 어디에나 올 수 있죠.

Put off it until tomorrow. (×)

Put it off until tomorrow. (○) [타동사+대명사 목적어+부사] 그것을 내일까지로 연기해라.

I'll pick up my baggage. [타동사+부사+ 명사 목적어]

=I'll pick my baggage up. [타동사+명사 목적어+부사] 나는 짐을 가지러 갈 것이다.

4. 여러 가지 부사가 올 경우의 순서입니다.

① '**장소 → 방법 → 시간**' 순서이죠. ② '**짧은 시간 단위 → 긴 시간 단위**' 순서이죠. ③ '**좁은 장소 → 넓은 장소**' 순서이죠.

He came to Seoul by airplane last week. 그는 지난 주에 항공편으로 서울에 왔다.

장소 방법 시간

We arrived here safely last Sunday. 우리는 지난 일요일에 여기에 안전하게 도착했다.
장소 방법 시간

I'll call on you at seven o'clock next Sunday. 다음 주 일요일 7시에 당신을 방문하겠습니다.
짧은 시간 단위 긴 시간 단위

We spent the holidays at a cottage in Mt. Seorak. 우리는 휴일을 설악산에 있는 별장에서 보냈다.
좁은 장소 넓은 장소

수식어구 마법의 두 번째 친구인 부사는 어땠나요?
동사 마법만 쫓아다녀서 맘에 들지 않지만 똑똑한 것만큼이나 마법으로의 안내 역시 똑 소리 나게 한 것 같네요.
여러분들도 영어만 잘 해보세요. 예쁜 girl, 몸짱 boy들이 줄줄이 따라 다닐 테니까요.

이제 수식어구 마법에 대한 소개는 단 한 명의 친구만 남았군요.
친구들의 마법이 그런대로 멋있었는데,
세 번째 친구 비교의 마법도 얼마나 멋질지는 여러분의 상상에 맡기겠습니다.
빨리 만나보고 싶죠? 너무 들이대지 마세요.
무작정 들이댄다고 그냥 되나요?
마음의 준비를 단단히 하고 마법의 실력도 쌓아야죠.

3. 비교(Comparisons)를 부르는 마법 주문

안녕하세요.
저는 수식어구 마법의 세 번째 친구인 '**비교**' 입니다.
저 역시 친구들과 '비교' 당하는 것을 정말 싫어하는 성격이지요.
나는 나, 친구들은 친구들이니까요.

여러분은 '비교' 가 뭔지는 잘 알고 계시죠?
둘 중에서 어느 것이 더 나은지? 아님 더 못한지?
셋 이상 중에서 누가 가장 나은지를 견주어 보는 것이 비교잖아요.

영어도 이것과 똑 같습니다!
그런데 영어에서는 모든 품사를 비교할 수 있는 것이 아니고, 형용사와 부사만 비교하는데 제 마법이 사용된다는 것쯤은 모두 알고 계시죠.
게다가 대충대충 비교하는 것이 아니라, 일정한 틀 속에서 비교를 하는데 그 종류도 다양합니다.
둘 중에서 어느 것이[누가] 더 나은지를 비교하면 **"우등비교"**, 둘 중에서 어느 것이[누가] 더 못한지를 비교하면 **"열등비교"**, 셋 이상 중에서 누가 가장 나은지를 견주어 보면 **"최상급"**인 거죠.

그럼, 이제부터 비교에 관련된 중요사항들을 알아 보도록 하겠습니다.

첫째, 원급, 비교급, 최상급에 관련 핵심사항 정리입니다.(정말 중요하죠.)

<table>
<tr><th>구 분</th><th>원 급</th><th>비 교 급</th><th>최 상 급</th></tr>
<tr><td>의미</td><td>서로 다른 2개를 대등한 관계에서 비교</td><td>서로 다른 2개 중에서 우열을 비교</td><td>서로 다른 3개 이상 중에서 최상과 최하를 비교</td></tr>
<tr><td rowspan="7">종류</td><td>동등비교
(as+원급+as)</td><td>우등비교(~er+than, more ~ than)
He is taller than his father.
그는 자기 아버지보다 크다.</td><td rowspan="3">the+최상급
the+최상급+명사+of (all)+ 복수명사
He is the tallest of all his classmates.
그는 그의 모든 동급생들 중에서 가장 키가 크다.

the+최상급+명사+in+명사[장소, 범위]
He is the most diligent boy in my class.
그는 나의 학급에서 가장 근면한 소년이다.

the+최상급+명사+관계사+주어+현재완료
The computer is the most powerful information tool that we have ever used.
컴퓨터는 우리가 지금까지 사용해 온 가장 강력한 정보도구이다.</td></tr>
<tr><td rowspan="6">열등비교
(not so/as ~ as)</td><td>the+비교급 …, the+비교급 ~
(…하면 할수록 더욱 더 ~하다)
The more one has, the more one wants.
가지면 가질수록 더 바란다.

* 비교급이 최상급의 뜻으로 쓰인다는 점과 비교급에 정관사를 붙인다는 점에 유의</td></tr>
<tr><td>the+비교급+of the two+복수명사
Tom is the taller of the two boys.
톰이 두 소년들 중에서 더 크다.</td></tr>
<tr><td>열등비교(less ~ than)
I earn less money than you.
나는 너보다 더 적은 돈을 벌고 있다.</td><td rowspan="2">절대 최상급
3개 이상의 구체적인 비교 대상을 제시하지 않고 최고의 것을 언급
This book is most interesting.
이 책은 매우 흥미 있다.</td></tr>
<tr><td>동일인의 두 가지 성질을 비교할 경우는 'more+원급+than'을 사용하죠.
He is more witty than wise.
그는 현명하기보다는 재치가 있다.</td></tr>
<tr><td>라틴어계 형용사와 prefer는 접속사 than을 쓰지 않고 전치사 to를 사용하죠.</td><td>무관사 최상급
부사의 최상급, 동일인, 동일물의 성질 비교, 형용사의 최상급이 서술적으로 쓰일 경우</td></tr>
<tr><td colspan="0" style="display:none"></td></tr>
<tr><td>규칙 변화</td><td>형용사/부사</td><td colspan="2">비교급 : 형용사/부사-er　　최상급 : 형용사/부사-est
문장 내에서 보어가 필요하면 형용사를, 단지 수식어가 필요하면 부사를 선택해야죠.</td></tr>
<tr><td>불규칙 변화</td><td>형용사/부사</td><td colspan="2">예 : good(원급) - better(비교급) - best(최상급)
well-known - better-known - best-known</td></tr>
</table>

둘째, 비교의 변화 형식입니다.

1. 규칙변화하는 경우입니다.

(1) 1음절어인 경우 원급에 -er을 붙여 비교급을, 원급에 -est를 붙여 최상급을 만드는 경우입니다.

tall – taller – tallest　　long – longer – longest

big – bigger – biggest　　fat – fatter – fattest

* '단모음+단자음'으로 끝나는 형용사의 경우는 마지막 자음을 하나 더 쓰고, -er, -est를 붙이죠.

(2) -le, -ly, -er, -y 등의 어미로 끝나는 2음절어인 경우입니다.

어미	원급	비교급	최상급
-ly, -y 비교급에 **-ier** 최상급에 **-iest**	costly	cost**lier**	cost**liest**
	early	ear**lier**	ear**liest**
	funny	fun**nier**	fun**niest**
	pretty	pret**tier**	pret**tiest**
-er 비교급에 **-er** 최상급에 **-est**	clever	clever**er**	clever**est**
	tender	tender**er**	tender**est**
	bitter	bitter**er**	bitter**est**
	slender	slender**er**	slender**est**

(3) more, most를 붙이는 경우입니다.

1) 서술적용법으로만 쓰이는 1음절어 형용사

afraid alive alone aware worth fond tired

afraid – **more** afraid – **most** afraid

tired – **more** tired – **most** tired

2) 2음절어로서 어미가 -ful, -able, -less, -ous, -ive, -ing 등으로 끝나는 형용사

beautiful plentiful valuable useless famous active diligent bizarre burlesque

active – **more** active – **most** active

She is **more** beautiful **than** my sister. 그녀는 내 여동생보다 더 아름답다.

2. 불규칙변화하는 경우입니다.

(1) 원급이 둘 이상인 것

원 급	비 교 급	최 상 급	용 례
good/well	better	best	This is **the best** point I've ever had. 이것은 내가 지금까지 받은 가장 좋은 점수이다.
bad/evil/ill	worse	worst	This is **the worst** point I've ever had. 이것은 내가 지금까지 받은 가장 나쁜 점수이다.
much/many	more	most	I have **as much** money **as** you. 나는 너 만큼은 돈을 가지고 있다.

(2) 의미가 다른 두 가지의 비교급과 최상급을 갖는 것

원 급	비 교 급	최 상 급	용 례
late	later	latest (시간)	Her **latest** book was published yesterday. 그녀의 최근의 책이 어제 출판되었다.
	latter	last (순서)	When did you hear **the last** news from your daughter? 당신의 딸로부터 마지막 소식을 언제 들었습니까?
far	farther	farthest (거리)	As I was very tired, I could not walk any **farther**. 매우 피곤해서 나는 조금도 더 걸을 수가 없었다. His office is **farther** from the bus stop than the library. 그의 사무실은 도서관에서보다 버스 정류장에서 더 멀다.
	further	furthest (정도)	We must get **further** information. 우리는 더 많은 정보를 입수해야 한다.

(3) 라틴어계 형용사의 비교급 → 저는 'than'은 싫어하고 'to'만 좋아해요!

어미가 '(i)or'로 끝나는 라틴어계 형용사의 비교급과 동사 prefer(~을 더 좋아하다)의 경우에는 접속사 than을 쓰지 않고 **전치사 to**를 사용하므로 뒤에는 인칭대명사의 목적격이 오며, more, most를 붙이면 절대 안 되죠.

superior(상급의)	**anterior**(앞의)	**major**(중요한)	**senior**(선배의)	**exterior**(외부의)
inferior(하위의)	**posterior**(뒤의)	**minor**(중요치 않은)	**junior**(후배의)	**interior**(내부의)

He is three years senior/junior **than** me. (×)

He is three years senior/junior **to** me. (○) 그는 나의 3년 선배/후배이다.

He **prefers** working **to** doing nothing. 그는 아무것도 하지 않는 것보다는 일을 하는 것을 더 좋아한다.

셋째, 주의해야 할 표현들입니다.

like : ~와 같은		unlike : ~와 다른	
Like A, B	A와 같은 B(이다).	Unlike A, B	A와 달리 B는(이다).
B, like A	A와 같은 B(이다).	B, unlike A	A와 달리 B는(이다).
A is like B.	A는 B와 같다.	A is unlike B.	A는 B와 같지 않다.
A and B are alike.	A와 B는 같다.	A and B are not alike.	A와 B는 같지 않다.

same : ~와 같은/ similar : ~와 유사한		different : ~와 다른	
A is the same as B.	A는 B와 똑같다.	A is different from B.	A는 B와 다르다.
A and B are the same.	A는 B와 똑같다.	A and B are different.	A와 B는 다르다.
A is similar to B.	A는 B와 유사하다.	A differs from B.	A와 B는 다르다.
A and B are similar.	A와 B는 유사하다.	A and B are not the same.	A와 B는 같지 않다.

Like my car, your car is black.
Your car, **like** my car, is black.
My car is **like** your car.
My car and your car are **alike**.

My car is **the same as** your car.
My car and your car are **the same**.
My car **is similar to** your car.
My car and your car are **similar**.

Unlike my car, your car is black.
Your car, **unlike** my car, is black.
My car is **unlike** your car.
My car and your car are **not alike**.

My car **is different from** your car.
My car and your car are **different**.
My car **differs from** your car.
My car and your car are **not the same**.

넷째, 비교표현의 종류입니다.

비교표현은 두 개 이상의 것을 성질이나 수량 면에서 비교하는 것이며, 비교 대상의 수와 비교 방법에 따라 **원급, 비교급, 최상급**으로 나눌 수 있죠.

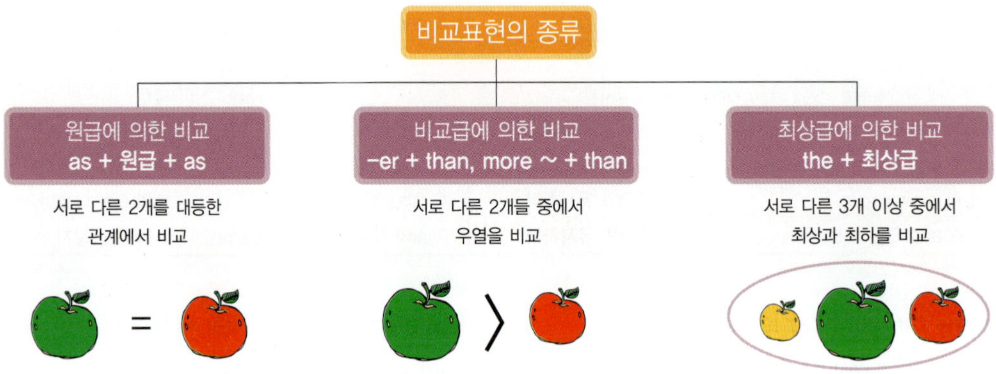

1. **원급에 의한 비교**입니다.

(1) **동등 비교** : "**as** + 원급 + **as** ~ (~만큼 …한)"를 사용하며, 두 개의 것을 비교하여 정도가 같다는 것을 나타냅니다.

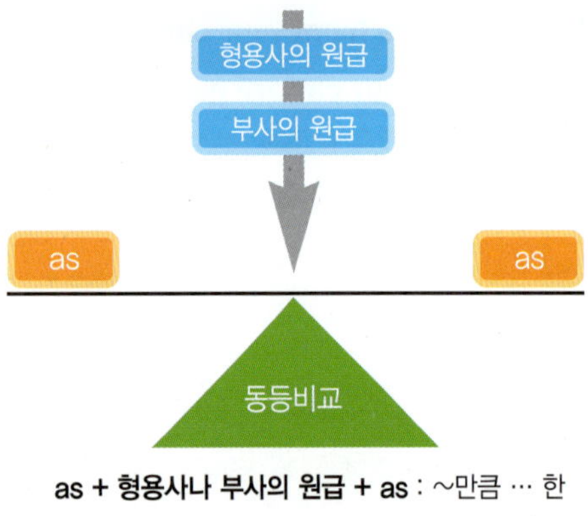

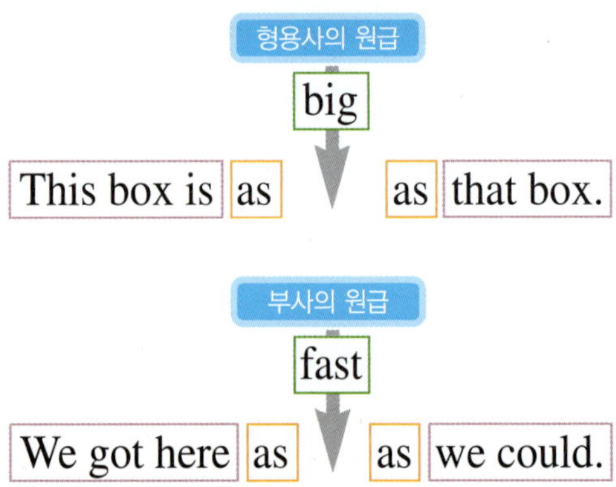

This box is **as** <u>big</u> **as** that box. 이 상자는 저 상자만큼 크다.

* 'is'가 불완전자동사로 쓰여 보어가 필요하기 때문에 'big'은 형용사로 쓰였고, box 다음에는 is big이 생략되었죠.

We got here **as** <u>fast</u> **as** we could. 우리는 가능한 빨리 여기에 왔다.

* 'got'이 완전자동사로 쓰이고 있어 보어가 불필요하기 때문에 'fast'는 부사로 쓰였죠.

(2) 열등 비교 : "**not so[as]+원급+as** ~ (~보다 못한…)"를 사용하며, 'as+원급+as' 동등 비교의 부정(=less ~ than)이죠.

복잡한 설명보다는 알기 쉽게 마법의 그림으로 보여드리면 바로 이해되겠죠!

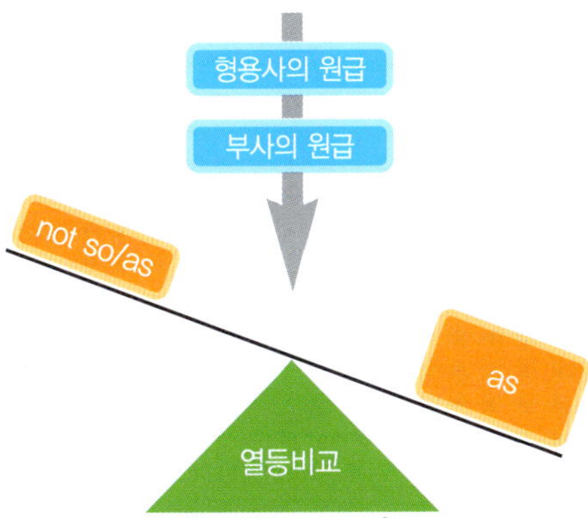

not so/as + **형용사나 부사의 원급** + as : ~만큼 … 않은

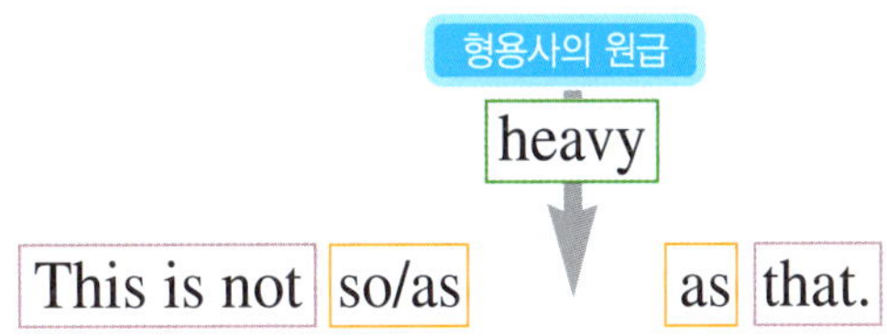

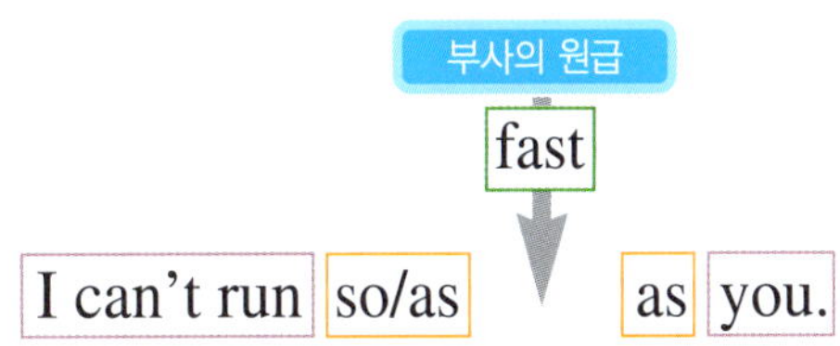

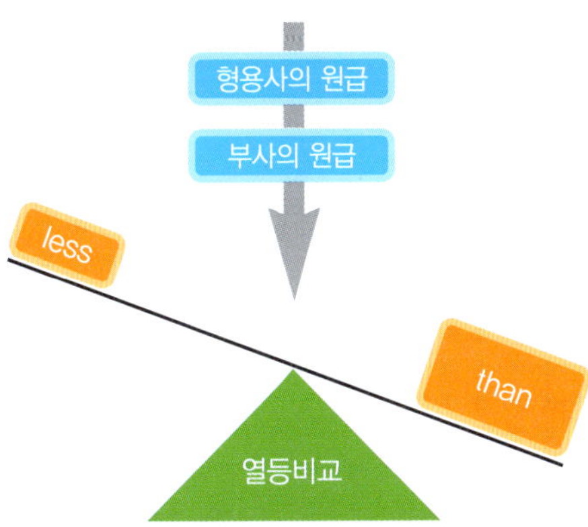

less + **형용사나 부사의 원급** + than : ~보다 덜 … 한

This Is not **so[as]** heavy **as** that.

이것은 저것만큼 무겁지는 않다.

She is not **so[as]** careful **as** her mother.

=She is **less** careful **than** her mother.

그녀는 어머니만큼 조심스럽지 못하다.

* "less … than ~(~ 보다 덜 … 한)"을 사용하며, 두 개의 대상 중 어느 하나가 못함을 나타내는 비교구문이죠.

I can't run **so[as]** fast **as** you.

나는 너만큼 빨리 달리지는 못한다.

2. 비교급에 의한 비교입니다.

(1) **우등 비교** : "**-er + than** ~/ **more** … **than** ~(~ 보다 더 … 한)"을 사용하며, 두 개의 대상 중 어느 하나가 우월함을 나타내는 비교구문이죠.

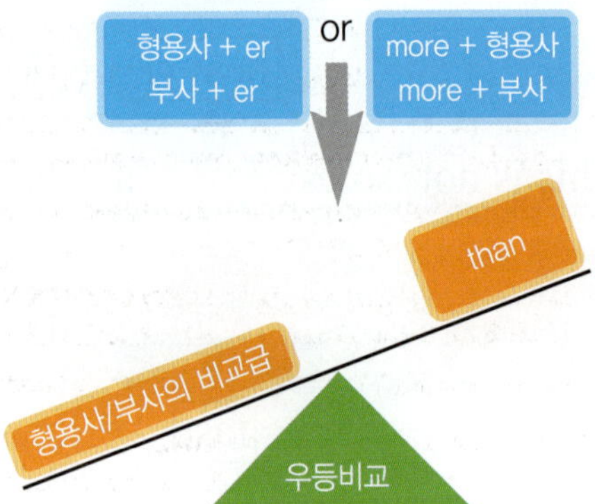

형용사나 부사의 비교급 + than :
~보다 더 … 한

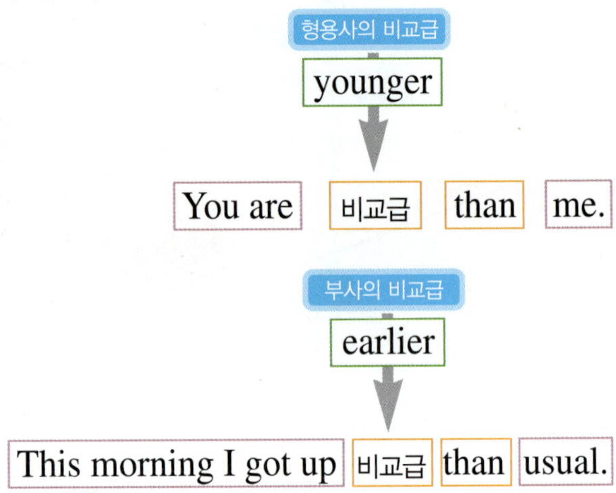

You are **younger than** me. 당신이 나보다 더 젊다.

* 'are'가 불완전자동사로 쓰이고 있기 때문에 보어가 필요하고,
than이 있으므로 형용사 원급 young이 아닌 비교급 'younger'가 쓰였죠.

This morning I got up **earlier than** usual. 오늘 아침에 나는 평상시보다 더 일찍 일어났다.

* 'got'이 완전자동사로 쓰이고 있기 때문에 보어가 불필요하므로 'earlier'는 부사로 쓰였죠.

Mary is **more** beautiful **than** Jane. 메리는 제인보다 더 아름답다.

(2) **the + 비교급 ~, the + 비교급 …** : ~하면 할수록 더욱 더 … 하다

The more one has, **the more** one wants. 사람은 더 많이 가지면 가질수록 더욱 더 많은 것을 원한다.

(3) **동일인, 동일물의 두 성질 비교** : 이 경우는 음절에 관계없이 '**more + 원급 + than** ~'를 사용하며, "~라기보다는 오히려"라고 해석하면 되죠.

He is **more** witty **than** wise.(= rather) 그는 현명하다기보다는 오히려 재치가 있다.

다섯째, 최상급입니다.

셋 이상을 비교해서 '**~중에 가장 …한**' 이라는 의미를 나타내는 경우에 쓰며, 뒤에 '**~중에서**' 를 의미하는 '**of ~, in ~, that ~**' 등이 있으면 앞에 최상급 표현을 찾아내는 문제가 자주 출제되죠. 그래서 최상급의 이해를 돕기 위해 마법의 힘을 빌린 그림으로 알기 쉽게 표현해 보았습니다.

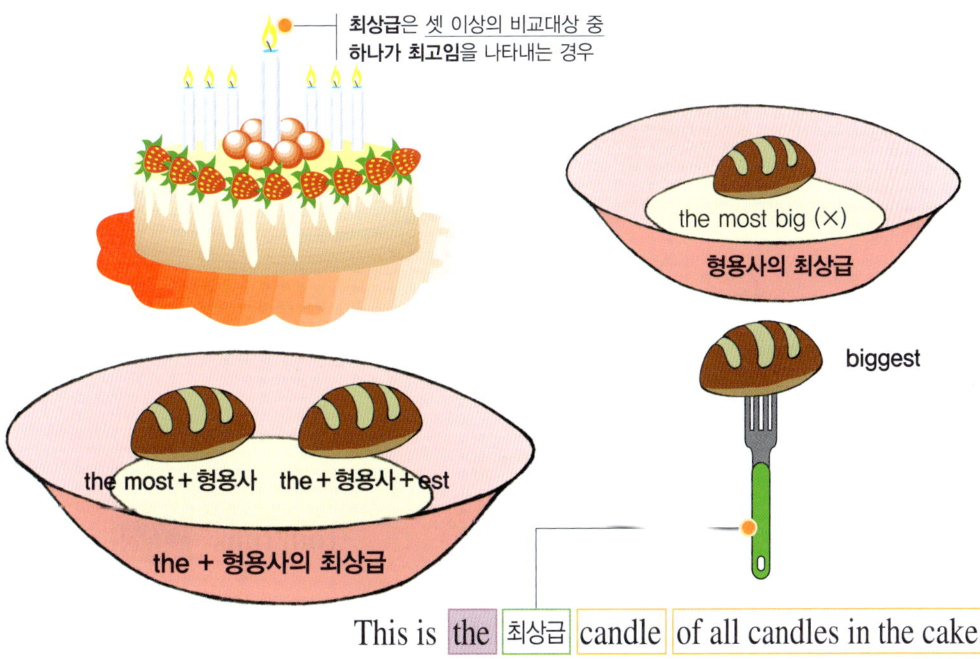

* 1음절어 형용사는 '형용사+est' 형태이죠.

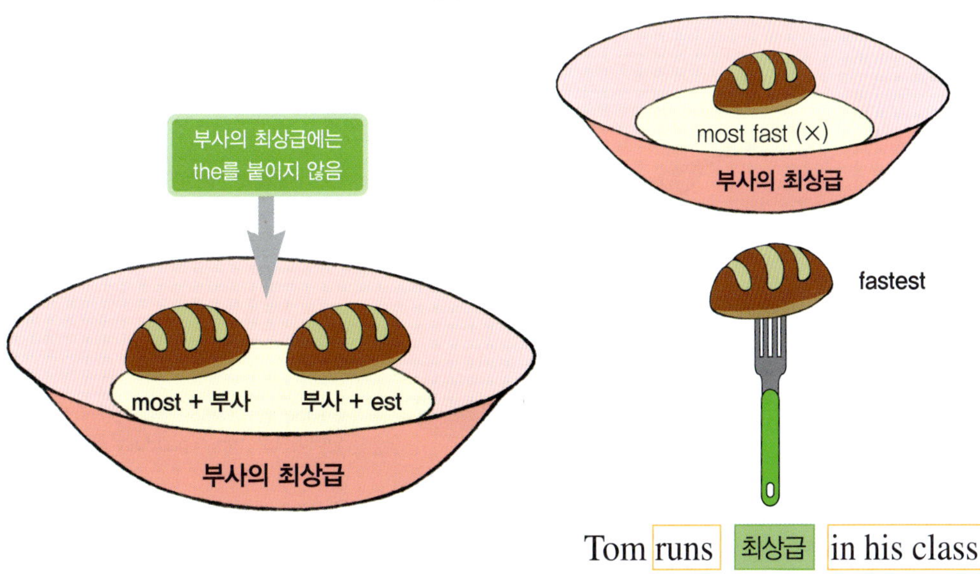

* 1음절어 부사는 '부사 + est' 형태이죠.

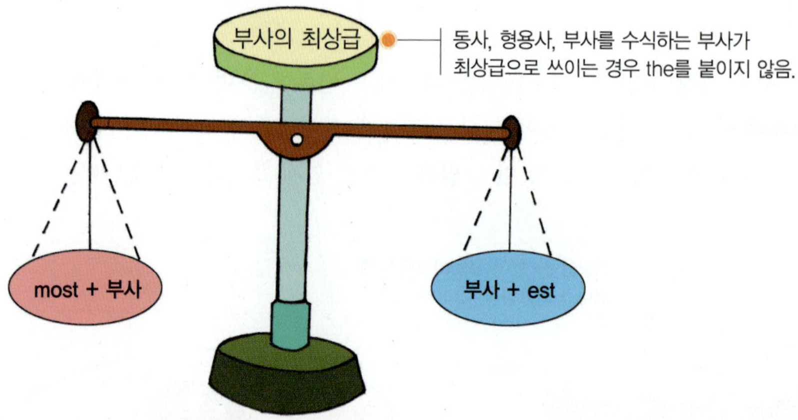

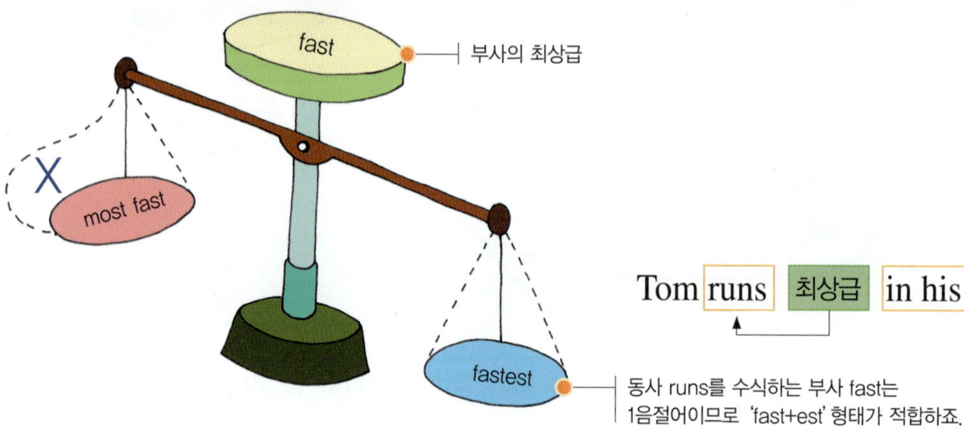

Tom runs 최상급 in his class.

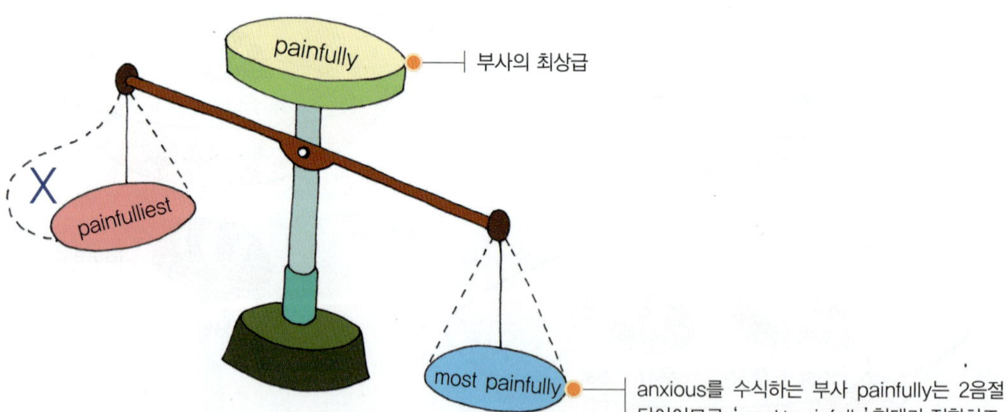

I think Tom is 최상급 anxious about Henry. 나는 톰이 헨리를 가장 애써 걱정하고 있다고 생각해.

그냥 느낌이 팍 왔죠!

최상급의 중요 포인트를 다시 한 번 정리해 드리겠습니다.

1. 형용사의 최상급 앞에는 **정관사 the**가 붙죠. 단, **부사의 최상급에는 the가 붙지 않습니다.**

   The most important thing in life is how well we do things we ought to do.

   삶에 있어서 가장 중요한 것은 우리가 해야만 하는 것들을 우리가 어떻게 잘 하느냐는 것이다.

   I get up **earliest** in my family. [부사의 최상급] 나는 가족 중에서 가장 먼저 일어난다.

2. 최상급이 **양보의 뜻**을 가지는 경우가 있죠.

   The smallest needle will sometimes kill a man.

   = Even the smallest needle will sometimes kill a man.

   아무리 작은 바늘일지라도 때로는 사람을 죽이는 수가 있다.

3. 부정의 뜻을 가지는 **the last** → '결코 ~할 (사람이) 아닌' 이란 의미죠.

   He is **the last** man to tell a lie.

   = He is **far from** telling a lie.

   = He is **above** telling a lie. 그는 결코 거짓말할 사람이 아니다.

   [참고] to the last 최후까지

4. 다음은 **최상급의 의미**를 나타내는 표현들입니다.

   ① the+최상급+명사+of (all)+복수명사

   ② the+최상급+명사+in+명사(장소, 범위)

   ③ the+최상급+명사+관계사+주어+현재완료

   He is **the tallest** of all his classmates. 그는 그의 모든 동급생들 중에서 가장 키가 크다.

   He is **the most** diligent boy in my class. 그는 우리의 학급에서 가장 근면한 소년이다.

   The computer is **the most** powerful information tool that we have ever used.

   컴퓨터는 우리가 지금까지 사용해 온 가장 강력한 정보도구이다.

   [참고] most(대부분) – the most(가장) – at most(기껏해야)

   at first(처음에는) – at least(적어도) – at latest(늦어도)

형용사나 부사의 최상급의 의미를 나타내는 표현을 마법의 도표로 다시 한 번 정리해 보겠습니다.

Mt. Everest is the highest mountain in the world. [최상급 표현] 에베레스트산은 세계에서 가장 높은 산이다.

위 문장은 원급, 비교급, 최상급 구문을 사용하여 아래와 같이 나타낼 수 있죠.

No (other) mountain in the world is **so[as]** high **as** Mt. Everest.

세계에 있는 어떤 산도 에베레스트산만큼은 높지 않다.

* **'부정주어+동사+so+원급+as'** 의 원급이 최상급 표현

No other mountain in the world is **higher than** Mt. Everest.

* **'부정주어+동사+비교급** than' 의 비교급이 최상급 표현

Mt. Everest is **higher than any other** mountain in the world.

에베레스트산은 세계에 있는 다른 어떤 산보다 높다.

* **'비교급+**than any other+**단수명사'** 의 비교급이 최상급 표현

Mt. Everest is **higher than the other** mountains in the world.

에베레스트산은 세계에 있는 다른 산보다 높다.

* **'비교급+**than (all) the other+**복수명사'** 의 비교급이 최상급 표현

Mt. Everest is **the highest of all the** mountains in the world.

에베레스트산은 세계에 있는 모든 산들 중에서 가장 높다.

* **'최상급+**of all the+**복수명사'** 가 최상급 의미를 나타내고 있죠.

여섯째, 비교의 관용표현입니다.

다음은 비교급의 관용적인 표현에 대한 것을 마법의 도표로 정리한 내용인데요. 중요한 부분이므로 마법의 힘으로 한꺼번에 짝 꿰세요.

구분	종류	의미	예문
원급의 관용 표현	as ~ as any + 명사	~에 못지않게 ~한	He was **as** brave **as any** man in the world. 그는 세상에 있는 어느 누구에게도 못지않게 용감했다.
	as ~ as ever	여전히, 변함없이	She is **as** sick **as ever**. 그녀는 여전히 아프다.
	as many___as ~ (셀 수 있는 명사 자리)	~만큼 같은 수	Take **as many** sheets **as** you want. 당신이 원하는 만큼의 매(장)수를 가져가라.
	as much___as ~ (셀 수 없는 명사 자리)	~만큼 같은 양	Drink **as much** tea **as** you like. 원하시는 만큼 차를 드십시오.
	as good as ~ = all but = no better than	~와 다름없는, ~에 못지않은	The relation between her and me is **as good as** finished. 그녀와 나 사이의 관계는 끝난 거나 다름없다.
	as late as ~	바로 ~, 최근에	I met her **as late as** yesterday. 나는 바로 어제 그녀를 만났다.
	not so much A as B = not A so much as B = B rather than A	A라기 보다는 오히려 B다	He is **not so much** a scholar **as** a statesman. =He is a statesman **rather than** a scholar. 그는 학자라기보다는 오히려 정치가이다.
	not so much as + V = not even + V	V조차 하지 못하다	She can **not so much as** write her own name. =She can **not even** write her own name. 그녀는 자신의 이름조차도 쓰지 못한다.
	as ~ as one can = as ~ as possible	가능한 한, 힘닿는 한, 될 수 있는 대로	She works for her company **as** hard **as she can**. 그녀는 될 수 있는 한 열심히 그녀의 회사를 위해 일하고 있다. You have to come here **as** early **as possible**. 너는 될 수 있는 대로 일찍 여기로 와야 한다.
비교급의 관용 표현	no more than + 수사	겨우, 단지(=only)	He stayed there **no more than** three days. 그는 **겨우** 3일 거기에 머물렀다. He has **no more than** 10,000 won. 그는 **겨우** 10,000원밖에 없다.
	not more than + 수사	기껏해야, 많아야(=at most)	He has **not more than** three thousand books. 그는 **기껏해야** 3,000권의 책을 가지고 있다.
	no less than + 수사 = as many[much] as	~만큼이나 많은	The boy has **no less than** 10,000 won. 그 아이는 10,000원**이나 되는 많은** 돈을 갖고 있다. cf. It is **no less than** cunning. 그것은 부정행위나 다름없다.
	not less than + 수사	적어도(=at least)	He has **not less than** three thousand books. 그는 **적어도** 3,000권의 책을 가지고 있다.
	긍정문 + much[still] more	~한다, 하물며 ~는 말할 것도 없다	I would help an adult if he were in distress, **much more** a child. 나는 어른일지라도 곤경에 처해 있다면 도울 것인데, **하물며** 아이는 말할 것도 없지요.

구분	종 류	의 미	예 문
비교급의 관용 표현	부정문 **much[still] less ~**	~은 말할 것도 없이 ~도 아니다	You must not think this, **still less** say it. 당신은 그것을 말하는 것은 말할 것도 없이 생각해서도 안 된다. He knows little English, **much less** French. 그는 불어는 말할 것도 없이 영어도 거의 모른다.
	부정어구 **~ any the less (for) ~** = 긍정어구 **~ none the less (for) ~**	~라고 해서 조금도 ~않는다	I don't think **any the less** of her **for** her faults. 결점이 있다고 해서 조금도 그녀를 업신여기지는 않는다.
	A is **no more** B **than** C is (B) = A is **not** B **any more than** C is (B)	C가 B가 아니듯이 A도 B가 아니다	I am **no more** drunk **than** you are (drunk). =I am **not** drunk **any more than** you are (drunk). 당신이 술 취하지 않았듯이, 나도 술 취하지 않았다.
	more or less	다소	Most people are **more or less** selfish. 대부분의 사람들은 다소 이기적이다.
	sooner or later	조만간	Your dream will come true **sooner or later**. 당신의 꿈은 조만간 실현될 것이다.
	no better than ~	~와 다름없는, 거의(=almost)	He is **no better than** a beggar. 그는 거의 거지나 다름없다.
	rather than ~	~라기보다는 오히려	I would like to stay home **rather than** go to church. 교회에 가기보다는 집에 있고 싶다.
	no longer ~ **= not any ~ longer**	더 이상 ~않다	I can **no longer** tolerate living with you. 나는 더 이상 당신과 함께 살아가는 것을 참을 수 없다.

[주의] **비교급을 강조하는 어구**로는 **much, still, far, by far, even, a lot** 등이 있죠.
그러나 **very는 비교급을 강조할 수 없죠.**

Your problem is **far** more difficult than mine. 당신의 문제는 내 문제보다 더 훨씬 어렵다.
I feel **very** better today. (X) [very → much] 나는 오늘 훨씬 기분이 좋다.

일곱째, 지금까지 학습한 부사 관련 내용을 다시 한 번 부사 마법의 도표를 통해서 정리해 보죠.

부사

형태

- **형용사 + ly/ ily/ y/ ally**
  slow → slow**ly**
  happy → happ**ily**
  full → full**y**
  comic → comic**ally**
- **형용사와 같은 형태의 부사**
  : long, late, early, enough
- **전치사 + 추상명사 → 부사**
  : in + reality → really
  with + ease → easily

기능

- **동사 수식** : 일반동사 앞에서, 조동사나 be동사 뒤에서
- **형용사 수식** : 형용사 앞에서
- **부사 수식** : 부사 앞에서
- **구와 절을 수식** : 구와 절 앞에서
- **문장 전체를 수식**
  : 부사가 문두에서 문장 전체를 수식하는 경우 콤마를 찍음

위치

- **문두** : 시간/장소 부사
- **문중** : 빈도/양태 부사 (동사 수식 참조)
- **부사가 2개 이상인 경우**
  - 장소 + 방법 + 시간
  - (좁은 → 넓은) 장소
  - (짧은 → 긴) 단위시간
  - (짧은 → 긴) 부사구
- **타동사의 목적어와 부사위치**
  - 타동사 + 부사 + 목적어(명사)
  - 타동사 + 목적어(명사) + 부사
  - 타동사 + 목적어(대명사) + 부사

부사절과 부사절의 축약 형태에 대한 핵심 포인트를 정리해 드리죠.

부 사 절		부사절의 축약 형태 → 분사구문	
종 류	접속사	분 류	예 문
시간	after, as, before, while	부사절에 be동사가 있는 경우	접속사, 주어, be동사 생략 When I was left alone, I used to read popular novels. → **Left** alone, I used to read popular novels. (Being 생략) 나는 홀로 있을 때, 대중소설을 읽곤 했다.
원인/이유	as, because, since		
조건	if, unless, in case		
대조	whereas, while		
목적	so that, in order that	부사절에 be동사가 없는 경우	접속사와 주어를 생략, 동사를 동사+ing[ed] 형태로 바꿈 → 분사구문 If you turn to the right, you will find the post office. → **Turning** to the right, you will find the post office. 오른쪽으로 돌아가면, 당신은 우체국을 찾게 될 것이다.
장소	where, wherever		
양보	though, although, if		
결과	so ~ that, such ~ that		

부사 마법의 세 번째 친구가 구사하는 영문법도 정말 기가 막히게 멋있는 마법이군요. 세 명의 친구 중에서 누가 더 마법을 잘 했는지는 비교가 불가능할 정도였죠?

마법의 영문법을 포기하지 않고 지금까지 함께 해 온 여러분! 그동안 너무나 수고가 많으셨습니다.
이것으로 마법의 영문법을 익히기 위한 기나긴 여정이 모두 끝났습니다.
〈**마법의 영문법**〉에 등장하는 모든 마법들을 익히다 보니까 너무나 재미있어서 그런지,
어느 덧 이렇게 지면이 다했는지 모르겠군요.
영어 학습의 틀을 확실히 세울 수 있도록 심혈을 기울여 작성한 마법의 그림과 다이어그램 덕분에
그 어려운 영문법 학습이 이젠, 한층 쉬워졌을 겁니다.
핵심을 찌르는 쉬운 설명과 영어 학습에 대한 재미와 즐거움을 제공하기 위해 온갖 마법을 선보이며
최선을 다한 우리 마법 친구들에게도 다시 한 번 수고했다는 감사의 인사를 드립니다.

단 한 번의 학습으로 100%의 마법 효과를 기대하기는 쉽지 않겠죠.
하지만 한 번만 더 꼼꼼히 마법의 영문법을 학습하신다면,
더 이상 바랄게 없는 최상의 마법 효과를 얻으리라고 확신합니다.
영문법의 비법이라 할 수 있는 **『마법의 영문법』**은 이제 여러분의 머릿 속에서 마법의 신비한 빗자루
를 타고 씽씽 날아서 보다 차원이 높은 영어의 세계를 향해 나아갈 겁니다.

우리 모두 영문법의 위대한 마법사가 되는 그 날까지!
아자! 아자! 파이팅!

지금까지 학습한 마법의 영문법을 잘 익히셨다면 실전문제도 그다지 어렵지 않을 것입니다.
다음은 시험에 많이 출제되는 문제 중에서도 특별히 선별한 초특급 울트라 실전문제입니다.
그동안 갈고 닦은 마법의 영문법 봉(지팡이)이 준비되었다면 자신 있게 맘껏 휘둘러 보세요.

Actual **Test**

Chapter 06 수식어구네 집_ 실전확인문제

Part 1 올바른 문장이 될 수 있도록 괄호 안에서 적절한 것을 고르세요.

01. I got up (late, lately) this morning.

02. I found it (hard, hardly) to abandon drinking and smoking.

03. As far as I know her, she feels very (lone, lonely).

04. A famous lecturer gave a surprisingly (information, informative) talk on the importance of personal relations in today's global business marketing yesterday.

05. The authorities (concerned, concerning) demanded that students and children under 18 wear reflective clothing when riding in-line skates on the night of the 17th of September.

06. Many employees in our company think the most (promised, promising) member of the sales department is Johnson.

07. It seems that a number of smokers have (such, so, too) a weak sense of the seriousness of secondhand smoking.

08. (Best, The best, The better) way to ask for a rise is to wait for the right time.

09. I was having an (especial, especially) tough day that seemed never-ending to me.

10. The computer is (more, most, the most) powerful information tool that we have ever used.

11. The anatomy of a frog is (similarity, similar, similarly) to that of a toad.

Part 2 다음 문장을 괄호 안에 주어진 단어를 사용하여 올바른 문장으로 만드세요.

01. Many lawyers say ______ that such practices have been in place for decades. (simplify)

02. _______ songs are a kind of music that appeals to the masses. (Popularize)

03. The _______ people you know, the less time you have to see them. (many)

04. In pursuing these other goals, we have paid less and _______ attention to the true value of science. (little)

05. Because price-fixing shakes the very foundations of a free market economy, many _______ countries treat it as a serious crime. (advance)

06. Tom is _______ intelligent than Mary. (little)

07. The models were all _______ dressed to attract customers' attention. (beautify)

Part 3 빈 칸에 들어갈 가장 알맞은 표현 하나를 고르세요.

01. As new nuclear test makes a bad situation worse, the Japanese ministers have presented their country's _______ appeal in Washington or Moscow.

A. urge B. urgency C. urgent D. urgently

02. Most investors now pay _______ taxes on their dividends.

A. large B. small C. high D. law

03. She was _______ excited that she could not speak.

A. so B. too C. such D. as

04. The rate of lung cancer due to smoking cigarette _______ increasing.

A. is steadily B. steadily is C. is steady D. steady is

05. Labor Day is always celebrated _______ in October.

A. on the second Thursday B. in the second Thursday
C. on second Thursday D. on the two Thursday

06. The child can _______ know his own address.

A. not so much that B. not so much as
C. not so many as D. not so many that

07. My company is _______ from the bus stop than the subway station.

A. further B. furthest C. farther D. farthest

08. Advertising causes people to take an advertised product instead of buying an _______ product without advertising.

A. identify B. identical C. identification D. identity

09. Riding a bicycle to school is not _______ riding in a bus.

A. faster B. as fast C. as faster as D. as fast as

10. My son reads _______ two books every week.

A. as much as B. as many as C. as far as D. as long as

11. I have not found new software program which is _______ the old one yet.

A. easy B. so easy C. easier than D. as easily as

12. This new report is _______ the previous one.

A. as confused as B. as confusing as C. as confusing D. as confused

13. There is _______ truth in what he says.

A. a multitude of B. a large number of

C. not a few D. a great deal of

Actual **Test** 정답 및 해설

정답 및 해설

PART >> 01

PART 01 정답

Part 1 **01.** is not **02.** did not go **03.** Does he like **04.** can't he **05.** won't you **06.** a nice bag

Part 2 **01.** John and Hester **02.** a notebook **03.** Never to depend on other people **04.** The age **05.** Finding potential investors **06.** Who will go

Part 3 **01.** are **02.** talking **03.** call **04.** is **05.** like **06.** repentance **07.** did

Part 4 **01.** A **02.** D **03.** B **04.** A **05.** A **06.** A **07.** C **08.** B **09.** C **10.** B **11.** A **12.** C **13.** C **14.** B

Part 1

01. 해설 | **be동사가 있는 문장을 부정문으로 만드는 경우**는 be동사 다음에 부정어 not을 붙이면 되지요.
해석 | 톰은 훌륭한 시인이 아니다.

02. 해설 | **일반동사가 있는 문장을 부정문으로 만드는 경우**는 조동사 do를 일반동사에 맞게 시제와 인칭에 따라 일치시켜 부정어(not)를 붙이고, 다음에는 반드시 **동사원형**을 써야 하죠. went는 go의 과거형이므로 'did+not+go' 형태를 쓰면 됩니다.
해석 | 그녀는 어제 학교에 가지 않았다.

03. 해설 | **일반동사가 있는 문장을 의문문으로 만드는 경우**는 조동사 do를 시제와 인칭에 따라 일치시킨 후 **'조동사(do)+주어+동사원형'** 형태를 쓰지요. 주어가 3인칭 단수이면서 시제가 현재이므로 does를 쓰면 되겠죠.
해석 | 그는 재즈를 좋아합니까?

04. 해설 | **조동사가 있는 경우의 부가의문문**은 조동사를 그대로 사용하고, 앞 문장이 긍정이므로 부정의 부가의문문이 되어 답은 can't he?가 되겠죠.
해석 | 톰은 영어를 잘하지요, 그렇지 않나요?

05. 해설 | **명령문의 부가의문문**은 앞 문장이 긍정이든 부정이든 언제나 **will you?**를 쓰죠. 단, 권유의 뜻으로 쓰인 명령문의 경우에는 언제나 **won't you?**를 써야 합니다.
해석 | 커피 한 잔 마시지 않을래요?

06. 해설 | **what을 사용하여 감탄문으로 만드는 경우**는 주어로 쓰인 명사가 단수 가산명사인 경우 a/an을 붙여, 'what+(a/an)+형용사+명사+주어+동사'의 어순으로 쓰고 느낌표를 붙이면 되죠.
해석 | 당신은 아주 멋진 가방을 가졌군요!

Part 2

01. 해설 | and로 연결된 두 개의 **명사가 주어**
해석 | 존과 헤스터는 서로를 좋아한다.

02. 해설 | **명사구가 주어** *There is : ~에 있다
해석 | 책상 위에 공책이 한 권 있다.

03. 해설 | **to부정사구가 주어**(단수취급)
해석 | 다른 사람에게 의존하지 않는 것이 인생에서 성공하는 가장 좋은 방법이다.

04. 해설 | **명사구가 주어**(전치사구 of this car의 수식을 받음)
해석 | 이 자동차의 수명은 15년에서 20년 정도이다.

05. 해설 | **동명사구가 주어**(단수취급)
해석 | 당신의 사업에 대한 잠재적인 투자가들을 찾는 것이 자금을 모으는 일에 있어 가장 힘든 일이다.

06. 해설 | **명사절이 주어**(단수취급)
해석 | 누가 갈 것인가는 아직 결정되지 않았다.

Part 3

01. 해설 | **주어와 동사 사이에 있는 수식어 파악하기 문제** : 주어와 동사 사이에 수식어(전치사구)를 끼워 넣어 동사를 파악하는데 혼란을 유도하는 문제입니다. 전치사구(to the

door)는 단지 주어(the keys)를 수식하는 기능만 하므로 답은 are이지요.
해석 | 그 방의 열쇠는 나의 책상 위에 있다.

02. 해설 | **수식어 자리 파악하기 문제** : 이 문장은 주어(the woman), 동사(is), 보어(my sister)를 갖춘 완전한 구문이므로 괄호 안의 단어 '~ students' 부분은 수식어 자리인데요. 이 문장에는 연결사가 없으므로 동사 is 이외에 다른 동사 형태(talks)가 올 수 없고, 그 여자(the woman)가 학생들과 이야기하는 것은 능동적 의미를 지니고 있기 때문에 답은 현재분사 talking이지요(who is가 생략된 형태).
해석 | 학생들과 이야기하는 저 여자는 나의 여동생이다.

03. 해설 | **명령문 구조 파악하기 문제** : after가 이끄는 절은 종속절(부사절)로 쓰였고, 주절은 you가 생략된 명령문이기 때문에 동사원형(call)을 답으로 선택해야 하겠죠.
해석 | 당신의 일을 끝마친 후, 가능한 한 빨리 나에게 연락 주세요.

04. 해설 | **연결사가 사용된 문장구조 파악하기 문제** : who가 주격 관계대명사로 쓰였기 때문에 관계사절 속에 동사가 필요하고, 주어인 선행사(teller)가 3인칭 단수이므로 is가 답이지요.
해석 | 당신의 신용기록을 확인한 후, 대부를 맡고 있는 이 금전 출납원이 당신께 돈을 대출해 줄 것입니다.

05. 해설 | **주어와 동사의 일치 문제** : 부분을 나타내는 most of 다음에 복수명사(students)가 왔으므로 동사 like가 답이지요.
해석 | 이 학교의 대부분의 학생들은 20년의 경험을 가진 그 영어 선생님을 좋아한다.

06. 해설 | **병렬구조 문제** : feel(felt)의 보어로 명사(sorrow)가 왔고, 등위접속사 and로 연결되는 경우 and 앞과 뒤는 문법적으로 동일한 역할을 하는 형태가 와야 하므로 답은 명사형 repentance이지요.
해석 | 처음으로 나는 후회와 슬픔을 느꼈다.

07. 해설 | **도치구문 파악하기 문제** : 부정부사(little)가 문두에 위치하는 경우에는 **'부정부사+조동사+주어+동사원형'**의 도치 어순을 써야 하는데요. 문장에 조동사나 be동사가 아닌 일반동사가 사용된 경우 do를 인칭과 시제에 맞게 사용하면 되지요. 이 문장에서는 주어가 1인칭(I)이고 동사가 일반동사(dream)이므로, 종속절의 시제(should : 과거형)에 맞추면, 조동사 did가 답이지요.
해석 | 내가 그녀를 다시는 보지 못하리라는 것을 결코 꿈에도 생각하지 못했다.

Part 4

01. 해설 | **주어 찾기 문제** : 문장은 '주어+동사' 형태를 갖추고 있어야 하죠. With my girl friend는 전치사구이고, 빈칸은 주어자리로 went의 주어로 올 수 있는 것은 주격이므로 'A(I)'가 답이지요.
해석 | 내 여자친구와 나는 지난 주말에 놀이 공원에 갔었다.

02. 해설 | **주어와 동사 수일치 시키기 문제** : 주어가 origins 복수이므로 has나 is는 쓰일 수 없고, have는 타동사이므로 목적어가 필요하지요. 이 문장에서는 interesting이 보어로 쓰이고 있기 때문에 답은 자동사 are이지요.
해석 | 이 음악의 기원은 그 음악 자체만큼이나 흥미롭다.

03. 해설 | **형용사절 속의 동사 넣기 문제** : 관계대명사 that이 있으므로 동사가 2개 있어야 하지요. 본동사 is가 있으므로 관계사절(형용사절) 내에도 동사가 필요한데, 준동사(동명사, to부정사)는 동사가 될 수 없고, 주어가 3인칭 단수(my father)이라서 buys나 bought가 되어야 하므로 답은 B이지요.
해석 | 나의 아버지께서 나에게 사 주신 자전거는 아주 멋지다.

04. 해설 | **문장구조(동사) 파악하기 문제** : 관계사절 내에는 동사(want)가 있으나 문장의 본동사가 없으므로 동사가 필요한데, 주어가 work(3인칭 단수)이므로 답은 A이지요.
해석 | 컨설턴트(고문)로서 그의 일은 한국에서 새로운 공장을 설립하기를 원하는 외국회사에게 조언해 주는 것 입니다.
*consist in ~ : ~에 있다, 존재하다 consist with ~ : ~와 일치하다 consist of ~ : ~로 구성되다

05. 해설 | **주어가 생략된 명령문 구조 파악하기 문제** : and 앞에 콤마가 있고, and 이하가 완전한 문장이므로 조건절을 대신할 수 있는 **'명령문(동사원형)+콤마(,)+and'**(~하여라, 그러면 ~할 것이다) 형태가 와야 하므로 답은 A이지요. 이 문장은 "=If you knock, it shall be opened to you."로 바꾸어 쓸 수 있겠죠.
해석 | 두드려라, 그러면 그것은 너희에게 열릴 것이다.

06. 해설 | **문맥에 맞는 연결사 선택하기 문제** : 주절이 완전한 문장이므로 빈 칸에는 부사절을 이끌 수 있는 연결사가 필요한데요. 문맥상 조건을 나타내는 부사절이 쓰여야 하므로 답은 A이지요.
해석 | 만일 당신이 돈을 빌리기를 원한다면, 대부 신청서를 작성해야 합니다.

07. 해설 | **문맥에 맞는 연결사 선택하기 문제** : 빈 칸 이하가 이미 완전한 문장이고, 선행사가 장소이므로 관계부사 where가 답이지요.
해석 | 제가 할인 받을 수 있는 가게를 저에게 말해 주실 수 있습니까?

08. 해설 | **동사 자리와 준동사 자리 구분 문제** : that이 이끄는 관계사절 이하가 선행사(the price)를 수식하는 경우인데, 선행사 the price가 이 문장의 주어(3인칭 단수)이고 본동사가 필요하므로 답은 B이지요.
해석 | 우리가 지난 월요일에 제안했던 그 가격에는 제공될 서비스에 대한 견적과 전액환불 보증이 포함되어 있습니다.

09. 해설 | **주어가 될 수 있는 문장 성분 찾기 문제** : 빈 칸에는 주어가 필요하고 take를 동사로 볼 경우 A와 B에서 employee는 복수형이 되어야 하며, D는 주어인 the boss가 3인칭 단수이므로 동사 take와 수일치가 되지 않지요. 그러나 C의 명사절(what we want)은 주어가 될 수 있고, to부정사구는 is의 보어로 쓰일 수 있으므로 답은 C이지요.
해석 | 우리가 원하는 것은 여름에 휴가를 갖는 것이다.

10. 해설 | **부정부사(Hardly)가 문두에 나온 도치구문 문제** : 부정부사가 문두로 나오면 도치구문이 되며, 조동사 had가 있으므로 「부정부사+조동사+주어+동사」의 어순을 써야 하므로 답은 B이지요. <u>주절(과거완료)과 종속절(과거)의 시제 차이</u>에 주의하세요.(=On hearing the news, he hastened to the spot.)
해석 | 나는 그 소식을 듣자마자 그 현장으로 서둘러갔다.

11. 해설 | **병렬구조 문제** : 등위상관접속사 as well as는 앞과 뒤가 동일한 문법적 구조와 역할을 취해야 하는데요. 앞에 to solve it(to부정사) 형태가 왔으므로 뒤에도 동일한 문법적 역할을 하는 형태가 와야 하므로 답은 A이지요.
해석 | 당신이 해야 할 일은 그 문제를 파악하는 것뿐만 아니라 그것을 해결해야 하는 것이다.
***B as well as A(=not only A but also B)** : A뿐만 아니라 B도

12. 해설 | **주어와 동사의 일치 문제** : a young 앞에는 목적격 관계대명사 that이 생략된 형태로 equipment가 선행사이면서 이 문장의 주어이고, 빈 칸 이하의 부분은 동작의 대상(목적어)이 아니라, 주어를 보충 설명하는 부분(보어)이며 주어가 3인칭 단수이므로 답은 C이지요.
해석 | 한 젊은이가 삶을 성공하기 위해 갖추어야 할 가장 중요한 자질은 양심, 상식 그리고 좋은 건강이다.

13. 해설 | **유도부사(Here)+be동사+주어 구문 문제** : 유도부사 구문이므로 타동사인 A, B는 답이 될 수 없고, 주어 tips(to help 이하의 수식을 받음)가 복수이므로 C가 답이지요.
해석 | 당신이 저녁식사로 미국인 가정에 초대 받았을 때, 정중하게 행동하는 방법을 알 수 있도록 도움되는 몇 가지 조언이 여기에 있습니다.

14. 해설 | **부정어구(not only)가 문두에 나온 도치구문 문제** : 부정어구가 문두로 나오면 도치구문이 되는데요. 이 경우 조동사나 be동사가 없으면 do를 인칭과 시제에 맞게 사용하면 되지요. 즉 주어가 gestures이고, 동사가 일반동사(vary)이므로, 이것을 종속절의 현재시제(does)와 일치시키면 조동사 do가 답이지요.
해석 | 제스처는 문화마다 다양할 뿐만 아니라, 제스처의 사용 빈도 또한 다양하다.

PART >> 02

Chapter 01_ 동사네 집 (1)

Chapter 1 동사네 집 (1) 정답

Part 1 **01.** were divided **02.** look upon **03.** raised **04.** set **05.** told **06.** take **07.** sympathize with

Part 2 **01.** are **02.** to remember **03.** altered **04.** to deposit **05.** repair

Part 3 **01.** B **02.** B **03.** B **04.** B **05.** A **06.** C **07.** A **08.** B **09.** C **10.** A **11.** D **12.** B

Part 1

01. 해설 | **집합명사와 수(단수/복수) 일치 문제** : committee는 단수/복수 양쪽으로 쓰일 수 있는데, 이 문장에서는 위원회의 개개인을 의미(군집명사)하므로 복수로 취급해야 하고, 타동사 divide의 목적어가 없고 수동적인 의미이므로 답은 were divided이지요.
해석 | 그 위원회 의원들은 그 사건에 대해 그들의 의견이 나뉘었다.

02. 해설 | **'자동사+전치사'가 타동사 역할을 하는 경우의 문제** : 자동사(look)는 목적어를 취할 수 없지만 '자동사+전치사' 형태가 되면 타동사 역할을 하죠. the dove가 목적어, as 이하가 목적격보어로 쓰인 경우이므로 답은 look upon이지요.

* **look upon A as B** : A를 B로 간주하다

해석 | 우리는 비둘기를 순결, 온화함, 평화의 상징으로 간주하고 있다.

03. 해설 | **rise, raise, arise의 구별 문제** : 이 경우의 문제풀이의 포인트는 자동사로 쓰였는지 타동사로 쓰였는지, 즉 동사 다음에 목적어 유무를 확인하는데 있죠. 이 문장에서는 목적어 issue가 있기 때문에 타동사가 와야 하죠. 따라서 답은 **raise**(일으키다, 올리다, 승진시키다, (문제를) 제기하다)이지요.

* **arise** vi. (문제 등이) 발생하다, ~에서 비롯되다
rise vi. (달이) 뜨다, 일어나다, 승진하다

해석 | 그는 지난 밤 회의에서 도덕성의 문제를 제기했다.

04. 해설 | **sit, set, seat의 구별 문제** : 이 경우도 동사 다음에 목적어 유무를 확인한 후 문맥에 맞는 동사를 찾아야만 합니다. 이 문장에서는 목적어 the table이 있기 때문에 타동사가 와야 하고, 문맥적으로 '~을 배치하나, 준비하다'는 뜻이 요구되므로 답은 set이지요.

해석 | 아침상을 차려 주십시오.

* **sit** vi. 앉다, 어울리다 **seat** vt. 앉히다, 착석시키다
be seated 앉다(=seat oneself)

05. 해설 | **say, tell, speak, talk의 구별 문제**

say : 3형식 → S+say+목적어(명사, that절, who [what, when …]절)

tell : 4 형식 → S+tell+I.O+D.O
3 형식 → S+tell+목적어+**전치사**+목적어

speak : 3형식 → 목적어로 언어(English, Chinese, Japanese …)를 취한다.
1형식 → S+speak+전치사+목적어/ '연설하다'는 뜻으로 쓰인다.

talk : 1형식 → S+talk+**전치사**+목적어

이 문제는 S+tell+I.O+D.O의 문장이므로 답은 told이다.

해석 | 그녀는 나에게 자신이 중국에 가 본적이 있다고 말했다.

06. 해설 | **문맥에 맞는 동사 선택 문제** : 이 문장에서 동사는 '시간이 걸린다, 소요되다'라는 의미를 나타내야 하므로 답은 take이지요.

해석 | 여기에서 역까지 시간이 얼마나 걸립니까?

07. 해설 | **자동사와 타동사 구별 문제** : 이 문제에서는 목적어 the sexual oppression이 있으므로 타동사가 필요한데, sympathize(동정하다, 공감하다)는 자동사이므로 전치사가 필요합니다.

해석 | 몇몇 유럽인들은 흑인 여성의 성적인 억압에 공감하고 있다.

Part 2

01. 해설 | **'There+be동사(come, go, remain, seem, appear)+주어' 형태의 구조 파악 문제** : there가 문두에 위치하는 경우 실질적인 주어(명사, 대명사)는 동사 다음에 위치합니다. 이 문장에서 주어는 복수 things이므로 답도 복수동사 are가 되지요.

해석 | 회의에서 토론될 사항들이 많이 있다.

02. 해설 | **5형식 문장에서 목적격보어 선택 문제** : allow, tell, command, order, advise, persuade, ask, beg, require, want, expect, invite, warn, enable, encourage, permit, forbid 등은 5형식에서 목적격보어로 **to부정사**를 취하므로 답은 to remember이다.

해석 | 책에 가장 좋아하는 구절들을 표시하는 것이 좋은 이유는 그런 습관이 여러분에게 중요한 말들을 더욱 쉽게 기억할 수 있게 해준다는 데 있다.

03. 해설 | **5형식 문장에서 목적격보어 선택 문제** : **have**는 5형식으로 쓰일 경우 목적어와 목적격보어가 능동적인 관계이면 **원형부정사**를, 수동적인 관계이면 **과거분사**를 써야 하는데요. 이 문장에서는 '그녀의 외모가 의사에 의해 고쳐지는 수동적인 관계'이므로 답은 altered가 되어야 하지요.

해석 | 그녀는 최고의 성형외과 의사에게 그녀의 외모를 고치도록 하였다.

04. 해설 | **5형식 문장에서 목적격보어 선택 문제** : **get**은 5형식 문장에서 목적어와 목적격보어가 능동적인 관계이면 **to부정사**를, 수동적인 관계이면 **과거분사**를 써야 하지요. 이 문장에서는 목적어가 사람(your wife)이고 능동적인 관계이므로 답은 to deposit이지요.

해석 | 당신은 당신의 아내에게 1, 000달러를 제 예금통장에 입금하게 했습니까?

05. 해설 | **5형식 문장에서 목적격보어 선택 문제** : 사역동사 make, have는 5형식 문장에서 목적어와 목적격보어가 능동적인 관계이면 원형부정사를, 수동적인 관계이면 과거

분사를 써야 하지요. 이 문제는 정비사가 자동차를 수리하는 능동적인 관계를 나타내므로 답은 repair이지요.
해석 | 나는 그 정비사에게 오후에 내 자동차를 수리해 놓으라고 했다.

Part 3

01. 해설 | **'자동사+전치사'가 타동사 역할을 하는 경우의 문제** : 이 문장에서는 'what does not concern you' 부분이 목적어로 쓰이고 있기 때문에 빈 칸에는 타동사가 와야 하는데요. interfere는 자동사이므로 직접적으로 목적어를 취하지 못하고 목적어를 취하려면 전치사가 필요하므로 답은 B입니다.
해석 | 가능하면 당신에게 관련 없는 일에는 참견하지 말아야 한다.

02. 해설 | **rise, raise, arise의 구별 문제** : 이 문장에는 목적어가 없으므로 자동사를 선택해야 하고, 부사 last가 있으므로 과거시제를 사용해야 하죠. 따라서 답은 자동사 rise의 과거형 B이지요.
해석 | 가전제품에 대한 가격이 지난 해에 몹시 올랐다.

03. 해설 | **'자동사+전치사'가 타동사 역할을 하는 경우의 문제** : 이 문장에서는 'the salesman's advice' 부분이 목적어로 쓰이고 있기 때문에 빈 칸에는 타동사가 와야 하는데요. listen은 자동사이므로 직접적으로 목적어를 취하지 못하는데, 목적어를 취하려면 전치사가 필요하므로 답은 B입니다. C와 D는 'had better' 뒤에는 **동사원형**이 오므로 답이 될 수 없지요. ***had better V** : V하는 것이 더 낫다
해석 | 당신이 새로운 자동차를 구입하려할 때, 당신의 삶의 방식에 가장 어울리는 자동차를 선택하는데 있어 판매원의 조언을 듣는 것이 좋다.

04. 해설 | **find와 found의 구별 문제** : find, found, founded가 보기로 제시된 문제는 문장의 의미를 파악한 후 동사를 시제일치 시키면 됩니다. 1930년대 할아버지에 의해 설립된 학교이므로 find('발견하다')의 의미가 아닌 found('창설하다, 설립하다')의 의미가 적합하며, 'in 1930'가 과거시제를 나타내므로 답은 B이지요.
해석 | 밀러는 1930년대 그의 훌륭하신 할아버지에 의해 설립된 학교를 졸업했다는 사실에 항상 대단한 자부심을 갖고 있다.

05. 해설 | **불완전타동사의 목적격보어 선택 문제** : **tell**(told)은 5형식 문장에서 **to부정사**를 목적격보어로 취하는데, 보기에 to be와 to have가 함께 제시되어 헷갈리죠. 이런 경우에는 빈 칸 뒤에 쓰인 품사를 보고 선택해야 하는데, 뒤에 형용사가 부정사의 보어로 쓰였기 때문에 타동사 have는 쓸 수 없으므로 답은 A이지요.
해석 | 나는 중학교 시절에 선생님께서 나에게 용감하고 부지런해야 한다고 말씀해 주신 것을 잊을 수가 없다.

06. 해설 | **5형식 문장에서 목적격보어 선택 문제** : get은 5형식 문장에서 목적어와 목적격보어가 능동적인 관계이면 **to부정사를**, 수동적인 관계이면 **과거분사**를 써야 하지요. 이 문제에서는 목적어(사물)와 목적격보어의 관계가 수동적 의미, 즉 '원고가 타이핑되는 것'이므로 능동 의미의 현재분사가 아닌 수동 의미의 과거분사 C가 답이지요.
해석 | 나는 원고를 비서에게 타이핑하도록 시켰다.

07. 해설 | **지각동사의 목적격보어 선택 문제** : 지각동사 see, watch, hear, feel, notice 등은 5형식 문장에서 목적어와 목적격보어가 능동적인 관계이면 **원형부정사를**, 수동적인 관계이면 **과거분사를**, 능동+진행의 의미이면 **현재분사**를 사용하죠. 이 문제에서 목적어와 목적격보어가 능동적인 관계, 즉 '용의자가 건물로 들어가는 것'이므로 원형부정사(동사원형) A가 답이지요.
해석 | 나는 그 용의자가 그 건물로 들어가는 것을 보았다.

08. 해설 | **lay vt. ~을 놓다/ lie vi. 눕다, 놓여 있다, 거짓말하다의 구별 문제** : 문제에서 보기로 lying과 laying이 주어지는 경우에는 빈 칸 뒤에 목적어 유무를 확인해야 합니다. 이 문장에서는 목적어가 없으므로 자동사의 현재 진행형인 B가 답이지요. A는 타동사이므로 목적어를 필요로 하고, parcels 다음에 목적격 관계대명사가 생략된 형태로 빈 칸에는 The parcels를 받는 동사가 필요한데, 분사(C와 D)는 동사가 될 수 없지요.
해석 | 내가 집으로 막 가져온 소포는 탁자 위에 놓여있다.

09. 해설 | **4형식 문장을 3형식 문장으로 전환하는 문제** : 이런 문형에서 직접목적어를 강조할 경우에는 '주어+수여동사+직접목적어+**전치사**+간접목적어' 형식을 쓰는데, 이 경우 전치사(to, for, of, on)는 동사에 따라 각각 다르게 사용되므로 주의해야 하며, sell은 전치사 **to**를 사용하므로 답은 C입니다.
해석 | 나는 중고차를 그에게 적절한 값에 팔았다.

10. 해설 | **자동사로 혼동하기 쉬운 타동사 문제** : discuss, resemble, marry, attend, mention 등은 단어의 뜻에 얽

매이면 전치사가 붙을 것 같으나 **전치사와 함께 쓸 수 없는 타동사**이므로 주의해야 합니다. 이 문제에서 조동사 다음에는 언제나 **동사원형**이 오므로 답은 A이지요.
해석 | 우리는 오늘 사장님이 여기에 도착하기 전에 그 문제를 토의할 것입니다.

11. 해설 | **5형식 문장에서 목적격보어 선택 문제** : 5형식 문장에서 have 다음에 목적어로 사물이 오는 경우에는 목적어와 목적격보어가 수동적인 관계, 즉 '안전벨트가 착용되어는 지는 것'이므로 목적격보어로 **과거분사**를 써야 합니다.
해석 | 현행 안전벨트 규정에 따르면, 당신이 운전 중에 안전벨트를 착용하지 않는다면 딱지를 떼일 수 있습니다.

12. 해설 | **자동사와 타동사의 구별 문제** : graduate가 '~대학을 졸업하다'는 의미로 쓰일 경우는 자동사로 전치사 "from"을 취하므로 답은 B입니다. graduate가 타동사로 쓰이면 '졸업생을 배출하다'는 의미이므로 C는 문맥에 맞지 않고, D는 주어가 3인칭 단수이므로 동사에 '-s'를 붙여야 하지요.
해석 | 그녀는 아들이 예일대학을 졸업했다는 것을 자주 자랑한다.

Chapter 01_ 동사네 집 (2)

Chapter 1 동사네 집 (2) 정답

Part 1 **01.** ask **02.** rains **03.** used **04.** have lived **05.** be held **06.** Were I **07.** need **08.** to tell **09.** thought of **10.** been replaced

Part 2 **01.** submit **02.** be known **03.** had played **04.** puts **05.** set **06.** get **07.** to enter

Part 3 **01.** D **02.** B **03.** B **04.** D **05.** A **06.** A **07.** A **08.** C **09.** C **10.** A **11.** C

Part 1

01. 해설 | **조동사 다음에 동사원형 선택 문제** : 조동사(should)는 동사 역할을 못하고 단지 동사(ask)를 도와주는 역할만 하는데요. 조동사 뒤에는 항상 **동사원형**이 오므로 답은 ask입니다.
해석 | 당신은 내 카메라를 사용하기 전에 허락을 받아야 한다.

02. 해설 | **시간[조건] 부사절에서의 시제 일치 문제** : 시간과 조건을 나타내는 접속사 when, after, as soon as, before, if, unless 등이 이끄는 부사절(종속절)에서는 현재시제가 미래시제를 대용하므로 주절이 미래시제일지라도, 종속절에는 **현재시제**를 쓰므로 답은 rains이지요.
해석 | 만일 내일 비가 온다면, 외출하지 않을 것이다.

03. 해설 | **be used to와 used to의 구별 문제** : **be used to+V~ing**는 'V를 하는데 익숙해 있다'라는 의미이고, **used to V**는 '(과거에) ~하곤 했다'라는 의미인데요. 이 문제에서는 후자의 의미가 문맥에 적합하므로 답은 used입니다.
해석 | 톰이 지나친 애연가였던 것을 당신은 믿기가 어렵겠지만, 그가 지금 담배를 피우는 것보다 훨씬 많이 피웠다는 것은 사실이다.

04. 해설 | **시간표시 부사(구)와 어울리는 동사의 시제 선택 문제** : 'since+과거시점'이 쓰인 경우 동사는 현재완료시제를 써야 하므로 답은 have lived이지요.
해석 | 그들은 1976년 이래 서울에서 살고 있다.

05. 해설 | **should의 용법과 수동태를 묻는 문제** : 주장, 기대, 요구, 제안, 명령, 추천 등의 뜻을 가진 동사 다음에 that절이 와서 명사절로 쓰일 경우에는 **'should+동사원형'**을 쓰며 should는 흔히 생략하죠. 문제에서 '회의는 개최되어지므로' should hold가 아니라 수동태(be동사+p.p.) 구문인 be held가 답입니다.
해석 | 위원들은 그 회의가 가능한 한 빨리 개최될 것을 주장했다.

06. 해설 | **가정법 형식을 묻는 문제** : 이런 문제는 주절의 동사 형태를 보고 조건절을 선택하거나 조건절의 동사형태를 보고 주절을 선택해야만 합니다. 문제에서 주절에 'would+travel(가정법 과거)' 형식이 제시되었으므로 조건절에는 '동사의 과거형이나 were'가 와야 하는데요. 가정법에서 if가 생략되면 도치구문이 되고, 가정법 과거에서 be동사는 인칭에 관계없이 were를 사용해야 하므로 답은 'Were I'입니다. *If I were rich → Were I rich
해석 | 만일 내가 부자라면, 나는 세계일주를 할 수 있을 텐데.

07. 해설 | **need의 조동사 용법 문제** : need는 일반동사뿐만 아니라 부정문과 의문문에서는 조동사로 사용될 수가 있는데요. 이 문제에는 need 뒤에 동사원형 go가 왔으므로 need는 조동사로 쓰인 것이죠. 따라서 주어가 3인칭 단수라 할지라도 needs가 아니라 동사원형 need를 써야 합

니다.

해석 | 그는 거기에 갈 필요가 없다.

08. 해설 | **사역동사가 사용된 5형식 문장의 수동태 문제** : '지각동사[사역동사]+목적어+원형부정사' 형태의 능동문이 수동문으로 바뀌면 원형부정사가 **to부정사**로 바뀌고, 이 문장은 2형식이 되므로 답은 to tell입니다.

해석 | 그는 모든 것을 이야기할 것을 강요받았다.

09. 해설 | **동사구가 포함된 문장의 수동태 문제** : '자동사+전치사' 형태의 능동문(Many scholars think of him as a great poet.)이 수동문으로 바뀌는 경우에도 전치사를 빠뜨리면 안 되고, 수동태(is thought) 뒤에 함께 써야 하므로 답은 thought of입니다.

해석 | 그는 많은 학자들로부터 훌륭한 시인으로 인정받고 있다.

10. 해설 | **문맥에 맞는 태 선택 문제** : have 뒤에는 과거분사가 오며, 관계대명사 that이하의 수식을 받는 사물 Most words가 주어이고, '단어는 사람들에 의해 사용되어지는 것' 이기 때문에 'been replaced' 가 답입니다.

해석 | 단지 하나의 성만을 나타내던 대부분의 단어들이 남성과 여성 둘 다를 언급하는 단어들로 대체되어져 왔다.

Part 2

01. 해설 | **문맥에 맞는 태 사용 문제** : 빈 칸 뒤에 타동사 submit의 목적어인 homework가 있고, 주어(you)가 homework를 제출하는 것이므로 능동태를 써야 하는데, 조동사 must가 있으므로 동사원형 submit을 써야 합니다.

해석 | 너는 다음 수업까지 숙제를 제출해야만 한다.

02. 해설 | **문맥에 맞는 태 사용 문제** : 빈 칸 다음의 타동사 know의 목적어가 없으므로 수동문이 되어야 하고요. 조동사 may 뒤에는 be동사의 원형이 되어야 하므로 답은 be known입니다.

* be known **as** ~ ~로서 알려지다 〈자격〉
be known **by** ~ ~에 의해 알 수 있다 〈판단〉
be known **for** ~ ~로서 유명하다 〈이유〉
be known **to** ~ ~에게 알려지다 〈대상〉

해석 | 사람은 그가 사귀고 있는 친구를 보면 알 수 있다.

03. 해설 | **시간표현과 어울리는 시제 사용 문제** : 음악가들이 오페라의 서곡을 연주하고 있었던 것(주절)이 내가 연주홀에 들어간 것(종속절 – 과거)보다 먼저 일어난 것이므로 주절은 종속절의 동사보다 한 시제 앞선 **과거완료형**(had+p.p.)을 써야 하죠. 따라서 답은 had played입니다.

해석 | 내가 연주홀에 들어갔을 때, 음악가들은 이미 오페라의 서곡을 연주하고 있었다.

04. 해설 | **문맥에 맞는 시제 사용 문제** : 현재의 습관적인 동작, 취향, 직업, 성격, 능력 등을 나타내는 경우 현재시제를 사용하며, 주어가 3인칭 단수(she)이므로 답은 puts입니다.

해석 | 그녀는 커피에 설탕을 결코 넣지 않는다.

05. 해설 | **시간표시 부사와 어울리는 시제 사용 문제** : 시간부사 yesterday는 명백한 과거시제를 나타내므로 동사는 과거시제를 써야 하고요. set은 과거형, 과거분사형 모두 똑같은 set입니다.

해석 | 우리는 어제 우리 모임에 대한 장소와 날짜를 정하였다.

06. 해설 | **조동사 should의 용법 문제** : It is 다음에 이성적 판단의 형용사(natural, necessary, important, proper, wrong, right, well, good, rational)가 오고 that절이 쓰이면, that절에는 '**should+동사원형**'을 써야 하는데요. should는 흔히 생략되므로 답은 get이지요.

해석 | 그가 화를 내는 것은 당연하다.

07. 해설 | **지각동사가 사용된 5형식 문장의 수동태 문제** : '지각동사(saw)+목적어+원형부정사' 의 능동문(I saw the teacher enter the classroom.)이 수동태 문장으로 바뀌게 되면 원형부정사가 **to부정사**로 바뀌므로 to enter가 되어야 하죠.

해석 | 그 선생님이 교실로 들어가시는 것을 내가 목격했다.

Part 3

01. 해설 | **준조동사 뒤에 오는 동사 형태 문제** : 준조동사 had better 다음에는 **동사원형**이 오며, 동사원형 대신 과거분사를 쓰지 않도록 주의해야 합니다. ***had better V** : V하는 것이 더 좋다

해석 | 우리가 확실히 좋은 방을 얻을 수 있도록 당신이 예약을 하는 것이 좋겠다.

02. 해설 | **미래시제 대신 현재시제를 사용하는 경우의 문제** : 시간과 조건을 나타내는 접속사 before, when, if, after,

as soon as 등이 이끄는 부사절에서는 미래시제 대신 **현재시제**를 사용하므로 즉, 주절에 미래시제(will discuss)가 쓰였을지라도 부사절에서는 현재시제가 미래를 대신하므로 답은 B이지요(주어가 3인칭 단수 boss).

해석 | 사장님이 여기에 도착하기 전에 우리는 회의에서 그 문제를 토의할 것입니다.

03. 해설 | **문맥에 맞는 조동사 선택 문제** : 이 문제는 부사절(when you were young)이 과거시제이므로 주절은 문맥상 '~을 했어야만 했는데 실제로는 하지 않았다'는 '과거에 하지 않은 일에 대한 유감이나 후회'를 나타내는 문장이 되어야 하지요. 그러므로 답은 '**should+have+p.p.**' 형태가 되어야 합니다.

해석 | 당신은 젊었을 때, 더 열심히 일을 했어야만 했는데.

04. 해설 | **문맥에 맞는 시제 선택 문제** : '그가 다시 오스트레일리아를 방문하게 된다면'은 미래의 어떤 상황을 나타내고, 그가 거기에 다시 가게 되면 '과거부터 그 때(미래)까지 거기에 가 본 것이 세 번째가 된다(미래완료 경험)'는 의미이므로 미래완료시제 「조동사(will)+have+p.p.」가 답이 됩니다.

해석 | 만일 그가 다시 오스트레일리아를 방문하게 된다면, 그는 거기에 세 번째 가는 것이 될 것입니다.

05. 해설 | **문맥에 맞는 가정법 시제 선택 문제** : 주절이 '주어+would+have+recognized(가정법 과거완료 형태)' 형식이므로, 조건절에도 'If+주어+**had+p.p.**(가정법 과거완료 형태)' 형식이 와야 하므로 답은 A인데요. 가정법 과거완료는 과거 사실에 반대되는 가정이나 상상을 나타내는 경우에 쓰입니다.

해석 | 누군가 그녀의 이름을 언급하지 않았다면, 나는 거의 그녀를 알아보지 못했을 것이다.

06. 해설 | **가정법과거의 주절 형태 문제** : 조건절이 'If+주어+동사의 과거형(가정법 과거 형태)' 형식이므로, 주절에도 '주어+조동사의 과거형+동사원형(가정법 과거 형태)' 형식이 와야 하므로 답은 A인데요. 가정법 과거는 현재 사실에 반대되는 가정이나 상상을 나타내는 경우에 쓰입니다.

해석 | 내가 그 책을 갖고 있다면, 나는 그것을 당신에게 빌려줄 수 있을 텐데.

07. 해설 | **should의 용법과 타동사의 목적어 문제** : 동사 recommend, insist, demand, require, suggest, order 다음에 that절이 명사절로 쓰인 경우에는 '**should+동사원형**'을 써야 하는데요. should는 흔히 생략됩니다. 이 문제에서는 finish 앞에 should가 생략된 형태이며, finish는 동명사를 목적어로 취하기 때문에 답은 A이지요.

해석 | 교수님은 내가 박사학위 논문 쓰는 것을 가능한 한 빨리 끝마칠 것을 권고하셨다.

08. 해설 | **문맥에 맞는 태 선택 문제** : 이 문제에서 require는 타동사인데 목적어가 없고, 주어 people이 외국어 능력시험을 통과하는 것이 요구되므로 수동태 형식('be동사+p.p.')이 되어야 합니다. 따라서 답은 C이지요.

해석 | 마케팅 부서에서 일하기를 원하는 사람들은 외국어 능력시험에 통과되어야 합니다.

09. 해설 | **문맥에 맞는 시제 선택 문제** : 그 회계사가 그 수표들을 올바른 예금계좌에 입금하지 않았던 것(종속절)이 밝혀진 것(주절 – 과거)보다 먼저 일어난 것이므로 종속절은 주절의 동사보다 한 시제 앞선 과거완료형을 써야 합니다. deposit은 타동사로 목적어 checks가 있기 때문에 수동태인 D는 안 되고, 능동태인 C가 답이지요.

해석 | 회계감사관은 그 회계사가 5월부터 9월까지 그 수표들을 올바른 예금계좌에 입금하지 않았던 것을 밝혀냈다.

10. 해설 | **조동사+동사원형과 태 선택 문제** : 이 문장에서 조동사 will 다음에는 동사원형(be)이 와야 하고, set은 타동사인데 목적어가 없고, 사물 주어 criteria(기준)는 누군가에 의해 설정되는 것이므로 수동태 형식('be동사+p.p.')이 되어야 합니다. 따라서 답은 A이지요.

해석 | 완전히 자발적인 유럽공동체(EC) 프로그램 하에서, 그린라벨(친환경마크)에 대한 기준들은 다양한 분야의 전문위원으로 구성될 것입니다.

11. 해설 | **문맥에 맞는 동사의 시제 선택 문제** : 진행형은 현재 진행되고 있는 어떤 일이나 상태가 언제든지 중단될 수 있다는 것을 전제하고 쓰이는 것이기 때문에 시점이 애매한 기호동사(desire)는 진행형을 쓰지 못하고, 현재형(desire)으로 현재의 순간적 동작이나 상태를 나타내어야 합니다. A는 주어와 수가 일치하지 않고, D의 과거시제는 we do(현재)와 어울리지 않지요.

해석 | 우리 모두는 우리가 하고 있는 모든 일에서 성공을 갈망하고 있다.

Chapter 02_ 준동사네 집

Chapter 2 준동사네 집 정답

Part 1 **01.** running **02.** to analyze **03.** to lend **04.** to mail **05.** developing **06.** to enter **07.** appearing **08.** entering **09.** repair **10.** never to meet

Part 2 **01.** skiing **02.** going **03.** satisfied **04.** seeing **05.** painting **06.** to lose **07.** to do **08.** to know **09.** his **10.** knowing

Part 3 **01.** B **02.** B **03.** C **04.** C **05.** B **06.** A **07.** D **08.** D **09.** B **10.** D **11.** C **12.** B

Part 1

01. 해설 | **타동사의 목적어 선택 문제** : 타동사 중에는 목적어로서 to부정사와 동명사를 엄격하게 구분하여 취하는 것이 있는데, abandon은 목적어로 동명사를 취하는 타동사이므로 답은 running이지요.
해석 | 그는 의회에 출마하는 것을 포기했다.
※ **동명사를 목적어로 취하는 동사** : consider, enjoy, mind, deny, practice, miss, admit, excuse, avoid, evade, postpone, stop, finish, discontinue

02. 해설 | **동사 자리와 준동사 자리 구분 문제** : 이 문장에는 연결사가 없는 단문이므로 동사는 하나밖에 쓸 수 없으며, conference 이하 부분은 생략되어도 완전한 문장이 되기 때문에 이 부분은 수식어구 자리가 됩니다. 즉 동사 be가 있으므로 동사(analyzes)는 안 되고, '최근 소비경향을 분석하기 위해'라는 목적을 나타내는 to부정사의 부사적 용법으로 쓰인 to analyze가 답입니다.
해석 | 각 영업부서의 관리자들이 최근 소비경향을 분석하기 위해 회의에 참석할 예정이다.

03. 해설 | **타동사의 목적어 선택 문제** : 타동사 decide는 목적어로 to부정사를 취해야 하기 때문에 빈 칸에는 to lend를 써야 하지요.
해석 | 내 친구가 어려운 상황에 놓여 있었다. 그래서 나와 아내는 그에게 약간의 돈을 빌려주기로 결정했다.
※ **to부정사를 목적어로 취하는 동사** : offer, choose, pretend, agree, determine, refuse, wish, hope, manage

04. 해설 | **목적어로 쓰인 to부정사와 동명사의 시간상 차이점 파악 문제** : **remember[forget, regret]**는 to부정사와 동명사 둘 다 취할 수 있는 타동사인데요. 동명사를 쓸 때와 to부정사를 썼을 때에 시간상의 차이점이 있다는 사실을 알고 있어야 합니다. 즉, 동명사는 **보다 이전에 일어난 과거의 일**(부쳤던 것을 기억한다는 의미)에 쓰이고, to부정사는 **앞으로 해야 할 미래의 일**(부치는 것을 기억한다는 의미)에 쓰이므로 답은 to mail입니다.
해석 | 학교 가는 길에 그 편지 부치는 것을 기억해라.

05. 해설 | **현재분사와 과거분사의 구별 문제** : 수식받는 명사(country)와 분사의 관계가 능동이나 진행이면 현재분사를, 수동이나 완료이면 과거분사를 써야 하지요. 이 문제에서 '개발도상국가'라는 말에는 '개발이 진행 중'이라는 의미가 내포되어 있으므로 현재분사 developing이 답입니다.
* **advanced country** 선진국
underdeveloped country 후진국, 저개발국
해석 | 산업발전이 높은 수준에 도달하지 못한 개발도상국가에 있어서 기술교육에 대한 관심은 꾸준히 증가하고 있다.

06. 해설 | **목적격보어의 선택 문제** : forbid는 5형식에서 **'주어+불완전타동사(forbid)+목적어(사람)+목적격보어(to V)** (~로 하여금 V하는 것을 금지하다)' 형식으로 쓰이므로 답은 to enter입니다. 이런 형식을 취하는 동사에는 permit, warn, enable, encourage 등이 있습니다.
해석 | 앞으로 당신에게 나의 사무실 출입을 금한다.

07. 해설 | **관계대명사절의 축약 형태로 쓰인 분사 문제** : '주격관계대명사+일반동사(be동사가 없는 경우)'로 이루어진 관계사절을 **분사**로 축약하여 사용할 수 있는데, 이 경우 관계사절의 연결요소를 생략하고 동사를 ~ing 형태로 줄여 쓸 수 있으므로 답은 appearing입니다.
원래의 문장은 "I haven't read the article **which appears** in today's paper yet."입니다.
해석 | 나는 아직 오늘 신문에 나온 그 기사를 읽지 못했다.

08. 해설 | **현재분사, 과거분사 선택 문제** : 콤마 이후 부분만으로 완전한 문장이 될 수 있으므로 콤마 앞부분은 수식어 부분으로 보아야 하고, 접속사 Before 다음에 주어가 없으므로 빈 칸에는 동사(enter)는 올 수 없습니다. 이 문장에서는 분사의 의미상의 주어가 children이므로, '아이들이 초등학교에 들어간다'는 능동적인 의미이고, 뒤에 목적어가 있으므로 답은 entering입니다.

* Before they enter elementary school,
→ Before entering elementary school,
→ Entering elementary school,
해석 | 초등학교에 들어가기 전에, 대부분의 한국 아이들은 유치원에 다닌다.

09. 해설 | **사역동사의 목적격보어 선택 문제 : '주어+사역동사(have)+목적어(사람)+목적격보어'** 형식에서 have 다음에 목적어로 사람(mechanic)이 오는 경우, 목적어와 목적격보어는 능동적 관계, 즉 '수리공이 나의 시계를 수리한다'라는 능동적 의미가 되어 목적격보어로 **동사원형**을 써야 합니다.
해석 | 나는 아침에 수리공에게 나의 시계를 수리하도록 시킬 것이다.

10. 해설 | **준동사와 부정부사의 위치 문제 : 준동사**(to부정사, 동명사, 분사)**를 부정**할 경우 부정의 부사(not, never)는 준동사 **앞**에 위치해야 하므로 답은 never to meet입니다.
해석 | 나에게 다시는 그녀를 만나지 않겠다는 약속을 해라.

Part 2

01. 해설 | **타동사의 목적어 선택 문제** : enjoy는 동명사를 목적어로 취하는 타동사이므로 skiing으로 고쳐야 합니다.
해석 | 당신이 스키 타는 것을 즐기는 것만큼 나도 스키 타는 것을 즐긴다.

02. 해설 | **타동사 dissuade의 구문 문제** : dissuade는 **'주어+dissuade+목적어+from ~ing' 형식으로 사용되고,** 이것은 '목적어(사람)를 설득하여 ~하는 것을 단념시키다'는 의미인데요. 전치사 from의 목적어로 동명사가 와야 하므로 going으로 고쳐야 합니다. 이것과 비교하여 persuade는 'persuade+목적어+**to+V**' 형식으로 사용되고 '목적어로 하여금 ~을 하도록 설득하다'라는 의미라는 것도 알아 두세요.
해석 | 나는 그를 설득하여 외국에 가는 것을 단념시켰다.

03. 해설 | **감정표시 동사의 분사 문제** : satisfy와 같은 감정표시 동사(surprise, excite, confuse, embarrass …)가 사람을 수식할 때는 **과거분사**를 써야 하고, 사물을 수식할 때는 **현재분사**를 써야 하므로 satisfied로 고쳐야 합니다.
해석 | 참석한 변호사 둘 다 그 협상의 결과에 만족했다.

04. 해설 | **동명사의 관용적 표현 문제** : look forward to+V~ing는 '~을 기대[고대]하다'의 의미이며, 전치사 to 다음에는 동명사가 오므로 seeing으로 고쳐야 하죠. 참고로 전치사 to 다음에 동명사가 오는 관용적 표현들을 잘 익혀두어야 합니다.
* with a view to+V~ing: ~하기 위하여(=for the purpose of V~ing)
devote[dedicate] one's life[time, money]+to V~ing : 자신의 삶[시간, 돈]을 ~에 쏟다
해석 | 나는 영어 선생님을 다시 만날 것을 학수고대하고 있다.

05. 해설 | **동명사의 관용적 표현 문제** : be used to V~ing(=be accustomed to V/V~ing)은 '~하는데 익숙해 있다'라는 의미이며 주어로 사람이 오지요. 그러나 주어로 사물이 와서 단지 use가 수동태로 사용된 표현 "be used to V"와 혼동해서는 안 되겠지요. used to V '~하곤 했다' 도 함께 기억해 주세요.
해석 | 이 예술가들은 큰 그림을 그리는데 익숙해 있다.

06. 해설 | **타동사의 목적어 선택 문제** : 타동사 hope는 목적어로 **to부정사**를 취하므로 to lose로 고쳐야 하며, to부정사를 목적어로 취하는 다음 타동사 choose, pretend, decide, determine, refuse, wish 등도 함께 기억하세요.
해석 | 만일 당신이 체중을 줄이기를 바라고, 운동을 할 수 있는 시간이 하루에 단지 30분 이내로 제한되어 있다고 한다면, 당신은 되도록 매일 뛰는 것이 좋습니다.

07. 해설 | **「의문사+to부정사」 문제** : '의문사(what/where/how)+to부정사'는 간접의문문 대신 쓰는 간결한 표현으로 **명사구**를 이루어 주로 목적어로 쓰이므로 to do로 고쳐야 하며, 의문사 why는 이 용법으로 사용되지 않는다는 사실도 기억하세요.
해석 | 당신의 성공은 그것을 어떻게 하느냐에 달려 있다.

08. 해설 | **to부정사와 함께 사용하는 형용사 문제** : 감정을 나타내는 형용사 "anxious, sure, glad, apt, ready, eager, impatient, willing" 다음에는 'to V'가 쓰이므로 to know로 고쳐야 합니다. anxious는 'be anxious about+명사(~을 걱정하다)' / 'be anxious to V(몹시 ~하고 싶다)'로 쓰이는데, 문맥상으로 후자의 의미입니다.
해석 | 나는 그녀의 이름과 주소를 몹시 알고 싶다.

09. 해설 | **동명사의 의미상의 주어 문제** : 동명사는 동사의 성질을 갖고 있어서 의미상의 주어, 목적어, 보어를 가질 수 있지요. 주절의 주어와 동명사의 의미상의 주어가 같은 경

우에는 의미상의 주어를 생략하지만, 다른 경우에는 동명사의 의미상의 주어를 별도로 표시해 주어야 하는데요. 의미상의 주어가 인칭대명사인 경우 **소유격**을 써야 하므로 his로 고쳐야 합니다.(=I have never heard **that he had been** earnest in his youth.)
해석 | 나는 그가 젊은 시절에 성실했었다는 것에 대해 결코 들어본 적이 없다.

10. 해설 | **동명사의 관용적 표현 문제** : There is no+V ~ing은 '~을 할 수 없다, ~을 하는 것은 불가능하다'라는 의미로 쓰이므로 knowing으로 고쳐야 합니다.(=It is impossible to know what may happen tomorrow.)
해석 | 내일 무슨 일이 일어날지 알 수 없다.

Part 3

01. 해설 | **타동사의 목적어와 병렬구조 문제** : give up(자동사+전치사)은 목적어로 동명사를 취하며 병렬구조에 따라 등위접속사 and 뒤에도 동명사가 와야 하므로 답은 B입니다.
해석 | 그는 지난 달에 의사의 진찰을 받은 후 술과 담배를 끊기로 결심했다.

02. 해설 | **준동사 자리와 동사 자리 구별 문제** : 이 문장에는 접속사가 없으므로 동사는 하나밖에 쓰일 수가 없죠. 따라서 콤마 앞쪽은 수식어구가 되어야 합니다. 동사 know가 있으므로 동사인 A는 안 되고, C가 들어가면 '결정되어 진다'는 수동적인 의미가 되어 태가 불일치하므로 안 되고, D는 to부정사의 수동태라서 안 되고(뒤에 목적어가 있으므로), B가 들어가야만 조건을 나타내는 부사적 용법이 되어 수식기능을 할 수가 있습니다.
해석 | 이런 결정을 하려면, 당신은 그들이 원하는 것을 알아야만 한다.

03. 해설 | **동명사의 태 선택 문제** : 타동사 다음에 목적어가 있으면 **능동 동명사**가 답이 되고, 목적어가 없으면 **수동 동명사**가 답이 되죠. 이 문장에는 ask의 목적어가 없으므로 답은 C입니다. D는 완료부정사의 수동형인데, 이것은 술어동사보다 한 시제 앞서므로 이 문장에서는 시제가 맞지 않지요.
해석 | 나는 많은 사람들 앞에서 노래 부르라고 요청받는 것을 싫어한다.

04. 해설 | **타동사의 목적어 선택 문제** : 타동사 postpone은 목적어로 동명사를 취하므로 답은 C입니다.
해석 | 당신은 그녀에게 편지 보내는 것을 더 이상 미루어서는 안 된다.

05. 해설 | **동명사의 관용적 표현과 태 선택 문제** : cannot help 다음에는 관용적으로 동명사가 오므로 C와 D는 답이 될 수 없고요. 타동사 attract의 목적어가 없으므로 수동 동명사가 와야 합니다. 따라서 답은 B입니다.
* **be[feel] attracted to ~** ~에게 끌리다, ~에게 (성적) 매력을 느끼다
* <u>cannot help+V**~ing**</u> : ~할 수밖에 없다, ~하지 않을 수 없다(=cannot help[choose]+but V=have no choice but **to** V)
해석 | 그녀는 대단히 아름다운 여자여서, 나는 그녀에게 매혹되지 않을 수 없다.

06. 해설 | **분사구문 문제** : 'a lawyer ~ the contract' 부분만으로 완전한 문장이 될 수 있으므로 'Before ~ a client' 부분은 수식어구가 되어야 합니다. Before 다음에 주어가 없으므로 동사(obtain)는 올 수가 없고, 분사가 답이 되는데, 이 문장에서는 분사(구문)의 의미상의 주어가 a lawyer이고 타동사 obtain의 목적어가 있으며, '변호사가 의뢰인에게 서명을 받다'라는 능동적인 의미이므로 답은 A입니다. 분사구문에서 접속사는 생략하지만 의미를 분명히 하기 위해서 분사 앞에 접속사를 쓸 수 있습니다.
* **Before a lawyer obtained** a signature from a client, → **Before obtaining** a signature from a client, → **Obtaining** a signature from a client,
해석 | 의뢰인에게 서명을 받기 전에 변호사는 계약서에 쓰여 있는 내용들을 읽을 수 있는 정당한 기회를 의뢰인에게 제공해야만 한다.

07. 해설 | **독립분사구문 문제** : 주절의 주어 game과 종속절의 주어 Weather가 서로 다른 독립분사구문인데요. 이 경우는 반드시 분사의 의미상 주어를 써 주어야 합니다. 콤마 이하(주절) 자체로 이미 완전한 문장이므로 콤마 앞부분은 수식어구가 되어야 하기 때문에 동사인 A, B, C는 답이 될 수 없고, 현재분사 D가 답입니다. =If weather permits, our tennis game will be held as scheduled tomorrow.
해석 | 날씨가 허락한다면, 우리의 테니스 경기는 내일 개최될 것입니다.

08. 해설 | **to부정사의 시제 문제** : <u>주절과 종속절이 같은 시제일 경우는</u> **단순 부정사**를, <u>주절보다 종속절이 앞선 시제일 경우는</u> **완료부정사**를 사용하는데, 문제에서 주절의 동사

(seems)는 현재시제인데, 종속절의 동사(was)가 과거시제를 나타내므로 **완료부정사**(to+have+과거분사) D가 답입니다. B는 done이 타동사로 목적어가 필요하지만 뒤에 형용사 beautiful(보어)이 왔기 때문에 안 되지요.
해석 | 메리는 젊었을 때 아름다웠던 것처럼 보인다.

09. 해설 | **to부정사의 부사적 용법 문제** : 이 문장은 빈 칸 이하 부분을 생략하여도 완전한 문장이므로 빈 칸 이하는 수식어가 되어야 합니다. offices와 연결시키려면 관계대명사나 준동사 B와 D가 가능한데, 뒤에 목적어가 있고 내용이 '운영비용을 줄이기 위해'라는 의미이므로 B의 to reduce가 답입니다. A는 동사, C는 명사이므로 안 되지요.
해석 | 그 회사는 당분간 운영비를 줄이기 위해 지사들 중 하나를 폐쇄할 것이다.

10. 해설 | **현재분사, 과거분사 선택 문제** : 이 문장은 빈 칸 이하 부분을 생략하여도 완전한 문장이 성립될 수 있으므로 수식어구 부분에 해당되지요. 즉, things 이하 부분이 things를 수식하는 경우인데, 빈 칸에 들어갈 타동사 purchase 다음에 목적어가 없고, '물건이 구입되다'라는 의미로 수동적인 관계를 나타내므로 과거분사 D가 답입니다. 연결사가 없으므로 동사 A는 답이 될 수 없고, B도 목적어가 필요한데 없으므로 답이 될 수 없지요.
해석 | 인터넷으로 구입된 귀하의 물건에 대해서는 우리의 가격 할인이 해당되지 않습니다.

11. 해설 | **단순분사와 완료분사의 구별 문제** : '보고서 쓰는 것을 끝마친 후에 잠자리에 들었다'라는 의미이므로 주절의 동사가 나타내는 시제보다 종속절이 한 시제 앞선 때를 나타내는 내용이므로 단순분사가 아니라 **완료분사**를 써야 하지요. 또한 writing의 의미상의 주어가 사람이므로 능동형 완료분사(having+p.p.) 형태가 적합하므로 답은 C입니다.
해석 | 나는 사장님께 쓰는 보고서를 끝마친 후에 자신감에 차서 잠자리에 들었다.

12. 해설 | **동명사와 정관사 관계 문제** : 동명사가 의미상의 목적어를 갖는 경우(Sending electronic mail)에는 정관사(the)를 붙이지 않죠. 그러나 동명사가 파생명사 기능(명사적 성질)만을 하여 의미상의 목적어를 갖지 않는 경우에는 동명사 앞에 정관사를 붙여야만 합니다. 즉, **"The+동명사 + of + (전치사의 목적어)"** 형태이어야 하므로 답은 B입니다.
해석 | 전자메일을 보내는 것은 전세계적으로 대단히 일반적이다.

Chapter 03_ 명사네 집

Chapter 3 명사네 집 정답

Part 1 **01.** a **02.** a **03.** an **04.** the **05.** the **06.** the **07.** The **08.** × **09.** × **10.** the **11.** The **12.** a **13.** a **14.** the **15.** the **16.** The **17.** a **18.** a **19.** the **20.** the

Part 2 **01.** decision **02.** are **03.** is **04.** is **05.** the first **06.** The water **07.** the students **08.** retirement **09.** are **10.** room

Part 3 **01.** C **02.** C **03.** A **04.** B

Part 4 **01.** B **02.** B **03.** A **04.** B **05.** C **06.** A **07.** B **08.** D **09.** B **10.** C

Part 1

01. 해설 | **셀 수 있는 명사와 부정관사 관계 문제** : 셀 수 있는 명사는 복수형태로 쓰거나, 단수형태로 쓰는 경우에는 관사를 붙여야만 합니다. 이 문장에서는 명사(day)가 단수형이고, 불특정한 날이므로 부정관사를 붙여야 하는데, 첫 글자가 자음소리로 발음되는 명사이므로 a가 답입니다.
해석 | 나는 평소 하루에 계란을 하나씩 먹는다.

02. 해설 | **부정관사 a/an 구별 문제** : 가산명사 앞에 부정관사를 붙이는 경우 철자가 아닌 **발음**으로 구별합니다. 첫 글자가 자음으로 발음되는 명사 앞에는 a를, 모음으로 발음되는 명사 앞에는 an을 써야 하는데, year[jiər]는 자음으로 발음되므로 답은 a입니다.
해석 | 당신은 보통 1년에 몇 번이나 해외에 가나요?

03. 해설 | **부정관사 a/an 구별 문제** : hour[áuər]는 자음으로 시작되지만 'h'가 묵음이고, 다음 글자가 모음[á]으로 발음되므로 an을 써야 합니다.
해석 | 한 시간 이내로 너에게 다시 전화할게.

04. 해설 | **정관사의 용법 문제** : **시간 단위명사**(day, month, year, decade, century) 앞에는 정관사(the)를 붙입니다.
해석 | 그녀는 그 아파트를 월세로 빌렸다.

05. 해설 | **정관사의 용법 문제** : 운동명, 식사, 계절 앞에는 관사를 붙이지 않으나, 악기명 앞에는 정관사를 붙여야 하므로 답은 the 이지요.
해석 | 당신은 바이올린 연주하는 것을 좋아합니까?

06. 해설 | **시간명사와 정관사 문제** : 연대(1950s)나 하루 중 일부분을 나타내는 명사(morning, afternoon, evening) 앞에는 정관사(the)를 붙입니다.
해석 | 남한은 1950년대에 북한으로부터 침입을 받았다.

07. 해설 | **국명과 정관사 문제** : 국명이 언어나 국가명을 나타낼 경우에는 앞에 정관사(the)를 붙이지 않으나, **국민(전체)을 나타내는 경우**에는 앞에 정관사(the)를 붙입니다.
cf. Speak in **Swedish**. 스웨덴어로 말하라.
해석 | 스웨덴 사람들은 그들의 조상, 즉 바이킹족에 대해 자부심을 갖고 있다.

08. 해설 | **식사명과 관사 문제** : 식사, 계절, 운동명 앞에는 관사를 붙이지 않습니다.
해석 | 만일 당신이 일찍 일어나지 않는다면, 당신은 아침 식사할 시간이 없을 것입니다.

09. 해설 | **교통수단과 관사 문제** : 교통, 통신 수단을 나타낼 때는 앞에 관사를 붙이지 않고 **"by+교통, 통신 수단"**의 형태로 씁니다.
해석 | 나는 아침에 늦게 일어났기 때문에, 학교에 택시로 가야만 했다.

10. 해설 | **공공시설 명사와 관사 문제** : 병원, 관공서, 호텔 등의 명사 앞에는 정관사(the)를 붙여야 합니다.
해석 | 그는 어제 의사진찰을 받으러 병원에 갔었다.

11. 해설 | **정관사의 용법 문제** : 이미 앞에서 언급된 명사를 다시 언급하는 경우나 문맥상 화자와 청자가 알고 있는 명사를 언급하는 경우에는 정관사(the)를 붙여야 합니다.
해석 | 지난 주에 나의 친구가 내게 칫솔을 주었다. 그 칫솔은 대단히 좋았다.

12. 해설 | **부정관사 a, an의 용법 문제** : vegetarian(채식주의자)은 보통명사로 셀 수 있는 명사이므로 부정관사를 붙여야 하는데요. 첫 글자의 발음이 자음이므로 답은 a입니다.
해석 | 그녀는 고기를 먹지 않는 채식주의자이다.

13. 해설 | **부정관사와 정관사의 용법 문제** : cap은 보통명사로 셀 수 있는 명사이므로 부정관사를 붙이거나 복수형으로 사용해야 하는데, 처음 언급되는 불특정한 명사(뒤에 나온 one을 보면 알 수 있고, the cap이면 it으로 받음)이고, 단어의 첫 글자가 자음으로 발음되므로 답은 a입니다.
해석 | 나는 모자를 쓰지 않는 것이 보통이지만, 어제는 모자를 썼다.

14. 해설 | **정관사의 용법 문제** : **시간 단위명사**(hour, day, month, year, decade, century)가 전치사 **by**와 사용될 경우에는 앞에 정관사(the)를 붙여야 합니다.
해석 | 대개, 노동자들은 일당제로 급료를 받는다.

15. 해설 | **정관사의 용법 문제** : **수량 단위명사**(pound, ton, liter, box, dozen)가 전치사 **by**와 사용될 경우는 앞에 정관사(the)를 붙여야 합니다.
해석 | 고구마는 플라스틱 또는 종이 가방에 담아 파운드로 판다.

16. 해설 | **관사의 생략과 예외인 경우의 문제** : 식사명 앞에는 관사를 붙이지 않으나, 식사명 앞에 형용사가 오거나 절의 수식을 받는 경우에는 관사를 붙이는데, 이 문제는 관계대명사절에 의해 수식[제한]되므로 답은 The입니다.
해석 | 내가 오늘 아침에 먹은 아침식사는 양이 너무 적었다.

17. 해설 | **셀 수 있는 명사와 셀 수 없는 명사 양쪽으로 쓰이는 명사 문제** : business는 추상명사(셀 수 없는 명사)로 쓰이는 경우 '일, 용무'라는 의미로 쓰이고, 부정관사나 복수형 어미를 붙일 수 없죠. 반면, 보통명사(셀 수 있는 명사)로 쓰이는 경우 '회사, 상점'이라는 의미로 쓰이고, 부정관사를 붙이거나 복수 형태로 써야 하죠. 이 문제에서는 하나의 작은 '회사'라는 의미가 적합하므로 빈 칸에는 부정관사 a가 들어가야 합니다.
해석 | 그의 아버지는 10년 동안 작은 회사를 경영해 오셨는데, 그 회사가 지난 달에 파산했다.

18. 해설 | **셀 수 있는 명사와 셀 수 없는 명사 양쪽으로 쓰이는 명사 문제** : 물질명사 paper가 '종이'라는 물질명사로 쓰일 경우는 관사를 붙이지 않으나 '신문'의 의미로 쓰일 경우는 보통명사로 사용되는 것이므로 부정관사가 붙거나 복수형이 되어야 하죠. '서류, 여권'의 의미로 쓰려면 복수형 papers를 써야 합니다. 이 문제에서는 불특정한 '어떤 신문'을 의미하므로 답은 a입니다.
해석 | 나는 고속버스 안에서 읽을 신문을 사고 싶다.

19. 해설 | **관사의 생략 문제** : 공공시설인 학교, 교회가 본래의 목적(수업, 예배)으로 쓰이는 경우에는 관사를 붙이지 않지만, 토니의 어머니는 학부모로서 선생님을 만나러 학교에 간 것이기 때문에 school 앞에 정관사(the)를 붙여야 합니다.
해석 | 토니의 성적이 떨어졌기 때문에 토니의 어머니는 어제 선생님을 만나러 학교에 갔었다.

20. 해설 | **비교구문과 관사 문제** : 형용사나 부사의 비교급에는 관사를 붙이지 않지만(예외 있음), 최상급 앞에는 정관사(the)를 붙입니다.
해석 | 존은 그의 학급에서 가장 키가 크다.

Part 2

01. 해설 | **명사의 기능과 자리 파악 문제** : 명사는 주어, 목적어, 보어로 쓰일 수 있는데, 이 문제에서는 made의 목적어로 쓰였으며, '관사(한정사)+형용사+_' 형태에서 빈 칸은 형용사의 수식을 받고 있으므로 명사자리입니다. 따라서 답은 decision입니다.
해석 | 그는 담배를 끊겠다는 확고한 결심을 했다.

02. 해설 | **'부분을 나타내는 명사+of+명사'의 수일치 문제** : 부분을 나타내는 '명사(the majority, the rest, half, most …)+of'는 뒤에 오는 명사의 단수/복수에 따라 동사의 단수/복수가 결정되는데, 이 문제에서는 of 다음에 복수명사(the passengers)가 왔으므로 답은 are이지요.
해석 | 승객의 대다수가 행방불명이다.

03. 해설 | **학과명과 수일치 문제** : economics, ethics, mathematics, physics, politics, statistics 등과 같은 학과명은 형태가 복수형이지만 단수취급하므로 답은 is입니다.
해석 | 경제학은 경영학 전공자들이 대학에서 공부해야 할 가장 중요한 과목들 중의 하나이다.

04. 해설 | **시간명사의 수일치 문제** : 시간, 거리, 가격, 중량 등이 하나의 단위로 취급되는 경우에는 **단수취급**하므로 답은 is입니다.
cf. Ten years **have passed** since she died. 〈완료시제〉
해석 | 80분이 이 시험에 할당된 시간이다.

05. 해설 | **서수, 기수와 관사 문제** : 서수(first, second …) 앞에는 정관사(the)를 붙이지만, 기수(one, two …) 앞에는 관사를 붙이지 않습니다.
해석 | 1월은 그 해의 첫 번째 달이다.

06. 해설 | **셀 수 없는 명사와 관사 문제** : 물질명사, 추상명사 등의 셀 수 없는 명사(water)앞에는 부정관사를 붙일 수 없지만, 수식어구(of this well)로 한정될 경우에는 **정관사**(the)를 붙여야 하므로 답은 The water입니다.
해석 | 이 우물의 물은 사람들이 마시기에는 좋지 않다.

07. 해설 | **수량표시 (대)명사와 관사 문제** : '수량표시 (대)명사(many, all, most, some, any)+of___+명사' 형태로 쓰일 경우 빈 칸에는 정관사 the가 들어가야 합니다. 문제에서 동사 come이 왔기 때문에 복수명사 the students가 답입니다.
해석 | 대부분의 학생들은 버스로 학교에 온다.

08. 해설 | **명사의 기능과 자리 파악 문제** : 이 문장에서는 타동사 announced의 목적어가 필요하고, '한정사(소유격)+형용사+___' 형태에서 형용사(early) 수식을 받는 빈 칸은 명사 자리이므로 답은 retirement입니다.
해석 | 전문이사 존슨 씨는 지난 월요일 이사진 회의에서 자신의 조기 퇴직을 발표했습니다.

09. 해설 | **집합명사와 수일치 문제** : 집합명사(committee, army, audience, class, family, jury, nation, party)는 the와 함께 사용하며, 하나의 단위로 볼 때는 **단수취급**하고, 구성원들을 개별적으로 볼 때는 **복수취급**하므로 답은 are입니다.
해석 | 그 위원들은 그 시장 점유율의 분석에 대해 의견을 달리 했다.

10. 해설 | **셀 수 있는 명사와 셀 수 없는 명사 양쪽으로 쓰이는 명사 문제** : room이 셀 수 있는 명사('방'이라는 의미)로 쓰이는 경우 관사를 붙이거나 복수형으로 써야 하죠. 그러나 셀 수 없는 명사('공간, 여유'라는 의미)로 쓰이는 경우 부정관사나 복수형 어미를 붙일 수 없습니다. 이 문제에서는 문맥상 '개인적인 감정을 표현할 수 있는' 것과 어울리는 것은 '**여유**나 **공간**'이라는 의미가 적합하므로 답은 room입니다.
해석 | 나는 새로운 프로젝트를 하는 일로 바쁘기 때문에 개인적인 감정을 표현할 수 있는 여유가 거의 없습니다.

Part 3

01. 해설 | **주어와 동사의 수일치 문제** : 이 문장에서 복수명사(students)가 주어이므로 복수 동사나 원형을 써야 하는데, likes는 주어가 3인칭 단수이고, 현재인 경우에만 쓸 수 있으므로 답은 C입니다. (likes → like).
해석 | 대부분의 학생들은 컴퓨터 게임하는 것을 좋아한다/즐기길 원한다/싫어하지 않는다.

02. 해설 | **명사와 수표시어, 양표시어 문제** : 수표시어 many는 셀 수 있는 명사와 결합해야 하는데, C의 furniture는 수표시어의 수식을 받을 수 없고 양표시어의 수식을 받는 셀 수 없는 명사로 부정관사를 붙이거나 복수형으로 쓸 수도 없으므로 답은 C이지요.
해석 | 우리는 오늘 저녁 이전에 구입해야 할 많은 사과/치킨/스프 등이 있다.

03. 해설 | **셀 수 없는 명사와 부정관사 및 복수형 문제** : information(정보)은 셀 수 없는 명사이기 때문에 부정관사를 붙이거나 복수형으로 쓸 수가 없으므로 답은 A인데요. 추상명사는 특정한 단위(piece)를 붙여 D처럼 사용하거나 B처럼 셀 수 있는[없는] 명사 양쪽을 수식할 수 있는 some을 붙일 수 있습니다.
해석 | 나는 자동차에 적용되는 보증에 관한 정보가 필요하다.

04. 해설 | **명사(구/절)의 기능 파악 문제** : 명사뿐만 아니라 명사구나 명사절도 타동사(know)의 목적어로 쓰일 수가 있지요. A(명사구), C와 D(명사절)는 문법적으로 오류가 없는데, B의 명사절을 이끄는 접속사 that 뒤에는 완전한 문장이 와야 하므로 B가 답입니다.
해석 | 나는 오늘 **무엇을 해야 할지/누가 이 계획을 실행할지/다음 선적물이 언제 도착하는지** 모르겠다.

Part 4

01. 해설 | **'수사+단위명사+명사' 문제** : 이 경우 **"수사+단위명사"**는 하이픈으로 연결된 합성형용사로서 뒤의 명사를 수식하기 때문에, 앞의 명사가 복수 개념일지라도 **단수형**을 써야 하므로 답은 B입니다.
해석 | 나에게 100달러 지폐를 잔돈으로 바꾸어 줄 수 있습니까?

02. 해설 | **명사의 기능과 자리 파악 문제** : 빈 칸 앞과 뒤에는 형용사 new와 available이 나와 있고, 이것의 수식을 받을 수 있는 것은 명사이므로 B의 products(제품)가 답이지요. C의 production도 명사이지만 "생산, 제작"의 의미이고, produce는 동사로 쓰일 경우 "생산하다, 제작하다", 명사로 쓰일 경우는 "농산물"의 뜻이므로 문맥이 통하지 않습니다.
해석 | 이 소책자는 소비자들에게 시장에서 이용할 수 있는 새로운 제품에 관해 충분한 정보를 제공하지 못한다.

03. 해설 | **수사의 용법 문제** : dozen, score, hundred, thousand 등이 수사 다음에서 "구체적인 수"를 나타낼 때는 **단수형**을 사용하고, **"dozens[scores …] of 복수명사"** 형태로 "막연한 수"를 나타낼 때는 **복수형**을 사용하므로 답은 A인데요. 이것은 three dozen notebooks로 쓸 수 있습니다. "some dozens of notebooks 노트 수십권
해석 | 나는 아내가 오늘 오후에 갑자기 36권의 공책을 구입한 이유를 모르겠다.

04. 해설 | **명사와 결합하는 소유격의 용법 문제** : 소유격이 양쪽에 있는 **각자소유**는 **복수명사와 결합**하고, 소유격이 한쪽에 있는 **공동소유**는 **단수명사와 결합**합니다. 이 문제에서는 빈 칸 뒤에 복수명사 bicycles와 이것을 받는 대명사 them으로 보아 각자소유를 나타내야 하기 때문에 각각의 명사에 소유격을 표시한 B가 답이지요. A는 공동소유를 나타내는 표현입니다.
해석 | 톰의 자전거와 소니의 자전거는 다시 고장이 났지만, 다행히도 그들은 그것들을 수리하는 방법을 알고 있었다.

05. 해설 | **셀 수 있는 명사로 쓰일 경우와 셀 수 없는 명사로 쓰일 경우에 뜻이 다른 문제** : 이런 문제는 해석을 해 본 후 문맥에 맞는 것을 고르는 것이 중요하죠. damage는 셀 수 없는 명사로 "손해, 피해, 손상"의 뜻으로, 셀 수 있는 명사(**복수형**)로 "손해액, 배상금, 손해배상"의 뜻으로 쓰이죠. 이 문제에서는 '객실 _____를 줄인다'는 의미이므로 셀 수 없는 명사 damage(피해)가 답입니다.
해석 | 내화성의 물질들은 사고가 났을 경우에 최신식 비행기의 객실 피해를 줄이는 데 사용된다.

06. 해설 | **명사의 기능과 자리 파악 문제** : '관사(the)+_____ of+명사' 형태에서 빈 칸은 명사 자리이므로 답은 A이지요. 보기 중 B는 동사, C는 형용사, D는 부사이므로 답이 될 수가 없습니다.
해석 | 우리는 귀사가 개발한 약의 효능을 측정하기 위해 일련의 분석을 하고 있습니다.

07. 해설 | **통신수단과 관사 문제** : 통신, 교통수단을 나타낼 때는 앞에 관사를 붙이지 않고 **"by+통신, 교통수단"**의 형태를 쓰므로 답은 B입니다.
해석 | 나는 내일까지 당신에게 다음엔 무엇을 해야 할지 메일로 알려주겠다.

08. 해설 | **셀 수 없는 명사의 용법 문제** : merchandise는 셀 수 없는 명사이므로 단수취급을 하고, 부정관사를 붙이거나 복수 형태로 사용될 수가 없기 때문에 답은 D입니다.
해석 | 제품은 사고, 팔고 또는 거래되는 상품이다.

09. 해설 | **물질명사에 맞는 수량표시 문제** : 물질명사 bread는 부정관사를 붙이거나 복수형으로 쓸 수 없으므로 수량을 나타내기 위해서는 **보조수사**(단위)를 사용해야 하는데, a loaf of를 사용하므로 답은 B입니다. a sheet of paper 종이 한 장/ a bowl of rice 밥 한 그릇/ a glass of milk 우유 한 잔/ a slice of cheese 치즈 한 조각

해석 | 금강산도 식후경이다.(한 덩어리의 빵이 여러 마리의 새가 부르는 노래보다 낫다.)

10. 해설 | **두 개의 명사가 and로 연결되는 경우의 관사와 수 일치 문제** : 양쪽 명사에 관사가 있는 경우는 **두 사람**을 나타내어 **복수취급**하고, **앞에 명사에만 있는 경우**는 **동일인[한 사람]**이 두 개의 직업을 겸한 것을 나타냅니다. 문제에서 빈 칸 뒤의 동사 was[단수]로 보아 한 사람을 나타내므로 답은 C입니다.
해석 | 어제 학생회관에서 음악가이면서 선생님이신 분이 악기를 연주하고 계셨다.

Chapter 04_ 대명사네 집

Chapter 4 대명사네 집 정답

Part 1 **01.** some **02.** no **03.** those **04.** the other **05.** those **06.** Most of **07.** so **08.** All **09.** the others **10.** How **11.** it **12.** he is **13.** the same **14.** what **15.** it **16.** either **17.** as **18.** something

Part 2 **01.** me **02.** his **03.** themselves **04.** them **05.** yourself

Part 3 **01.** C **02.** A **03.** B **04.** B **05.** C **06.** C **07.** B **08.** C **09.** B **10.** B **11.** D

Part 1

01. 해설 | **some/any의 구별 문제** : some은 **긍정문**, any는 **의문문, 부정문, 조건문**에 쓰입니다. 이 문제는 긍정문이므로 some이 답이지요.
해석 | 나는 오늘 퇴근하기 전에 해야 할 몇 가지 일들이 있다.

02. 해설 | **no/none의 구별 문제** : no는 형용사, none은 대명사, 부사로 쓰입니다. 문제에서 명사 restaurants 앞자리는 형용사 자리이므로 답은 no입니다.
해석 | 이 근처에는 먹을 만한 식당이 없기 때문에, 우리는 편의점에서 약간의 빵과 우유를 먹는 것이 좋겠다.

03. 해설 | **지시대명사 that/those의 구별 문제** : 'that of+명사'는 **단수명사** 대신 사용되고, 'those of+명사'는 **복수명사** 대신 사용됩니다. 이 문장에서는 복수명사(qualifications)를 비교급을 통해 서로 비교하고 있으므로 정답은 those이지요.
해석 | 나는 '나의 자격이 어떤 다른 후보자의 자격보다도 더 낫다' 라고 생각한다.

04. 해설 | **부정대명사의 관용적 표현 문제** : 부정대명사 'one ~ the other …'는 **둘 중**에서 「그 중 하나는 ~이고, 또 하나는 …이다」라고 지칭할 경우에 사용되므로 답은 the other입니다.
* one ~ another …는 **정해지지 않은 다수의 사람들이나 물건들 중** 하나를 one, 또 다른 하나를 another라고 합니다.
해석 | 한국의 많은 여성들은 실제로 두 가지 직업을 갖고 있는데, 하나는 가정 밖에서, 또 하나는 가정 안에서이다.

05. 해설 | **관계대명사의 선행사로 쓰이는 that/those의 구별 문제** : 선행사로서 that은 사물에만 쓰이지만, those는 사람과 사물 모두에 쓰일 수 있는데요. 선행사가 사람인 경우에만 쓰이는 관계대명사 who가 있으므로 정답은 those이지요.
해석 | 행운은 모든 일에 있어 최선을 다하는 사람들에게 찾아온다.

06. 해설 | **most/most of/almost의 구별 문제** : '대부분의 ~'는 'most+명사/ most of **the**[소유격]+명사/ almost(부사) **all**[every…] (of) **the**+명사'로 쓰는데요. 명사(the books)를 수식해야 하므로 부사 almost는 답이 될 수 없고, books 앞에 the가 있어 most도 쓸 수 없으므로 답은 most of입니다.
해석 | 그가 소장하고 있는 책들 대부분은 20세기의 영국 소설이다.

07. 해설 | **such/so ~ that 구별 문제** : 'such+**명사**+that' / so+**형용사[부사]**+that' 으로 사용하는데, 문제에서는 형용사(feverish)가 왔으므로 so가 답입니다.
* '너무 ~해서 …하다' 라는 결과를 나타냅니다.
해석 | 그는 열이 너무 심해서 거의 사망할 뻔 했다.

08. 해설 | **all/every의 구별 문제** : **'every+단수명사'**, **'all+복수[단수]명사'**로 사용하는데요. 뒤에 복수명사 students가 왔으므로 답은 all입니다.
해석 | 교실에 있던 모든 학생들이 그들의 선생님 농담에 웃었다.

09. 해설 | **some ~ the others …/ some ~ others … 구별 문제** : some ~ the others …는 **(다수의 정해진 수 중에서)** 두 그룹을 구별하여 「더러는 ~이고, 그 나머지는 …이다」라고 언급할 경우에 사용하고, **some ~ others …**는 **(정해 지지 않은 다수 중에서)** 구별하여 「더러는 ~이고, 나머지는 …이다」로 사용하는데요. 이 문제에서는 seven employees로 수가 정해졌으므로 답은 the others입니다.
해석 | 나의 부서에는 7명의 직원들이 있는데, 어떤 직원들은 독일 출신이고, 나머지 직원들은 프랑스 출신이다.

10. 해설 | **의문대명사와 의문부사 구별 문제** : 불완전한 문장에는 의문대명사(What)를, 완전한 문장에는 의문부사(How)를 써야 하지요. 그런데 이 문장은 빈 칸을 삭제해도 완전한 문장이 될 수 있으므로 의문부사 How가 답입니다.
해석 | 당신은 그의 이름과 주소를 어떻게 아셨습니까?

11. 해설 | **가목적어, 진목적어 문제** : to부정사나 절이 목적어인 경우 문장의 균형을 맞추기 위해, 그것 대신 가목적어 it을 쓸 수가 있는데요. 이 문제는 진목적어인 to부정사구(to get up early every morning)를 대신하여 it이 쓰인 경우입니다.
해석 | 나는 매일 아침 일찍 일어나는 것을 규칙으로 하고 있다.

12. 해설 | **간접의문문 어순 문제** : 의문문이 다른 문장의 일부분(종속절)이 될 때는 **평서문의 어순, "의문사+주어+동사"**가 되므로 답은 he is입니다.
해석 | 나는 그가 어떤 사람인지 모르겠다.

13. 해설 | **the same/ the same ~ as[that] 구별 문제** : the same은 두 개의 명사(A와 B) 다음에 사용되어 '같다'라는 의미로 쓰이는 반면에, 'the same ~ as[that]'은 비교되는 두 개의 명사 사이에 사용 되어, 'the same ~ as'는 '동일종류'를 나타내는 경우에, 'the same ~ that'은 '동일물'을 나타내는 경우에 쓰이므로 답은 the same입니다.
해석 | 나의 차와 당신의 차는 똑 같다.

14. 해설 | **의문형용사와 의문부사 구별 문제** : 불완전한 문장에는 의문형용사(what)를, 완전한 문장에는 의문부사(why, how)를 써야 하지요. 그런데 이 문장은 전치사(in)의 목적어가 필요한 불완전한 문장이므로 의분부사는 쓸 수 없고, '___+명사(class)' 형태에서 명사 앞자리이기 때문에 what이 답입니다.
해석 | 나는 네가 어느 학급에 속해 있는지 관심 없다.

15. 해설 | **명사 대신 사용되는 one과 it 구별 문제** : one은 **같은 종류의 다른 물건**을 지칭할 때 사용하고, it은 **바로 그 물건을 지칭**할 때 사용하는데요. 이 문제에서는 어제 산 바로 그 지갑을 오전에 잃어버렸다는 의미이므로 답은 it입니다.
해석 | 나는 어제 지갑을 샀는데, 오전에 그것을 잃어버렸다.

16. 해설 | **either/both의 구별 문제** : both는 형용사로 '둘 다, 양쪽의'라는 의미로 **복수명사**와, either는 형용사로 '어느 한쪽의'라는 의미로 **단수명사**와 쓰입니다. 이 문제에서는 one과 결합할 수 있는 것은 either이지요.
해석 | 내가 사업에서 성공할 수 있는 한, 당신의 제안 중 어느 쪽이든 받아들일 것입니다.

17. 해설 | **so much가 포함된 관용적 표현 문제** : not so much A as B : A라기보다는 오히려 B이다.(=He is a statesman **rather than** a scholar.)
해석 | 그는 학자라기보다는 오히려 정치가이다.

18. 해설 | **something/anything의 구별 문제** : anything[anyone]은 부정문, something[someone]은 긍정문에 쓰이는데, 이 문장은 긍정문이므로 답은 something이지요.
해석 | 오늘 대단히 덥다. 그래서 나는 시원한 것 좀 마시고 싶다.

Part 2

01. 해설 | **인칭대명사의 격 구별 문제** : 전치사 to의 목적어가 필요하므로 목적격 me가 정답이지요.
해석 | 그는 어제 금반지를 나에게 주었다.

02. 해설 | **인칭대명사의 격 구별 문제** : 명사(ankle) 앞에 위치하여 형용사처럼 명사를 수식하므로 he의 소유격 his가 정답이지요.
해석 | 저 소년은 사고로 발목을 삐었다.

03. 해설 | **재귀대명사의 강조용법 문제** : 이 문장은 빈 칸에 어떤 것이 들어가지 않아도 완전한 문장이 되는데, 대명사가 제시되었으므로 강조용법으로 쓰일 수 있는 재귀대명사 자리이지요. 즉 to learn의 의미상의 주어 children(복수명사)을 강조하는 것이므로 they의 재귀대명사 themselves가 답입니다.
해석 | 아이들이 과학을 배우는 가장 좋은 방법은 그들 자신들이 실험을 해보는 것이다.

04. 해설 | **인칭대명사의 격 구별 문제** : borrow는 타동사로

목적어가 필요하므로 they의 목적격 them이 정답이지요.
해석 | 당신은 책을 구입하는 것을 좋아합니까, 아니면 도서관에서 그것들을 빌리는 것을 좋아합니까?

05. 해설 | **타동사의 목적격 대명사와 재귀대명사 선택 문제** : 주어가 you이고, 타동사 trust는 목적어가 필요한데, 목적어가 주어와 같은 사람을 지칭하기 때문에 you의 목적격을 쓸 수 없고, 재귀대명사 yourself를 써야 합니다.
해석 | 당신이 하는 어떤 일에 있어 성공하려면, 무엇보다도 당신 자신을 믿어야만 합니다.

Part 3

01. 해설 | **some/any 의 구별 문제** : some은 **긍정문**, any는 **의문문, 부정문, 조건문**에 쓰나, 긍정적인 대답을 기대하고 묻는 경우에는 some을 사용하므로 답은 C입니다. A와 D는 information이 셀 수 없는 명사이므로 함께 쓸 수 없죠.
해석 | 제가 당신 나라의 종교적인 의식에 관한 어떤 정보를 얻을 수 있을까요?

02. 해설 | **something/anything의 구별 문제** : something, anything은 some, any의 용법과 같습니다. 문제에서 'too+~ (형용사)+to V' 형태는 긍정문처럼 보이지만, 의미적으로는 '너무나 ~하여 V할 수 없다' 라는 부정적 의미를 전달하기 때문에 답은 A입니다.
해석 | 나는 너무 피곤하여 아무것도 하지 못하겠다.

03. 해설 | **no/none의 구별 문제** : no는 형용사이므로 뒤에는 명사가 와야 하는데요. 문제에서는 'of+복수명사' 형태이므로 빈 칸은 대명사 자리입니다. 따라서 답은 B입니다.
해석 | 사과와 배가 모두 팔렸어요. 그래서 그것들 중 어떤 것도 남아 있지 않아요.

04. 해설 | **some/some of의 구별 문제** : 수량형용사(some, many) 다음에는 1) 명사를 바로 쓰거나, 2) 수량형용사 다음에 of가 수반될 경우에는 대명사[명사] 앞에 한정사(the)가 필요하므로 답은 B입니다. C는 셀 수 없는 명사 앞에만 쓰일 수 있으므로 답이 될 수 없지요.
해석 | 내가 인도네시아에서 10일 동안 만났던 몇몇 사람들은 나에게 대단히 우호적이었다.

05. 해설 | **의문사 사용 문제** : 의문사의 뜻이 국어로 '얼마나'가 영어로 How가 아니라 What을 써야 하는 경우입니다. 문제에서는 the price의 보어 자리이므로 의문부사 how는 정답이 될 수 없고, B와 D는 문맥상 통하지 않습니다.
* **How** does she look like? (×) 〈How → What〉
그녀는 외모가 어떻게 생겼어요?
What can I ever thank you? (×) 〈What → How〉
뭐라고 감사의 말을 해야 할지?
해석 | 가격이 얼마입니까?

06. 해설 | **almost, most, most of의 구별 문제** : 빈 칸에는 '거의 모든 선생님들' 이라는 의미가 필요한데요. most 뒤에는 명사가 오고, most of 다음에는 반드시 the나 소유격이 수반되어야 하므로 답이 될 수 없으며, all 앞에 올 수 있는 것은 부사 almost이지요.
해석 | 거의 대부분의 선생님들은 우리 대학에서 일하기 전에 3~4학기 정도 학생들에게 영어회화를 가르친 경험을 갖고 있었다.

07. 해설 | **재귀대명사의 관용적 표현 문제** : '친구들과 함께 노는 것보다는 혼자 노는 것을 더 좋아한다'는 의미이므로 답은 B의 by myself(=alone)입니다. C와 D는 문맥에 맞지를 않고, for myself는 '혼자 힘으로' 라는 의미로 쓰입니다.
해석 | 나는 친구들과 함께 노는 것 보다는 오히려 혼자 노는 것을 더 좋아한다.

08. 해설 | **문맥에 맞는 대명사 선택 문제** : 100달러 이상 구매하는 사람 '누구에게나 3장의 무료 세차권을 제공한다' 는 의미이므로 답은 C입니다. anyone이 의문문, 부정문에서는 '누군가, 누구도', 긍정문에서는 '누구라도, 누구든지' 라는 의미로 쓰이지요. some(어떤 누구)은 의미상 부적절하고, whomever는 동사 없이 쓰일 수 없으므로 답이 될 수 없지요.
해석 | 우리 홈플러스는 100달러 이상 구매하는 사람 누구에게나 3장의 무료 세차권을 제공합니다.

09. 해설 | **문맥에 맞는 부정대명사 구별하기** : 이 문제에서는 '하나의 전철에서 또 다른 전철을 갈아 탄다' 는 의미이므로 B가 답이지요. one ~ another는 특별히 정해지지 않은 다수 중에서 하나를 one, 또 다른 하나를 another라고 지칭할 때 쓰이고, one ~ the other는 정해진 두 개 중에서 「그 중 하나는 ~이고, 또 하나는 …이다」라고 하는 경우에 사용하죠.
해석 | 한국에서 하나의 전철에서 또 다른 전철을 갈아탈 때, 승객들은 새로운 티켓을 살 필요가 없습니다.

10. 해설 | **전자, 후자 표현 문제** : 어떤 명사 두 가지를 앞에서 언급한 후, 명사의 반복적인 언급을 피하기 위해 **전자**(앞

에 위치한 것) – **후자**(뒤에 위치한 것)(that – this, the former – the latter, the one – the other)로 짝지어 쓰는데요. 이 문제에서는 앞에 the one이 언급되었으므로 답은 B입니다.
해석 | 나는 개와 고양이를 기르고 있는데, 후자(고양이)보다는 전자(개)를 더 좋아한다.

11. 해설 | **명사와 대명사의 일치 문제** : 문장의 정확한 의미 파악을 위해 대명사가 앞에 나온 어떤 명사를 대신하는지를 묻는 문제인데, 문맥상 명사인 자료(data) 손상에 대해 보상한다는 의미이기 때문에 빈 칸에는 data(datum의 복수형)를 대신할 수 있는 3인칭 복수대명사여야 하고, 명사(loss) 앞에 위치하여 명사를 수식해야 하므로 they의 소유격 D가 답입니다.
해석 | 만일 이 프로그램을 사용한 후에 바이러스에 감염된 웹 사이트로 인해 고객의 자료들이 손실되었다고 한다면, 우리는 기꺼이 고객에게 그 손실을 보상할 것입니다.

Chapter 05_ 연결사네 집

Chapter 5 연결사네 집 정답

Part 1 01. B 02. C 03. A 04. E 05. D 06. F 07. J 08. H 09. I 10. G

Part 2 01. What 02. whom 03. that 04. and 05. whose 06. or 07. what 08. Whether 09. includes 10. and 11. going

Part 3 01. D 02. A 03. A 04. A 05. D 06. B 07. A 08. B 09. A 10. C 11. A

Part 1

01. 해설 | **기간에 쓰이는 전치사 for 선택 문제** : for는 '수사+기간표시 명사'와 함께 사용되어 어떤 일이 얼마 동안 지속되었는지를 나타내는데 사용됩니다.
해석 | 우리는 2주 동안 여기에 머물 예정이다.

02. 해설 | **기간에 쓰이는 전치사 during 선택 문제** : during은 '~중에'라는 의미로 특정한 사건이나 기간을 나타내는 명사와 결합하여 어떤 일이 '언제 일어났는지'를 나타내는 데 사용됩니다.
해석 | 한국의 많은 학생들이 여름 방학 동안에 미국으로 여행을 한다.

03. 해설 | **시간의 전치사 during과 접속사 while 구별 문제** : **during**(~하는 동안)은 전치사이므로 절에는 사용되지 못하고 명사와 함께 사용되나, **while**(~하고 있는 동안에)은 접속사이므로 동작, 상태가 계속 진행되고 있는 기간을 나타내는 **부사절**을 만듭니다.
해석 | 아내가 책을 읽는 동안 나는 TV로 야구경기를 시청하고 있었다.

04. 해설 | **시점을 나타내는 전치사 by 선택 문제** : by는 '~까지'이라는 의미로, by의 목적어가 가리키는 시점까지의 기한(期限)을 나타내는데 사용됩니다.
해석 | 다음 일요일까지 그 결과를 나에게 알려주세요.

05. 해설 | **시점을 나타내는 전치사 until 선택 문제** : until은 by처럼 '~까지'라는 의미로 쓰이나, 어느 때까지 동작이나 상태의 계속(지속성이 유지)을 나타내는데 사용됩니다.
해석 | 우리는 7시까지 여기에서 당신을 기다릴 것이다.

06. 해설 | **접속사 since 선택 문제** : 이 문제에서 주절에는 현재완료시제(have known)가, 종속절에는 과거시제(was)가 사용되었고, 문맥상으로도 '~한 이래로, ~때부터'라는 의미의 종속접속사가 필요하므로 답은 since입니다.
해석 | 나는 그가 어렸을 때부터 그 남자를 알고 지낸다.

07. 해설 | **동사와 어울리는 전치사 선택 문제** : 공급[제공]동사 furnish[provide, supply]는 전치사 **with**와 함께 furnish[provide, supply] A **with** B 형태로 'A에게 B를 공급[제공]하다'라는 의미로 쓰입니다.
해석 | 과학은 우리에게 우리가 이용할 수 있는 수단을 제공해 주는 반면에, 철학은 우리를 우리가 추구하는 목표로 인도해 준다.

08. 해설 | **명사와 어울리는 전치사 선택 문제** : 명사 influence는 전치사 on과 함께 'have a (serious, powerful) influence on ~' 형태로 '~에 (심각한, 강력한) 영향을 끼치다'라는 의미로 쓰입니다.
해석 | TV가 우리의 삶에 심각한 영향을 끼친다는 것은 분명하다.

09. 해설 | **형용사와 어울리는 전치사 선택 문제** : 형용사

similar는 전치사 to와 함께 'be similar to ~' 형태로 '~와 유사하다'라는 의미로 쓰입니다.

해석 | 컴퓨터 게임중독은 약물중독이나 알코올중독과 유사하다.

10. 해설 | **동사와 어울리는 전치사 선택 문제** : 동사 succeed는 전치사 in과 함께 'succeed in+V ~ing' 형태로 '~하는데 성공하다'라는 의미로 쓰입니다.

해석 | 이 중학교에 다니는 대부분의 학생들은 입학시험을 통과하는데 성공했다.

Part 2

01. 해설 | **문맥에 맞는 의문사 선택 문제** : 이 문제에서는 타동사 wear의 목적어 역할을 할 수 있는 의문사가 필요하죠. Where와 How는 의문부사로 문장 요소를 모두 갖춘 완전한 문장에만 사용될 수 있으므로 답이 될 수 없고, What이 의문대명사로 목적어로 쓰일 수 있으므로 답입니다.

해석 | 당신은 운동할 때 무엇을 입습니까?

02. 해설 | **선행사와 일치하는 관계대명사 선택 문제** : 선행사가 사람(analyst 분석가)이고, 타동사 met의 목적어가 필요하므로 목적격 관계대명사 whom이 답입니다.

해석 | 내가 어제 만난 경제 분석가는 영어를 잘 한다.

03. 해설 | **선행사와 일치하는 관계대명사 선택 문제** : 선행사가 사람(ambassador)이고, 동사 attended의 주어가 필요하므로 주격 관계대명사 who 대신 사용할 수 있는 that이 답입니다. whom은 who의 목적격이고, which는 선행사가 사람인 경우에는 쓰이지 못하므로 답이 될 수 없습니다.

해석 | 그는 10월 10일에 재개된 각료급 회의에 참석했던 유일한 한국 대사였다.

04. 해설 | **등위상관접속사의 상관어구 선택 문제** : both는 and와 찰떡궁합으로 쓰이는 등위상관접속사이지요.

* both A and B : A와 B 둘 다(모두)

해석 | 실제로, 이런 점에서 나의 경력은 특이한 면과 평범한 면 둘 다를 갖고 있습니다.

05. 해설 | **선행사와 일치하는 관계대명사 선택 문제** : 선행사가 사람(auditor)이고, 명사(wife)를 꾸며줄 수 있는 소유격이 필요하므로 답은 소유격 관계대명사 whose이지요.

* **can not but+V** : V하지 않을 수 없다

해석 | 우리는 아내를 잃은 어느 회계감사를 도울 수밖에 없었다.

06. 해설 | **등위상관접속사의 상관어구 선택 문제** : either는 or와 찰떡궁합으로 쓰이는 등위상관접속사이지요.

* **either A or B** : A이든가 또는 B이든가(둘 중 하나)

해석 | 모든 프로그래머들은 개인으로든 단체로든 그 대회에 참가를 요청받았다.

07. 해설 | **명사절에 쓰인 what과 that의 구별 문제** : 타동사 know의 목적어 자리에 온 절(he wants to do in life)은 do의 목적어가 없는 불완전한 절이므로 **접속사 that**(완전한 절에 사용)은 쓸 수 없고 **관계대명사 what** (주어나 목적어가 빠져 있는 불완전한 절에 사용)이 답이지요. 이 문장의 주어는 'boy or girl'이며, 동사는 'is'입니다.

해석 | 삶에서 그가 하기를 원하는 것이 무엇인지를 알고 있는 젊은 소년이나 소녀는 누구든지 아마도 삶이 전보다 더 좋아진다.

* **be better off** : 전보다 살림살이가[형편이] 낫다, 전보다 잘 지내다

08. 해설 | **명사절을 이끄는 접속사 선택 문제** : 이 문장은 동사구 'depends on ~(~에 달려 있다)'의 주어가 필요하므로 주어로 쓰일 수 있는 절(명사절)이 필요한데요. If가 이끄는 절은 주어 역할을 하지 못하고, 또한 or not과 함께 쓸 수도 없으므로 If는 답이 될 수 없고 Whether가 답입니다. Because는 부사절에만 사용되는 이유의 접속사이죠.

해석 | 당신이 삶에서 성공하느냐 성공하지 못하느냐는 당신의 노력에 달려 있다.

09. 해설 | **관계대명사절 내 동사 선택 문제** : which가 이끄는 관계사절의 선행사 our proposal이 주어(3인칭 단수)이므로 답은 includes입니다. to부정사(to include)는 동사가 될 수 없지요.

해석 | 나는 투자에 대한 견적보고서를 포함하고 있는 우리의 제안에 대해 당신이 대단히 만족스러워 하리라고 생각합니다.

10. 해설 | **등위상관접속사의 상관어구 선택 문제** : between은 and와 찰떡궁합으로 쓰이는 등위상관접속사이지요.

* **between A and B** : A와 B사이에

해석 | 한국의 법체계와 당신 나라의 법체계 사이에 있어 가장 중요한 차이점은 무엇입니까?

11. 해설 | **prefer 비교급과 전치사 다음에 동명사 선택 문제** : 어미가 '-(i)or'로 끝나는 라틴어 계통의 비교급과 동사 prefer(~을 더 좋아하다)의 경우에는 접속사 than을 쓰지 않고 전치사 **to**를 사용하지요. 동명사 staying과 비교되는 것이므로 to 다음에도 going이 쓰여야만 합니다.

해석 | 나는 이런 날씨에 외출하기보다는 집에 있는 것을 더 좋아한다.

Part 3

01. 해설 | **문맥에 맞는 접속사 선택 문제** : 이 문제는 자체적으로 두 개의 문장이 될 수 있는데, '그녀는 키가 크지만, 그녀의 동생은 작다' 라는 서로 상반되는 내용이므로 답은 '상반' 의 등위접속사 but입니다. B와 C는 문맥상 부적절하며, A는 종속접속사이므로 답이 될 수 없지요.
해석 | 그녀는 키가 크지만, 그녀의 동생은 작다.

02. 해설 | **종속접속사 선택 문제** : 이 문제는 콤마 이하의 'we ~ winter' 부분이 완전한 문장이므로 이것이 주절이 되고, 빈 칸 부분이 이끄는 절은 종속절(부사절)이 되어야겠죠. 내용이 '무더운 여름 동안에 판매가 감소했지만, 추운 겨울 동안에는 그것이 좋아질 것이다' 라는 '양보' 의미이므로 답은 Although입니다. 명사절에 쓰이는 접속사 B와 접속부사 D(그렇지 않으면)는 답이 될 수 없지요.
해석 | 무더운 여름 동안에 판매가 감소했지만, 우리는 추운 겨울 동안에는 그것이 좋아질 것이라고 기대하고 있다.

03. 해설 | **선행사와 용법에 맞는 관계대명사 선택 문제** : 이 문제는 관계대명사 앞에 콤마가 있고, 선행사가 사람(sons)이면서 became의 주어가 되어야 하기 때문에 주격관계대명사 who가 답이지요. 이때 계속적 용법으로 쓰인 who는 'and they' 의 의미입니다. that은 선행사가 사람인 경우에도 쓸 수 있지만 한정적 용법에만 쓰이므로 답이 될 수 없고, which는 선행사가 사람인 경우에는 사용할 수 없고, whom은 목적격이므로 답이 될 수 없지요.
해석 | 그는 세 명의 아들이 있는데, 그들은 과학자가 되었다.(아들 셋 모두가 과학자가 되었다는 의미를 내포하고 있다.)

04. 해설 | **전치사+관계대명사 구조파악 문제** : 선행사가 사람 entertainers(연예인들)이고, 전치사는 관계사절 내 동사에 따라 결정되는데, close는 'be close with(~와 가깝다)' 로 전치사 with와 함께 사용하며, 전치사 다음에는 목적격이 사용되어야 하므로 C와 D는 답이 될 수 없고, B도 that 앞에는 전치사가 쓰일 수 없으므로 답이 될 수 없죠. 이 문장에서 주어는 entertainers이고, 동사는 expressed입니다.
해석 | 그녀와 가깝게 지냈던 연예인들은 추모사와 찬송가로 그들의 슬픔을 표현했다.

05. 해설 | **관계대명사와 복합관계대명사 구별 문제** : 이 문제에서는 빈 칸 앞에 명사나 대명사(선행사)가 없으므로 관계대명사(A, B)는 들어갈 수가 없고, 선행사를 포함하고 있는 복합관계대명사(C, D)가 들어가야만 하는데요. 타동사 like의 목적어가 없으므로 답은 목적격 복합관계대명사인 D이지요.
해석 | 당신이 좋아하는 사람 누구에게나 그것을 보내주어라.

06. 해설 | **유사관계대명사 선택 문제** : 앞에 부정어(not, no) 등이 있는 경우에는 유사관계대명사 but을 사용하는데요. 이때 but 속에는 not의 뜻이 포함되어 있고, but 이하는 불완전한 문장이지요(=There is **no** rule that does **not** have some exceptions.).
해석 | 약간의 예외를 갖고 있지 않은 규칙은 없다.

07. 해설 | **관계대명사와 관계부사 구별 문제** : "I can meet you" 자체만으로 이미 완전한 문장이므로 빈 칸 이후의 부분들은 수식어 기능을 해야만 되지요. 보기 중에서 관계대명사인 C와 D가 들어가려면 선행사가 필요한데 선행사가 없지요("you have the time" 문장 자체가 주어와 목적어를 갖추고 있는 완전한 문장이므로 you는 선행사가 될 수 없음). 그러므로 빈 칸은 관계부사 자리인데, 선행사가 없으므로 선행사를 포함하고 있는 복합관계부사 A가 답입니다.
해석 | 나는 당신이 시간이 있을 때 언제든지 당신을 만날 수 있다.

08. 해설 | **명사절로 쓰이는 what과 that의 구별 문제** : 명사절에 쓰인 **what**(관계대명사) 다음에는 주어나 목적어가 빠져 있는 **불완전한 절**이 오지만, **that**(접속사) 다음에는 **완전한 절**이 오지요. 빈 칸 이하의 종속절에는 타동사 want의 목적어가 필요하므로 답은 what인데요. what이 이끄는 절이 know의 목적어가 됩니다. whose는 관계대명사 who의 소유격이므로 부적합하고, that이나 which는 선행사가 필요한데 없으므로 답이 될 수 없습니다.
해석 | 일단 당신이 고객이 원하는 것을 알고 있다면, 당신은 제품을 효율적으로 개량(改良)시키는 좋은 방법을 찾으려고 노력해야 한다.

09. 해설 | **문맥에 맞는 종속접속사 선택 문제** : 이 문제는 콤마 이하의 'please ~ telephone' 부분이 완전한 문장(주어가 생략된 명령문 – 주절)이 될 수 있기 때문에 빈 칸 부분이 이끄는 절은 종속절(부사절)이 되어야 하지요. 내용이 '휴대폰에 문제가 생기게 되면, 불편함을 신고해 줄 것을 당부' 하는 의미이므로 '조건' 의 종속접속사가 필요하겠죠. Because는 '이유', Even though는 '양보' 절을 이

ㄴ는 접속사, Because of는 구전치사이므로 답이 될 수 없지요.
해석 | 만일 고객께서 휴대폰에 어떤 문제가 생기게 되면, 저희에게 메일이나 전화로 불편함을 알려 주십시오.

10. 해설 | **관계사절의 동사 선택 문제** : 선행사가 무엇인지 혼동할 수 있는 문제로 이런 경우 해석을 해본 후 관계사절 내의 동사와 어울리는 것을 선행사로 보아야 합니다. 문제에서 만약 선행사를 art로 본다면 '예술이 진짜가 아니다'라는 의미가 되므로 논리에 맞지가 않지요. 그러므로 선행사는 art가 아닌 pieces of art(예술품들 - 복수)이므로 관계사절 내의 동사는 are가 되어야 합니다. A와 D는 준동사이므로 동사 자리에는 쓰일 수 없지요.
해석 | 많은 사람들이 종종 진짜가 아닌 예술품(모조품)에 너무나 많은 돈을 낭비하고 있다.

11. 해설 | **선행사와 관계대명사가 떨어져 있는 경우의 문제** : 일반적으로 선행사는 관계사 앞에 위치하지만 떨어져 위치할 때가 있는데, 이런 경우 해석을 해본 후 관계사 앞에 있는 명사(구) 중에서 문맥에 맞는 것을 선행사로 보아야 합니다. 만약 선행사를 the hearer로 본다면 관계사절 내의 동사 enable과 수가 일치하지 않고, him이 the hearer를 지칭하기 때문에 문맥에 맞지 않지요. 그러므로 선행사는 the principles(사물)로 보아야 하기 때문에 선행사가 사람인 경우에 사용되는 B와 C는 답이 될 수 없지요. D는 선행사가 없는 경우에 쓰이므로 답은 A입니다.
해석 | 청자(듣는 사람)로 하여금 담화의 내용을 파악할 수 있게 하는 그(청자)에게 이용될 수 있는 해석의 원리가 있음에 틀림없다.

Chapter 06_ 수식어구네 집

Chapter 6 수식어구네 집 정답

Part 1 **01.** 1 late **02.** hard **03.** lonely **04.** informative **05.** concerned **06.** promising **07.** such **08.** The best **09.** especially **10.** the most **11.** similar

Part 2 **01.** simply **02.** Popular **03.** more **04.** less **05.** advanced **06.** less **07.** beautifully

Part 3 **01.** C **02.** C **03.** A **04.** A **05.** A **06.** B **07.** C **08.** B **09.** D **10.** B **11.** C **12.** B **13.** D

Part 1

01. 해설 | **문맥에 맞는 부사 선택 문제** : late는 형용사로 '늦은', 부사로 '늦게', lately는 '최근에'라는 의미를 가지므로 문맥과 어울리는 것은 late이지요.
해석 | 나는 오늘 아침 늦게 일어났다.

02. 해설 | **문맥에 맞는 부사 선택 문제** : found는 불완전타동사이므로 목적격보어가 될 수 있는 품사(명사, 형용사, to 부정사)가 와야 하고, hard는 형용사로 '어려운', 부사로 '열심히', hardly는 부사로 '거의 ~하지 않다'라는 의미를 가지므로 문맥에 어울리는 것은 hard이지요.
※ 참고 it은 가목적어이고 to 이하가 진목적어입니다.
해석 | 나는 술과 담배를 끊는 것이 어렵다는 것을 알았다.

03. 해설 | **유사 의미의 형용사 선택 문제** : 이 문제에서는 feel의 보어가 필요한데, lone(외로운)은 명사를 앞과 뒤에서 수식하는 한정적 용법에만 쓰이는 형용사이므로 답이 되지 못하고, 한정적 용법과 서술적 용법 양쪽으로 쓰이는 lonely(쓸쓸한, 외로운)가 답이 되죠.
해석 | 내가 그녀를 알고 있는 한, 그녀는 대단히 쓸쓸함을 느끼고 있다.

04. 해설 | **형용사 자리 채우기 문제** : '관사+부사+____+명사' 형태이므로 빈 칸에는 명사를 수식할 수 있는 형용사가 필요하므로 답은 informative이지요.
해석 | 어제 한 유명 강사가 오늘날의 세계적인 사업 마케팅에 있어 대인관계의 중요성에 대해 매우 유익한 강연을 했다.

05. 해설 | **명사를 수식하는 현재분사와 과거분사 구별 문제** : 이 문제에서는 명사(the authorities : 당국)를 수식하는 '관련된'을 의미하는 분사로서, 수동적인 의미로 쓰여야 하기 때문에 과거분사 **concerned**가 답이지요.
*the authorities (which are) concerned 관계당국
해석 | 관계당국은 18세 이하의 아이들과 학생들이 9월 17일 밤에 인라인 스케이트 탈 때, 반드시 야광 옷을 입을 것을 권고했다.

06. 해설 | **명사를 수식하는 현재분사와 과거분사 구별 문제** : 이 문장에서는 명사(member)를 수식하는 '유망한'이란 능동적인 의미로 쓰여야 하기 때문에 현재분사 promising이 답이지요.
해석 | 우리 회사의 많은 직원들은 영업부서의 가장 유망한 멤버는 '존슨'이라고 생각하고 있다.

07. 해설 | **such, so, too 구별 문제** : 의미상으로는 보기들 모두가 빈 칸에 들어갈 수가 있으나, 이것들이 관사와 쓰일 때 어순이 각각 다르지요. '___**+관사+형용사+명사**' 어순이므로 답은 **such**이고, 이와 비교하여 so/too는 '**so/too+형용사+관사+명사**'와 같은 어순을 취합니다.
해석 | 많은 흡연자들이 간접흡연의 심각함에 대해 대단히 빈약한 의식을 갖고 있는 것처럼 보인다.

08. 해설 | **비교급, 최상급 선택 문제** : 보기로 최상급과 비교급이 주어져 있는데, 비교 대상이 없으므로 비교급(the better)은 쓸 수 없고, 최상급 앞에는 정관사 the를 붙여야 하므로 답은 The best이지요.
해석 | 승급을 요구하는 가장 좋은 방법은 적절한 시기를 기다리는 것입니다.

09. 해설 | **부사 자리 채우기 문제** : 명사를 수식하는 것은 형용사이지만, 이 문제는 '관사+___+형용사+명사' 형태이므로 빈 칸에는 형용사를 수식할 수 있는 부사(especially)가 와야 합니다.
해석 | 나에게 결코 끝나지 않을 것처럼 보였던 특별히 힘든 날을 맞이하고 있었다.

10. 해설 | **최상급 표현 문제** : '~중에서'를 의미하는, 'in+단수명사(장소, 범위), of(all)+복수명사, that절(주어+현재완료)' 등이 있으면 앞에는 최상급이 와야 하고, 최상급 앞에는 정관사를 써야 하므로 답은 the most입니다.
해석 | 컴퓨터는 우리가 지금까지 사용해 온 것 중에서 가장 강력한 정보도구이다.

11. 해설 | **형용사 자리 채우기 문제** : 이 문제는 A(개구리를 해부한 조직)와 B(두꺼비를 해부한 조직)의 유사점을 비교하고 있으므로 'A is similar to B(A와 B가 유사하다)' 구문을 써야 하지요.
*A and B are similar. A와 B는 유사하다.
해석 | 개구리를 해부한 조직은 두꺼비를 해부한 조직과 유사하다.

Part 2

01. 해설 | **동사를 수식하는 부사 문제** : 명사를 수식하는 것은 **형용사**이고, 동사, 형용사, 부사를 수식할 수 있는 것은 **부사**이지요. 따라서 빈 칸에는 '동사(say)'를 수식할 수 있는 부사(simply)가 와야 합니다.
해석 | 많은 변호사들이 '그러한 관행은 수십 년 동안 있어 왔던 것이다'라고 쉽게 말합니다.

02. 해설 | **명사를 수식하는 형용사 문제** : '___+명사(songs)' 형태이므로 빈 칸에는 명사를 수식할 수 있는 형용사 Popular가 와야 합니다. *popularize(대중화하다)는 동사이고, popularity(인기)는 명사이지요.
해석 | 대중가요는 대중에게 호소하는 음악의 일종이다.

03. 해설 | **the+비교급 …, the+비교급 ~ 문제** : '관사+ +명사' 형태에서 빈 칸은 명사(people)를 수식할 수 있는 형용사(many) 자리인데, '~하면 할수록 더욱 더 … 하다'라는 'the+비교급, the+비교급' 구문이므로 many의 비교급 more가 답입니다.
해석 | 당신이 사람을 더 많이 알면 알수록, 당신은 그들을 볼 수 있는 시간이 점점 적어진다.

04. 해설 | **명사에 맞는 수량 형용사 채우기 문제** : '___+셀 수 없는 명사(attention)' 형태이므로 빈 칸에는 양을 나타내는 수량 형용사가 필요하고, '비교급+and+비교급' 형태이므로 답은 less입니다.
해석 | 이런 다른 목표들을 추구하는데 있어서, 우리는 과학의 진정한 가치에 대해 관심을 점점 덜 가져왔습니다.

05. 해설 | **명사를 수식하는 현재분사와 과거분사 구별 문제** : 명사 countries를 수식하여 '선진국'이란 의미를 나타내기 위해서는 수동적인(발전이 완료된 상태) 의미의 과거분사 advanced를 써야 하지요.
해석 | 가격담합은 자유시장 경제의 근본까지도 흔들 수 있기 때문에, 많은 선진국들도 그것을 하나의 심각한 범죄로 취급하고 있습니다.

06. 해설 | **열등비교 구문 문제** : '~보다 ~한' 또는 '~보다 ~ 덜한' 이라는 의미로 우열관계를 나타내는 비교 표현은 **'형용사/부사 비교급+than'** 을 쓰는데, 뒤에 than이 있으므로 앞에도 little의 비교급을 써야 하므로 답은 less이지요.
해석 | 톰은 메리만큼 지적이지 못하다.

07. 해설 | **형용사 수식 부사 문제** : 명사를 수식하는 것은 형용사이고, 동사, 형용사, 부사를 수식하는 것은 부사이지요. 빈 칸에는 '동사(dressed)'를 수식할 수 있는 어구가 와야 하므로 답은 부사 beautifully입니다.
해석 | 그 모델들은 고객들의 관심을 끌기 위해 멋지게 옷을 차려 입었다.

Part 3

01. 해설 | **명사를 수식하는 형용사 문제** : '소유격+____+명사' 형태이므로 빈 칸에는 명사(appeal)를 수식할 수 있는 형용사 C가 답입니다. *urge는 동사로 '촉구하다, 재촉하다', urgency는 명사로 '긴급', urgently는 부사로 '긴급하게' 라는 의미입니다.
해석 | 새로운 핵실험이 나쁜 상황을 더욱 악화시킴으로써, 일본 장관들은 미국과 러시아에게 그들 나라의 긴급한 호소를 표명해 왔습니다.

02. 해설 | **주의해야 할 명사 수식어구 문제** : 명사의 종류에 따라 정도를 나타내는 형용사 **large/small**과 **high/low**는 엄격히 구분하여 사용해야만 하는데요. tax, quality, productivity, wage, price, cost, level 등의 명사는 **high**나 **low**의 수식을 받으므로 답은 C이지요. *family, sale, income, salary, profit, number 등의 명사는 **large**나 **small**의 수식을 받아야만 합니다.
해석 | 대부분의 투자가들은 지금 그들의 배당금에 대해 높은 세금을 내고 있다.

03. 해설 | **결과나 정도를 나타내는 구문 문제** : so, such가 that과 함께 쓰여 '너무 …해서 ~하다, …할 정도로 ~하다'라는 의미로 쓰일 경우에는 'so+**형용사/부사**+that', 'such+(부사+형용사)+**명사**+that' 구문으로 씀에 주의하세요. 이 문제에서는 that 앞에 분사(형용사 역할)가 있음으로 so가 답입니다.
해석 | 그녀는 너무 흥분해서 말을 할 수 없을 정도였다.

04. 해설 | **부사의 위치 문제** : 진행형 동사 'is increasing(증가하고 있다)'을 수식할 수 있는 것은 부사이므로 형용사(steady)인 C와 D는 쓰일 수 없지요. 정도 부사 steadily는 일반동사 **앞**에, 조동사나 be동사의 **뒤**에 위치해야 하므로 답은 A입니다.
해석 | 흡연으로 인한 폐암의 비율이 꾸준히 증가하고 있다.

05. 해설 | **서수와 기수 문제** : '둘째 주 목요일'은 '순서'를 나타내므로 서수를 사용해야 하고, 서수 앞에는 정관사를 붙이며, 특정한 날 앞에는 전치사 on을 써야 하므로 답은 A이지요.
해석 | 노동자의 날은 항상 10월 둘째 주 목요일에 행해지고 있다.

06. 해설 | **형용사 원급의 관용적 표현 구문 문제** : 빈 칸 뒤에 동사가 있고, 문맥상으로도 'not so much as V'(심지어 V조차도 않다)가 요구되므로 답은 B입니다. 이것과 비교하여 'not so much A as B'(A라기보다는 오히려 B이다)라는 표현도 함께 기억해 두세요.
해석 | 그 아이는 자신의 주소조차도 모른다.

07. 해설 | **혼동하기 쉬운 유사 의미의 비교급 구별 문제** : far의 두 가지 비교급에 대한 각각의 쓰임을 알고 있느냐를 묻는 문제입니다. '회사를 기준으로 거리를 비교'하는 것이므로 further(정도)가 아니라 farther(거리)가 어울리지요. 두 가지를 비교하기 위해 뒤에 than이 쓰였기 때문에 최상급인 B와 D는 답이 될 수 없지요.
해석 | 나의 회사는 전철역보다 버스 정류장에서 더 멀다.

08. 해설 | **명사를 수식하는 형용사 문제** : '관사+_+명사' 형태이므로 빈 칸에는 명사를 수식할 수 있는 형용사[분사]가 필요하기 때문에 답은 B입니다. A는 동사이고, C는 명사로 '신분증, 신원을 확인함, ~과 동일시함' 등의 의미로 쓰이고, D도 명사로 '정체성, 주제성' 등의 의미로 쓰이지요.
해석 | 광고는 사람들로 하여금 광고되지 않은 동일한 제품을 구입하는 것 대신에, 광고된 제품을 선택하게 한다.

09. 해설 | **형용사의 원급 표현 문제** : 내용이 '자전거를 타고 가는 것이 버스를 타고 가는 것만큼은 빠르지 않다'라는 열등비교 표현이고, is의 보어가 필요하므로 **'not as+형용사(원급)+as'** 형태인 D가 답입니다.
해석 | 학교에 자전거를 타고 가는 것은 버스를 타고 가는 것만큼 빠르지 않다.

10. 해설 | **명사를 수식하는 수량 형용사 표현 문제** : 빈 칸 다음에 있는 셀 수 있는 명사(two books)를 수식할 수 있는 형용사가 와야 하므로 '수표시어'인 as many as(~와 같은 정도의 수, 동수의)가 답입니다. as much as(~와 같은 정도의 양)는 '양표시어'로 셀 수 없는 명사와 결합해야

하고, as far as(~하는 한, ~까지)와 as long as(~하는 한)는 문맥에 맞지 않지요.
해석 | 나의 아들은 매주 2권이나 되는 책을 읽는다.

11. 해설 | **형용사와 부사 구별 문제** : '이전 프로그램과 새로운 프로그램'을 비교하는 표현으로 빈 칸에는 is의 보어가 필요하므로 부사가 쓰인 D가 아나라, 형용사가 쓰인 C가 답입니다. A와 B는 'as/so+easy+as' 형태가 아니므로 답이 될 수 없습니다.
해석 | 나는 아직 이전 소프트웨어 프로그램만큼 쉬운 새로운 소프트웨어 프로그램을 찾지 못했다.

12. 해설 | **현재분사와 과거분사 구별 문제** : 새로운 보고서를 이전의 보고서와 비교하는 표현이고, is의 보어가 필요하므로 **'as+형용사+as'** 형태가 쓰여야 합니다. confuse는 감정표현 동사(embarrass, satisfy)인데, 형용사 성질을 가지는 분사로 쓰여 사물(report)을 수식할 경우는 현재분사를 사용하므로 답은 B이지요.
해석 | 이 새로운 보고서는 이전의 보고서만큼이나 혼란스럽다.

13. 해설 | **명사에 맞는 수식어구 문제** : 빈 칸에는 셀 수 없는 명사 truth를 수식할 수 있는 '양표시어구'가 와야 하므로 a great deal of(상당량의, 많은)가 답입니다. 나머지는 모두 '많은, 다수'의 뜻으로 셀 수 있는 명사를 수식하는 '수표시어구'들이므로 답이 될 수 없지요.
해석 | 그가 하는 말 속에는 많은 진리가 담겨져 있다.

마법의 영문법
Workbook

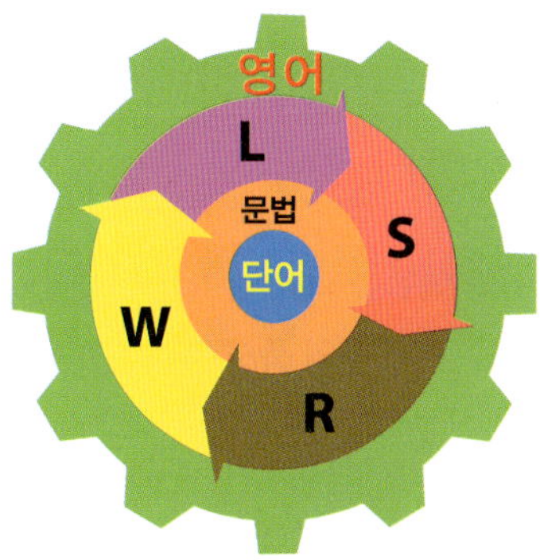

목차

Unit 1. 영문법의 핵심 개념 익히기

Part 1. 밑줄 친 부분에 들어갈 알맞은 말을 보기에서 찾아 쓰세요.

- 영문법의 개념과 영어의 기본 원리에 해당되는 ①______가 어떻게 이루어졌는지, 그리고 단어, 구, ②______, 문장이란 무엇인지 그 개념들을 이해하는 것이 중요하다.

- 동사의 3가지 특징은 첫째 '문장구조를 결정한다', 둘째 '③______를 결정한다', 셋째 '④______가 있어서 여러 가지 모습으로 변신 할 수 있다'는 것이다.

- ⑤______는 '문법상 일정한 뜻과 역할을 가지는 가장 작은 단위'를 의미하고, 주어와 술어동사를 포함하지 않은 '두 개 이상의 단어'가 모여서 하나의 품사 역할을 하는 단어군(單語群)을 ⑥______라고 한다.

- 영어에서 '명사, 명사구, 명사절'이라는 말은 단어가 구로, 다시 구가 절로 형태만 변했을 뿐, 본래 명사가 갖고 있는 성질은 변하지 않은 것이다. 그러므로 '⑦______는 다르더라도 같은 말이 들어있는 것은 문장에서 모두 ⑧______을 한다.

- ⑨______이란 기본적으로 '주어'와 '동사를 갖추고 있어야 하며, 여러 단어가 모여 하나의 완전한 의미를 나타낼 수 있어야 한다.

- 문장은 그 문장에 쓰인 동사의 개수와 절을 연결하는 ⑩______의 유형에 따라 단문, 중문, 복문, 혼합문으로 분류한다.

- 중문은 ⑪_______를 중심으로 두 개의 절이 각각 자체적으로 완전한 문장이 될 수 있고, 복문은 ⑫_______에 의해 이끌리는 절(종속절)이 자체적으로 완전한 문장이 되지 못하고, 단지 다른 절(주절)의 일부분으로 쓰이는 것을 말한다. 종속절은 문장에서 주어, 보어, 목적어 역할을 하는 ⑬______과 명사를 꾸며주는 ⑭______과 주절의 앞 또는 뒤에서 주절의 동사, 형용사, 부사 또는 문장전체를 꾸며주는 ⑮______로 분류한다.

보기

A 문장의미	B 영어문장구조	C 단어	D 구	E 접속사
F 같은 역할	G 문장	H 용어(형태)	I 시제와 태	J 절
K 종속접속사	L 등위접속사	M 부사절	N 형용사절	O 명사절

Part 2. 주어진 빈칸 번호에 맞는 내용을 보기에서 찾아서 내용을 쓰세요. (중복사용 가능)

문장을 어군에 따라 분류

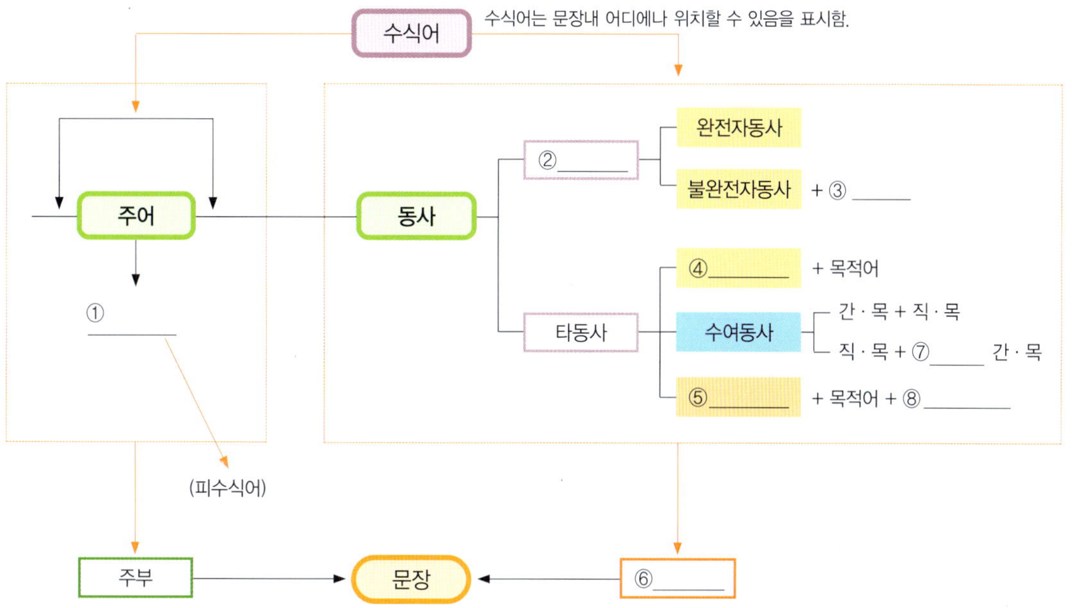

■ ⑨ ______는 동작이나 행동을 하는 사람이나 사물을 가리키는 말이고, "~은/는, ~이/가"로 해석한다.

■ ⑩ ______는 동사의 행동의 대상이 되는 말이고, "~을/를, ~에게"로 해석한다.

■ 보어에는 주어를 보충 설명해 주는 ⑪ ______와 목적어를 보충 설명해 주는 ⑫ ______가 있다.

■ ⑬ ______는 중심어 이외의 모든 것을 말하며, 중심어를 앞과 뒤에서 꾸며주는 역할을 한다.

보기

A 중심어	B 완전타동사	C 자동사	D 불완전타동사
E 술부	F 목적격보어	G (주격)보어	H 전치사
I 주어	J 수식어	K 주어	L 목적어

Part 3. 밑줄 친 부분에 들어갈 알맞은 말을 보기에서 찾아 쓰세요. (중복 사용 가능)

■ ①______은 「 주어+동사」 의 어순으로 "~은 이다[아니다]"라고 있는 사실을 그대로 표현하는 문장을 말한다.

■ ②______은 "의심이나 물음"을 표현하는 문장을 말하고 「 동사+주어」 어순으로 사용된다. 우리말로 "~입니까?, ~요?"에 해당하는 모든 문장을 말한다.

■ ③______은 화자가 선택사항을 미리 정해놓고 그것들 중 어느 것을 선택할 것인가를 묻고자 하는 경우에 사용되는 의문문을 말한다.

■ ④______은 다른 문장의 일부(목적어자리)가 되어 명사처럼 쓰이는 경우로, 궁금한 사항을 간접적으로 물어보는 형식을 취하는 의문문을 말한다. [의문사+주어+동사]의 어순을 사용한다.

■ ⑤ ______은 내용을 긍정적으로 전달하는 ⑥______과 부정적으로 전달하는 ⑦______으로 다시 나뉜다.

■ 일반의문문과는 달리 ⑧______은 자신의 말에 대해 완전히 확신하지 못하는 경우 상대방에게 다시 확인하거나 동의를 요청하기 위해 문장 끝에 덧붙이는 의문문을 말한다.

■ "~하라", "~하지 마라"와 같이 명령이나 충고를 통해 청자로 하여금 어떤 일을 하도록 하는 문장을 ⑨______이라 하며, 주어를 생략하고 동사원형을 써야 한다.

■ 부가의문문을 만드는 방법은 1) 묻고자 하는 내용 다음에 ⑩______를 찍고 2) 긍정문 뒤에는 ⑪______의 부가의문문, 부정문 뒤에는 ⑫______의 부가의문문을 쓰며, 3) be동사/조동사가 있는 경우에는 ' ⑬______ +주어의 인칭대명사' 일반동사만 있는 경우에는 ' ⑭______ +주어의 인칭대명사' 를 쓴다.

■ ⑮______은 말하는 사람의 놀라움, 기쁨, 슬픔, 탄식 등을 담은 문장으로 형용사나 부사에 초점을 두는 경우에는 ⑯______로 시작하고, 명사에 초점을 두는 경우에는 ⑰______으로 시작하며 문장 끝에 ' 느낌표(!)' 를 붙인다.

■ ⑱______은 바라는 마음의 뜻을 강하게 나타내는 문장으로 주어의 인칭이나 수에 관계없이 동사원형을 사용하고 ⑲______를 주어 앞에 쓸 수도 있으나, 흔히 생략하며 문장 끝에 ' 느낌표(!)' 를 붙인다.

■ 부정명령문은 "~하지 마라, ~해서는 안 된다"는 금지를 나타내는 명령으로 "⑳______ +동사원형 ~" 형식을 취한다.

보기				
Ⓐ 의문문	Ⓑ 평서문	Ⓒ 선택의문문	Ⓓ 간접의문문	Ⓔ 부가의문문
Ⓕ 명령문	Ⓖ 직접의문문	Ⓗ 부정문	Ⓘ 긍정문	Ⓙ 기원문
Ⓚ 감탄문	Ⓛ 긍정	Ⓜ 부정	Ⓝ do(does, did)	Ⓞ 콤마(,)
Ⓟ be동사/조동사	Ⓠ don't[never]	Ⓡ may	Ⓢ what	Ⓣ how

Part 4. 주어진 빈칸 번호에 맞는 내용을 보기에서 찾아서 내용을 쓰세요. (중복 사용 가능)

5형식 문장과 품사와의 관계

1형식 | ①______ | 완전자동사 | (수식어)

2형식 | 주어 | ②______ | ③ ______ | (수식어)

3형식 | 주어 | ④ ______ | 목적어 | (수식어)

4형식 | 주어 | 수여동사 | ⑤ ______ | ⑥ ______ | (수식어)

5형식 | 주어 | ⑦ | ⑧ ______ | 목적격보어 | (수식어)

- 명사와 같은 역할은 명사구(절), ⑨______가 한다.
- 형용사와 같은 역할은 형용사구(절), ⑩______가 한다.
- ⑪______는 문장 어디에나 위치하여 동사, 형용사, 부사를 수식할 수 있고, 명사를 수식하는 ⑫______는 수식어뿐만 아니라, 주격보어와 목적격보어로도 쓰인다.
- 명사를 수식하는 형용사는 주어나 ⑬______자리에 놓일 수 없고, 동사, 형용사, 부사를 꾸며주는 ⑭______는 보어자리에 놓일 수 없다.
- 주어로 쓰일 수 있는 품사는 ⑮______이다.
- 보어나 목적격보어로 쓰일 수 있는 품사는 ⑯______이다.
- 목적어로 쓰일 수 있는 품사는 ⑰______이다.
- ⑱______는 주어의 행위, 동작, 상태 등을 나타내는 말로 국어에서는 "~다, ~라, 해"로 끝나는 말이다.
- ⑲______는 사람, 동물, 사물 등에 이름을 붙인 것으로서 주어, 목적어, 보어 역할을 한다.
- ⑳______는 명사를 대신해 쓰이는 것으로서 주어, 목적어, 보어 역할을 한다.
- ㉑______는 명사와 대명사 앞에 붙어 단어나 구를 연결시켜 형용사나 부사 역할을 한다.
- ㉒______는 동등한 자격을 갖춘 단어, 구, 절을 연결해 주는 역할을 한다.

보기

Ⓐ 주어	Ⓑ 완전타동사	Ⓒ 불완전자동사	Ⓓ 불완전타동사	Ⓔ 간접목적어
Ⓕ 목적격보어	Ⓖ 목적어	Ⓗ 직접목적어	Ⓘ 보어	Ⓙ 명사, 대명사, 형용사
Ⓚ 분사, to부정사	Ⓛ to부정사, 동명사	Ⓜ 부사	Ⓝ 형용사	Ⓞ 명사, 대명사
Ⓟ 동사	Ⓠ 대명사	Ⓡ 접속사	Ⓢ 전치사	Ⓣ 명사

Part 5. 영어문장 5형식 구조 해석하는 비법

문장 형식	영어문장구조	국어문장 구조 (해석하는 순서)	해석하는 방법 (M이 있는 경우에는 수식해 주는 단어 앞에 놓고 번역)
1	(M)+S+V+(M)	(M)+S+(M)+V	S는 V하다
2	(M)+S+V+C+(M)	(M)+S+(M)+C+V	S는 C이다(V가 be동사) V에 따라 되다 /처럼 보인다 /처럼 들린다 등
3	(M)+S+V+O+(M)	(M)+S+(M)+O+V	S는 O를/(을) V하다
4	(M)+S+V+I·O+D·O+(M)	(M)+S+(M)+I·O+D·O+V	S는 I·O에게 D·O를/(을) V하다
5	(M)+S+V+O+O·C+(M)	(M)+S+(M)+O+O·C+V	S는 O가 O·C하게 V하다

⊙ **문장구성 성분 약자 설명**

S : 주어 V : 동사(서술어) C : 보어 O : 목적어 O·C : 목적격보어 I·O : 간접목적어 D·O : 간접목적어 M : 수식어

영어문장 해석하는 방법 익히기

A

문장	Yesterday	you	ran	well.
해석순서	①	②	④	③
문장성분	M	S		

해석 ______

B

문장	Last year	he	was	a student	in high school.
해석순서	①	②	⑤	④	③
문장성분					

해석 ______

C

문장	In America	I	met	her	last week.
해석순서	①	②	⑤	④	③
문장성분					

해석 ______

D

문장	In Seoul	I	gave	her	some money	last Sunday.
해석순서	①	②	⑥	④	⑤	③
문장성분						

해석 ______

E

문장	Every day	my mother	got	me	to read English book	on the desk.
해석순서	①	②	⑥	③	⑤	④
문장성분						

해석 ______

Part 6. 주어진 빈칸 번호에 맞는 내용을 보기에서 찾아서 내용을 쓰세요. (중복 사용 가능)

능동태, 수동태 — ① ______

② ______ — 12가지

기본조동사, 서법조동사 — ③ ______

④ ______ — 직설법, 명령법, 가정법

기본조동사 : 일반동사 기능+조동사 기능
서법조동사 : 조동사 기능만 갖고 있는 것

동 사

변화 → 동사 기능을 잘 표현할 수 있도록 보조적인 역할을 수행함.

파생 → 동사의 성질은 갖고 있지만 문장 내에서 동사 기능을 하지 못하고 다른 품사로 쓰임.

준동사

종류	공통점	차이점: 형태	차이점: 역할
⑤ ______	동사의 성질	(to)+V	⑧ ______
⑥ ______	동사의 성질	V~ing	⑨ ______
⑦ ______	동사의 성질	V~ed, V~ing	⑩ ______

보기

Ⓐ (to) 부정사　Ⓑ 분사　Ⓒ 동명사　Ⓓ 대명사, 형용사　Ⓔ 분사, 형용사
Ⓕ 명사, 형용사, 부사　Ⓖ 형용사, 부사　Ⓗ 명사　Ⓘ 조동사　Ⓙ 시제
Ⓚ 태　Ⓛ 법

Part 7. 주어진 빈칸 번호에 맞는 내용을 보기에서 찾아서 하나를 선택하세요. (중복 사용 가능)

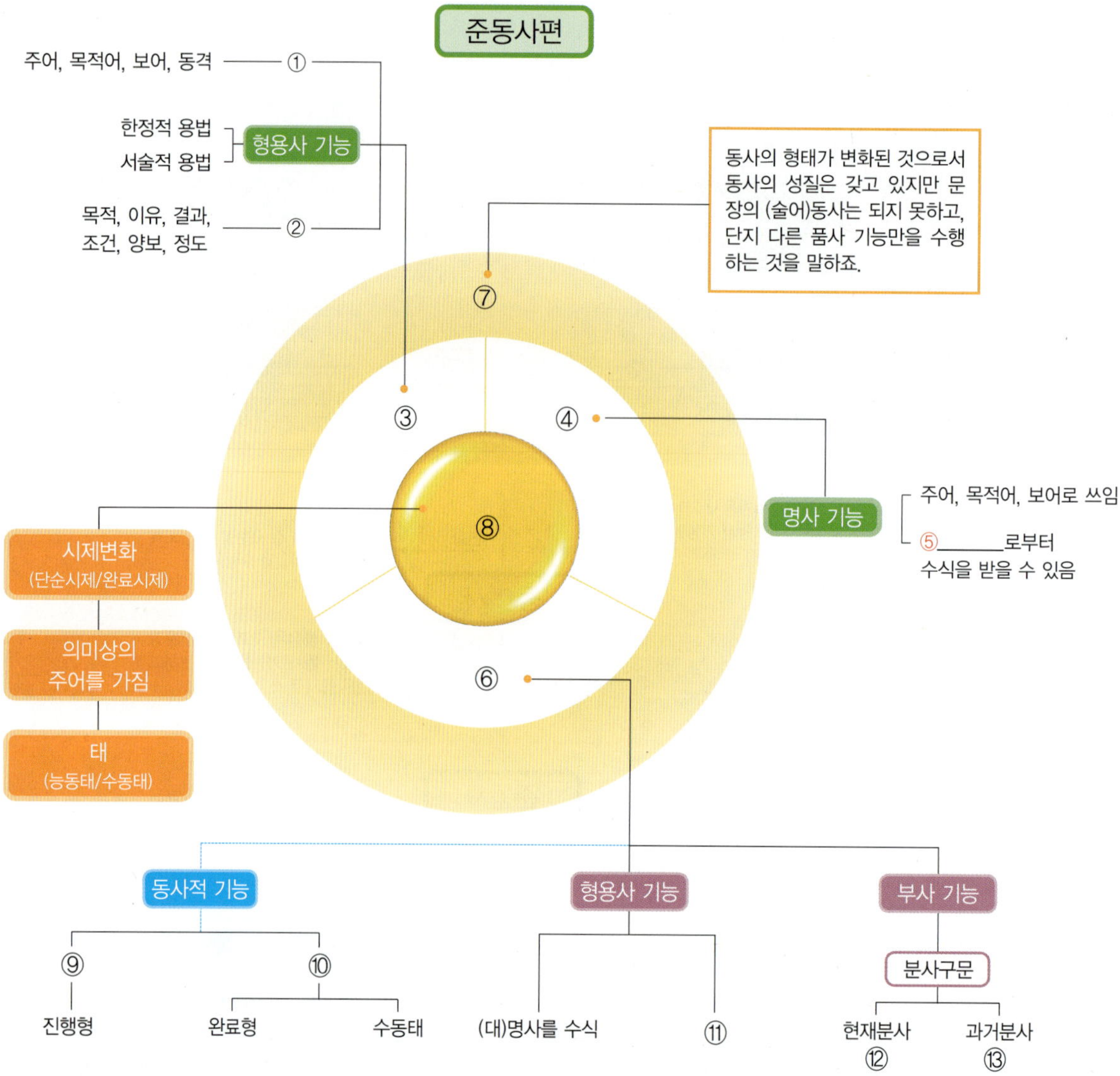

보기

Ⓐ 명사기능 Ⓑ 동명사 Ⓒ (to)부정사 Ⓓ 분사 Ⓔ 부사기능
Ⓕ 동사의 성질 Ⓖ 현재분사 Ⓗ 과거분사 Ⓘ 준동사 Ⓙ 능동 의미
Ⓚ 수동 의미 Ⓛ 형용사와 부사 Ⓜ 보어나 목적어로 사용
Ⓝ 한정사와 형용사 Ⓞ 주격보어나 목적격보어로 사용

문제	①	②	③	④	⑤	⑥	⑦	⑧	⑨	⑩	⑪	⑫	⑬
정답	A												

Part 8. 주어진 빈칸 번호에 맞는 내용을 보기에서 찾아서 하나를 쓰세요.

Be동사 \ 구분		품 사	의미	영어문장
be동사 (현재형)	+	명사	① ________	I am **a student.** My name is **John.**
		형용사	② ________ ~한 상태이다	We are **happy.**
		장소부사 전치사+장소명사	③ ________	He is **home.** They are in **Seoul**
			~에 참석하다	I was in **English class** yesterday.
		전치사 + 추상명사	④ ________	She is in **love.**
		There + be동사	⑤ ________	**There is** a book on the desk.

보기 Ⓐ ~이다 Ⓑ ~한 상태에 있다 Ⓒ ~하다 Ⓓ ~이 있다 Ⓔ ~에 있다

Part 9. Be동사는 뒤에 오는 품사에 따라 의미가 달라지는데, 빈칸에 해당 품사를 보기에서 찾아서 하나를 쓰세요.

문항	영어문장	품사/ There 쓰기	해석
01	be동사 뒤에	전치사 + 추상명사	가 오면 "~한 상태에 있다"
02	be동사 뒤에	① ________	가 오면 "~이다"
03	be동사 뒤에	② ________	가 오면 "~하다, ~한 상태이다"
04	be동사 뒤에	* ③ ________ * 전치사 + 장소명사	가 오면 "~에 있다"
05	be동사 앞에	④ ________	가 오면 "~이 있다"

보기 Ⓐ 명사 Ⓑ There Ⓒ 형용사 Ⓓ 장소부사

Part 10. 영어문장구조와 관련하여 빈칸에 들어갈 적합한 것을 보기에서 하나를 선택하세요. (중복선택 가능)

영어문장구조 익히기

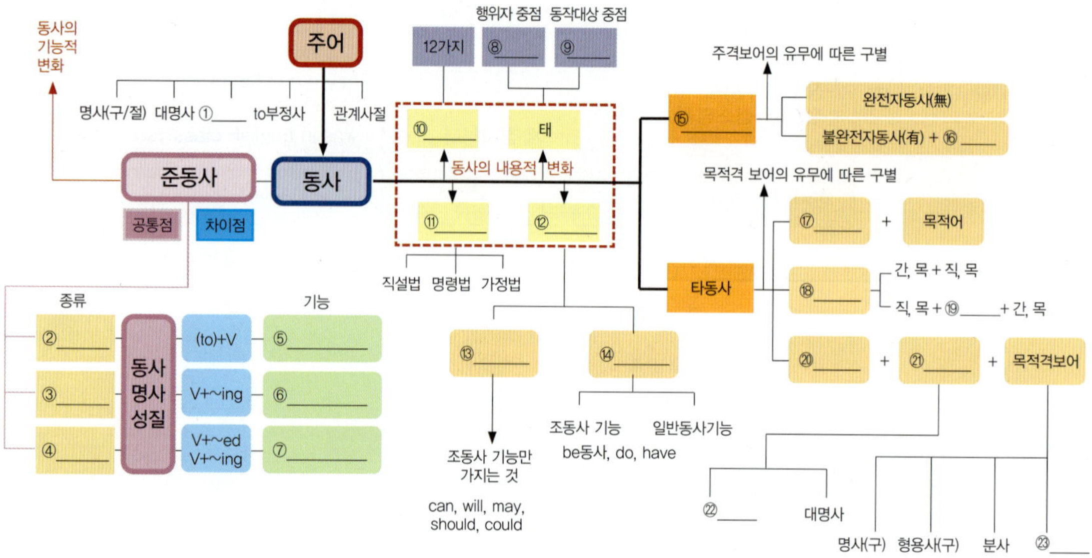

보기

- Ⓐ 동명사
- Ⓑ 분사
- Ⓒ (to)부정사
- Ⓓ 명사
- Ⓔ 명사, 형용사, 부사
- Ⓕ 형용사, 부사
- Ⓖ 수동태
- Ⓗ 능동태
- Ⓘ 법
- Ⓙ 시제
- Ⓚ 조동사
- Ⓛ 기본 조동사
- Ⓜ 서법 조동사
- Ⓝ 자동사
- Ⓞ 완전타동사
- Ⓟ 보어
- Ⓠ 불완전타동사
- Ⓡ 수여동사
- Ⓢ 전치사
- Ⓣ 명사(구)
- Ⓤ 목적어

문제	①	②	③	④	⑤	⑥	⑦	⑧	⑨	⑩	⑪	⑫	⑬	⑭	⑮	⑯	⑰	⑱	⑲	⑳	㉑	㉒	㉓
정답	A																						

Part 11. 시제 종류에 대한 올바른 시제 개념을 선으로 연결하세요.

문항	시제 종류
1	현재시제
2	과거시제
3	미래시제
4	현재진행 시제
5	과거진행 시제
6	미래진행 시제

	시제 개념
a	**지금 이전**의 동작이나 행위, 상황 등을 언제 생겼느냐에 초점을 두고 표현
b	**현재 이후**에 발생할 동작, 행위, 상황 등을 표현
c	**지금 일어나고 있는** 어떤 동작이나 행위, 상황, 현재의 습관, 불변의 진리 등을 표현
d	과거의 **특정한 순간에 일어나고 있던** 일에 대해 표현
e	**미래의 어떤 특정한 순간**에 어떤 행동이 진행 중이라는 것을 표현
f	**말하는 순간에 이미 계속되고 있는** 동작 및 상태에 대해 표현

Part 12. **시제 종류에 대한 올바른 시제 형태를 선으로 연결하세요.**

문항	시제 종류		시제 형태
1	현재시제	a	be동사의 현재형 + V~ing (am/ is/ are)
2	과거시제	b	be동사의 과거형 + V~ing (was/ were)
3	미래시제	c	V(동사원형) ※ 주어가 3인칭 단수인 경우 V+(e)s
4	현재진행 시제	d	조동사 + be + V~ing (will/ shall)
5	과거진행 시제	e	▪ 규칙동사 : V + ed ▪ 불규칙 동사
6	미래진행 시제	f	▪ 조동사(will) + V ▪ be going to + V

Part 13. 시제 종류에 대한 올바른 국어 서술어를 선으로 연결하세요.

문항	시제 종류		국어 서술어 형태
1	현재시제	a	~한다.
2	과거시제	b	~할 것이다.
3	미래시제	c	(현재) ~하고 있는 **중이다.** ~하고 있**다.**
4	현재진행 시제	d	(과거에) ~하고 있는 **중이었다.** ~하고 **있었다.**
5	과거진행 시제	e	(미래에) ~하고 **있을 것이다.**
6	미래진행 시제	f	~했다.

Part 14. 시제의 종류(숫자)—형태(알파벳)—개념(한글)을 보기에서 순서대로 찾아서 기호를 쓰세요.

선택 보기(종류-형태-개념)

시제 종류		형태		개념	
1	현재시제	a	• 조동사(will) + V • be going to + V	가	지금 이전의 동작이나 행위, 상황 등을 언제 생겼느냐에 초점을 두고 표현
2	과거시제	b	**be동사의 현재형**+V~ing (am/ is/ are)	나	현재 이후에 발생할 동작, 행위, 상황 등을 표현
3	과거진행시제	c	V(동사원형) ※ 주어가 3인칭 단수인 경우 V+(e)s	다	지금 일어나고 있는 어떤 동작이나 행위, 상황, 현재의 습관, 불변의 진리 등을 표현
4	미래진행시제	d	• 규칙동사 : V + ed • 불규칙 동사	라	과거의 특정한 순간에 일어나고 있던 일에 대해 표현
5	미래시제	e	**be동사의 과거형** + V~ing (was/ were)	마	미래의 어떤 특정한 순간에 어떤 행동이 진행 중이라는 것을 표현
6	현재진행시제	f	**조동사** + be + V~ing (will/ shall)	바	말하는 순간에 이미 계속되고 있는 동작 및 상태에 대해 표현

1. 1 — c — 다
2. [ ] — [ ] — 바
3. 4 — [ ] — [ ]
4. [ ] — e — [ ]
5. [ ] — a — [ ]
6. 2 — [ ] — [ ]

Part 15. 시제의 종류(숫자)—형태(알파벳)—의미(한글)를 보기에서 순서대로 찾아서 기호를 쓰세요.

선택 보기(종류-형태-의미)

시제 종류		형태		국어 의미	
1	과거시제	a	조동사 + be + V~ing	가	~한다.
2	과거진행시제	b	• 조동사(will) + V • be going to + V	나	~하고 있을 것이다.
3	미래진행시제	c	am/ is/ are + V~ing	다	~할 것이다.
4	미래시제	d	V(동사원형) V+(e)s	라	~하고 있는 중이다.
5	현재진행시제	e	• 규칙동사 : V + ed • 불규칙 동사	마	~하고 있는 중이었다.
6	현재시제	f	was/ were + V~ing	바	~했다.

① 2 — ☐ — ☐

② ☐ — ☐ — 나

③ ☐ — e — ☐

④ ☐ — ☐ — 라

⑤ 4 — ☐ — ☐

⑥ ☐ — d — ☐

Part 16. 시제의 종류(숫자)와 형태(알파벳)를 연관성 있는 것끼리 선으로 연결하세요.

시제	번호	기호	형태
현재완료	1	a	• 조동사(will) + V • be going to + V
현재시제	2	b	have/ has + 과거분사형
과거진행시제	3	c	be동사의 현재형 + V~ing (am/ is/ are)
미래시제	4	d	V(동사원형) ※ 주어가 3인칭 단수인 경우 V + (e)s
과거시제	5	e	• 규칙동사 : V + ed • 불규칙 동사
미래진행시제	6	f	had + 과거분사형
현재진행시제	7	g	조동사(will, shall) + have + 과거분사형
과거완료	8	h	be동사의 과거형+V~ing (was/ were)
미래완료	9	i	조동사 + be + V~ing (will/ shall)
현재형 수동태	10	j	be동사의 과거형 + 과거분사형 (was/ were)
과거형 수동태	11	k	have/has+ been + 과거분사
현재완료형 수동태	12	l	be동사의 현재형+ 과거분사형 (am/ are/ is)

Part 17. (　)안에 국어 의미에 맞는 올바른 형태의 인칭대명사를 쓰세요.

구분 역할	단수/복수	인칭 구분				
		1인칭	2인칭	3인칭		
				남성	여성	중성
주격 문장에서 동사 앞에 위치하여 주어로 쓰이며, 뜻은 '~은/는, ~이/가'	단수	(　　) 나는	(　　) 당신은	(　　) 그는	(　　) 그녀는	(　　) 그것은
	복수	(　　) 우리는	(　　) 당신들은	(　　) 그들은 그것들은		
소유격 형용사처럼 명사 앞에 위치하며, 뜻은 '~의'	단수	(　　) 나의	(　　) 당신의	(　　) 그의	(　　) 그녀의	(　　) 그것의
	단수	(　　) 우리의	(　　) 당신들의	(　　) 그들의 그것들의		
목적격 '타동사' 나 '전치사' 뒤에 위치하여 목적어로 쓰이며, 뜻은 '~을/를, ~에게'	단수	(　　) 나를	(　　) 당신을	(　　) 그를	(　　) 그녀를	(　　) 그것을
	복수	(　　) 우리를	(　　) 당신들을	(　　) 그들을 그것들을		
소유대명사 '소유격 + 명사'를 대신하여 단독으로 명사처럼 사용하며, 뜻은 '~의 것'	단수	(　　) 나의 것	(　　) 당신의 것	(　　) 그의 것	(　　) 그녀의 것	×
	복수	(　　) 우리의 것	(yours) 당신들의 것	(　　) 그들의 것		
재귀대명사 '자기 자신'을 뜻하는 것으로 재귀용법과 강조용법이 있으며, 뜻은 '~자신, ~자체, ~스스로'	단수	(　　) 나 자신	(　　) 당신 자신	(　　) 그 자신	(　　) 그녀 자신	(　　) 그것 자체
	복수	(　　) 우리 자신	(　　) 당신들 자신	(　　) 그들 자신 그것들 자체		

Part 18. 연결사 종류와 기능과 관련하여 빈칸에 들어갈 내용을 보기에서 찾아서 정답지에 기재하세요.

- ①______ 단어, 구, 절을 **연결**하는 기능
  - ②______
    - 종류 — 선행사의 유무에 따른 구분
      - 有
        - ⑤___: who, which, that, **what**(선행사 포함)
        - ⑥___: what, which
        - ⑦___: where, when, why, **how**(선행사 생략)
      - 無
        - 복합관계대명사 : whoever, whichever, whatever
        - 복합관계형용사 : whatever, whichever
        - 복합관계부사 : wherever, whenever, however
    - 기능
      - • 접속사 역할 (⑧___을 연결함) +
        - 대명사 역할 : (복합)관계대명사
        - 형용사 역할 : (복합)관계형용사
        - 부사 역할 : (복합)관계부사
  - ③______
    - 종류
      - ⑨___: and, or, but, yet, so
      - ⑩___: both ~ and, either ~ or
      - ⑪___: since, that, because, as
    - 기능
      - • 문장 내에서 같은 역할과 형태를 갖는 ⑫___을 연결함.
      - * 단지 연결시켜 주는 역할만 함.
  - ④______
    - 종류
      - 단일전치사 : in, on, at, for, over, about
      - 이중전치사 : from behind, as above
      - 구전치사 : by means of, in place of
      - 분사형전치사 : concerning, including
    - 기능
      - • 문장 내에서 ⑬___를 연결하나 절은 연결할 수 없음.
      - * 전치사+전치사의 목적어→전치사구 : ⑭___역할.
      - 전치사 + 전치사의 목적어 (· 명사(구) · ⑮___+(명사(구)) · 대명사(⑯___)) → 전치사구
        - ⑰___역할 : 명사를 수식
        - ⑱___역할 : 동사, 형용사, 부사를 수식

보기

Ⓐ 접속사 Ⓑ 관계사 Ⓒ 전치사 Ⓓ 연결사 Ⓔ 관계형용사
Ⓕ 관계부사 Ⓖ 관계대명사 Ⓗ 단어, 구, 절 Ⓘ 절 Ⓙ 단어나 구
Ⓚ 종속접속사 Ⓛ 등위접속사 Ⓜ 등위상관접속사 Ⓝ 형용사나 부사 Ⓞ 형용사
Ⓟ 부사 Ⓠ 목적격 Ⓡ 동명사 Ⓢ 소유격

문제	①	②	③	④	⑤	⑥	⑦	⑧	⑨	⑩	⑪	⑫	⑬	⑭	⑮	⑯	⑰	⑱
정답																		

중고등 내신, 토익, 공무원, 수능시험에서
가장 많이 출제되는 품사 고르기 문제에서 답만 찍는 비법을 공개!

문장 내에서 빈칸에 맞는 품사 선택하는 비법!

종 류	동사 자리 찾기	예 문
	동사 자리 답 고르는 비법 6가지 비법 1. 동사가 있는지를 확인한다. 비법 2. 목적어 유무를 통해 자동사 자리인지 타동사 자리인지를 확인한다. 비법 3. 불필요하게 동사가 삽입되어 있는지를 확인한다. 비법 4. 동사 자리에 다른 품사나 준동사가 있는지를 확인한다. 비법 5. 동사가 주어와 수, 시제, 태가 일치하는지를 확인한다. 비법 6. 주어가 3인칭 단수이고 시제가 현재인 경우 V+(e)s를 확인한다.	
1	S + ___ + (M) : 완전자동사 자리	A great doctor **died** yesterday.
2	S + ___ + C + (M) : 불완전자동사 자리	You **looked** a little tired last night.
3	S + ___ + O + (M) : 타동사 자리 ※목적어로 올 수 있는 요소: 명사(구), 대명사, to부정사, 동명사, 명사절(관계사절 일부)	This climate **suits** me. Everybody **wishes** to succeed in life. I **enjoy** watching TV on weekends. I don't **know** where I should go.
4	S + ___ + 전치사 + O + (M) : 자동사 자리	Everyone **laughed** at his plan.
5	S + ___ + I·O + D·O + (M) : 수여동사 자리	She **asked** me how to open the door.
6	S + ___ + D·O + 전치사 + I·O+(M) : 타동사 자리	He **announced** his engagement **to us** yesterday.(to us: 부사구)
7	S + ___ O + O·C + (M): 불완전타동사 자리 ① S + ___ + O + O·C(명사/구) ② S + ___ + O + O·C(형용사) ③ S + ___ + O + O·C(원형부정사) ④ S + ___ + O + O·C(to부정사) ⑤ S + ___ + O + O·C(현재분사) ⑥ S + ___ + O + O·C(과거분사) ※동사에 맞는 목적격보어를 선택하는 문제가 시험에 자주출제됨.	I **believe** him (to be) a great scholar. I **believed** her (to be) honest. My mother **made** me take my medicine. I **got** my secretary to type my manuscript. I **saw** him crossing the street. I **got** my manuscript typed by my secretary.
8	There + ___ + S + (M) : be동사/완전자동사 자리 ① There + ___ + S + (M) : be동사 자리 ② There + ___ + S + (M) : 완전자동사 자리 (go, come, remain, seem, appear)	There **is** a notebook on the desk. There **goes** the dinner bell. There they **come**.
9	___ , 접속사(and/or) + S + V~ : 동사원형 자리	**Hurry** up, or you will miss the train.

종 류	명사 자리 찾기	예 문
	명사 자리 답 고르는 비법 3가지 비법 1. 문장 내에서 **주어, 보어, 목적어**(타동사나 전치사의 목적어) 자리에는 **명사 자리** 비법 2. **한정사** + (부사 + 형용사) + **명사 자리** ↳ 관사, 소유격, 지시사, 수량형용사 비법 3. **전치사** + **명사 자리**	
1	명사(구)가 주어로 쓰이는 경우 ___ + V~	The **committee** meets once a year.(단수)
2	명사(구)가 불완전자동사의 보어로 쓰이는 경우 (S=C) S + 불완전자동사 + ___	He became a great **novelist**.
3	명사가 타동사의 목적어로 쓰이는 경우 S + 타동사 + ___ + (M)	I need **equipment** to do it well.
4	명사가 전치사의 목적어로 쓰이는 경우 S + V + 전치사 + (한정사) + ___	The university is in **difficulty** these days.
5	명사가 다른 명사와 함께 쓰여 복합명사를 만드는 경우 ___ + 명사(앞의 명사는 일반적으로 단수명사)	You must fill in **application** form at once.
6	명사(구)가 형용사와 분사의 수식을 받는 경우 형용사 + 분사 + ___	I am developing a new tracking **system**.
7	명사(구)가 한정사의 수식을 받는 경우 한정사(관사, 소유격, 지시사, 수량형용사) + ___	I will transfer my **information** about her to you.
8	명사(구)가 관계대명사나 관계부사의 선행사로 쓰여 수식을 받는 경우 ① ___ + 관계대명사 + (S) + V~ ② ___ + 관계부사 + S + V~	① The **book** that you sent me arrived this morning. ② I'll never forget the **day** when I first met you.
9	명사(구)가 (복합)관계형용사의 수식을 받는 경우 ① 관계형용사 + ___ + S + V~ ② 복합관계형용사 + ___ + S + V~	① I sent them what **money** I had with me. ② Eat whichever **food** you like.

종 류	형용사 자리 찾기	예 문
	형용사 자리 답 고르는 비법 7가지 비법 1. 명사 앞에서 명사를 수식하는 빈칸에는 형용사를 선택 : ____+ 명사 비법 2. 명사 뒤에서 명사를 수식하는 빈칸에는 형용사를 선택 : 명사 + ____ 비법 3. 주어를 보충해 주는 보어 자리에는 형용사를 선택 : S + 불완전자동사 + ____ 비법 4. 목적어를 보충해 주는 목적격보어 자리에는 형용사를 선택 : S + 불완전타동사 + 목적어 + ____ 비법 5. 명사 앞 수량표시 형용사 구분하여 사용하기 비법 6. 서술적 용법으로 쓰이는 형용사와 한정적 용법으로 쓰이는 형용사를 구분하여 사용하기 비법 7. 가주어(It) + 동사 + ____+ 진주어(to부정사/ that절)에서 빈칸은 형용사 자리	
1	형용사가 **명사 앞**에 위치하여 명사를 꾸며주는 경우 (한정사 + 부사) + ______+ 명사	* This is a **good chance** not to be lost. * This is a book of an extremely basic idea for beginners.
2	형용사가 명사 뒤에서 명사를 꾸며주는 경우 명사 + ____ ① ~thing, ~body 등으로 끝나는 명사 ② 형용사가 다른 수식 어구를 동반하는 경우	① There is **nothing** new under the sun. ② These are the **books useful** for beginners.
3	주어를 보충해 주는 **보어 자리** : S + 불완전자동사 + ____ (S≠C : 보어가 주어를 보충 설명하는 경우) 예) S + [be동사/ become/ get/ remain] + ____	* She is **intelligent**. * You became **young**. * I got **anxious**. * He remains **unmarried**.
4	형용사가 불완전타동사의 목적격보어로 쓰이는 경우 S + 불완전타동사 + O + ____	* I believed him **honest**.
5	① 셀 수 있는 명사 앞 빈칸에는 "수를 표시 하는 형용사"를 선택 ② 셀 수 없는 명사 앞 빈칸에는 "양을 표시하는 형용사"를 선택.	* I have **a good many** things to do today. * He has spent **a good deal of** money on medicine.
6	① 주어를 수식하는 보어 자리에는 서술적 용법으로 쓰이는 형용사를 선택 ② 명사 앞과 뒤에서 명사를 꾸며주는 경우에는 한정적 용법으로 쓰이는 형용사를 선택	① The woman couldn't get up because she was **drunk**. ② The **drunken** woman asked me to help her.
7	It + be동사 + ___ + to부정사/ that절 가주어 진주어	① It is **difficult** to master Japanese in a year. It is **wrong** to tell a lie. ② It is **apparent** that she is diligent.
8	It + be동사+ ___ + 전치사 + 목적어 + to부정사 가주어 의미상의 주어 진주어	* It is **kind** of you to help the poor.
9	형용사가 정관사(the)와 결합하여 명사로 쓰이는 경우 the + ____	* **The rich** as well as **the poor** have troubles.

종 류	부사 자리 찾기	예 문
	부사 자리 답 고르는 비법 4가지 비법 1. 동사를 수식하는 빈칸에는 부사를 선택 : _____+ 일반동사 be동사 + _____ 비법 2. 형용사나 분사를 수식하는 빈칸에는 부사를 선택 : _____ + 형용사/분사 비법 3. 부사를 수식하는 빈칸에는 부사를 선택 : _____ + 부사 비법 4. 문장을 수식하는 빈칸에는 부사를 선택 : _____ + S + V~	
1	부사가 동사를 수식하는 경우 위치에 주의 ① be동사가 있는 경우에는 **be동사 뒤** : S + be동사 + _____ + 분사 ② 일반동사가 있는 경우에는 **일반동사 앞** : S + _____ + V	① I was nearly **finishing** my work. ② I promptly **informed** my teacher of the news.
2	부사가 완료(현재/과거/미래) 문장에서 동사를 수식 S + have(had) + _____+ p.p.~	*I have never **been** in China.
3	부사가 조동사 다음에 위치하여 동사를 수식 S + 조동사 + _____+ V~	*He would often **come** to see his mother.
4	부사가 수동태의 동사를 수식하는 경우 S + be동사 + _____ + p.p. ~	*John was particularly **impressed** by her dancing.
5	부사가 동사를 수식하는 경우 일반적으로 동사 앞에 위치하나 타동사의 경우 목적어 다음에 위치하는 경우가 흔함 S + 타동사 + 목적어 + _____ ~	*He **drove** his car carefully.
6	부사가 **형용사**나 **분사**를 수식 _____ + 형용사/분사	*This food is really **delicious**. *I was very **amazed** to hear the news.
7	부사가 부사를 수식 S + V + O + _____+ 부사	*He speaks English very **well**.
8	부사가 구나 절을 수식 ① 부사가 구를 수식하는 경우 S + V~_____ + 구 ① 부사가 절을 수식하는 경우 S + V~_____ + 구	① I went to school soon **after ten o'clock**. ② I went to church simply **because I wanted to see her**.
9	부사가 문두에 위치하여 문장 전체를 수식 _____ , S + V~	Usually, **I get up at six o'clock every morning**.
10	부사는 준동사와 목적어 사이에 위치할 수 없음	*It is very important for you to study **hard** English.(×) → to study English hard

종 류	준동사 자리 찾기
	준동사 자리 답 고르는 비법 3가지 동사의 성질을 유지하고 있으면서 문장 내에서 다른 품사 역할을 하는 것을 '**준동사**'라 하며 종류에는 (to)부정사, 동명사, 분사가 있다. **비법 1.** 문장 내에 접속사와 관계사 쓰임 여부를 통해 동사 자리인지 준동사 자리인지를 파악하기 **비법 2.** [주어+타동사+목적어+ ______]구조에서 빈칸 목적격보어 자리에 to부정사, 원형부정사, 현재분사, 과거분사 중 적합한 것 선택하기→ **타동사의 종류와 목적어가 사람이냐 사물이냐에 따라 목적격보어 형태가 달라지므로 아주 중요함.** **비법 3.** 문장 내에서 **동사**를 확인한 후 **준동사**가 동사 대신 쓰이지 않았는지를, 그리고 동사가 준동사 대신 쓰이지 않았는지를, 과거분사와 현재분사가 문맥에 맞게 적절하게 사용되었는지를 파악하는 것이 중요함.

	원형부정사 자리	예 문
1	S + 사역동사/지각동사 + O(사람) + _____	* He made us **work** hard. * I saw him **cross** the street.

	to부정사 자리	예 문
1	주어 자리: _____ + V~	*Never **to depend** on others is the best way to succeed in life.
2	보어 자리: S + 불완전자동사 + _____	* She seems **to be** rich.
3	목적어 자리: S + 타동사 + _____ ※ 대부분 **미래지향적 의미를 가진 타동사**들은 목적어로 동명사가 아닌 **to부정사**를 취한다. (desire, plan, offer, agree, fail, choose, decide, determine, refuse, hope, wish)	* If you want **to need** a more detailed description of our company, please see our website.
4	목적격보어 자리: S + 불완전타동사 + O + _____	* My father didn't permit me **to play** the piano.
5	명사를 꾸며주는 형용사 자리: 명사(구) + _____ ~	* I have no friend **to advise** me.
6	부사 자리: S + V~ + _____ ~ to부정사가 원인, 이유, 목적, 결과, 양보, 조건 등을 나타낸다.	*They smiled **to see** me sing and dance happily.

	동명사 자리	예 문
1	주어 자리: ____ + V~	***Keeping** your promise is a key ingredient for success.
2	타동사의 목적어 자리: S + 타동사 + ____ ~ ※ 대부분 **반복, 습관, 취미 등의 의미를 가진 타동사**들은 목적어로 to부정사가 아닌 **동명사**를 취한다. (consider, imagine, enjoy, mind, practice, abandon, avoid, postpone, stop, finish, discontinue)	*Children enjoy **watching** TV.
3	전치사의 목적어 자리이면서 **뒤에 명사를 수반** 전치사 + ____ + (부사, 형용사) + 명사	* You can withdraw money by **using** ATM. * My son is fond of **reading** books.
4	보어 자리: S + 불완전자동사 + ____ ~	* My hobby is **collecting** foreign postage stamps.

	현재분사 자리	예 문
1	진행, 능동적 의미(~을 하는, ~을 하고 있는, ~을 하게 하는, ~을 시키는)로 명사를 수식하는 자리에는 현재분사를 선택	① I don't like a **barking** dog. ② I am **making** a cake for her birthday party.
2	분사의 의미상의 주어가 분사의 행위자로서 능동적인 행위를 하면서 부사역할을 하는 경우 ______ , S+V~	* **Living** in a remote house alone, I rarely have visitors. * **Understanding** what you say, I cannot admit your proposal.
3	S+불완전타동사+목적어+목적격보어 ① 목적어와 목적격보어의 관계가 능동이면 **현재분사** ② 목적어와 목적격보어의 관계가 수동이면 **과거분사**	① I saw him **crossing** the street. ② I heard my name **called** somewhere.
4	현재분사가 명사 앞이나 뒤에서 수식하는 경우 ① (한정사+부사)+______+명사 ② (한정사+형용사)+명사+______	① I know the **swimming** girl well ② The boy **carrying** a ball is my son.
5	감정표현을 나타내는 동사의 분사 용법 익히기 ① 주어가 사람+동사+____빈칸은 현재분사 자리 ② 주어가 사물+동사+____빈칸은 과거분사 자리	① I am **interested** in this book. ② This book is **interesting**.
	과거분사 자리	**예 문**
1	완료, 수동적 의미로 자동사의 과거분사(**~하여진, ~한**)와 타동사의 과거분사(**~된, ~당한**)로 명사를 수식하는 자리에는 과거분사를 선택	*She is a **retired** professor. * My cellular phone **repaired** yesterday doesn't work.
2	분사의 의미상의 주어가 분사의 행위를 받거나 당하는 **수동적인 행위**를 하면서 부사역할을 하는 경우 ____, S+V~	***Written** in plain Japanese, this book is suitable for beginners.(Being 생략된 형태)
3	타동사 뒤에 목적어가 없거나 전치사가 오는 경우 빈칸은 과거분사 ① S+be동사+____+목적어(×) ② S+be동사+____+(전치사+명사)	① The nice building **was constructed**. ② I **was invited** on her birthday.
4	'be동사+과거분사' 다음에는 목적어가 올 수 없으나 전치사를 동반하는 경우에는 목적어가 뒤따른다. S+V+____+전치사+목적어(전치사의 목적어)	* I **am interested in** your proposal.
5	목적어와 목적격보어의 관계가 수동이면 과거분사 S+불완전타동사+목적어(사물)+____	*He made his power **felt**.
6	분사가 명사 앞이나 뒤에서 위치하여 명사를 수식하여 형용사 역할 ① (한정사+부사)+____+명사 ② (한정사+형용사)+명사+____	① The **wounded** soldiers are increasing. ② The important facts **learned** by hard study are long remembered.
7	과거분사가 정관사(the)와 결합하여 명사 기능 the+ ____	*The **unemployed** in Korea are increasing.

Unit 2. 영문법의 핵심 기출문제

Part 1. 올바른 문장이 될 수 있도록 괄호 속에 주어진 단어들 중 적합한 것에 동그라미 하세요.

01. John (eat, eats, ate) breakfast every day.

02. He (get up, gets up, got up) early every morning.

03. If it (snow, snows, will snow) tomorrow, I'll not go there.

04. The Earth (go, goes, went) around the sun.

05. We (go to, went to, go) Seoul yesterday.

06. My brother (is listening, are listening, listen) to music.

07. My cousin (is talking, talking, talk) on the phone.

08. I have to (writing, write, wrote) an essay for my midterm paper by next Monday.

09. Most of middle school students in Korea (wear, wears) a uniform.

10. Two important discoveries led to (vary, variety, various) theories about his death.

11. We want to introduce (latest, the latest, the last) technology into our company.

12. We (have, has, are, is) hot and dry weather in China.

13. (Do, Does, Are) you like to go skating?

14. (Is, Are, Do, Does) autumn a good season for traveling?

15. There (are, is, have) many different flowers in spring.

16. The weather in Korea (is not, not is) always warm and pleasant.

17. Spring (come, came, comes) after winter.

18. (Is, Are, Do, Does) you free this evening?

19. Cheer up! Studying (is, are, do, does) not everything.

20. I (have, has, had) a good time with my friends yesterday.

21. Why don't you (go, goes, went) home and rest?

22. I saw a doctor (because, because of) my throat is very sore and I have a bad cough.

23. He (leave, leaves, left) hospital last month.

24. My father (is, was) absent from work on last Friday because he was sick in bed.

25. (Do, Does, Are) you have a stomachache by the excessive drinking last night?

26. Please (give, gave, gives) me your cellular phone number and e-mail address.

27. You (should not, not should) cross this street because this is not the crosswalk.

28. I'd like to (becomes, become, became) your good friend.

29. You may as well (do, did, does, done) it at once.

30. You (may, can, should, could) as well throw money away as spend it on gambling.

Part 2. 올바른 문장이 될 수 있도록 괄호 속에 주어진 단어들 중 적합한 것에 동그라미 하세요.

01. I'd like to (work, works, worked) as a volunteer at the post office.

02. Have you ever (study, studied, studying) English on line?

03. Can Sujin (do, does, did) me a favor?

04. You'd better (use, uses, used) this book as a kindling to master English.

05. I (used to, use to, am used to) visit my grandfather in the country when I was a child.

06. They (lived, have lived, had lived) in Seoul since 1976.

07. I ordered him (take, to take) a short rest.

08. This food tastes (bad, badly).

09. Do you know what (her name is, is her name)?

10. You bought a new car, (didn't, don't, doesn't) you?

11. I will (marry, marry with) Jinny next year.

12. She presented a nice bag (me, to me) for my birthday.

13. I have read "For Whom the bell tolls". It (was written, wrote, writes) by Hemingway.

14. My illness forbids me (attend, to attend, attending) the meeting.

15. The snow forced us (to put, put, putting) off our departure.

16. He is (thought, thought of, thinking) as a great poet by many scholars.

17. The scientific books on my desk(gave, given, were given, was given) my girl friend yesterday.

18. He (need, needs, needing) not go there.

19. Her knowledge of languages and international relations (aid, aids, aiding) her in her study field.

20. My mother made me (take, taken, taking) my medicine in the morning.

21. I want to meet many people in various fields and (to travel, traveling, traveled) all over the world.

22. I was (surprised at, surprised by, surprised) his sudden death.

23. Even if the sun (were to, was to, was) rise in the west, I would never change my mind to love you.

24. (That, What, It) is necessary for us to take measure to deal with the new situation.

25. One of them shows evidence of (being infected, infecting) by the hepatitis B virus.

26. (Most, The most, The more) important thing about dogs is that they are very obedient, rarely failing to do as they are told.

27. This is an (intelligence, intelligent, intelligently) animal when it hunts fish.

28. You (simplify, simplicity, simply) have to put up with it till this time next year.

29. Many people initially make the (assume, assumption) that they come from different kinds of trees.

30. He was the last king of a powerful family that (have ruled, had ruled) this country for centuries.

Part 3. 올바른 문장이 될 수 있도록 괄호 속에 주어진 단어들 중 적합한 것에 동그라미 하세요.

01. I sent a letter (her, to her, she) this morning.

02. I obeyed her lest that she (would, could, should) be angry.

03. He's a new recruit (who, which) joined our department last month.

04. We are looking forward to (receive, receiving) your application for a job at the factory.

05. He can not read or (write, wrote, writes) in English.

06. In Korea we (have, has) four season.

07. He may (is, are, be) a great player in the near future.

08. It is no use (try, to try, trying) to persuade me concerning the future.

09. I (need, need for) your help with some business matters.

10. She (entered, entered into) the classroom a minute ago.

11. The pear is a fruit (who, which) ripens in the fall.

12. We will (discuss, discuss about) the problem today.

13. Construction is expected (last, to last, lasting) through the beginning of July.

14. Have you ever (using, to use, used) this vending machine before?

15. Do you plan (play, to play, playing) soccer this afternoon?

16. You can only (use, used, using) a coupon for a cake.

17. It is necessary (establishing, to establish) a change vision and strategy for our company.

18. My son usually (play, plays, played) computer games on weekends.

19. I enjoy (read, to read, reading) science books. I want to be a scientist.

20. The pots standing in a row (are water, are watered, are watering) twice a week.

21. All the other plants except this plant (was kept, were kept, were keeping) in the sunshine.

22. This song (composed, was composed, composing) by Mozart.

23. You have to show us your (identity, identification) to enter this building.

24. People get pimples (because, because of) unbalanced hormones.

25. My mother is in the hospital. Cheer up, I'm sure that (he, she, it) will get better soon.

26. Johnson is a financial analyst (who, which) has worked for KB bank.

27. My mother (want, wanting, wants) me to take care of my brother.

28. My brother in Seoul (is visiting, is visited) me on Sunday.

29. The book written by me (calls, is called, is calling) Magic English Grammar.

30. It (have been, has been, is) ten years since we met after graduation.

Part 4. 올바른 문장이 될 수 있도록 괄호 속에 주어진 단어들 중 적합한 것에 동그라미 하세요.

01. I found how difficult it was (sucess, to succeed, succeed).

02. Cancer is a disease (which, what) often leads to death.

03. She gained her (health, healthful) after a great doctor did an operation on her stomach.

04. (Do, Were, Did) you watch a baseball game between Korea and Japan on TV last night?

05. Sending messages (are forbidden, is forbidden, is forbidding) when this limit is exceeded.

06. E-mail is a convenient way (to send, sends, send) your message to other people.

07. Do you know how (to use, use, uses) this machine?

08. The United States (located, are located, is located) on the North American Continent.

09. The sugar affects parts of our brain that make us (feel, to feel, feeling) good.

10. I will let you (know, to know, knowing) my mind as soon as I make a decision

11. Could you tell me (why, when, what) you are interested in, then?

12. We (wait, wait for) you to come here.

13. The man has requested that his equipment (is returned be returned, returned) by the end of the month.

14. To my great surprise, with a little more working, my book (knows, is knowing, is known) to many students.

15. Why don't you (try, tried, trying) to get better marks?

16. I want you (study, to study, studying) harder to achieve your dream.

17. Do you agree that children should (obey, obeys, obeyed) their parents without question?

18. Do you receive (any, some) present from your parents when you get good marks in examination?

19. My country, China, (hold, held, holds) the Olympic Games in 2008.

20. E-mail messages usually (consists, consist) of the heading and the body.

21. My brother wants to grow up and be a politician who (make, makes, making) his country more prosperous.

22. If you're not too busy this weekend, why don't you go (shop, shopping, to shop) to find a nice birthday present for Minjun.

23. Choosing a job is a difficult (decide, decision, decisive) for most people.

24. Today everyone (know, knows) Leonardo da Vinci who was a great painter.

25. Humans have created many (differ, difference, different) breeds of dog.

26. We want (finding, to find, find) a house nearer to this area to finish the project of installing Internet lines as soon as possible.

27. (Because, Although) we now know a lot about her life, the reason for the queen's death has remained a mystery.

28. Your wide-ranging knowledge and experience in this field will play important roles in (develop, development, developing) our company.

29. She is playing hard to get with me, but I am sure that she is (interesting, interested) in me.

30. The general manager (will be, is, will is) out of the office until next month, so I will answer routine inquiries.

Part 5. 올바른 문장이 될 수 있도록 괄호 속에 주어진 단어들 중 적합한 것에 동그라미 하세요.

01. Many people believe money will enable you (do, to do, doing) anything and everything.

02. People (have, has, is, are) many different opinions about watching TV.

03. I need your help (finish, to finish, finishing) my homework.

04. It's time (begin, to begin, beginning) our work.

05. Most successful people always remember what (it, he, they) are used to be like.

06. (Both, Each, All) of his daughters has a notebook computer of her own.

07. As a rule, the workers were paid (by an hour, by the hour, by hour).

08. I think that my qualifications are better (than those, than that, than) of any other candidate.

09. I will call you back as soon as I (will finish, finish) my assignment.

10. He makes (one, it, which) clear that he didn't want to speak to me.

11. Do you have many subjects (who, that, what) are interesting to you?

12. Let's listen the following and (match, matches, matching) the collect picture.

13. English really (make, making, makes) me mad.

14. Due to repeated failure to comply with our return policy, we can not (lend, lent, to lend) laptops to new employees.

15. Once he was a great politician (who, which, what) was honest and diligent.

16. You'd better (make, made) a reservation so that we will be sure of getting a good room.

17. If she (knew, had known) that the meeting would be over early, she wouldn't have cancelled his appointment

18. My professor recommended that David (study, studies, studied) more English before enrolling at the university.

19. Gifts poured in not only from unknown people, but baby food and soap manufacturers (who, which, what) wished to advertise their products.

20. (Act, Acting, Acted) on the contention that facts are scarce, reporters can cause suffering to individuals by publishing details about their private lives.

21. Please (consult, to consult, consulting) me before making any decision that might impact your problems.
22. I was anxious for her (safety, safe, safely) from one day to another.
23. About two years after graduation, I got a good job. But I (lose, lost) it yesterday.
24. I want (live, living, to live) almost all my life as a great writer for the rest of my life.
25. My son screamed and (yelling, to yell, yelled) in pain when a dentist pulled out my son's rotten tooth.
26. (Before, If, Because) you stay for more than 3 nights, we offer a 10% discount.
27. If she (was, were, is) here, she would be very pleased to hear what I say.
28. You will not have a chance to (apply, apply for) the job without a driver's license.
29. As an English professional (which, who, what) have taught English for a long time, I'd like to advise you how to improve your English conversation.
30. Korea (co-host, co-hosted, co-hosts) the 17th World Cup 2002 with the other country fifteen years ago.

Part 6. 형용사, 부사, 비교급 익히기

6-1 올바른 문장이 될 수 있도록 괄호 속에 주어진 단어들 중 적합한 것에 동그라미 하세요.

01. I judge her to be a very (honesty, honest) girl.

02. This program is (use, useful) for beginners.

03. Let's measure (how, what) tall you are.

04. How (much, many) money do you have in your pocket?

05. (Many, Much) students have repeated the same mistake.

06. We left before beginning (second, the second, the two) act.

07. An eight-year-(old, olds) child has to go to school.

08. I bought a five-(dollar, dollars) note yesterday.

09. I think that there is (much, many) news about the plane crash.

10. Jinny is as smart (as, than) you.

11. Jinny is (little, less) intelligent than you.

12. He is a (succeed, success, successful) businessman in the high-tech field.

13. Could you tell me a nice (Korea, Korean) restaurant?

14. Minho is (the oldest, the older, oldest) player on our team.

15. This is a lot (fast, faster, fastest) than the old one.

16. There were (few, little) reference books on the desk.

17. A large (amount, number) of students visit the historic site.

18. Our company has a large (number, amount) of equipment.

19. She has spent a good (many, deal) of money on books.

20. I have very (little, few) time to study psychology.

21. They will come back in (a few, a little) days.

22. He has (not a few, not a little) friends.

23. His father died in New York (at, in, on) 2007.

24. I bought three (dozen eggs, dozens egg) yesterday.

25. (Dozen, Dozens) of students were absent today because of heavy snow.

26. He was born (at, in, on) October seventeenth.

27. My sister bought her suit at very (high, large) price yesterday.

28. We sell all kinds of things for (so, such) a low price.

29. If you offer the (convenience, convenient) goods to me for a low price, I can buy them in cash.

30. This is the (identify, identical, identity) room I stayed in last month.

6-2 올바른 문장이 될 수 있도록 괄호 속에 주어진 단어들 중 적합한 것에 동그라미 하세요.

01. I can (hard, hardly) believe it.

02. I went to bed (late, lately) last night.

03. Your success might (yet, already) be possible, if you try to achieve your dream hard.

04. The man who I met yesterday is good and handsome (too, either).

05. (Most of, Most, Almost) all the students attended class to learn English Grammar.

06. He has (money enough, enough money) to buy a new house.

07. I (go often, often go) to America to visit my son in New York.

08. Tom (often is, is often) late for meeting without notice.

09. She arrived (safely here, here safely) last Sunday by the airplane.

10. Surprisingly, he is (tall, taller, tallest) than his father.

11. Minjun is the (old, older, oldest) of all his classmates.

12. We must get (farther, further) information by using this tool.

13. As you know, he is three years senior (than, to) me.

14. This box is as (big, bigger) as that box.

15. Please speak more (slow, slowly) so I could understand you.

16. I think Jinny is (little, less) beautiful than her sister.

17. Don't be worried, I can drive more (careful, carefully) than you.

18. The soccer team played so (bad, badly) in Beijing Olympics.

19. This last question is very (difficulty, difficult) to me.

20. My mother bought me a (color, colorful) sweater which I wanted to buy.

21. John shoes are (long, longer, longest) than Tom's.

22. You are far more beautiful (as, than) I have expected.

23. (Most, The most, The more) important thing in life is to keep good health.

24. This is (the last, latest, the latest) thing to save a lot of data in computer technology.

25. It is natural that better trained users should be faster and more (product, production, productive).

26. My brother is an (intelligence, intelligent) man who works for a computer company.

27. You have to drive (careful, carefully) in the rain.

28. Children are (usual, usually) interested in playing computer games.

29. I want to buy a (beauty, beautiful, beautifully) dress to wear to the party.

30. Let me give you a surprisingly good (information, informative) about it.

Part 7. 능동태와 수동태 문장 익히기

7-1 올바른 문장이 될 수 있도록 괄호 속에 주어진 단어들 중 적합한 것에 동그라미 하세요.

01. The alarm clock (woke, was woken) me up at eight.

02. My friend (was pushed, pushed) me at the bathroom.

03. My sister (is written, is writing, writing) a letter now.

04. I didn't (be done, do) my homework yesterday.

05. My brother (is exciting, is excited) by the anticipation of his backpacking trip to Europe next week.

06. If any further information (required, is required), please call Customer Support for assistance.

07. The 17th World Cup (co-hosted, was co-hosted) by Korea and Japan.

08. I was (surprised at, surprised by, surprised) his sudden death.

09. My manager (called, was called, was calling) to the president 's office a little while ago.

7-2 다음 문장을 수동태 문장으로 바꾸세요.

01. She cleans the room every day.

→ ______________________________

02. He invites Jina on his birthday.

→ ______________________________

03. My father bought the bike last month.

→ ______________________________

04. We will discuss the problem later.

→ ______________________________

05. She presented the nice bag to me.

→ ______________________________

06. We produce the cars in this factory.

→ ______________________________

07. I served the breakfast at eight o'clock.

→ ______________________________

7-3 다음 문장을 능동태 문장으로 바꾸세요.

01. The house is constructed by her.

→ ____________________

02. The house was constructed by him last year.

→ ____________________

03. The house will be constructed by John next year.

→ ____________________

04. The house has been constructed by the man since last month.

→ ____________________

05. The house had been constructed by them from May to August.

→ ____________________

06. The house is being constructed by us.

→ ____________________

07. The house can be constructed by me.

→ ____________________

Part 8. 관계사절과 관련된 문제 : (복합)관계대명사, (복합)관계형용사, (복합)관계부사

8-1 틀린 1곳을 찾아 바르게 고치세요.

01. The used computer who we bought needs to be repaired again.______ → ______

02. There are many issues what threaten world peace from country to country.____ → _____

03. That is exactly that the majority of people would have said.______ → ______

04. I had lunch with an old friend, that works in Seoul. ______ → ______

05. She is the greatest poet which Japan has ever produced.______ → ______

06. She is no longer the shy girl which she is ten years ago.______ → ______

07. This hotel, that stands on a hill near the sea, is popular with tourists.______ → ______

8-2 2개의 문장을 관계대명사나 관계부사를 이용하여 1개 문장으로 만들어 보세요.

01. I know a single woman. She speaks Japanese very well.

→ ______________________________

02. I have a book. It is very interesting.

→ ______________________________

03. This is the woman. I wanted to meet her.

→ ______________________________

04. I met a poet. I had previously interviewed him.

→ ______________________________

05. This is the word. I don't know the meaning of it.

→ ______________________________

06. A child is called an orphan. His parents are dead.

→ ______________________________

07. This is the coffee shop. I met my girl friend here last weekend.

→ ______________________________

08. This is the reason. She left for that reason.

→ ______________________________

09. I'll never forget the day. I first met you on the day.

→ ______________________________

10. This is the way. I solved the problem in this way.

→ ______________________________

Unit 3. 시험대비 실전문제

※ 밑줄친 부분에 들어갈 가장 알맞은 표현을 보기(A, B, C, D) 중에서 하나를 선택하세요.

01. In an on-line space, we can share much______ among ourselves without meeting each other.

A. informations B. information C. informative D. informatively

02. He asked me_______him what I really thought —in twenty words or less.

A. tell B. told C. telling D. to tell

03. I made the mechanic_______my car in the afternoon.

A. repair B. to repair C. repairing D. repaired

04. She had her appearance_______by a top cosmetic surgeon.

A. alter B. altered C. to alter D. altering

05._______rich, I would travel around the world.

A. Were I B. I were C. If I was D. Was I

06. Airplanes enable people_______through the air.

A. travel B. to travel C. traveling D. traveled

07. Hurry up,_______you will be late.

A. and B. or C. nor D. but

08. It_______two hours for us to get to Seoul by train.

A. helped B. had C. made D. took

09. After you have finished your work, please_______me as soon as possible.

A. call B. calls C. calling D. called

10. It was careless of you to leave the door of my room_______ .

A. unlocking B. unlocked C. unlocks D. unlock

11. This does not require any project software to_______.

A. be installing B. to install C. be installed D. install

12. It seems that you'd better stop_______on the project as soon as possible.

A. to work B. prohibiting C. working D. prohibition

13. The employee who left the office last_______to turn off the lights and set the security alarm.

A. must have forgotten B. should have forgotten

C. must forget D. may forget

14. Unfortunately, you did_______ damage to the antique while repairing the museum.

A. not a few B. a great number of C. a multitude of D. a great deal of

15. The boss kept me_______in his office for twenty minutes.

A. wait B. waits C. waiting D. waited

16. You are able_______this office to be allowed by my manager.

A. enter B. entering C. to enter D. for entering

17._______New York, Seoul has a lot of cars on the street.

A. Alike B. Similar to C. Like D. The same as

18. The books in this library are available to_______needs to borrow them.

A. whoever B. who C. whomever D. whom

19. One-third of adults worldwide_______high blood pressure.

A. is B. are C. has D. have

20. Some manufactures even use sugar to replace taste in foods that_______as low in fat.

A. advertise B. advertising C. are advertised D. is advertised

21. If you don't have specialized knowledge and_______technical skills, you may lose your job.

A. advanced B. excessive C. forthcoming D. reserved

22. The English grammar book I have written_______at many bookstores around the country.

A. will distribute B. will is distributed C. will be distributed D. will be distributing

23. If you had taken part in the seminar, you_______my proposal.
    A. would accept   B. would be accepted   C. would have accepted   D. accepted

24. The discovery of the undersea oil field will have a_______influence for us to invest large sums.
    A. consider   B. considerable   C. considerably   D. consideration

25. The celebrated Japanese restaurant is_______on the tenth floor of this building.
    A. locating   B. locates   C. located   D. location

26. Your manager replied to me and promised_______your new products to Korea in a month.
    A. deliver   B. delivers   C. delivering   D. to deliver

27. The oranges I_______from your company over the Internet three days ago were damaged and went bad.
    A. order   B. orders   C. ordered   D. have ordered

28. I saw the suspected man_______the building.
    A. enter   B. entered   C. to be entered   D. to enter

29. Please let me_______within the next Friday if you participate in the workshop or not.
    A. to know   B. knew   C. knowing   D. know

30. When companies advertise products, they want you_______them.
    A. buy   B. to buy   c. bought   D. buying

31. Here_______two examples of "a cat's life" in the human world.
    A. is   B. are   C. has   D. have

32. Dogs help both children_______adults stayB strong during long hospital stays.
    A. and   B. or   C. to   D. but also

33. One solution to this problem is to collect and preserve the seeds of_______different plant varieties as we can before they disappear.
    A. as much   B. as many   C. more than   D, that much

34. Baseball is a very_______sport around the world.

A. popularize B. popularity C. popular D. popularly

35. In the afternoon, she usually spends two hours in the gym______she meets her teammates.

A. when B. after C. because D. before

36. Korean restaurants serve it at_______every meal.

A. most B. most of C. almost D. mostly

37. Well, ________ , I don't like this food very much.

A. honest B. be honest C. being honest D. to be honest

38. I like to collect stamps because I 'm________other countries and cultures.

A. interesting in B. interesting in C. interested in D. interested at

39. There are some good players here, and sometimes_______is very hard to win!

A. one B. this C. that D. it

40. So, _______cap are you going to buy, the black one or the white one?

A. what B. where C. which D. whose

41. The novel_______you lent me gave me the confidence in an extremely difficult time.

A. that B. who C. what D. how

42. The subject_______I'm interested is computer technology that has been making rapid progress.

A. that B. in which C. which D. what

43. I can't be with you because of the international conference of computer science on August 20. but I will buy you_______you want on your birthday.

A. anything what B whatever C. that D. who

44. I sent you_______money I had with me to help the poor in deep trouble.

A. that B. who C. what D. how

45. Original sin is that thing about man_______makes him capable of conceiving of his own perfection and incapable of achieving it.

A. which B. who C. what D. whose

Unit 4. 특허받은 학습법으로 영작문 쉽게 하기

Part 1. 1형식 영어문장 : [주어 + 완전자동사 + (수식어) + (수식어)] 구조 익히기

주어진 국어문장을 문장 성분별로 국어를 **영어어순으로 배열**한 후 **영어**로 쓰세요.

01. 예시 나는 아침에 일찍 일어난다.

국어를 영어어순	나는	일어난다	일찍	아침에
영 어	I	get up	early	in the morning

힌트 get up/ got up/ in morning/ in the morning

02. 그의 이름은 내 기억 속에 남아있다.

국어를 영어어순			
영 어			

힌트 His name/ He name/ live/ lives/ in my memory/ at the memory

03. 나는 종종 노래를 부른다.

국어를 영어어순			
영 어			

힌트 always/ often/ sing/ song

04. 태양은 매일 동쪽에서 뜬다.

국어를 영어어순				
영 어				

힌트 The sun/ Sun/ rises/ raises/ in the east/ in east

05. 그는 일요일마다 교회에 간다.

국어를 영어어순				
영 어				

힌트 go/ goes/ to church/ church/ in Sundays/ on Sundays

06. 나는 다음 일요일에 가족과 함께 소풍을 갈 것이다.

국어를 영어어순					
영 어					

힌트 go/ will go/ in a picnic/ on a picnic

주어진 국어문장을 영어로 옮기세요.

07. 그는 행복하게 살고 있어.

08. 그녀는 큰 소리로 웃었어.

09. 나는 때대로 학교에 걸어서 가.

10. 나는 우체국에 가는 중이야.

11. 그는 지금 무대 위에서 노래 부르고 있어.

12. 수업은 오전 9시에 시작했어.

13. 어느 쪽이든 괜찮아. (Either)

14. 너의 휴대폰은 탁자 위에 있어.

15. 이 자판기는 작동되지 않아.

16. 나는 도서관에서 공부를 하고 있어.

17. 어떤 책이든 괜찮아.

18. 나는 숙제 때문에 지난밤에 늦게 잠자리에 들었어.

19. 나는 너를 보러 여기에 왔어.

20. 내가 여기에 온지도 여러 달이 지났어. (have passed/ since)

Part 2. 2형식 영어문장 : [주어 + 불완전자동사 + 보어 + (수식어) + (수식어)] 구조 익히기

주어진 국어문장을 문장 성분별로 국어를 **영어어순으로 배열**한 후 **영어**로 쓰세요.

01. 그녀는 젊어서 결혼했다

국어를 영어어순

영 어

힌트 marry/ married/ young/ youth

02. 그는 나를 아는 것 같다.

국어를 영어어순

영 어

힌트 seem/ seems/ to know me/ knowing me.

03. 그녀는 장래에 선생님이 될 것이다.

국어를 영어어순

영 어

힌트 become/ will become/ in future/ in the future

04. 그의 얼굴은 그 소식을 듣고 창백해졌다.

국어를 영어어순

영 어

힌트 to hear the news/ hearing the news/ grow/ grew/ pale/ ashamed

05. 그의 취미는 외국 동전을 모으는 것이다.

국어를 영어어순

영 어

힌트 collecting foreign coins/ foreign coins collecting/ collects foreign coins

06. 잎들이 지난주 이래로 노랗고 빨갛게 되었다.

국어를 영어어순

영 어

힌트 has turned/ have turned/ yellow or red/ yellow and red/ the leaf/ the leaves

주어진 국어문장을 영어로 옮기세요.

07. 그는 최근에 유명해졌다.

08. 사실은 내가 그녀를 사랑하지 않는다는 것이다.

09. 너는 행복해 보이지 않는다,

10. 그녀는 분별력있는 것처럼 보인다.(sensible/ sensitive)

11. 그렇게 하는 것이 좋을 듯싶다.

12. 그는 약간 뚱뚱해 보인다.

13. 나의 아저씨는 소방관이다.

14. 문제는 내가 돈도 없고, 시간도 없다는 것이다.

15. 더운 날씨에는 음식이 빨리 상한다. (bad, go, quickly)

16. 나의 꿈은 가까운 장래에 실현된 것이다. (in the near future)

17. 영원히 변치 않는 것은 아무것도 없다. (forever, nothing, remain)

18. 이 음식은 좋은 맛이 난다.

19. 당신은 오늘 아침에 행복해 보여요.

20. 날이 다시 어두워지고 있다.

Part 3. 3형식 영어문장 : [주어 + 완전타동사 + 목적어 + (수식어) + (수식어)] 구조 익히기

주어진 국어문장을 문장 성분별로 국어를 **영어어순으로 배열**한 후 **영어**로 쓰세요.

01. 나는 그녀를 일주일에 한 번 만난다.

국어를 영어어순

영 어

힌트 meet/ meets/ her/ hers/ one a week/ once a week/ once week

02. 나는 어제 새 컴퓨터를 샀다.

국어를 영어어순

영 어

힌트 buy/ bought/ a new computer/ new a computer

03. 나는 아침 식사로 빵과 우유를 좋아한다.

국어를 영어어순

영 어

힌트 for breakfast/ in breakfast/ bread and milk/ bread or milk/ breakfast

04. 나는 지난밤에 이상한 꿈을 꾸었다.

국어를 영어어순

영 어

힌트 will dream/ dreamed/ a curious dream/ dream curious

05. 나는 생일날에 친구들을 초대했다.

국어를 영어어순

영 어

힌트 on my birthday/ in my birthday/ invite/ invited/ me friends/ my friends

06. 그녀는 휴대폰으로 음악 듣는 것을 즐긴다.

국어를 영어어순

영 어

힌트 by her cell phone/ in her cell phone/ listening to music/ listen to music

주어진 국어문장을 영어로 옮기세요.

07. 그는 이번 성탄절에 멋진 자전거 갖기를 원한다.

08. 나는 미래에 당신의 좋은 친구가 되고 싶어.

09. 나는 캐나다에 있는 나의 아들에게 이메일을 보내고 있어.

10. 당신의 작은 관심이 세상을 바꿀 수 있어요.

11. 그는 나의 질문에 대답했다.

12. 나는 당신이 한 말을 이해해요. (what)

13. 나는 지난밤에 너에게 전화했었어.

14. 나는 너와 잘 통한다고 생각했어. (chemistry)

15. 그 소년은 나를 따라 집에까지 왔어.

16. 그는 내년에 그의 여자 친구와 결혼할 거야.

17. 우리는 오늘 그 문제에 관해서 토의할 거야.

18. 나는 어제 백화점에서 샌들을 샀어.(sandals)

19. 그녀는 생일 선물로 멋진 손가방을 나에게 선물했어. (for my birthday)

20. 너는 다음번에는 더욱 잘 하도록 노력해야 한다. (better)

Part 4. 4형식 영어문장 : [주어 + 수여동사 + 간접목적어 + 직접목적어 + (수식어) + (수식어)] 구조 익히기

주어진 국어문장을 문장 성분별로 국어를 **영어어순으로 배열**한 후 **영어**로 쓰세요.

01. 나는 우체국에서 아들에게 소포를 보냈다.

국어를 영어어순					
영 어					

힌트 send/ sent/ a package/ package/ in the post office /at the post office

02. 그는 집에서 나에게 사진 한 장을 보여주었다.

국어를 영어어순					
영 어					

힌트 shows/ showed/ me/ my/ at his home/ his home

03. 그는 내 생일날 나에게 꽃을 사주었다.

국어를 영어어순					
영 어					

힌트 my birthday/ on my birthday/ buys/ bought/ a flowers/ flowers

04. 민호가 어제 그녀에게 그 사실을 말했다.

국어를 영어어순					
영 어					

힌트 tell/ told/ to her/ her/ tomorrow/ yesterday

05. 제가 당신께 당신의 추위를 녹일 수 있도록 뜨거운 물을 갖다드릴게요.

국어를 영어어순					
영 어					

힌트 get/ will get/ melt your cold/ to melt your cold/ melting your cold

06. 그는 지난밤에 커피 숍에서 나에게 금반지를 주었다.

국어를 영어어순						
영 어						

힌트 to me/ me/ gold a ring/ a gold ring/ the coffee shop/ at the coffee shop/ gives/ gave

주어진 국어문장을 영어로 옮기세요.

07. 나는 수업 시간에 그에게 질문을 했다.

08. 그는 식탁에서 소금 통을 건네주었다. (saltshaker)

09. 그는 나에게 물 한 컵을 주었다.

10. 나는 다음 주말에 당신에게 시계를 사 줄 것이다.

11. 나는 다음 월요일까지 너에게 이 책을 빌려줄 수 있다.

12. 당신은 나에게 돈을 좀 빌려 줄 수 있습니까?

13. 나는 지금 너에게 내 우산을 갖다 줄 수 있다. (fetch)

14. 아버지께서 어제 생일 선물로 멋진 컴퓨터를 사 주셨다.

15. 나는 사업상 수진에게 2가지 제안을 할 것이다. (suggestion)

16. 나는 지난주에 뉴욕에 있는 존에게 편지를 섰다.

17. 나는 매일 밤 아들에게 동화책을 읽어 준다. (storybook)

18. 나는 어제 당신께 많은 신세를 지었습니다. (a great deal)

19. 나는 다음 주까지 너에게 그 책을 갖다 줄게.

20. 나는 지금 당장 여러 분들께 기부를 약속할 수 있습니다.(a donation)

Part 5. 5형식 영어문장 : [주어 + 불완전타동사 + 목적어 + 목적격보어 + (수식어) + (수식어)] 구조 익히기

주어진 국어문장을 문장 성분별로 국어를 **영어어순으로 배열**한 후 **영어**로 쓰세요.

01. 나는 내일 민호에게 나를 도와달라고 부탁할 것이다.

국어를 영어어순

영 어

힌트 ask/ will ask/ help me/ to help me/ helping me

02. 나는 다음 금요일에 수리공에게 나의 시계를 고치도록 시킬 것이다.

국어를 영어어순

영 어

힌트 get/ will get/ fix my watch/ to fix my watch/ fixing my watch

03. 그 아이가 오전에 무릎에 상처를 입었다.

국어를 영어어순

영 어

힌트 skinned/ skin/ skinning/ has/ had/ his knees/ him knees/ the morning/ in the morning

04. 나는 저녁에 그가 길을 건너가고 있는 것을 보았다

국어를 영어어순

영 어

힌트 see/ saw/ him/ his/ crossed the street/ to cross the street/ crossing the street.

05. 나는 그녀에게 가능한 빨리 너 한데 전화하라고 시켰다.

국어를 영어어순

영 어

힌트 make/ made/ as soon as possible/ as sooner as possible/ to call you/ calling you / call you

06. 나는 내일 미용사에게 나의 머리를 짧게 자르도록 시킬 것이다.

국어를 영어어순

영 어

힌트 will get/ get/ cut my hair short/ to cut my hair short/ cutting my hair shortly

주어진 국어문장을 영어로 옮기세요.

07. 나는 돈보다는 건강이 더 소중하다고 생각한다.(consider)

08. 그녀가 파티에서 나를 기쁘게 해 주었다. (glad/ gladly)

09. 그 소식이 지난밤에 우리를 매우 기쁘게 했다. (very happy/ very happily)

10. 어머니는 나에게 손을 씻으라고 하셨다.

11. 야구 코치는 선수들에게 잠시 쉴 것을 명했다. (take a short rest)

12. 나는 나의 비서에게 그것을 타이핑하도록 시켰다.(secretary)

13. 나는 최근에 그 상자가 비어 있는 것을 알았다.

14. 어머니는 나에게 약을 먹으라고 하셨다.

15. 나는 그 학생이 교실로 들어가는 것을 보았다.

16. 아버지는 내가 오늘 밤 영화 보러 가는 것을 허락하시지 않을 것이다.

17. 그녀는 자주 어머니가 세탁하는 것을 돕고 있다.

18. 나는 당신께 용서를 빌어야 하겠습니다. (ask, excuse)

19. 그는 내가 거기에 가는 것을 허락하지 않을 것이다.

20. 당신 노래 한 곡 들어 보겠습니다. (let)
(=노래 한 곡 들어 볼게요.)

마법의 영문법
Workbook
문제 정답

◎ **문제 해설 및 해석 안내 :** ㈜길에듀월드 사이트(www.puzzlish.net) 자료실 "마법의 영문법 문제 해설집"에서 문제에 대한 자세한 해설 및 해석을 볼 수 있습니다.

정답

Unit 01

Part 1.
① 영어문장구조 ② 절 ③ 문장의미 ④ 시제와 태 ⑤ 단어
⑥ 구 ⑦ 용어 ⑧ 같은 역할 ⑨ 문장 ⑩ 접속사 ⑪ 등위접속사
⑫ 종속접속사 ⑬ 명사절 ⑭ 형용사절 ⑮ 부사절

Part 2.
① 중심어 ② 자동사 ③ (주격)보어 ④ 완전타동사
⑤ 불완전타동사 ⑥ 술부 ⑦ 전치사 ⑧ 목적격보어 ⑨ 주어
⑩ 목적어 ⑪ (주격)보어 ⑫ 목적격보어 ⑬ 수식어

Part 3.
① 평서문 ② 의문문 ③ 선택의문문 ④ 간접의문문 ⑤ 평서문
⑥ 긍정문 ⑦ 부정문 ⑧ 부가의문문 ⑨ 명령문 ⑩ 콤마(,)
⑪ 부정 ⑫ 긍정 ⑬ be동사/조동사 ⑭ do(does, did)
⑮ 감탄문 ⑯ how ⑰ what ⑱ 기원문 ⑲ may ⑳ don't[never]

Part 4.
① 주어 ② 불완전자동사 ③ 보어 ④ 완전타동사 ⑤ 간접목적어
⑥ 직접목적어 ⑦ 불완전타동사 ⑧ 목적어 ⑨ to부정사, 동명사
⑩ 분사, to부정사 ⑪ 부사 ⑫ 형용사 ⑬ 목적어 ⑭ 부사
⑮ 명사, 대명사 ⑯ 명사, 대명사, 형용사 ⑰ 명사, 대명사
⑱ 동사 ⑲ 명사 ⑳ 대명사 ㉑ 전치사 ㉒ 접속사

Part 5.
Ⓐ ① M ② S ④ V ③ M
어제 너는 잘 뛰었어.
Ⓑ ① M ② S ⑤ V ④ C ③ M
지난해에 그는 고등학교 학생이었어.
Ⓒ ① M ② S ⑤ V ④ O ③ M
미국에서 나는 지난주에 그녀를 만났어.
Ⓓ ① M ② S ⑥ V ④ IO ⑤ DO ③ M
서울에서 나는 지난 일요일에 그녀에게 돈을 좀 주었어.
Ⓔ ① M ② S ⑥ V ③ O ⑤ OC ④ M
매일 어머니는 나에게 책상 위에 있는 영어책을 읽으라고 하신다.

Part 6.
① 태 ② 시제 ③ 조동사 ④ 법 ⑤ (to) 부정사 ⑥ 동명사 ⑦ 분사
⑧ 명사, 형용사, 부사 ⑨ 명사 ⑩ 형용사, 부사

Part 7.
① A ② E ③ C ④ B ⑤ N ⑥ D ⑦ I ⑧ F ⑨ G ⑩ H ⑪ O
⑫ J ⑬ K

Part 8.
① ~이다 ② ~하다 ③ ~에 있다
④ ~한 상태에 있다 ⑤ ~이 있다

Part 9.
① 명사 ② 형용사 ③ 장소부사 ④ There

Part 10.
① A ② C ③ A ④ B ⑤ E ⑥ D ⑦ F ⑧ H ⑨ G ⑩ J ⑪ I
⑫ K ⑬ M ⑭ L ⑮ N ⑯ P ⑰ O ⑱ R ⑲ S ⑳ Q ㉑ U ㉒ T
㉓ C

Part 11.
② ⓐ ③ ⓑ ④ ⓕ ⑤ ⓓ ⑥ ⓔ

Part 12.
② ⓔ ③ ⓕ ④ ⓐ ⑤ ⓑ ⑥ ⓓ

Part 13.
② ⓕ ③ ⓑ ④ ⓒ ⑤ ⓓ ⑥ ⓔ

Part 14.
② 6-b ③ f-마 ④ 3-라 ⑤ 5-나 ⑥ d-가

Part 15.
① f-마 ② 3-a ③ 1-바 ④ 5-c ⑤ b-다 ⑥ 6-가

Part 16.
① ⓑ ② ⓓ ③ ⓗ ④ ⓐ ⑤ ⓔ ⑥ ⓘ ⑦ ⓒ ⑧ ⓕ ⑨ ⓖ
⑩ ⓛ ⑪ ⓙ ⑫ ⓚ

Part 17.
주 격 I/ You/ He/ She/ It/ We/ You/ They
소유격 my/ your/ his/ her/ its/ our/ your/ their
목적격 me/ you/ him/ her/ it/ us/ you/ them
소 유 mine/ yours/ his/ hers/ ours/ yours/ theirs
재 귀 myself/ yourself/ himself/ herself/ itself/
ourselves/ yourselves/ themselves

Part 18.
① D ② B ③ A ④ C ⑤ G ⑥ E ⑦ F ⑧ I ⑨ L ⑩ M ⑪ K
⑫ H ⑬ J ⑭ N ⑮ R ⑯ Q ⑰ O ⑱ P

Unit 02

Part 1.

① eats ② gets up ③ snows ④ goes ⑤ went to
⑥ is listening ⑦ is talking ⑧ write ⑨ wear ⑩ various
⑪ the latest ⑫ have ⑬ Do ⑭ Is ⑮ are ⑯ is not
⑰ comes ⑱ Are ⑲ is ⑳ had ㉑ go ㉒ because
㉓ left ㉔ was ㉕ Do ㉖ give ㉗ should not ㉘ become
㉙ do ㉚ may

Part 2.

① work ② studied ③ do ④ use ⑤ used to
⑥ have lived ⑦ to take ⑧ bad ⑨ her name is
⑩ didn't ⑪ marry ⑫ to me ⑬ was written ⑭ to attend
⑮ to put ⑯ thought of ⑰ were given ⑱ need
⑲ aids ⑳ take ㉑ to travel ㉒ surprised at ㉓ were to
㉔ It ㉕ being infected ㉖ The most ㉗ intelligent
㉘ simply ㉙ assumption ㉚ had ruled

Part 3.

① to her ② should ③ who ④ receiving ⑤ write ⑥ have
⑦ be ⑧ trying ⑨ need ⑩ entered ⑪ which ⑫ discuss
⑬ to last ⑭ used ⑮ to play ⑯ use ⑰ to establish
⑱ plays ⑲ reading ⑳ are watered ㉑ were kept
㉒ was composed ㉓ identification ㉔ because of ㉕ she
㉖ who ㉗ wants ㉘ is visiting ㉙ is called ㉚ has been

Part 4.

① to succeed ② which ③ health ④ Did
⑤ is forbidden ⑥ to send ⑦ to use ⑧ is located
⑨ feel ⑩ know ⑪ what ⑫ wait for ⑬ be returned
⑭ is known ⑮ try ⑯ to study ⑰ obey ⑱ any
⑲ held ⑳ consist ㉑ makes ㉒ shopping ㉓ decision
㉔ knows ㉕ different ㉖ to find ㉗ Although
㉘ developing ㉙ interested ㉚ will be

Part 5.

① to do ② have ③ to finish ④ to begin ⑤ they
⑥ Each ⑦ by the hour ⑧ than those ⑨ finish
⑩ it ⑪ that ⑫ match ⑬ makes ⑭ lend ⑮ who
⑯ make ⑰ had known ⑱ study ⑲ who ⑳ Acting
㉑ consult ㉒ safety ㉓ lost ㉔ to live ㉕ yelled ㉖ If
㉗ were ㉘ apply for ㉙ who ㉚ co-hosted

Part 6. 6-1

① honest ② useful ③ how ④ much ⑤ Many
⑥ the second ⑦ old ⑧ dollar ⑨ much ⑩ as ⑪ less
⑫ successful ⑬ Korean ⑭ the oldest ⑮ faster
⑯ few ⑰ number ⑱ amount ⑲ deal ⑳ little
㉑ a few ㉒ not a few ㉓ in ㉔ dozen eggs ㉕ Dozens
㉖ on ㉗ high ㉘ such ㉙ convenient ㉚ identical

Part 6. 6-2

① hardly ② late ③ yet ④ too ⑤ Almost
⑥ money enough ⑦ often go ⑧ is often ⑨ here safely
⑩ taller ⑪ oldest ⑫ further ⑬ to ⑭ big ⑮ slowly
⑯ less ⑰ carefully ⑱ badly ⑲ difficult ⑳ colorful
㉑ longer ㉒ than ㉓ The most ㉔ the latest
㉕ productive ㉖ intelligent ㉗ carefully ㉘ usually
㉙ beautiful ㉚ information

Part 7. 7-1

① woke ② pushed ③ is writing ④ do ⑤ is excited
⑥ is required ⑦ was co-hosted ⑧ surprised at
⑨ was called

Part 7. 7-2

① The room is cleaned by her every day.
② Jina is invited by him on his birthday.
③ The bike was bought by my father last month.
④ The problem will be discussed by us later.
⑤ The nice bag was presented by her to me.
⑥ The cars are produced by us in this factory.
⑦ The breakfast was served by me at eight o'clock.

Part 7. 7-3

① She constructs the house.
② He constructed the house last year.
③ John will construct the house next year.
④ The man has constructed the house since last month.
⑤ They had constructed the house from May to August.
⑥ We are constructing the house.
⑦ I can construct the house.

Part 8. 8-1

① who→ that/ which ② what→ that/ which
③ that→ what ④ that→ who ⑤ which→ that
⑥ is→ was ⑦ that→ which

Part 8. 8-2

① I know a single woman who(that) speaks Japanese very well.
② I have a book which(that) is very interesting.
③ This is the woman whom(that) I wanted to meet.
④ I met a poet whom(that) I had previously interviewed.
⑤ This is the word which(that) I don't know the meaning of.
=This is the word of which I don't know the meaning.
⑥ A child whose parents are dead is called an orphan.
⑦ This is the coffee shop where I met my girl friend last weekend.
⑧ This is the reason why she left.
⑨ I'll never forget the day when I first met you.
⑩ This is the way I solved the problem.
=This is how I solved the problem.

Unit 03

① B ② D ③ A ④ B ⑤ A ⑥ B ⑦ B ⑧ D ⑨ A
⑩ B ⑪ C ⑫ C ⑬ A ⑭ D ⑮ C ⑯ C ⑰ C ⑱ A
⑲ D ⑳ C ㉑ A ㉒ C ㉓ C ㉔ B ㉕ C ㉖ D ㉗ C
㉘ A ㉙ D ㉚ B ㉛ B ㉜ A ㉝ B ㉞ C ㉟ D ㊱ C
㊲ D ㊳ C ㊴ D ㊵ C ㊶ A ㊷ B ㊸ B ㊹ C ㊺ A

Unit 04

Part 1.

① 나는/ 일어난다/ 일찍/ 아침에
I/ get up/ early/ in the morning.
② 그의 이름은/ 남아있다/ 내 기억 속에
His name/ lives/ in my memory.
③ 나는/ 종종/ 노래를 부른다.
I/ often/ sing.
④ 태양은/ 뜬다/ 매일/ 동쪽에서
The sun/ rises/ in the east/ every day.
⑤ 그는/ 간다/ 교회에/ 일요일마다/
He/ goes/ to church/ on Sundays.
⑥ 나는/ 갈 것이다/ 소풍을/ 가족과 함께/ 다음 일요일에
I/ will go/ on a picnic/ with my family/ next Sunday.
⑦ He lives happily.
⑧ She laughed loudly.
⑨ I sometimes walk to school.
⑩ I am going to the post office.
⑪ He is singing on the stage now.
⑫ School began at 9 a.m. in the morning.
⑬ Either will do.
⑭ Your cellular phone is lying on the table.
⑮ This vending machine doesn't work.
⑯ I am studying at the library.
⑰ Any book will do.
⑱ I went to sleep late last night because of my homework.
⑲ I came here to see you.
⑳ Months have passed since I came here.

Part 2.

① 그녀는/ 결혼했다/ 젊어서
She/ married/ young.
② 그는/ 같다/ 나를 아는 것
He/ seems/ to know me.
③ 그녀는/ 될 것이다/ 선생님이/ 장래에
She/ will become/ a teacher/ in the future.
④ 그의 얼굴은/ 그 소식을 듣고/ 창백해/ 졌다.
His face/ grew/ pale/ to hear the news.
⑤ 그의 취미는/ 이다/ 외국 동전을 모으는 것/
His hobby/ is/ collecting foreign coins.
⑥ 잎들이/ 되었다/ 노랗고 빨갛게/ 지난주 이래로
The leaves/ have turned/ yellow and red/ since last week.
⑦ He became famous lately.
⑧ The fact is that I don't love her.
⑨ You don't seem happy.
⑩ She appears sensible.
⑪ It seems good to do so.
⑫ He looks a little fat.
⑬ My uncle is a fire fighter.
⑭ The problem is that I have no money and time.
⑮ In hot weather, the food goes bad quickly.
⑯ My dream will come true in the near future.
⑰ Nothing remains unchanged forever.
⑱ This food tastes good.
⑲ You look happy this morning.
⑳ It is getting dark again.

Part 3.

① 나는/ 만난다/ 그녀를/ 일주일 한 번
I/ meet/ her/ once a week.
② 나는/ 샀다/ 새 컴퓨터를/ 어제
I/ bought/ a new computer/ yesterday.
③ 나는/ 좋아한다/ 빵과 우유를/ 아침 식사로
I/ like/ bread and milk/ for breakfast.
④ 나는/ 꾸었다/ 이상한 꿈을/ 지난밤에
I/ dreamed/ a curious dream/ last night.
⑤ 나는/ 초대했다/ 친구들을/ 생일날에
I/ invited/ my friends/ on my birthday.
⑥ 그녀는/ 즐긴다/ 음악 듣는 것을/ 휴대폰으로
She/ enjoys/ listening to music/ by her cell phone.
⑦ He wants to have a nice bicycle this Christmas.
⑧ I'd like to be your good friend in the future.
⑨ I'm e-mailing my son in Canada.
⑩ Your little concern can change the world.
⑪ He answered my question.
⑫ I understand what you said.
⑬ I called you last night.
⑭ I think I have chemistry with you.
⑮ The boy followed me to my house.
⑯ He will marry his girl friend next year.
⑰ We will discuss the problem today.
⑱ I bought sandals at the department store yesterday.
⑲ She presented a nice bag to me for my birthday.
⑳ You must try to do better next time.

Part 4.

① 나는/ 보냈다/ 아들에게/ 소포를/ 우체국에서
I/ sent/ my son/ a package/ at the post office.
② 그는/ 보여주었다/ 나에게/ 사진 한 장을/ 집에서
He/ showed/ me/ a picture/ at his home.
③ 그는/ 사주었다/ 나에게/ 꽃을/ 내 생일날
He/ bought/ me/ flowers/ on my birthday.
④ 민호가/ 말했다/ 그녀에게/ 그 사실을/ 어제
Minho/ told/ her/ the fact/ yesterday.
⑤ 제가/ 갖다드릴게요/ 당신께/ 뜨거운 물을/ 당신의 추위를 녹일 수 있도록
I/ will get/ you/ hot water/ to melt your cold.
⑥ 그는/ 주었다/ 나에게/ 금반지를/ 커피숍에서/ 지난밤에
He/ gave/ me/ a gold ring/ at the coffee shop/ last night.
⑦ I asked him a question in class.
⑧ He passed me a saltshaker on the table.
⑨ She gave me a cup of water.
⑩ I will buy you a watch next weekend.
⑪ I can lend you this book by next Monday.
⑫ Could you borrow me some money?
⑬ I can fetch you my umbrella now.
⑭ My father bought me a nice computer for my birthday present.
⑮ I will offer Sujin two suggestions on business.
⑯ I wrote John in New York a letter last week.
⑰ I read my son a storybook every night.
⑱ I owed you a great deal yesterday.
⑲ I will bring you the book by next week.
⑳ I can promise you a donation right now.

Part 5.

① 나는/ 부탁할 것이다/ 민호에게/ 나를 도와달라고/ 내일
I/ will ask/ Minho/ to help me/ tomorrow.
② 나는/ 시킬 것이다/ 수리공에게/ 나의 시계를 고치도록 / 다음 금요일에
I/ will get/ a repairman/ to fix my watch/ next Friday.
③ 그 아이가/ 입었다/ 무릎에/ 상처를/ 오전에
The child/ had/ his knees/ skinned/ in the morning.
④ 나는/ 보았다/ 그가/ 길을 건너가고 있는 것을/ 저녁에
I/ saw/ him/ crossing the street/ in the evening.
⑤ 나는/ 시켰다/ 그녀에게/ 너 한데 전화하라고/ 가능한 빨리
I/ made/ her/ call you/ as soon as possible.
⑥ 나는/ 시킬 것이다/ 미용사에게/ 나의 머리를 짧게 자르도록/ 내일
I/ will get/ a hairdresser/ to cut my hair short/ tomorrow.
⑦ I consider health more important than money.
⑧ She made me glad at a party.
⑨ The news made us very happy last night.
⑩ My mother had me clean my hands.
⑪ The baseball coach ordered his players to take a short rest.
⑫ I got my secretary to type it.
⑬ I found the box empty lately.
⑭ My mother made me take my medicine.
⑮ I saw the student enter the classroom.
⑯ My father will not permit me to go to the movies tonight.
= My father would not let me go to the movies tonight.
⑰ She often helps her mother (to) do the laundry.
⑱ I must ask you to be excused.
⑲ He would not let me go there.
= He will not permit me to go there.
⑳ Let me hear you sing a song.